Alexander Wolff

Das Land meiner Väter

Alexander
Wolff

Das Land meiner Väter

Die deutsch-amerikanische
Geschichte meines
Großvaters Kurt Wolff

Aus dem Englischen
von Monika Köpfer

DUMONT

Für Frank und Clara
(amerikanische und
deutsche Staatsbürger)

... und immer, wenn wir zu der Seite kamen, sagte Věra, sagte Austerlitz, auf der davon die Rede war, daß der Schnee durch das Geäst der Bäume herabrieselt und bald den ganzen Waldboden bedeckt, hätte ich zu ihr aufgeblickt und gefragt: Aber wenn alles weiß sein wird, wie wissen dann die Eichhörnchen, wo sie ihren Vorrat verborgen haben? ... Ja, wie wissen die Eichhörnchen das, und was wissen wir überhaupt, und wie erinnern wir uns, und was entdecken wir nicht am Ende?

W. G. Sebald, *Austerlitz*

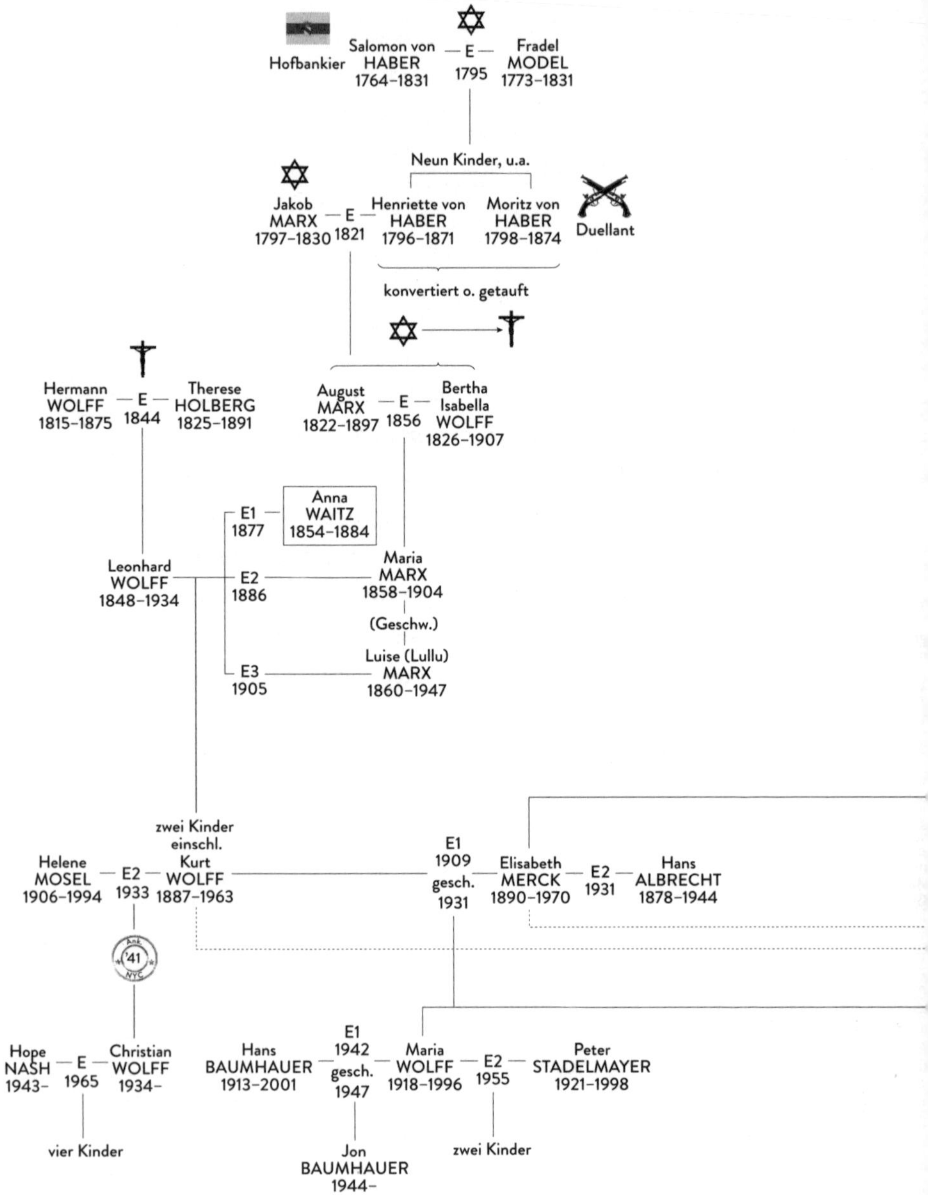
Hofbankier
Salomon von HABER 1764–1831
E 1795
Fradel MODEL 1773–1831
Neun Kinder, u.a.
Jakob MARX 1797–1830
E 1821
Henriette von HABER 1796–1871
Moritz von HABER 1798–1874
Duellant
konvertiert o. getauft
Hermann WOLFF 1815–1875
E 1844
Therese HOLBERG 1825–1891
August MARX 1822–1897
E 1856
Bertha Isabella WOLFF 1826–1907
E1 1877
Anna WAITZ 1854–1884
Leonhard WOLFF 1848–1934
E2 1886
Maria MARX 1858–1904
(Geschw.)
E3 1905
Luise (Lullu) MARX 1860–1947
zwei Kinder einschl.
Helene MOSEL 1906–1994
E2 1933
Kurt WOLFF 1887–1963
E1 1909 gesch. 1931
Elisabeth MERCK 1890–1970
E2 1931
Hans ALBRECHT 1878–1944
'41 Ank. NYC
Hope NASH 1943–
E 1965
Christian WOLFF 1934–
vier Kinder
Hans BAUMHAUER 1913–2001
E1 1942 gesch. 1947
Maria WOLFF 1918–1996
E2 1955
Peter STADELMAYER 1921–1998
Jon BAUMHAUER 1944–
zwei Kinder

EINE DEUTSCH-AMERIKANISCHE FAMILIE

— E —	Ehe	— E1 —	erste Ehe	— (Geschw.) —	Geschwister
— gesch. —	geschieden	— E2 —	zweite Ehe	———	eheliche Beziehung
☐	Suizid	— E3 —	dritte Ehe	········	außereheliche Beziehung

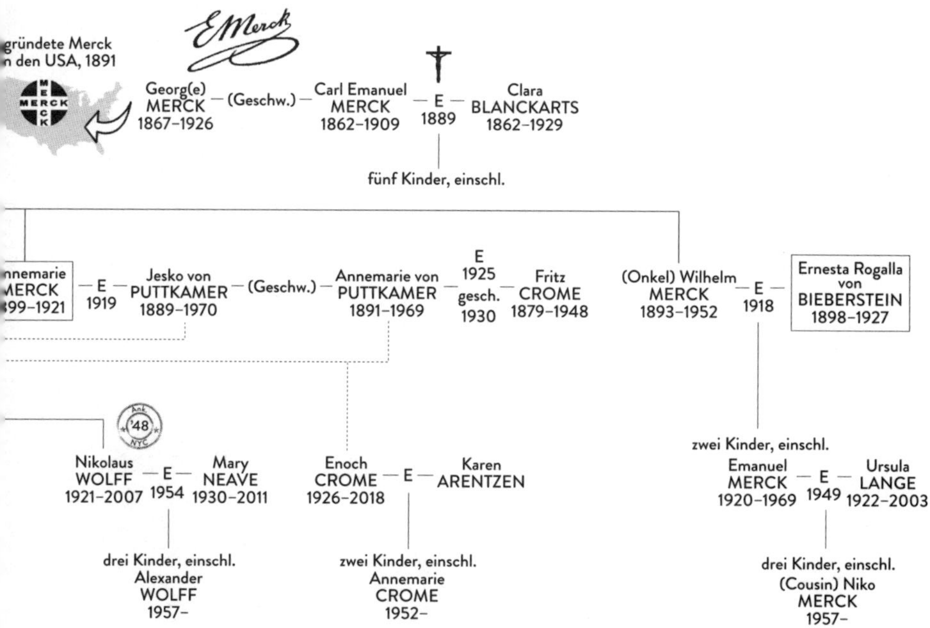

Inhalt

Prolog

Mein Vater stupste mich mit dem Ellbogen an. »Das ist ja wie bei der Gestapo!«

Für mich als Teenager in den Siebzigern im provinziellen Rochester, New York, war das »Glotzofon«, wie mein Vater es nannte, bislang strikt reglementiert gewesen: an den Wochenenden eine Sitcom pro Abend, am Samstag und Sonntag je eine Sportsendung und unter der Woche, wenn Schule war, nichts. Bis zu dieser großen Ausnahme, dieser Zeitspanne im Jahr 1973, als das öffentliche Fernsehen werktags zur Primetime die Anhörungen im Untersuchungsausschuss des Senats zur Watergate-Affäre übertrug.

Bis zu diesem Zeitpunkt hatte ich die Interessengebiete meines Vaters über mich ergehen lassen müssen. Aber mit sechzehn hatte ich genug von seinen Spezialgebieten – Kammermusik und Radio-Bausätze und die Dinge, die sich unter einer Motorhaube befanden. Ebenso wenig interessierte er sich für meine Hobbys: britischen Artrock und die Erfolge der New York Knicks. Doch der »Bloodsport«, der in Washington ausgetragen wurde, interessierte uns beide. Wir feuerten unsere Mannschaft an und kannten die Namen ihrer Spielkader auswendig, denen entweder ein »R« oder »D« (für Republikaner und Demokraten) in Klammern beigefügt war. Und angesichts der Hängebacken von Senator Sam

Ervin, dem Ausschussvorsitzenden, und eines Zeugens namens Anthony Ulasewicz waren wir uns einig, dass ein kosmischer Casting-Direktor die Hand im Spiel gehabt haben musste. Ulasewicz, ein Cop, ließ mit seiner pfiffigen, humorvollen Art die amerikanischen Zuschauer an den legendären Sportreporter Damon Runyon denken. Mein Vater hingegen fühlte sich daran erinnert, dass es im Deutschland seiner Jugend viel zu wenige Polizisten mit einem Gewissen gegeben hatte.

Allmählich dämmerte mir, was meinen Vater Abend für Abend vor den Fernseher zog. Geboren in der Weimarer Republik und noch keine zwölf Jahre alt, als Adolf Hitler an die Macht kam, war er jetzt Bürger eines anderen Landes und witterte seine zweite Chance, für die Demokratie einzustehen. Die Hausaufgaben konnten warten. Jeden Werktagabend setzte ich mich neben ihn aufs Sofa, um zum ersten Mal gemeinsam etwas vor dem Bildschirm zu erleben, was uns wirklich verband.

Und eines Tages dehnte sich unsere Wochentags-Miniserie auch aufs Wochenende aus, auf den Abend, der unter dem Namen »Saturday Night Massacre« Geschichte machen sollte. Nacheinander wurden zuerst der Justizminister und dann dessen Stellvertreter entlassen, weil sie sich weigerten, Präsident Nixons Anordnung zu folgen und den Chefermittler in Sachen Watergate zu feuern. Nixons Angriff auf die Rechtsstaatlichkeit lieferte dem Repräsentantenhaus die Handhabe, ein Amtsenthebungsverfahren gegen Nixon einzuleiten, das schließlich zu dessen Rücktritt führte.

Für meinen Vater kam all das mehr als dreißig Jahre zu spät. Aber mitzuerleben, wie sich ranghohe Staatsdiener dieses Landes, dem er jetzt angehörte, aus tiefster Überzeugung heraus weigerten, Befehle auszuführen, war für ihn ein erregendes Gefühl.

Umschlag des Almanachs für Kunst und Dichtung von 1927, veröffentlicht im Kurt Wolff Verlag, München. Holzschnitt von Frans Masereel aus der Bildergeschichte *Le Soleil*, die 1920 im Kurt Wolff Verlag unter dem Titel *Die Sonne* erschien.

Straßenszene in Lübeck, August 1936. Aufgenommen vom damals fünfzehnjährigen Nikolaus Wolff.

Einleitung
In Kurts und Nikos Fußstapfen

Dieses Buch umspannt das Leben meines Großvaters und Vaters, zweier Männer, die in Deutschland geboren und später zu amerikanischen Staatsbürgern wurden. Es erzählt von ihrem jeweiligen Schicksal – Ersterer ein Exilierter, der Zweite ein Auswanderer – und ist das Ergebnis meines einjährigen Aufenthalts in Berlin, bei dem ich meiner familiären Herkunft und Geschichte nachspürte, während auf beiden Seiten des Atlantiks rechte Populisten auf dem Vormarsch waren.

Mein Großvater war ein Buchverleger, der vor dem Ersten Weltkrieg die literarische Landschaft Deutschlands prägte. Kurt Wolffs Mutter hatte jüdische Wurzeln, aber es war seine Vorliebe für das Neue, die ihn in Konflikt mit seiner Zeit brachte, in der Adolf Hitler und seine repressive, hasserfüllte Politik unaufhörlich an Zuspruch gewannen. Das Zusammenspiel aus einem brüchigen Frieden, Hyperinflation und sozialen Unruhen setzte dem Kurt Wolff Verlag zu, bis Kurt 1930 schließlich gezwungen war, seinen Verlag zu schließen. Drei Jahre später floh er aus dem mittlerweile von den Nazis beherrschten Deutschland; es verschlug ihn nach New York, wo er 1941 den Verlag Pantheon Books gründete. Mein Vater Nikolaus Wolff, der bei seiner Mutter in Deutschland geblieben war, diente als junger Mann in der Wehrmacht und fand sich nach dem Krieg in einem amerikanischen Kriegsgefangenenlager wieder, ehe er 1948 in die Vereinigten Staaten emigrierte.

Von meiner Geburt im Jahre 1957 bis zu seinem Tod fünfzig Jahre später blickte mein Vater immerzu nach vorn, war mit seiner Assimilation beschäftigt. Ich gab mich zufrieden, neben ihm in diesem sicheren Boot Platz zu nehmen und in ruhigen Gewässern dahinzugleiten. Die konformistische Aufbruchstimmung im Amerika der Nachkriegszeit bot ihm keinen Anlass zurückzublicken, und wenn er das nicht tat, hatte ich erst recht keinen Grund dazu. Genau wie er versuchte auch ich später, zielstrebig und hart arbeitend meinen Weg zu machen. Eine Lebenseinstellung, die man in Deutschland auch »Arbeitstherapie« nennt.

Aber ein Jahrzehnt nach dem Tod meines Vaters – ich war gerade sechzig geworden – spürte ich plötzlich den Sog der Vergangenheit. Ich wollte ein besseres Gespür bekommen für die europäischen Kapitel im Leben meiner Vorväter und die blutige Zeitspanne, in der sie sich vollzogen hatten. Doch am meisten trieb mich das beunruhigende Gefühl an, etwas übersehen zu haben – es versäumt zu haben, die Vergangenheit meiner Familie zu erkunden. Deutsche Angehörige meiner Generation piesackten ihre Eltern und Großeltern, Tanten und Onkel in Bezug auf den Nationalsozialismus, fragten sie, was sie gewusst und was sie getan hatten. Wie überall sonst waren die aufrührerischen Siebzigerjahre auch in Deutschland von Drogen und Rock und Widerstand gegen die Staatsgewalt geprägt, doch hinzu kam die Erkenntnis, dass das Wirtschaftswunder von unternehmerischen und politischen Eliten getragen wurde, die mit zahlreichen ehemaligen Nazis gespickt waren. Die jüngere Generation warf den Älteren vor, dass sie es versäumt hatten, Rechenschaft abzulegen und die eigene Vergangenheit aufzuarbeiten, um stattdessen einer Kultur zu huldigen, in der harte Arbeit und Fleiß großgeschrieben wurden. Inzwischen ist der von der breiten Gesellschaft getragene Wille, die Frage nach Schuld, Scham und Verantwortung aufzuarbeiten, kurzum Vergangenheitsaufarbeitung zu leisten, zum Markenzeichen des modernen Deutschlands geworden.

Ein deutscher Verwandter – das Patenkind und der Namensvetter meines Vaters, genau im gleichen Alter wie ich und ebenfalls Journalist – fragte mich unverblümt, warum wir beschlossen hatten, eine Zeit lang nach Berlin zu ziehen. »Du hast längst die Vergangenheit deiner Familie aufgearbeitet«, antwortete ich, »aber ich als Amerikaner bislang noch nicht.« Niko verstand auf Anhieb, was ich meinte. In seiner Jugend hatte er ausgiebig seine Sympathien für die Gegenkultur kundgetan, indem er am »Reinigungsritual in Bezug auf die Sünden der Väter« teilnahm. Dass ich mich erst so spät an die Aufarbeitung machte, war indes gewiss verzeihlich. Unsere Familie – die Wolffs in Wilmington, Delaware, in Princeton, New Jersey, und in Rochester, New York – war ja kaum noch deutsch. Was immer ich an historischer Aufarbeitung geleistet hatte, bezog sich auf die amerikanischen Schandtaten, die Sklaverei und die »Jim-Crow-Gesetze«, mit denen man im Süden der USA die Unterdrückung der Schwarzen und die Rassentrennung festschreiben wollte, also Sünden, die die Vorfahren meiner Mutter auf sich geladen hatten. Obwohl mein Vater erst als Siebenundzwanzigjähriger mit nur geringen Englischkenntnissen in die Vereinigten Staaten gekommen war, wurde er dank seiner Bemühungen, sich so schnell wie möglich in seinem neuen Land zu integrieren, bald als genauso amerikanisch angesehen wie die in Connecticut aufgewachsene WASP (»weiße angelsächsische Protestantin«), die er später heiratete.

So kam es, dass ich mich nach sechsunddreißig Jahren Journalistentätigkeit für die *Sports Illustrated* abfinden ließ und die Summe auf ein deutsches Bankkonto überwies. Vanessa, meine Frau, kündigte bei dem ambulanten Pflegedienst, für den sie als Krankenschwester arbeitete. Wir fanden ein Paar, das für die Zeit unserer Abwesenheit in unser altes Bauernhaus in Vermont einzog und sich um Hund und Katze kümmerte; unsere beiden Teenagerkinder Frank und Clara meldeten wir bei einer internationalen Schule am Stadtrand von Berlin an. Wir schlossen einen einjährigen Mietvertrag für eine Wohnung in Kreuzberg ab, einem Viertel, in dem Menschen aus mehr als 190 Ländern leben und dessen raue levantinische Ecken und Kanten die Gentrifizierung noch nicht glatt geschliffen hat. Da es in Berlin alle paar Meter einen »Coworking Space« gibt, war es nicht weiter schwer, einen Schreibtisch in fußläufiger Nähe zu finden, und zwar in der AHA Factory, deren Name zu suggerieren schien, dass die sich das Büro teilenden Freiberufler alle paar Minuten eine Art Offenbarung erlebten.

Als wir 2017 an einem Augustnachmittag auf dem Flughafen Tegel landeten, kannte ich nur die vagen Umrisse des Lebens, das mein Großvater und mein Vater in Europa geführt hatten. Kurt Wolff verließ Deutschland für immer, als er am Abend des 28. Februars 1933 aus Berlin floh, während die Asche des niedergebrannten Reichstags noch glühte. Mit einem Pass, der bald abzulaufen drohte und den zu verlängern er sich vergeblich bemühte, lebte er in den folgenden sechseinhalb Jahren bis zum Kriegsausbruch in der Schweiz, in Frankreich und Italien.

Meine Großeltern waren im Jahr 1931 geschieden worden. Danach lebten mein Vater und seine ältere Schwester Maria, damals elf und vierzehn, in München bei ihrer Mutter, die der Pharmaunternehmensfamilie Merck entstammte. Sie und ihr zweiter Mann waren beide nichtjüdisch.

Vermutlich hätten die Nazis an den jüdischen Vorfahren von Kurts Mutter ebenso Anstoß genommen wie an seiner Tätigkeit als Verleger. Denn viele seiner Autoren waren Juden wie Franz Kafka oder Expressionisten und Pazifisten und »entartet« sowieso. Bücher von Karl Kraus, Walter Mehring, Heinrich Mann, Joseph Roth, Carl Sternheim und Franz Werfel – allesamt Autoren des Kurt Wolff Verlags – ließen die Nazis in Flammen aufgehen.

Nachdem die Deutschen 1940 in Frankreich einmarschiert waren und einen Teil des Landes besetzt hatten, flohen Kurt und seine zweite Frau Helen mithilfe des amerikanischen Journalisten Varian Fry und des von ihm geleiteten Emergency Rescue Committee mit ihrem Sohn, meinem Halbonkel Christian, aus Nizza nach Lissabon, um sich im März 1941 nach New York einzuschiffen. Bereits seit Anfang des folgenden Jahres betrieben sie von ihrer Wohnung in Manhattan aus den Verlag Pantheon Books.

Kurt sollte auch weiterhin eine bekannte Figur des öffentlichen Lebens bleiben, und noch heute lässt sein Name in gewissen literarischen Kreisen aufhorchen. Doch die großen Fragen, die mich bedrängen, entzünden sich immer wieder an der Figur meines Vaters, der kein öffentliches Leben führte. Wie kam es, dass Niko Wolff trotz seiner jüdischen Wurzeln bei der Wehrmacht war? Warum folgte er nicht dem Beispiel seines Vaters, sondern blieb in Deutschland, wo er den Aufstieg und die Herrschaft der Nazis miterlebte? Wie viele Schuld- oder Schamgefühle brachte Niko später in die Neue Welt mit und schleppte sie sein restliches

Leben lang mit sich herum? Welchen Einflussnahmen, Zufällen oder Privilegien verdankte er sein Überleben – und verdanke ich meine Existenz? Gab es auch für mich Anlass zur Scham?

Im Gegensatz zu Kurts Auswanderungsgeschichte fehlt der meines Vaters das adelnde Attribut »Gesinnungsemigrant«. Bei meiner Ankunft in Berlin wusste ich kaum mehr als das, was Niko mir erzählt hatte: dass er in seinem bayerischen Internat gezwungen wurde, der Hitlerjugend beizutreten, dass er als Neunzehnjähriger dem Reichsarbeitsdienst angehörte und während des Russlandfeldzugs einen Versorgungslastwagen für ein Luftwaffengeschwader fuhr. Ich fragte ihn, ob er je jemanden getötet habe, worauf er mir antwortete: nicht wissentlich. Die folgenden drei Jahre nach dem Krieg verbrachte er buchstäblich mit dem Auflesen von Trümmern, um sich für einen Studienplatz für Chemie an der Technischen Hochschule München zu qualifizieren. Später half Kurt seinem Sohn, ein Studentenvisum für die Einreise in die Vereinigten Staaten zu bekommen, wo er seinen Abschluss machte. Bis auf gelegentliche Familienbesuche sollte mein Vater nicht mehr nach Deutschland zurückkehren.

Kurt war sechzig, als er zu einem »hyphenated American« wurde, einem »Amerikaner mit Bindestrich«, also einem amerikanischen Staatsbürger mit ausländischer Abstammung, in seinem Fall zu einem »Deutsch-Amerikaner«. Diesen Bindestrich, der sowohl verbindend als auch trennend war, fasste er als Lizenz auf, sich neu zu erfinden, und zwar nicht nur einmal, sondern zweimal. Wenige Jahre nachdem er zum ersten Mal seinen Fuß auf amerikanischen Boden gesetzt hatte, verlegte er Bestseller in einer Sprache, die er nicht völlig beherrschte. Zwei Jahrzehnte später, als er mehr oder weniger abermals ins Exil gedrängt worden und nach Europa zurückgekehrt war, ermöglichte ihm ein amerikanischer Verlagsmanager eine neue berufliche Laufbahn, nachdem ihn ein anderer von der rücksichtsloseren Sorte kurz zuvor aus dem Land getrieben hatte. Und so waren ihm bis zu seinem Tod noch ein paar Jahre der beruflichen Zufriedenheit als rehabilitierter Deutsch-Amerikaner beschieden.

Kurt legte stets eine große Begeisterungsfähigkeit an den Tag. Unermüdlich und zumeist lustvoll setzte er alles daran, andere dazu zu bringen, die Dinge so zu sehen wie er selbst. Und auch wenn es ihm hin und wieder schwerfiel, ein Nein als Antwort zu akzeptieren, wurde seine Hartnäckigkeit durch den Enthusiasmus abgemildert, mit dem er Kollegen, Gäste, Leser oder Freunde dazu bewegen wollte, einer seiner Empfehlungen zu folgen. Gewöhnlich ging es dabei um ein Buch, häufig aber auch um ein Kunstwerk oder Musikstück, ein Gericht oder einen edlen Tropfen. Während der ersten zwei Drittel eines Jahrhunderts, das von Zerstörung und Grauen gekennzeichnet war, suchte Kurt unermüdlich nach Menschen mit gutem Geschmack, die seinen guten Geschmack erkannten.

Es dürfte nicht leicht gewesen sein, als Sohn eines solchen Mannes aufzuwachsen, vor allem wenn die eigenen Interessen und Erfahrungen in eine ganz andere Richtung gingen. Mein Vater trug in München Trümmerhaufen ab, während sein Vater in Manhattan in Sicherheit lebte und allenfalls nach Ideen für einen weiteren universalistischen Essay oder prächtigen Bildband schürfte, mit dem er die Leserschaft beglücken konnte.

Das ist das wenige, was ich durch Geschichten aus zweiter Hand und ein paar Sekundärquellen wusste, bevor ich nach Berlin aufbrach. Und tatsächlich staune ich immer wieder aufs Neue, wenn ich über den von mir zusammengetragenen Geschichten brüte, wie viel ich über meine Familie herausgefunden habe – und wie wenig mein Vater mir erzählt hatte. Glücklicherweise ist der schriftliche Nachlass meines Großvaters in Deutschland beziehungsweise in den Vereinigten Staaten archiviert, und einiges davon wurde sogar veröffentlicht. »Lieber Dr. Kafka: Herr Franz Werfel hat mir so viel von Ihrer neuen Novelle – heißt sie ›die Wanze‹? – erzählt, daß ich sie gern kennen lernen möchte. Wollen Sie sie mir schicken?« Aus seinen Terminkalendern, Tagebüchern und Notizen weiß ich, dass Kurt, ein Amateur-Cellist, mit Paul Klee, der nicht nur Maler, sondern auch Geiger war, an einem Septembertag im Jahr 1919 Streichtrios spielte und dass sich die Rechnung für ein Mittagessen mit T. S. Eliot im Grand Ticino in Greenwich Village in den Fünfzigern auf fünfundsiebzig Cent belief. Spät in seinem Leben verfasste Niko eine Orientierungshilfe für die etliche Jahrzehnte umspannenden Tagebücher seines Vaters, eine umfassende tabellarische Aufstellung mit den Kategorien *Wer, Wann, Wo* und *Weiteres,* die nicht nur von Kurts zwanghafter Geselligkeit zeugt, sondern auch offenbart, warum ich meinem Vater den Spitznamen »wandelndes Flussdiagramm« gegeben habe.

Kurt selbst hatte sich geschworen, niemals ein Buch nach dem Motto »Mein Leben und meine Liebesaffären« zu schreiben. Die eigenen Memoiren zu veröffentlichen, war seines Erachtens vergebliche Mühe, und er pflegte zu sagen: »Was man schreiben kann, ist nicht interessant, und was interessant ist, kann man nicht schreiben.« Bei meinem Vorhaben, das Leben meines Großvaters zu umreißen, hatte ich immer auch die beschwörenden Worte des amerikanischen Literaturkritikers D. J. R. Bruckner im Hinterkopf, der Kurt 1992 in seiner Rezension der gesammelten Briefe und Essays als »einen schwierigen Menschen« bezeichnete. »... das geht aus seinen eigenen Worten hervor – trotz seiner Leidenschaft für gute Bücher, seiner Herzenswärme, Freundlichkeit und Loyalität.

Selbst einem Leser, der seine Worte mit zeitlichem Abstand liest, wird unbehaglich zumute angesichts seiner Klarheit, unerbittlichen Logik und hehren Verhaltensregeln. Aber all das ist so inspirierend … Das wahrhaft Noble daran ist Wolff selbst. In vertraulicher Atmosphäre von solch einem Menschen angesprochen zu werden erfreut das Herz.« Möge diese Beschwörung als Rechtfertigung für die Unmittelbarkeit dienen, mit der Kurt Wolff auf den folgenden Seiten in Erscheinung tritt.

Ich nahm Unmengen von Briefen aus dem Familienfundus nach Berlin mit und machte mich an deren Lektüre in dem Wissen, dass andernorts Tausende weitere lagern. Wenn man sich in der mehr als ein halbes Jahrhundert umspannenden Korrespondenz seiner Vorfahren verliert, erhält man automatisch Einblick in die ungeschriebenen Regeln des Briefeschreibens der Ära, in der diese lebten. Es genügte nicht, aufzubewahren, was der Postbote einem brachte; man musste auch eine Kopie dessen aufbewahren, was man verschickte. Was bringt es, eine Empfindung oder ein Aperçu in einem privaten Tagebuch zu notieren und es für sich zu behalten (höre ich meinen Großvater aus dem Grab kundtun), wenn man es doch ebenso gut einer anderen Person anvertrauen kann? Wenn das Wesen des Publizierens die Verbreitung des geschriebenen Worts ist, dann ist das Schreiben eines Briefs Publizieren mit geringstmöglicher Auflage.

Kurt ließ seinem Enthusiasmus freien Lauf. »Bei anderen Autoren«, schrieb er an Heinrich Mann, »bedeutet eine gelegentliche Ungeschicklichkeit in ihrer geschäftlichen Vertretung vielleicht ein wenig Ärger, bei Ihnen erschiene sie mir heute als Verbrechen.« Und in einem Antwortbrief an Hermann Hesse, der nicht zu seinen Autoren zählte, aber sein Freund war, schrieb er: »Das ist wie

Zauberei: Da lebe ich in einem entlegenen Winkel des südlichen Frankreich, ganz still und privat, und plötzlich werde ich bei meinem Namen gerufen … Herzlich und innig möchte ich Ihnen danken, dem Zauberer …«

Auf seine eigenen Worte verwandte er ebenso viel Aufmerksamkeit wie auf die Texte, die er verlegte. Selbst Beleidigungen kamen originell daher; schlechte Literatur war für ihn nicht schlicht »Mist« oder »wertloses Zeug«, sondern, noch schlimmer, »das Papier nicht wert, auf dem es gedruckt wird«. 1917 äußerte er als Dreißigjähriger gegenüber Rainer Maria Rilke, warum er sich zum Verleger berufen fühlte:

> *Wir Verleger bleiben, haben wir überhaupt je gelebt, nur kurze Jahre lebendig … So gilt es, wachsam und jung zu bleiben, daß der Spiegel nicht zu rasch erblinde. Noch bin ich jung, noch sind es meine Jahre; ich freue mich des Spiels der Kräfte, die mit den Aufgaben wachsen und durch Kampf und Widerstände verdoppelt werden, genieße das freie Spiel wirkender Tätigkeit und glaube, wenn ich auch oft irren mag, mit dem wenigen wahrhaft Guten und Wertvollen, für das ich mich einsetze, Äquivalente für Fehler zu schaffen.** *

Beim Briefeschreiben wusste Kurt genau, was wichtig war, und ich behielt dies wohlweislich im Hinterkopf, während ich mich immer tiefer durch die Stapel arbeitete. »Wer interessiert sich schon für die Empfänger der Briefe?«, fragte er einmal. Die Menschen würden sie nur lesen, weil sie sich für den Schreiber interessierten.

* Bei Zitaten aus deutschsprachigen Briefen und Aufzeichnungen werden Orthografie und Interpunktion der Originaltexte beibehalten.

Um schließlich unumwunden zuzugeben, worum es wirklich geht: »Häufig schreiben Briefeschreiber über sich selbst.«

Mein Vater war zwar nicht der sprichwörtliche Apfel, der nicht weit vom Stamm fällt, aber er war ein pflichtbewusster Briefeschreiber, der seiner Mutter Elisabeth Merck Wolff Albrecht, die während des Kriegs in München geblieben war, ausführliche Briefe schickte. Für mich waren diese erhalten gebliebenen Briefe und die Fotos, die Niko ihnen beigefügt hatte – sowie einzelne Dokumente wie etwa der »Nachweis der arischen Abstammung«, der meinem Vater, obwohl Enkel und Urenkel getaufter Juden, ausgestellt worden war –, wie ausgestreute Brotkrümel, deren Spur ich folgen konnte.

Im Lauf der Jahre erfuhr ich, dass meine Großmutter den Familienstammbaum für Niko und seine Schwester abgeändert hatte, indem sie jüdische Vorfahren durch nichtjüdische mit denselben Nachnamen ersetzte. Ermöglicht wurde diese Täuschung angeblich durch einflussreiche Bekannte ihres zweiten Mannes, eines Gynäkologen, zu dessen Patientinnen auch die Frau von Hitlers Stellvertreter Rudolf Hess zählte. Ob diese Geschichte wahr ist, kann heute nicht mehr verifiziert werden, aber sie hallt unerbittlich in mir nach.

Als ich 2012 in London war, um über die Olympischen Spiele zu berichten, besuchte ich eines Morgens mit meiner Frau und den Kindern die »Cabinet War Rooms« – die ehemalige Kommandozentrale, von der aus Churchill die britische Reaktion auf den »Blitz« orchestrierte. Als wir zum Mittagessen ins Café gingen, hatte unsere neunjährige Tochter Clara längst ausgemacht, wer die Guten und wer die Bösen waren und auf welcher Seite ihr Großvater stand. Sie fragte: »Könnte es nicht sein, dass Opa vielleicht ein Spion war?«

Ich glaube, ich murmelte irgendetwas über staatsbürgerliche Verantwortung und dass jeder von uns die Pflicht habe, dafür zu sorgen, dass unsere Regierung niemals Unrecht in unserem Namen begehe. Aber ich habe nicht das Gefühl, dass das eine aufrichtige Antwort war, und frage mich noch immer, ob ich je in der Lage sein werde, Claras Frage mit der Offenheit zu behandeln, die sie verdient. Dieses Buch ist der Versuch, eine ehrliche Antwort zu finden.

Und als Ausgangspunkt erschien mir kein Ort geeigneter zu sein als Berlin, die moderne europäische Metropole, die von der Atmosphäre und dem Geist her am ehesten dem Manhattan der Vierzigerjahre ähnelte, wohin es sowohl Kurt als auch Niko verschlagen hatte. Ein Kommentar aus dem Jahr 1983 von Richard von Weizsäcker, damals Regierender Bürgermeister von Berlin, brachte es auf den Punkt: »Wie keine andere Stätte erlebt und erleidet Berlin täglich die deutsche Geschichte mit ihren Schicksalswegen. Deshalb können wir hier ganz ohne Pathos sagen: Berlin ist Treuhänderin der deutschen Geschichte, Treuhänderin der Deutschen und ihrer Nation.«

Und hierher war ich gekommen, um mit dem Finger über diese Narben zu fahren, die Länge jeder Kerbe zu messen und die Dichte des Gewebes zu erspüren.

Bildung und Bücher

Kurt, 1887 bis 1913

Als Kurt Wolffs Enkel war mir das Cellospielen sozusagen in die Wiege gelegt worden. Sehr früh erklärte man mir: Bei einer Pianistin als Mutter und einem Hobbygeiger als Vater müsse ich Cello lernen, damit das Trio komplett wäre. Ich stieß mit einem Instrument hinzu, das nur halb so groß war wie die Erwachsenenversion. Als ich in die Mittelstufe kam, wurde es gegen ein dreiviertelgroßes ausgetauscht, und zwar in der Erwartung, dass ich bald groß genug für Kurts sorgfältig poliertes Erbstück sein würde, das 1779 in Tirol aus Ahornholz und breit gemaserter Resonanzfichte gefertigt worden war.

Man muss die männliche Linie der Wolffs nicht allzu weit zurückverfolgen, um zu ergründen, dass das gute alte Familientradition war. Mein Großvater wuchs in Bonn auf, wo sein Vater an der Universität Musik unterrichtete und außerdem ein erschöpfendes Arbeitspensum als Dirigent, Streicher, Organist und Chorleiter absolvierte. Sonntags rahmte Leonhard Wolff in der evangelischen Kreuzkirche am Kaiserplatz mit Orgelmusik und Chorwerken die Predigten von Pastor Bleibtreu ein. Ein großer Bach-Kenner und Freund von Brahms, war Leonhard selbst Komponist, der dritte Wolff in direkter Folge eines Berufsmusikergeschlechts aus Krefeld. Als die Pianistin Clara Schumann in den 1850er-Jahren hin und wieder in der Stadt weilte, um bei einem der Winterkonzerte aufzutreten, die sein Vater damals veranstaltete, schickte man den jungen Leonhard in ihr Hotel, um Blumen oder Obst für sie abzugeben.

1886, zwanzig Monate nachdem sich seine erste Frau Anna durch einen Sprung in den Rhein das Leben genommen hatte, heiratete Leonhard ein weiteres Mal. Seine neue Braut Maria Marx war die Tochter einer Rheinländerin und eines Rheinländers, die ihre jüdischen Wurzeln bis in die Frühzeit der genealogischen Aufzeichnungen zurückverfolgen konnten. Sie gab ihre Stelle als Lehrerin an einer Mädchenoberschule auf, um ihre Pflichten als Stiefmutter von Leonhards und Annas beiden Kindern zu erfüllen.

An einem Abend im März 1887 brachte Maria Kurt zur Welt, während Leonhard in der alten Beethovenhalle Händels *Messias* dirigierte. Von da an wurden die Worte »Es ist uns ein Sohn gegeben« als scherzhaftes Bonmot in unserer Familie weitergegeben.

Maria, getaufte Christin wie ihre Eltern, führte einen von deutscher, wenngleich überwiegend säkularer Kultur geprägten Haushalt. Ihre Ausbildung als Lehrerin machte sich bei der Erziehung der Kinder bemerkbar, und so übertrug sie ihre Liebe zu Gedichten auf ihre Stiefkinder und ihre leiblichen Kinder Kurt und dessen drei Jahre jüngere Schwester Else. Kurt erhielt den obligatorischen Cellounterricht und wurde auf den Besuch des Gymnasiums vorbereitet. Als Maria 1904 mit siebenundvierzig Jahren starb, hatte sie entscheidenden Einfluss auf die Bildung ihres mittlerweile siebzehnjährigen Sohns genommen.

Von Natur aus grüblerisch und introvertierter als seine Frau, liebte Leonhard lange Spaziergänge, und mein Großvater begleitete ihn als Heranwachsender häufig. Dabei fragte Kurt seinen

Vater über diverse Komponisten und Schauspieler aus und besonders auch über seine beiden direkten Vorfahren väterlicherseits. Leonhards Großvater Johann Nikolaus, ein Müllersohn aus Franken, der 1770, im selben Jahr wie Beethoven, geboren wurde, war in Krefeld Kapellmeister gewesen. Sein Nachfolger wurde Leonards Vater Hermann, ein Freund von Clara und Robert Schumann. Hermann war ein früher Bewunderer von Brahms und verließ 1870 Krefeld zutiefst gedemütigt, nachdem das Publikum auf seine Aufführung des *Deutschen Requiems* ablehnend reagiert hatte – offenbar empfand es das Oratorium damals noch als zu radikal.

Leonhard teilte bald die Begeisterung seines Vaters für Brahms. Ehe er nach Bonn ging, hatte er mit dem Meister Kammermusik gespielt. Und so führte er im Jahr 1884, kurz nachdem er seinen Posten als Kapellmeister in Bonn angetreten hatte, dort erfolgreich *Ein deutsches Requiem* auf.

An einem Frühlingstag im Jahr 1896 betrat Brahms noch vor dem Morgengrauen das Haus der Wolffs im Bonner Thalweg – vier Stunden später sollte Leonhard den Chor bei Clara Schumanns Beerdigung dirigieren. »Ich selbst erinnere die Bestürzung, Aufregung, Trauer bei jener unerwarteten Erscheinung von Brahms früh um 5 Uhr im Elternhaus – das Frühstück war ein Totenmahl. Mein Vater sollte Brahms nach diesem Begräbnistag nicht wiedersehen«, schrieb mein Großvater, der damals neun Jahre alt war, ein halbes Jahrhundert später.

Dieses Foto hat irgendwie überlebt; es wurde am Tag danach aufgenommen. Brahms ist der sichtlich von Trauer überwältigte, weißbärtige Mann in der Mitte. Dank der Anmerkungen meines akribischen Vaters auf der Transparenthülle des Fotos weiß ich, dass meine Urgroßeltern den dunkelbärtigen Mann mit Hut hinter dem Komponisten flankieren.

Die Wolffs hatten sich einen Platz im Bildungsbürgertum erobert, dieser bürgerlichen Oberschicht, die sich dem lebenslangen Lernen und dem kulturellen Erbe in Kunst, Musik und Literatur verpflichtet fühlte. Mit zehn begeisterte sich Kurt für Theodor Fontane, und seine Liebe zur Literatur spornte ihn an, das Abitur abzulegen. In einer Universitätsstadt wie Bonn war diese Art der humanistischen Selbstbildung in bildungsbürgerlichen Kreisen etwas Selbstverständliches. »Falls gelegentlich der peinliche Fall vorkam, daß ein Professorensohn nicht studierte, sondern etwa kaufmännisch berufstätig wurde, so fiel er aus seiner Welt heraus. Es war eine Schande für die Familie, die man tief bedauerte, und das Unglück wurde taktvoll nie erwähnt.«

Umzingelt von »Snobs und Bürgern«, wie Kurt es später formulierte, widmeten sich junge Bonner, die sich künstlerisch ausdrücken wollten, der Musik und Dichtung. Leonhard förderte die junge Pianistin Elly Ney, die Tochter einer Bonner Beamtenfamilie, die gegenüber der Turnhalle von Kurts Schule wohnte. Nach dem Zweiten Weltkrieg sollte die Stadt Elly Ney wegen ihrer nationalsozialistischen Gesinnung zeitweise aus ihren Konzertsälen verbannen. Doch damals schwänzte Kurt, noch nicht einmal ein Teenager, den Sportunterricht, schlüpfte in den Salon der Neys und bat die damals sechzehnjährige Elly, für ihn zu spielen. Und als bräuchte er nur die Knöpfe einer Jukebox zu drücken, spielte sie – »was immer ich mir nur wünschen konnte, unermüdlich und viele Stunden lang: Bach, Mozart, Beethoven, Schubert, Chopin bis zu den Brahms-Sonaten in C und F. Wenn ich mit den großen Werken der Klaviermusik wirklich vertraut wurde, verdanke ich das vor allem jenen Stunden bei Elly … [Ich] war bis über die Ohren in die hinreißend temperamentvolle junge Löwin verliebt.«

Genauso begeisterte sich Kurt für die Literatur. Als Neunzehnjähriger begegnete er dem Dichter Friedrich Gundolf, der später an der Universität Heidelberg Literaturwissenschaft lehrte. Gundolf stand Stefan George nahe, zu dessen »Jüngern« auch die drei Brüder Stauffenberg gehörten. »Fein, hübsch, beflissen, bescheiden, gesittet, von einer rührenden, fragenden und suchenden Geistigkeit und Jungheit …«, schrieb Gundolf an George, als er dem »Meister« ankündigte, ihm demnächst Kurt vorzustellen. »[Er ist] einer der jungen Menschen, die zur Bildung der Atmosphäre und zur Hebung des Niveaus so bedürft werden.«

Auch auf die Gefahr hin, die akademischen Kreise Bonns vor den Kopf zu stoßen, reiste Kurt kurz nach dieser Begegnung per Schiff nach São Paulo, um an einem von deutschen Banken gesponserten sechsmonatigen Kurs über das Finanzwesen teilzunehmen. Aber kaum war er wieder zu Hause, stürzte er sich erneut in die

Literatur. Mit den 100 000 Goldmark, die er von seiner verstorbenen Mutter geerbt hatte und die heute mehr als 800 000 Euro wert wären, hatte er begonnen, Erstausgaben und Inkunabeln oder Wiegendrucke zu erwerben – Bücher, die im 15. Jahrhundert kurz nach der Erfindung der Druckerpresse mit beweglichen Lettern gedruckt worden waren. Am Ende umfasste seine Sammlung 12 000 Exemplare. Aber genau wie sein Vater, der sich sowohl für alte wie auch für neue Musik starkmachte, ließ Kurt den Blick von Büchern, die reichlich Staub angesetzt hatten, zu Werken wandern, die in seiner Zeit geschrieben wurden – zu Schriftstellern, die die verknöcherten Ansichten der Wilhelminischen Ära infrage stellten. Auf seiner Wanderschaft von Universität zu Universität, wie sie damals üblich war, studierte er Germanistik in Marburg, München, Bonn und – seine schicksalhafteste Station – in Leipzig, damals das Zentrum des deutschen Verlagswesens. 1908, mit einundzwanzig, hängte er sein Promotionsstudium an den Nagel und fing beim Insel Verlag als Lektor an. »Ich liebte Bücher, auch schöne Bücher, versuchte zu sammeln, schon als halber Junge noch und Student, wußte, daß ich völlig unproduktiv war«, erinnerte er sich später, »wollte aber durchaus beruflich mit dem Buch zu tun haben. Was bleibt anderes übrig? Man wird Verleger.«

Eines seiner ersten Projekte fußte auf dem Familienarchiv. Als Jugendlicher hatte er Bertha, seiner Großmutter mütterlicherseits, bei der Entrümpelung eines Buchregals geholfen. Dabei entdeckte er Notizen und Visitenkarten von Adele Schopenhauer, der Schwester des Philosophen, und Ottilie von Goethe, der Schwiegertochter des Dichters. Kurt bat seine Großmutter, ihm von den Hintergründen dieser Dokumente zu erzählen. Wie sich herausstellte, war Berthas Mutter Jeanetta mit beiden Frauen befreundet gewesen. Bertha förderte weitere Korrespondenz zutage, und 1909 veröffentlichte Kurt diese Briefe und ein Tagebuch von Adele, das er in Privatbesitz entdeckt hatte, in einer zweibändigen Ausgabe bei Insel.

Als Nächstes wandte er sich dem Werk des Schriftstellers und Naturforschers Johann Heinrich Merck zu. Dieser war ein Freund Goethes und ein Vorfahr der siebzehnjährigen jungen Dame, der Kurt während seiner Zeit beim Militär in Darmstadt den Hof gemacht hatte und die er später heiraten sollte – meiner Großmutter Elisabeth Merck. Ihre Familie, die das gleichnamige international tätige Pharmaunternehmen betrieb, lehnte Elisabeths Verehrer zunächst ab, und zwar aus den gegenteiligen Gründen, aus denen die Bonner Professorenschaft ihn vielleicht gern in ihre Reihen aufgenommen hätte: Kurt war ihnen zu sehr Literat und zu wenig Geschäftsmann. Doch das Verlagswesen schien ihnen dann ein guter Kompromiss zu sein, sodass die Mercks dem Paar Ende 1907 ihren Segen gaben. Die Hochzeit fand 1909 statt, kurz nachdem diese Porträts entstanden waren.

1910 wurde Kurt stiller Teilhaber des erst vor Kurzem gegründeten Verlags von Ernst Rowohlt, der eines der wichtigsten Verlagshäuser Deutschlands werden sollte. Mit seiner schlanken Gestalt und seinen vollendeten Umgangsformen hätte Kurt, der inzwischen mit seiner Frau und einer Haushaltshilfe eine Wohnung in Leipzig bezogen hatte, nicht verschiedener von dem raubeinigen, urigen Ernst Rowohlt sein können, der in den Wirtshäusern und Weinstuben der Stadt Geschäfte tätigte und hin und wieder im Büro übernachtete.

Nachdem er im Juni 1912 endgültig seine Doktorarbeit ad acta gelegt hatte, fand Kurt mehr Zeit, sich um die geschäftlichen Angelegenheiten des Verlags zu kümmern. Und so war er auch an jenem Junitag im Jahr 1912 anwesend, als der Prager Schriftsteller Max Brod mit einem Schützling namens Franz Kafka im Büro erschien. Jahre später berichtete Kurt über diesen Besuch:

> *Ich habe im ersten Augenblick den nie auslöschbaren Eindruck gehabt: der Impresario präsentiert den von ihm entdeckten Star. Natürlich, so war's ja auch, und wenn dieser Eindruck peinlich war, so war das in Kafkas Wesen begründet, der unfähig gewesen wäre, diese Einführung mit einer leichten Geste, einem Scherz zu überkommen.*
>
> *Ach, wie er litt. Schweigsam, linkisch, zart, verwundbar, verschüchtert wie ein Gymnasiast vor den Examinatoren, überzeugt von der Unmöglichkeit, die durch die Anpreisung des Impresarios geweckten Erwartungen je zu erfüllen. Und überhaupt, wie hatte er nur einwilligen können, sich als Ware einem Käufer vorstellen zu lassen! Wollte er denn, daß man seine belanglosen Kleinigkeiten drucke – nein, nein, nein. Ich atmete auf, als der Besuch vorbei war, und nahm Abschied*

von den schönsten Augen, dem rührendsten Ausdruck eines alterslosen Menschen, der damals im dreißigsten Jahre stand, dessen Erscheinung aber zwischen krank und kränker schwankend für meinen Eindruck immer alterslos blieb; man konnte sagen: ein Jüngling, der nie den Schritt ins Mannesalter getan.

Eine Bemerkung Kafkas an diesem Tag trug mit dazu bei, dass Kurt ihn als naiv und unsicher einschätzte: »Ich werde Ihnen immer viel dankbarer sein für die Rücksendung meiner Manuskripte als für deren Veröffentlichung.«

Ein paar Monate später kam es zum Zerwürfnis mit Ernst Rowohlt, nachdem Kurt den ebenfalls aus Prag stammenden Schriftsteller Franz Werfel zu großzügigen Bedingungen als Lektor eingestellt hatte, ohne dies mit seinem Geschäftspartner abzusprechen. 1913 zahlte Kurt Ernst Rowohlt mit einem Teil des mütterlichen Erbes und Mitteln seiner wohlhabenden Frau aus, firmierte den Verlag auf den Namen Kurt Wolff Verlag um und nahm Kafka und Brod als Autoren mit. Da er weiteres Kapital benötigte, versteigerte er einen Teil seiner Buchsammlung. Für den Fall, dass jemandem der Symbolgehalt dieses Schritts entgangen sein sollte – möge das Alte das Neue unterstützen –, hielt Kurt sein Credo in einem Brief an den Wiener Kritiker Karl Kraus fest: »Ich dagegen denke mir den Verleger – wie soll ich sagen – etwa als Seismograph, der bemüht sein soll, Erdbeben sachlich zu registrieren. Ich will Äußerungen der Zeit, die ich vernehme, soweit sie mir irgendwie wertvoll erscheinen, überhaupt gehört zu werden, notieren und für die Öffentlichkeit zur Diskussion stellen.«

1912 war Kurt zum ersten Mal auf Werfels Betreiben nach Wien gereist, um Kraus zu treffen. Kurt fühlte sich überwältigt von dem ermüdenden Ungestüm dieses literarischen Provokateurs.

Ob es darum ging, über Literatur zu diskutieren oder ihm die Stadt zu zeigen, immer verlangte der damals achtunddreißigjährige Kraus die volle Aufmerksamkeit seines dreizehn Jahre jüngeren Besuchers. »Wenn er Sie nachts zum Hotel begleiten will«, warnte Werfel ihn, »dürfen Sie es nicht als Akt der Höflichkeit auffassen und ablehnen. Kraus ist ein Nachhausebegleiter. Der Gedanke, man könne etwa nach einem Zusammensein mit ihm noch mit anderen Menschen zusammentreffen, ist ihm unerträglich. Wenn Sie sich aber einmal befreien möchten, gibt's *eine* Ausrede, die Kraus gelten läßt – wenn auch ungern. Sie können, so zwischen Mitternacht und ein Uhr, sich mit der Entschuldigung verabschieden, daß Sie noch ein Rendez-vous mit einer Frau haben. Es ist die einzige Rettung.«

Kurts erster Besuch in Kraus' Wohnung dehnte sich bis in die frühen Morgenstunden aus, und bei dieser Gelegenheit zog sein Gastgeber einen Gedichtband aus dem Regal und rezitierte seine Lieblingsgedichte. »Die Verse durchdrangen die Wand meiner Müdigkeit kaum«, erinnerte sich Kurt. »Mich fesselte in diesem Augenblick der merkwürdige Leser, den ich doch erst vor ein paar Stunden kennengelernt, weit mehr als die vertrauten Verse, und ganz mechanisch sprach ich, als er das ›Mondlied‹ las, die letzten Zeilen mit, – nein, allein. Kraus verstummte und ließ mich zu Ende sprechen.

Verschon uns, Gott! mit Strafen,
Und laß uns ruhig schlafen!
Und unsern kranken Nachbarn auch!

Er sah mich fassungslos an und fragte in einem Ton, der zugleich Enttäuschung und Überraschung verriet: ›Aber wieso kennen Sie denn das? Matthias Claudius ist doch völlig vergessen und unbekannt.‹

›Aber nein‹, meinte ich, ›vielleicht in Österreich, bei uns eigentlich nicht. So etwa von meinem fünften bis achten Jahr, als ich die Kindergebet-Verschen leid geworden, betete meine Mutter mit mir allabendlich das ›Mondlied‹.«

Die Freude, seine neue Liebe geteilt zu finden, war größer als die Enttäuschung, nicht der erste Mittler der Gedichte gewesen zu sein.

Denn die erste Mittlerin war Maria Marx Wolff gewesen, die akkulturierte Rheinländerin mit jüdischen Wurzeln.

Kurt, ein junger Rebell im Bonn der Jahrhundertwende, fand in der Musik und Lyrik die ihm angemessenen Ausdruckmöglichkeiten, wobei er die Liebe zu Ersterer seinem Vater verdankte. Die

Liebe zur Literatur – die Leidenschaft, mit der er seinen Weg gehen und sich einen Namen machen und sich später im Exil neu erfinden sollte – kam von seiner Mutter, die auf diesem Foto abgebildet ist.

Aber die eigentliche Geschichte beginnt erst hier. Die Welt, in die dieser gereifte junge Mann hineingeworfen wurde, war nicht nett zu Bildungsbürgern wie ihm, die einen großen Bogen um die schmuddelige Politik machten. Mit Deutschen, die es zufrieden waren, sich in Büchern, Kunst und Musik zu verlieren, sollte die kommende Zeit nicht gut umgehen – und die Geschichte hatte bereits entsprechende Zeichen ausgestreut.

Man kann meine Familie unmöglich ganz verstehen, ohne die seltsamen und historisch bedeutsamen Ereignisse zutage zu fördern, die sich in der ersten Hälfte des 19. Jahrhunderts im badischen Karlsruhe zutrugen.

Kurt Wolffs Ururgroßvater Salomon von Haber, hier abgebildet, stand in Diensten dreier Großherzöge von Baden, zuerst als unabhängiger Financier und ab 1811 als Bankier des Großherzogtums.

Im frühen 19. Jahrhundert war der Bedarf an materiellen Gütern stetig gewachsen, und Salomon wusste, welche Hebel er in Bewegung setzen musste, um sie zu beschaffen. Wenn das Großherzogtum Zaum- und Sattelzeug für die Pferde der Kavallerie brauchte oder Satin für die Kleider der Damen, wandten sich »Hofjuden« wie er an zuverlässige Glaubensbrüder in ganz Europa, die in der Lage waren, Gold zu beschaffen oder Kredite zu vergeben. Gleichzeitig engagierte sich Salomon in der jüdischen Gemeinde von Karlsruhe, wo er sich für Reformen aussprach – so etwa für eine modernere Liturgie – und dafür plädierte, die Gottesdienste auf Deutsch statt auf Hebräisch abzuhalten. Da sich Großherzog Ludwig I. am Habsburger Toleranzpatent orientierte, scheint mein Vorfahr, der Hofbankier, zunächst keine Probleme mit seiner Identität als Mitglied der bürgerlichen Elite und als praktizierender deutscher Jude gehabt zu haben.

Aber 1819 kam es an der Würzburger Universität zu antisemitischen Ausschreitungen von Studenten, und bald brachen in vielen Städten des Deutschen Bundes Unruhen aus. Ein Mob aus Handwerkern, Händlern und anderen Mitgliedern des Bürgertums skandierte »Hep, hep, Jud', verreck!« – daher die Bezeichnung »Hep-Hep-Unruhen« oder »Hepp-Hepp-Krawalle« –, demolierte Geschäfte und Häuser und vertrieb jüdische Bürger aus der Stadt. In Baden war selbst der Hofbankier des Großherzogs nicht mehr sicher. Am Abend des 27. August versammelte sich ein Mob vor dem Stadtpalais Haber, Salomons Wohnhaus, das sich gegenüber der Hauptsynagoge am Marktplatz befand, bewarf es mit Steinen und skandierte antisemitische Schlachtrufe. Eskortiert von einer Leibwache, die der Großherzog ihm zur Seite gestellt hatte, floh Salomon in den knapp hundert Kilometer südlich gelegenen Ort Steinach.

Der Schriftsteller Ludwig Robert, ein gebürtiger Berliner, der erst kürzlich vom Judentum zum Christentum konvertiert war, hielt sich damals gerade bei seiner Verlobten in Karlsruhe auf und wurde Zeuge der dortigen Ausschreitungen. Berittene Truppen patrouillierten auf den kopfsteingepflasterten Straßen; auf Plakaten stand: »ALLEN JUDEN TOD UND VERDERBEN! / IHR MÜSST ALLE FLIEHEN ODER STERBEN«; es gab Bürger, die nicht nur über das Spektakel lachten, sondern sich beschwerten, dass der Kommandant die Wirtshäuser hatte schließen lassen, um dem Aufruhr ein Ende zu bereiten. Das Ganze war eine Art antisemitisches Volksfest. Das sieben Jahre zuvor in Preußen erlassene »Emanzipationsedikt« gelte im Deutschen Bund wenig, schrieb Robert angewidert seiner Schwester Rahel Varnhagen in Berlin: »Wie verderbt die Menschen aber sind und wie wenig Sinn für Recht und Gesetz, für Menschenliebe sie haben, das sieht man daraus, daß sich über alle diese Vorfälle keine Indignation ausspricht, nicht einmal in den offiziellen Büchern.«

Es dauerte Tage, um die Ordnung wiederherzustellen, was jedoch erst gelang, als der Großherzog Kanonen in den Straßen auffahren ließ. Neue Plakate wurden über die alten geklebt, auf denen stand: »KAISER, KÖNIGE, FÜRSTEN, BETTLER, KATHOLIKEN, JUDEN SIND ALLE MENSCHEN UND ALS SOLCHE GLEICH.« In einer sechsspännigen Kutsche eskortierte Großherzog Ludwig I. persönlich Salomon aus Steinach in die Stadt zurück, nachdem er zuvor demonstrativ für ein paar Tage in das Haber-Palais eingezogen war.

Ludwig I. schätzte Habers Arbeit für das Großherzogtum so sehr, dass er 1829, ein Jahr vor seinem Tod und zwei Jahre vor Salomons Tod, diesem das Adelsprädikat mit besonderer Auszeichnung verlieh, sodass er sich fortan von Haber nennen durfte. Eine Ehre, die sich die von Habers in der Tat verdient hatten. Sie hatten geholfen, die drei größten Industriezweige Badens zu entwickeln – eine Zuckerfabrik, eine Weberei und eine Maschinenfabrik, die Lokomotiven herstellte.

Nach Solomons Tod kümmerten sich seine beiden Söhne Ludwig und Jordan um die Unternehmen, und Ludwig folgte seinem Vater als Hofbankier.

Im Gegensatz zu diesen beiden Söhnen, die jüdisch blieben, war ihr älterer Bruder Model (Moritz) von Haber, hier zu sehen, schon seit Langem konvertiert. 1819 heiratete der Zweiundzwanzigjährige im Rahmen einer katholischen Trauung die Tochter eines

Pariser Bankiers und führte in den folgenden beiden Jahrzehnten ein Leben in der gehobenen Gesellschaft von Paris und London. Durch Mittelsmänner auf dem ganzen Kontinent war er auf verschiedenen Geschäftsfeldern aktiv, unter anderem bei Bergbauunternehmen in Frankreich und Portugal. Auch kümmerte er sich um die Finanzen des französischen Königs Karls X. und des spanischen Thronprätendenten Don Carlos de Borbón.

In den späten 1830er-Jahren geriet er in eine Auseinandersetzung, die sich zu dem sogenannten Haber-Skandal auswuchs, von dem man in ganz Europa sprach. Ein englischer Offizier namens George Hawkins war bei dem Versuch, Dokumente von Spanien nach England zu schaffen, von karlistisch gesinnten französischen Gendarmen verhaftet worden. Daraufhin verdächtigte Hawkins Moritz, seine Festnahme veranlasst zu haben, und forderte ihn zum Duell. Moritz, der die Ehrenhaftigkeit des Offiziers in Zweifel zog, verwahrte sich jedoch gegen dessen Ansinnen.

Etwa zur gleichen Zeit kam Moritz nach Karlsruhe zurück, wo er mit seinem weltmännischen Gebaren auffiel, nachdem er jahrelang in europäischen Adelskreisen verkehrt hatte. Dank der Ehen, die seine Brüder Ludwig und Jordan eingegangen waren, hatte er Verbindungen zur Bankiersfamilie Rothschild und bezeichnete sich neuerdings gern als »vermögenden Mann«. Moritz war von nun an regelmäßiger Gast am Hof der aus Schweden stammenden Großherzogin Sophie von Baden, die seine kosmopolitische Weltsicht und sein temperamentvolles Naturell teilte. Bald kursierten Gerüchte, Moritz und die Großherzogin gäben sich im Schloss Favorite, dem Lustschloss südlich der Stadt, regelmäßig ein Stelldichein. Diese gipfelten schließlich in der Behauptung, er sei der Vater von Prinzessin Cäcilie, ihrer jüngsten Tochter. Den Offizieren und Höflingen im Karlsruher Residenzschloss – ganz zu schweigen von Großherzog Leopold, Sophies Ehemann – waren dieser Störenfried und der durch ihn hervorgerufene Tratsch und Klatsch ein Dorn im Auge.

Eines Tages erschien George Hawkins, Moritz' alte Nemesis, in Karlsruhe, um Satisfaktion zu fordern. Zwar verstarb er unverrichteter Dinge, doch 1843 beschloss der badische Oberleutnant Julius Göler von Ravensburg, der auf der Seite des englischen Offiziers gestanden hatte, sich dessen Sache anzunehmen. Er bezeichnete Moritz als einen »Hundsfott«. Moritz weigerte sich, auf die Beleidigung zu reagieren und Ravensburg zum Duell zu fordern, und so hätte die Sache eigentlich im Sande verlaufen können. Doch dann wurde Moritz in der bald darauf beginnenden Gesellschaftssaison in Baden-Baden von einem Hofball ausgeschlossen. Als er von den Verantwortlichen eine Erklärung verlangte, hieß es, er sei »kein ehrenwerter Mann«, weil er sich »memmenhaft« verhalten habe. Daraufhin kam Moritz zu dem Schluss, dass ihm nichts anderes übrig blieb, als es mit Ravensburg aufzunehmen.

In der ersten Hälfte des 19. Jahrhunderts beschritt ein gesellschaftlich hochstehender Mann noch immer nicht den rechtlichen Weg, wenn ihm Unrecht angetan wurde, sondern bestand darauf, sich mit seinem Widersacher zu duellieren. Wer beleidigt worden war und nicht Satisfaktion durch ein Duell forderte, lief Gefahr, gesellschaftlich geächtet zu werden. Für Juden war es indes komplizierter: Jüdische Studenten, die mit einer Pistole umgehen konnten und von Antisemiten beleidigt wurden, trauten sich inzwischen, diese zum Duell zu fordern, doch da »manche es zu einer solchen Meisterschaft brachten, wurden Juden von schlagenden Verbindungen als nicht ›satisfaktionsfähig‹ bezeichnet«. Solche Zustände herrschten 1843, als Moritz von Ravensburg zum

Duell herausforderte: Prompt erklärte ein Ehrengericht seine Person für nicht satisfaktionsfähig. Und damit schien die Sache eigentlich erledigt zu sein.

Doch stattdessen eskalierte sie: Gemäß der Duellregeln hatten die beiden Kontrahenten jeweils einen Sekundanten ernannt, die unter normalen Umständen die Bedingungen vereinbart und als eine Art Schiedsrichter gedient hätten. Moritz' Wahl war auf den russischen Offizier von Werefkin gefallen. Ravensburg hatte Georg von Sarachaga Uria, einen badischen Regierungsrat, zu seinem Sekundanten ernannt. Dieser überbrachte Werefkin nicht nur die Weigerung seines Herrn, sich zu duellieren, sondern griff gemeinsam mit Ravensburg den Russen auf offener Straße an.

Dieser Vorfall hatte zur Folge, dass Werefkin und Ravensburg sich auf einem Schießstand im Forchheimer Wald südlich der Stadt duellierten. Am 2. September verwundete Werefkin den Kontrahenten mit dem ersten Schuss, doch dem tödlich verwundeten Ravensburg gelang es, ebenfalls einen Schuss abzugeben, der wiederum Werefkin tötete.

Der Tod beider Duellanten sorgte für großes Aufsehen in ganz Baden. Drei Tage später, nach Ravensburgs Beerdigung, zog ein Teil der Trauergäste durch die Karlsruher Lange Straße in Richtung des hier abgebildeten Haber'schen Stadtpalais. Als der Zug in der Abenddämmerung ankam, verbreitete sich das Gerücht, Moritz stehe an einem der oberen Fenster und schaue hinab.

Während sich die Trauergäste zerstreuten, führten Studenten und Soldaten einen Mob aus 150 Menschen zu dem Palais, aus dem Moritz' Vater zwei Dutzend Jahre zuvor während der »Hep-Hep-Unruhen« vertrieben worden war. Jetzt brüllte die Menge: »Jud heraus!« Ein paar Randalierer stürmten zwei benachbarte jüdische Geschäfte und stießen die Eigentümer durch die Fenster hinaus. David Meola, der Direktor des Jewish and Holocaust Studies Program an der University of South Alabama und Experte in Sachen »Haber-Skandal«, erzählte mir, dass die Randale stundenlang andauerte und Soldaten die umstehenden Bürger anstachelten, Hassparolen wie »Tränkt sie in Blut!« mitzuskandieren. Die Randale verursachten, einen Schaden von Zehntausenden Florin, eine Summe, die heute mehreren Millionen Euro entspräche. Diesmal bot der amtierende Großherzog den Opfern der Angriffe keinen Schutz. In den Jahren, die seit den ersten Ausschreitungen vergangen waren, war die Lage selbst für die angesehensten Karlsruher Juden immer heikler geworden.

In Wahrheit befand sich Moritz, als draußen der Mob wütete, nicht mehr in seinem Haus. Eine halbe Stunde zuvor hatte die Polizei ihn in Gewahrsam genommen und nach Rastatt gebracht. Dort wurde er rasch für schuldig befunden, das Duell zwischen Ravensburg und Werefkin angezettelt zu haben, und zu einer vierzehntägigen Haftstrafe verurteilt. Sobald er diese abgebüßt hatte, verschleppte die Polizei ihn nach Hessen.

In den darauffolgenden Wochen schwor Sarachaga Uria, den Tod seines Kameraden zu rächen. Er forderte Moritz in einem offenen Brief heraus, wobei er mit seiner äußerst hetzerischen Wortwahl keinen Zweifel daran ließ, dass er bereit wäre, sich auch mit einem »geborenen Israeliten« zu duellieren. Moritz willigte ein, und am 14. Dezember – diesmal fand das Duell nördlich von Karlsruhe nahe dem hessischen Dörfchen Roggenheim statt – tötete mein Urahn mit dem zweiten Schuss Sarachaga Uria. Anschließend wurde Moritz festgenommen, wegen illegalen Duellierens angeklagt und von einem hessischen Militärgericht zu einer sechsmonatigen Haftstrafe verurteilt, von der ihm vier Monate wegen guter Führung und gemeinnützigen Engagements erlassen wurden. Wieder auf freiem Fuß, verklagte Moritz erfolgreich eine Karlsruher Zeitung und einen Frankfurter Journalisten; die Schadensersatzsumme, die ihm zugesprochen wurde, spendete er für gemeinnützige Zwecke.

Die »Haber-Affäre«, die sich über Monate hinzog, sorgte in ganz Europa für Aufsehen. Moritz hatte durchaus Sympathisanten, vor allem in der rheinischen Presse. Viele Deutsche wussten, dass sich die Familie durch ein ausgeprägtes Gemeinschaftsgefühl hervorgetan hatte, und kannten Moritz' wohltätiges Engagement. So hatte er etwa nach dem Hamburger Stadtbrand im Jahre 1842 der Stadt eine großzügige Spende für den Wiederaufbau zukommen lassen. Doch der Großteil der Berichte war eine Anbiederung an die niederen Instinkte der aufgehetzten Bevölkerung. Für die meisten Badener lautete die Bilanz der Ereignisse Ende 1843 ganz einfach: auf der einen Seite drei tote Christen, auf der anderen ein hochnäsiger Jude, der noch immer am Leben war.

Zur Zeit der Haber-Affäre standen die Juden in Baden an der Schwelle zur Emanzipation. Die Legislative des Großherzogtums hatte sich in zwölf aufeinanderfolgenden Sitzungen mit dem Thema beschäftigt, und 1843 sprach sich der Provinziallandtag der preußischen Rheinprovinz für die volle Gleichstellung der Juden aus.

Während das Großherzogtum Baden das fünfundzwanzigjährige Jubiläum seiner Verfassung feierte, bezeichnete Heinrich Heine die völlige Emanzipation der Juden als Gebot der Stunde. Doch obwohl die Juden 1843 nur 1,5 Prozent der Einwohner des Großherzogtums Baden ausmachten und schätzungsweise fünf bis sechs Prozent der Karlsruher Bevölkerung, jagte diese Vorstellung den christlichen Badenern Angst ein.

Vor Gericht hatte Moritz' christlicher Anwalt das vielfache Unrecht aufgezählt, das seinem Mandanten angetan worden war. Sein Haus war gestürmt, sein Besitz zerstört und er selbst der Freiheit beraubt worden. Doch aufgrund der Zensur hatte die Öffentlichkeit nur einen Teil davon erfahren. Und nach seiner Freilassung war Moritz kurzerhand aus Baden vertrieben worden. All dieses Unrecht war einem Bürger des Großherzogtums angetan worden – einem Angehörigen einer Familie, die vom Vorgänger des gegenwärtigen Großherzogs in den Adelsstand erhoben worden war. Und dies nur wenige Tage nachdem das Großherzogtum Baden seine liberale Verfassung von 1818 gefeiert hatte.

In den folgenden Jahren erfuhr die »Haber-Affäre« eine zunehmend antisemitische Deutung. Der Herausgeber einer Streitschrift, die Sarachaga Uria vor dem zweiten Duell verfasst hatte und die nach seinem Tod in Umlauf gebracht worden war, fügte dem Text eine Lithografie hinzu, auf der Sarachaga Uria neben Ravensburg und Werefkin zu sehen war. Die Bildunterschrift lautete: »Die

Carlsruher Duell-Opfer«. Häufig wurde auch behauptet, dass Ravensburg sein Leben fürs Vaterland gegeben habe.

Die Legenden um Haber hielten sich bis ins nächste Jahrhundert und gipfelten im Jahr 1926 in der Veröffentlichung der Erzählung *König Haber* von Alfred Neumann. Der Autor, selbst Jude, gab dem Protagonisten seiner weitgehend fiktiven Geschichte den Namen der historischen Figur – der »Bankier Moritz Haber, der sich Moritz Freiherr von Haber zu nennen seit einiger Zeit das Recht hatte«. Im Buch hat Moritz ein Verhältnis mit der Gattin des homosexuellen Großherzogs und zeugt mit ihr ein Kind. Am Ende ereilt ihn die Vergeltung aufgebrachter Bürger, die sich nach dem Begräbnis eines »Barons Raven« vor seinem Haus versammeln. Während er vom Balkon seines Hauses auf die Menge herabblickt, wird er mit Steinen beworfen, und schließlich feuert jemand einen tödlichen Schuss auf ihn ab. Die Geschichte wurde von manchen als Diffamierung der historischen Figur empfunden. Willy Model, einer von Salomons Nachfahren, versuchte 1947, den Ruf unseres gemeinsamen Ahnen wiederherzustellen, indem er in einer eidesstattlichen Erklärung die tatsächlichen Ereignisse der literarischen Version gegenüberstellte.

Die Affäre Haber warf ihre Schatten auf künftige Gräueltaten voraus. *König Haber* wurde sieben Jahre vor der Machtergreifung der Nazis veröffentlicht und mag gegen den Willen des Autors dazu beigetragen haben, die antisemitische Stimmung zu befeuern. Die Figur des »Hofjuden« sollte in der Nazipropaganda noch eine wichtige Rolle spielen, wie sich besonders an dem Film *Jud Süß* aus dem Jahr 1940 zeigt.

In der gegen Moritz gerichteten Streitschrift, die Sarachaga Uria kurz vor seinem Tod im zweiten Duell verfasst hatte, erklärte dieser, Moritz würde aufgrund von »Religion und Ehre« niemals »aufrichtig und wahrhaftig« sein. Wie auch immer dieses Duell ausgehen würde, so Sarachaga Uria weiter, es würde jedenfalls ein »Gottesgerichtskampf« sein, ein Kampf zwischen Gut und Böse.

Nachdem Moritz Sarachaga Uria im Duell getötet hatte, konnte er der Versuchung nicht widerstehen, seinerseits eine triumphierende Replik zu verfassen. Im Januar 1844, nachdem er seine Strafe in Hessen abgesessen hatte, schaltete er in verschiedenen Zeitungen des Deutschen Bundes Anzeigen. Der oberste Lenker menschlicher Schicksale, so erklärte er, habe sein Urteil über das, was gut und böse und richtig und falsch sei, gefällt.

Oder, wie David Meola es in seinem wissenschaftlichen Essay ausdrückte: »In der damaligen Logik könnte man sagen, dass Haber als Sieger des Duells von Gott sowohl als *gut* als auch *im Recht* beurteilt worden war. Mehr noch, auch in der Öffentlichkeit sollte Haber das letzte Wort behalten, indem er seinen Gegner posthum mit dessen eigenen Worten und Argumenten besiegte.«

Es muss für meinen Vorfahr Moritz ein überaus befriedigendes *Touché* gewesen sein.

Es gibt nur wenige Hinweise darauf, wie meine Vorfahren die Geschichte und die Schicksalsprüfungen von Moritz von Haber von Generation zu Generation weitergaben und wie sie dazu standen. Kurts Großvater August, der älteste Sohn von Moritz' Schwester Henriette von Haber, führte einige der geschäftlichen Tätigkeiten seines Onkels fort, weshalb es kaum vorstellbar ist, dass mein Großvater nie etwas von seinem berühmt-berüchtigten Ahnen gehört haben sollte. Doch mein Vater hat Moritz mir gegenüber nie erwähnt. Ich erfuhr von ihm und der sogenannten Affäre

Haber erst nach meiner Ankunft in Berlin, und zwar dank eines genealogischen Abrisses, den meine Tante Holly, Kurts Schwiegertochter, verfasst hatte. Sie erwähnt darin lediglich einen »international bekannten Lebemann, Duellanten und Abenteurer« und vermutet, möglicherweise hätten Kurt die kosmopolitische Neigung, die großzügige Geisteshaltung und das kaufmännische Gespür seines Ururgroßonkels sowie dessen Sinn für schöne Frauen inspiriert und ihm als Vorbild gedient.

Und noch etwas hatten Kurt und Moritz gemeinsam: Beide glaubten, sämtliche bürgerlichen Rechte eines verfassungsmäßigen Staates zu besitzen, nur um irgendwann festzustellen, dass dem nicht so war.

Die Lebenswege meines exilierten Großvaters und meines ausgewanderten Vaters halten den Vereinigten Staaten im Grunde einen Spiegel vor, wenn man bedenkt, welche feindselige Stimmung während der Präsidentschaft Donald Trumps gegenüber Einwanderern in dem Land herrscht, das die beiden einst aufgenommen hat. Jetzt, im Sommer 2017, ist es die deutsche Kanzlerin, die asylsuchende Menschen willkommen heißt, Neonazismus anprangert und die Trommel für globale Zusammenarbeit und demokratische Ideale rührt. Der Kontrast erscheint noch größer, wenn man ihn von Berlin aus betrachtet, vielleicht die Stadt mit der großzügigsten Willkommenskultur überhaupt – nicht nur in den letzten Jahren, seit dem Zeitpunkt, da Angela Merkel mehr als eine Million Flüchtlinge ins Land ließ, ein großer Teil davon aus Syrien, sondern auch schon in früheren Jahrhunderten, so etwa als der Große Kurfürst nach dem Dreißigjährigen Krieg fünfzig jüdische Familien aus Wien einlud, sich in der Mark Brandenburg anzusiedeln.

Doch nicht alle Deutsche heißen Flüchtlinge willkommen. Merkel ist es nicht gelungen, die Anhänger der einwanderungsfeindlichen AfD zu überzeugen, die sich nicht zuletzt in den ländlichen Gegenden der ehemaligen DDR eines starken Zulaufs erfreut. Aber in Berlin, besonders in Kreuzberg, wohin es uns verschlagen hat, hält sich nach wie vor ein trotziger Kosmopolitismus. Wir können das täglich beobachten, zum Beispiel anhand von Graffitis wie »NAZIS RAUS« oder in Musikclubs wie dem SO36, wo einmal im Monat ein Tanzabend für schwule Muslime stattfindet. Und einem Spruchband, das von der evangelischen Kirche um die Ecke herabhängt, verkündet: »ISLAMOPHOBIE SCHADET DER SEELE«. Wenn wir dort den Gottesdienst besuchen, ist es ziemlich wahrscheinlich, dass wir Weltmusik zu hören bekommen. In Kreuzberg herrscht noch immer ein wenig der Geist der Hausbesetzerszene, die sich gegen den Abriss alter Gebäude wehrte und kurz vor dem Mauerfall die Freie Republik Kreuzberg ausrief, in deren Namen sie »Visas« ausstellte und Zollposten aus Pappmaché errichtete. Und es deckt sich mit dem, was der exilierte Journalist Sebastian Haffner seinerzeit aus der Sicherheit seines englischen Exils am Vorabend des Zweiten Weltkriegs geschrieben hatte: »[Berlin] war – wir wollen es mit preußischer Exaktheit ausdrücken – die Quintessenz einer internationalen Metropole. Es besaß sozusagen Luftwurzeln. Es bezog seine Lebenskraft nicht aus dem heimischen Boden des Landes, das es umgab …, sondern aus allen Großstädten der Welt.«

Die sechs Stunden Zeitdifferenz zwischen Washington und Berlin stellt sicher, dass uns jeden Morgen zuverlässig ein US-

News-Alert begrüßt, der dafür sorgt, dass wir ruhig schlafen können, ohne etwas zu verpassen. Und so erfahren wir drei Tage nach unserer Ankunft, dass Rassisten in Charlottesville, Virginia, eine »White-Supremacist«-Kundgebung abgehalten haben. Donald Trump versäumt es, die dort versammelten Neonazis zu verurteilen, von denen einer die Demonstrantin Heather Heyer mit dem Auto totgefahren hat. Dennoch bezeichnet der Präsident die Akteure weiterhin als »sehr gute Leute, auf beiden Seiten«.

Diese Ereignisse spiegeln sich auf zugespitzte Weise in einem parallelen Ereignis an unserem jetzigen Wohnort: Bald werden die Deutschen zur Wahlurne gehen, um zu entscheiden, was sie von Merkels Entscheidung aus dem Jahr 2015 halten. Damals beschloss sie, Tausende von Flüchtlingen ins Land zu lassen, und dies trotz einer erstarkenden AfD, die wieder Blut-und-Boden-Parolen proklamiert. Fast mein ganzes Leben lang war ich mir bewusst, welche Tragweite eine solche Entscheidung für Deutschland haben könnte. Und nun steht sie unmittelbar bevor, während Amerika zeitgleich an einem ähnlichen Scheideweg zu stehen scheint.

Genung vom Krieg

Kurt, 1913 bis 1924

Mein Großvater war gerade einmal Mitte zwanzig, aber sein Erwachsenenleben befand sich bereits auf hitzigem Kurs. 1913 veröffentlichte Kurt die Werke seiner beiden Lektoren Franz Werfel und Walter Hasenclever, des expressionistischen Schriftstellers und Dramatikers. In seiner Entscheidung, die Schriften des österreichischen Malers Oskar Kokoschka zu veröffentlichen, zeichnete sich bereits seine lebenslange Leidenschaft für die bildenden Künste ab. Außerdem rief er die expressionistische Broschürenreihe *Der jüngste Tag* ins Leben, mit der er versuchen wollte, »alles Notwendige zu sammeln, das ihm aus der Stärke des Zeitlichen heraus ewiges Dasein« versprach. Einige Jahre später sollte der weiter unten abgebildete Band mit der Erzählung erscheinen, die mein Großvater zunächst »die Wanze« genannt hatte und die heute den Titel *Die Verwandlung* trägt.

1913 erhielt der bengalische Dichter Rabindranath Tagore als erster Nichteuropäer den Nobelpreis für Literatur, und der Kurt Wolff Verlag verkaufte mehr als eine Million Hardcover seiner Gedichtsammlung, die bald unter kaum einem deutschen Weihnachtsbaum fehlen durfte. In einem Tagebucheintrag vom Januar 1914 beschrieb Robert Musil den findigen Verleger so: »Wolff: Groß. Schlank. Blond. Grauenglisch angezogen. Elegant. Weiches

Haar. Glatt rasiert. Jünglingsgesicht. Blaugraue Augen, die sich verhärten können.«

Kurts Verlag schien sich behaupten zu können, ohne Kompromisse machen zu müssen. »Der Verlag arbeitete oft eher als großartiger Mäzen als nach geschäftlichen Kalkülen«, erinnerte sich Willy Haas, der 1914 neben Werfel und Hasenclever Lektor wurde. Kurt wollte keine Bücher verlegen nach dem Motto: »Man liefert Ware, die gefragt wird.« Bei der man wissen musste, »was auf Tränen- oder Geschlechts- oder andere Drüsen wirkt, was das Herz des Sportlers höher schlagen läßt, was stärkstes Gruseln verursacht usw«. Mein Großvater hatte andere Vorstellungen, ein Luxus, den er sich erlauben konnte, der es ihm später jedoch erschweren sollte, das Feld zu bestellen. »Ich möchte nur Bücher verlegen, deren ich mich auf dem Sterbebett nicht schämen muß. Bücher von toten Schriftstellern, an die wir glauben. Bücher von lebenden Autoren, die wir nicht anlügen müssen. Zeit meines Lebens waren mir zwei Elemente, die quasi zur unvermeidbaren Bürde des Verlegerdaseins gehören, am verhaßtesten: Autoren anzulügen und ein Wissen zu heucheln, das man nicht hat ... Wir mögen uns irren, das ist unvermeidlich, aber die Prämisse für jedes Buch sollte stets uneingeschränkte Überzeugung sein, der absolute Glaube an die Authentizität der Worte, für die man eintritt.«

1914 gewann Kurt schließlich Karl Kraus als Autor. Der Wiener Literaturkritiker war äußerst heikel in Bezug auf die Autoren, deren Werke im selben Verlag wie seine eigenen erschienen. Mein Großvater fand sich zu der einzig möglichen Lösung bereit, einen Ableger zu gründen, der lediglich Kraus' Werk vorbehalten war. Kurt gab auch die antinationalistische Monatszeitschrift *Die weißen Blätter* heraus, die nach Kriegsausbruch in der Schweiz gedruckt werden musste, um die Zensur zu umgehen.

Selbst im fernen Prag war Kafka nicht entgangen, was für ein Glückspilz Kurt war. An seine Verlobte Felice Bauer schrieb er: »Er ist ein wunderschöner etwa 25-jähriger Mensch, dem Gott eine schöne Frau, einige Millionen Mark, Lust zum Verlagsgeschäft und wenig Verlegersinn gegeben hat.«

Zwar räumte Kafka ein, dass kein Verleger geschäftstüchtig genug sei, um einen typischen Autor zufriedenzustellen, doch mit seiner Einschätzung traf er dennoch den Nagel auf den Kopf. »Am Anfang war das Wort und nicht die Zahl«, sollte Kurt viele Jahre später in scherzhafter Anspielung auf das Johannesevangelium sagen. *Der jüngste Tag* fungierte für den Kurt Wolff Verlag indes als eine Art Talentschmiede für avantgardistische Literatur, und das war durchaus etwas wert. Auch wenn mein Großvater dazu erzogen worden war, die Klassiker zu ehren, ließ er sich von dem Marketing-Prinzip des 20. Jahrhunderts leiten: Neues verkauft sich besser. Eine Zeit lang funktionierte es auch. Und für die Buchbranche war es damals eine aufregende Zeit: Im ersten Jahr, in dem sich Kurt als selbstständiger Verleger betätigte, wurden in keinem Land mehr Bücher veröffentlicht als in Deutschland; allein 1913 waren es über 30 000 neue Titel.

Doch der Ausbruch des Ersten Weltkriegs im Jahr 1914 brachte nicht nur für den Kurt Wolff Verlag, sondern für das gesamte deutsche Verlagswesen eine dramatische Wende. Zehn der zwölf Angestellten wurden einberufen, auch Leutnant Kurt Wolff, der mit einem Artillerieregiment an die Westfront geschickt wurde. »Von Artilleriedienst glaube ich etwas zu verstehen, und vor allen Dingen liebe ich meine Waffe sehr«, lautet ein früher Eintrag in seinem Tagebuch, das er während seines gesamten Militärdienstes führte.

Im Laufe weniger Wochen erfuhr Kurt, welch blutiges Gemetzel dieser »Krieg, der den Krieg beenden wird«, war. Seine Einheit wurde in den Wald südlich des belgischen Städtchens Neufchâteau geschickt, um zu eruieren, wie groß das Ausmaß der Verluste nach der Ardennenschlacht im August 1914 war. »Die Toten liegen in ungeheurer Anzahl auf ganz kleinem Raum. Man merkt, daß um jede Handbreit Erde erbittert gekämpft wurde, und erhält einen Begriff von der Fürchterlichkeit gerade eines Waldgefechts.«

Verstreut unter den Hunderten von Leichen entdeckte Kurts Einheit achtzehn Überlebende, fünfzehn Franzosen und drei Deutsche, *die die ganzen Tage und Nächte seit dem Gefecht dort ohne Verband und Wasser, ohne Nahrung in dem fürchterlichen Geruch der verwesenden Leichen, in der Hitze der Tage und der feuchten Kälte der Nächte gelegen hatten … Es ist selbstverständlich, daß nur in ganz seltenen Ausnahmefällen ein durch die schweren Strapazen und Entbehrungen der vergangenen Tage und Wochen entkräfteter Organismus ohne jede Nahrung, zumal mit Wundfieber sich so lange am Leben erhält, wie es diese 18 konnten. Die meisten dieser Verwundeten, soweit sie überhaupt imstande waren, ein paar Worte zu sprechen oder Auskunft zu geben, erklärten, daß sie nichts zu sich genommen hatten. Bei ihnen allen waren die Verwundungen so schwer gewesen, daß sie sich überhaupt nicht hatten rühren können. Nur einer, der Deutsche, hatte in der Verzweiflung, langsam Hungers sterben zu müssen, und in der schwachen Hoffnung, doch noch gefunden zu werden, wenn er sich länger am Leben hielt, einen verzweifelten Ausweg gefunden: Er hatte das einzige, was er von seiner eisernen Ration noch bei sich trug, den Würfel mit Erbsensuppe, im eigenen Urin aufgelöst und das zu sich genommen.*

Kurt hatte dafür gesorgt, dass Hasenclever seiner Einheit zugewiesen wurde, und so sannen die beiden während ihrer Stationierung in Frankreich, Galizien und auf dem Balkan darüber nach, wie die deutsche Literatur nach dem Ende der Kampfhandlungen aussehen könnte. Auf der Fahrt mit dem Orientexpress aus Mazedonien in den Heimaturlaub machte Kurt in Wien halt, um Karl Kraus zu besuchen, einen der wenigen deutschsprachigen Intellektuellen, der von Anfang an ein vehementer Kritiker dieses Krieges war.

Es ist schwer, die Begeisterung zu ermessen, mit der Deutschland den Kriegsausbruch begrüßt hatte. In einem Akt kollektiver Selbsttäuschung glaubten Angehörige des gesamten politischen Spektrums, diese Opferbereitschaft würde helfen, die zahlreichen Gräben in der Gesellschaft des Wilhelminischen Deutschlands zu überbrücken. Fast niemand sah indes voraus, wie lange die militärische Pattsituation andauern und welches Ausmaß das Blutbad annehmen würde. Kurz nach Kriegsende bezeichnete Joseph Roth, einer von Kurts Autoren, den Krieg als ein »großes vernichtendes Nichts«.

Der Kurt Wolff Verlag war der einzige bedeutende deutsche Verlag, der sich weigerte, kriegsbejahende Literatur zu veröffentlichen. Doch wie die meisten seiner Landsleute schien Kurt zu Beginn an einen möglichen Sieg zu glauben und versuchte, seine Zweifel zu unterdrücken. Im Dezember 1914 schrieb er aus Gent an meine Großmutter, die zu ihrer Mutter nach Darmstadt gezogen war:

> *Ich fahre ins Dunkel und zünde meine Pfeife an, ich denke an meine Besprechungen im Gouvernement, an den Bericht meiner Spionin von heute früh, an den Krieg und wie wir siegreich Frankreich schlagen werden. Und auf einmal scheinen mir recht zu haben all die, mit denen ich in diesen Monaten so oft, so bitter stritt: Es muß über die Trümmer dieser Länder alles vorwärts gehen, und es soll Not und Jammer sein bei unseren Feinden in Feindesland, und sie müssen fühlen, daß das der bittere, unerbittliche Krieg ist, so lange fühlen, bis der Hunger nach Frieden so groß, der Schrei nach dem Ende so laut und durchdringend ist und so einstimmig das Geheul von Lüttich bis Reims, von Namur bis Lille, von Brüssel bis Calais und ebenso im Osten, daß es sich mischt mit dem Stöh-*

nen der Erschöpften in den Schützengräben an der Front und anschwillt zu einem Orkan, zu einem rasenden unablässigen Ton, der denen in Bordeaux, Le Havre und Petersburg in den Ohren gellen wird, bis sie ein Ende machen.

Der junge Offizier, hier abgebildet, schien nicht nur an meine Großmutter, sondern an ein sehr viel größeres Publikum zu schreiben. Im November 1914 notierte er, ein britischer Torpedo sei den Strand in Ostende hinaufgebraust und habe ein Loch ins Speisezimmer des Majestic Palace gerissen, des Hotels, wo damals deutsche Offiziere einquartiert waren. Zwei wurden beim Frühstück getötet.

Dieser Angriff lehre zweierlei, schloss Kurt, der nebenbei bemerkte, das Majestic Palace sei von britischen Investoren erbaut worden: »daß die Engländer [es] als selbstverständlich annehmen, daß deutsche Offiziere im allerersten Hotel frühstücken, und daß ihnen das Blut deutscher Offiziere anscheinend noch wertvoller ist als englisches Kapital«.

Doch mit fortschreitendem Krieg lassen seine Tagebucheinträge eine zunehmende Ernüchterung erkennen. Der erste Hinweis findet sich in einem Eintrag vom selben Monat, als er noch in Belgien weilte. »Ich weiß nicht, ob das Wetter mich melancholisch machte«, schrieb er. »Aber auf einmal war ich in einer Stimmung wie aus Scherben und Trauer und Tränen, wie ich an dieses Land und seine Geschichte zurückdachte. Welch große Möglichkeiten liegen in dem fruchtbaren Boden hier, welcher Reichtum wurde gewonnen aus Handel zu Wasser und zu Land, aus Fischfang, aus dem Züchten von Pferden, Rindern, Blumen, aus der Spitzenkunst und vielem anderen – und immer wieder litt Volk und Land durch Krieg. Und jetzt verarmt alles erneut durch diesen Krieg, den die Deutschen in ihr Land getragen.«

Im Dezember schrieb er, er habe *Krieg und Frieden* gelesen:

> *Ich will keinen literarischen Exkurs hierhinschreiben, nur eine Stelle citieren, die ich mehrmals las und die man, scheint mir, als Motto vor 100 Bücher, die jetzt erscheinen oder erscheinen werden, und vor Millionen Feuilleton-Berichte setzen sollte ...: Rostow wusste von Austerlitz her und aus dem Feldzug von 1807 aus eigener Erfahrung, daß jeder lügt, der Kriegsgeschichten erzählt, wie er selbst das auch tat, sooft er welche erzählte. Und zweitens hatte er auch Erfahrung genug, um zu wissen, daß nichts im Krieg sich so vollzieht, wie wir es uns vorstellen und anderen darstellen können ... Aber er sprach seine Gedanken nicht aus. Auch in dieser Beziehung hatte er seine Erfahrungen gemacht: Er wußte, daß solche Erzählungen zum*

Preise unserer Waffen dienen und daß man sich darum den Anschein geben muß, sie nicht anzuzweifeln.

Und weiter:

»Ich muß hier, um mich davon zu befreien, eine Geschichte hersetzen, wie sie sich ereignete am 17. Januar 1915. Sie ist eine von sehr vielen. An diesen Dingen und Vorkommnissen gehen meine Nerven langsam, aber notwendig zugrunde. Sie wirken fast nachhaltiger bei mir (in ihrer Gesamtheit), als der Gedanke an manch andere Schrecknisse, die der Krieg mit sich bringt.«

Der Vorfall, den er wiedergibt, trug sich bei einer Militärgerichtsverhandlung zu, der ein deutscher Richter vorsaß. Ein belgischer Bezirksverwaltungsbeamter berichtete, ein Stalljunge habe gesehen, wie ein Soldat in »feldgrauer« Uniform mit der auf die Epauletten gestickten Regimentsnummer 207 ein Pferd von einem Bauernhof gestohlen habe.

»Mein Herr, ich warne Sie, das Wort ›stehlen‹ mit Bezug auf einen Angehörigen des deutschen Heeres auszusprechen.«

»Wenn man diesen Vorgang in Deutschland anders nennt – bei uns in Belgien nennt man ihn ›stehlen‹.«

Daraufhin ließ der Richter den Bezirksverwaltungsbeamten inhaftieren, ein Vorgang, den Kurt in seinem Tagebuch folgendermaßen kommentierte:

Wenn ich bei solchen, nicht vereinzelten Vorfällen daran denke, was nun wieder Tausende von anständigen Belgiern, die diese Geschichte doch erfahren, über die Barbaren denken und sagen und schlucken und schlucken und bewahren, bewahren ..., das ertrage ich schwer. Und staunend sehe ich, wenn ich am Tag darauf innerlich errötet über die Straße gehe, staunend und nicht ohne ..., ich weiß nicht, was ..., wie alle die, die diese Dinge als schlanke Selbstverständlichkeiten hinnehmen, heiter, sorglos, sicher und elastisch, mit sieghaftem Eroberergefühl, mit Festigkeit und Stolz daherschreiten, weil alles, aber auch alles so ist, wie es sein kann, wie es sein muß, wie es sein soll.

Sieben Wochen später feierte Kurt mit drei Kameraden seinen achtundzwanzigsten Geburtstag mit einem Ausflug nach Gent und schlenderte durch die Gassen und über die Plätze der Stadt. Als sie bei der Burg Gravensteen ankamen, der Burg der Grafen von Flandern, weckten sie die Wachen auf, um eingelassen zu werden.

Wir kletterten auf die Wallmauern hinauf, schauten auf die schöne, schlafende Stadt hinunter, deren Söhne drüben an der Yser stehen und keine Verbindung, keine Nachricht mehr haben von ihren Vätern, die hier zurückgeblieben sind, verbittert und voll Trauer ... Aber geblieben ist wenigstens diese schöne, starke Stadt mit den stolzen Kathedralen ... Hier riecht es nicht nach Krieg, Brand, Zerstörung und Verwesung, hier riecht es nach Haus und Stein, Wasser und Fisch, gesund, lebendig, vorfrühlinghaft.

Was wird der Frühling bringen? Das Ende des Völkerschlachtens, den großen Völkerfrieden? Seltsam, daß die Zeit der größten Taten auch die Zeit der ewigen Fragezeichen wird ... Warum, wann, wie lange noch, wozu?

Der Erste Weltkrieg »war ein Krieg, der wie Wellen hin und her schwappte: Sein Keim lag im Osten, er eskalierte im Westen, aber die größten Zerstörungen hinterließ er schließlich im Osten.« Im April 1915 wurde Kurts Einheit nach Galizien verlegt, um an einer Frühlingsoffensive gegen die Russen teilzunehmen; dort entstand folgendes Foto.

In Gorlice, südöstlich von Krakau, verfasste er einen Tagebucheintrag im Telegrammstil, den er mit *Ein Tag im Krieg* überschrieb:

> *Staub, Kolonnen, Trains, gefangene Russen, Staub, Geschrei: polnisch, russisch, österreichisch, deutsch, ungarisch, tschechisch, Staub, Kolonnen in Marsch, Kolonnen in Ruhe, eroberte Feldküchen, Staub, Autos in Fahrt, Karren, Munitionskolonnen,*

Autopannen, verlassene Biwakplätze, frische Gräber mit und ohne Kreuze, Schlachtviehreste …

Umgestürzte Wagen, verreckte Gäule, Staub, Augustgerüche, Proviantkolonnen, Straßenbauarbeiten, tote Russen, Kartuschhülsen zweier Mörserschüsse, eine lebendige weiße Katze auf einer Fensterbank eines zerschossenen Hauses. Galizier beim Eingraben toter Österreicher, Deutscher und Russen, leere, blinkende Conservenbüchsenberge …

Staub, müde, Abend, Gefangene, viele Tausende in langem Zug, Geruch, Autos, Kolonnen, Staub, Gefangene, Kolonnen, Staub, Gefangene, Kolonnen, Staub – Dämmerung, müd, Dunkel … Wenig Lichter. Leise Laute: deutsch, russisch, polnisch … Staub, Geruch, Gefangene, Kolon

Sogleich entschuldigte er sich für diesen fragmentarischen Bericht. »Verzeih, aber was sollte ich machen?«, schrieb er. »Es ist zu viel. Man kann aus dem Chaos nicht Sätze bilden mit Subjekt und Prädikat und kann (soll) den Irrsinn nicht umformen zum Sinn.«

Im Sommer, er war jetzt fast seit zwei Jahren im Krieg, hatte ihn Überdruss ergriffen. Im Juni schrieb er aus Galizien:

So lange dauert der Krieg schon. Ihr wißt nicht, wie lang es ist. Man schläft in einem Auto ein paar Stunden, die nächste Nacht in der Villa eines geflüchteten galizischen Rechtsverdrehers – auf dem Nachttisch noch die Zeitung des russischen Offiziers, der vorige Woche hier war, an der Wand zerdrückte Wanzen. Morgens bei Sonnenaufgang steigt man schlaftrunken auf das gute Pferd, das immer bei einem blieb, trotzdem Schrapnells in die Fesseln schlugen und Hafer oft knapp war.

Man reitet in die Welt hinein mit ungeputzten Zähnen, weil man die Cholerabrühe von Wasser hier nicht in den Mund nehmen mag und Mineralwasser ausging, man reitet irgendwohin, guckt verschlafen mehr in sich als in die Welt; und wenn man, durch blendende Sonne oder einen schreckhaften Sprung des Pferdes aufgerüttelt, wach um sich schaut, dann ist man irgendwo in einer ganz fremden Welt, die ja vielleicht seltsam schön ist, aber in die zu reisen oder zu reiten man doch gar nicht beabsichtigte ... Seit zehn Monaten sitzt man vor einem Kaleidoskop und die sehr realen und brutalen Tatsachen, die es zeigt, erscheinen mir irrealer, bildhafter und unwahrscheinlicher als die Realität der einstigen bürgerlichen Alltagsexistenz. Und doch ist auch dieser heimische Alltag mir entglitten wie ein Feiertag, längst vorbei. Was ist, will man nicht halten, was war, ist nicht mehr da ... Wer will mir einen Vorwurf machen, daß ich mit dem Kriege fertig bin, aber der Krieg nicht mit mir?

Im September 1916 sorgte Großherzog Ernst Ludwig von Hessen-Darmstadt in der Tat dafür, dass für Kurt der Krieg endete: Er setzte sich dafür ein, dass mein Großvater vom Militärdienst befreit wurde. Literarisch interessiert und selbst Dichter und Dramatiker, wollte der Großherzog seine Werke veröffentlicht sehen, und Kurt wollte diesem Wunsch sehr gern nachkommen, wenn das der Preis für seine Rückkehr nach Leipzig war.

Während Kurts Abwesenheit hatte seine rechte Hand, der Verlagsbuchhändler Georg Heinrich Meyer, den Verlag geleitet und war regelmäßig an die Westfront nach Belgien gereist, um mit seinem Chef Geschäftliches zu besprechen. Nach der Verlegung meines Großvaters in den Osten, nach Galizien, war Meyer auf sich selbst gestellt gewesen, doch der Verlagsbuchhändler hatte ein Händchen für das Verkaufen von Büchern und behauptete sich während des Kriegs; bei Kurts Rückkehr umfasste die Backlist des Verlags mehr als vierhundert Titel, darunter *Der Golem* von Gustav Meyrink, ein beachtlicher Bestseller. »Zunächst erlaube ich mir Sie herzlichst wieder einmal in unserer Nähe zu begrüßen«, schrieb Kafka im Oktober 1916 an Kurt, »trotzdem jetzt allerdings Ferne und Nähe nicht sehr unterschieden sind.«

1918, nach Kriegsende, brachte Kurt einige Titel heraus, deren Veröffentlichung im Zuge der Kriegsbegeisterung hintangestellt worden war, allen voran Heinrich Manns Roman *Der Untertan*, den er aufgrund der darin enthaltenen kriegsfeindlichen und antimonarchischen Tendenzen zurückgehalten hatte. Kurt hatte das Manuskript an der Westfront gelesen und Meyer postwendend geschrieben: »Ich bin hingerissen ... Nach dem Kriege soll er unmittelbar erscheinen, mutig mit Pauken und Trompeten angezeigt. Gerade in einer Zeit, in der die Sintflut feldgrauer Publicistik uns überschwemmen wird, soll und muss *Der Untertan* erscheinen.« Auch wenn Wilhelm II. abgedankt hatte und außer Landes geflohen war, erschien der Roman in einem von politischen Intrigen und gewalttätigen Auseinandersetzungen aufgeheizten Deutschland. Tatsächlich trug die Veröffentlichung des Romans Heinrich Mann Morddrohungen ein – und dem Kurt Wolff Verlag mehrere Hunderttausend verkaufte Exemplare binnen sechs Wochen.

Ein Jahr später brachte Kurt Kafkas Erzählung *In der Strafkolonie* heraus. Während des Kriegs hatte er davor zurückgeschreckt und dem Autor geschrieben, er fürchte, die Leser würden den grauenvollen Inhalt als zu »peinlich« empfinden. Tatsächlich fürchtete Kurt, dass auch dieses Buch in Konflikt mit der Zensur geraten würde. »Ihr Aussetzen des Peinlichen trifft ganz mit meiner Meinung zusammen, die ich allerdings in dieser Art fast gegenüber allem habe, was bisher von mir vorliegt«, schrieb Kafka zurück. »Bemerken Sie, wie wenig in dieser oder jener Form von diesem Peinlichen frei ist?«

Gewiss hatte Kurt das bemerkt. Währenddessen ließen die Flucht des Kaisers und die Aussicht auf eine Demokratie die Art von Deutschland am Horizont aufscheinen, in dem der Kurt Wolff Verlag florieren würde. In seinem Titelkatalog von 1918 erteilte der Verlag »Vorurteile[n] literarischer, politischer, nationaler Art unter Prüfung der Frage, ob ein Buch gut ist«, eine Absage. Aber die posttraumatischen gesellschaftlichen Bedingungen und eine unter den Reparationszahlungen ächzende Wirtschaft gefährdeten auch die Buchbranche. Die öffentliche Verwaltung war noch immer mit autoritär gesinnten Beamten durchsetzt. Der ersten Demokratie in der deutschen Geschichte, die in der Kulturstadt Weimar gegründet wurde, fehlte es an der Beherztheit, die hehren Grundsätze ihrer Verfassung umzusetzen. Kommunisten und Reaktionäre lieferten sich gewalttätige Auseinandersetzungen, und der Idealismus und die Zuversicht, die die deutsche Literatur vor 1914 gekennzeichnet hatten, wurden davon in Mitleidenschaft gezogen. Karl Kraus brachte es auf den Punkt: »Man wird vergessen haben, daß man den Krieg verloren, vergessen haben, daß man ihn begonnen, vergessen, daß man ihn geführt hat. Darum wird er nicht aufhören.«

Die Wolffs hatten inzwischen eine kleine Tochter, meine Tante Maria, bekommen, und im Oktober 1919 verlegte Kurt den Sitz des Verlages von Leipzig nach München. Trotz der katastrophalen Versorgungslage und des Mangels an Wohnungen für die Mitarbeiter schlug er in einer neobarocken Villa in der Luisenstraße seine Zelte auf. Bald wurde dieses Haus, das auch die immer noch umfangreiche Bibliothek Kurts beherbergte, zu einem kulturellen Mittelpunkt, wo regelmäßig Lesungen, Konzerte und Ausstellungen stattfanden.

Doch dauerte es nicht lange, und mein Großvater wurde von Trübsal heimgesucht. »Aber Kurt Wolff ist mehr denn je ein Sklave vom Kurt Wolff Verlag«, schrieb er im November 1920 an Hasenclever. Neun Monate später musste sich Werfel eine der Klagen meines Großvaters anhören, nämlich dass dessen »Generation, (die ich auch die meine nennen darf) keinen jungen schöpferischen Nachwuchs hat«.

Kurt ging dazu über, Titel für sein Programm auszuwählen, die bürgerlicher und weniger experimentell waren. Er stellte die Broschürenreihe *Der jüngste Tag* ein und nahm neben deutschsprachigen auch europäische Autoren in sein Programm auf. Aber hatte er sich früher meistens auf sein seismografisches Gespür verlassen können, unterlief ihm jetzt ein Lapsus, der ihn maßlos ärgerte. Als ihm 1920 ein »Professor James Joyce« die deutschen Rechte an einem Roman anbot, vermutlich *Ein Porträt des Künstlers als junger Mann*, wunderte sich Kurt: »Wer ist dieser närrische Herr Professor, der in schlechtem Deutsch aus Triest ein englisches Buch schickt, das ich auf deutsch bringen soll?« Vierzig Jahre später gestand sich mein Großvater ein: »... hätte der Kurt Wolff Verlag ein frühes Joyce-Buch gebracht, wäre zweifellos auch *Ulysses*, das wichtigste Buch englischer Sprache unseres Jahrhunderts, zu ihm gekommen.«

In München wandte er sich jetzt stärker der Kunst zu, Malern wie Paul Klee oder Wassily Kandinsky, die er bereits vor dem Krieg gefördert hatte. In seinem späteren Exil sollte Kurt einige ihrer Werke versetzen, um sich und seine Familie über Wasser zu halten.

Standen zuvor einhundert Mitarbeiter auf der Gehaltsliste, begann der Verlag 1923, nach und nach die Belegschaft abzubauen. »Die Zeiten sind schlecht. Der Verlag geht den Zeiten entsprechend«, schrieb Kurt im Juni desselben Jahres an seine Schwiegermutter Clara Merck. Kurt ging jetzt lieber auf Nummer sicher. Statt neue Autoren aufzunehmen, verlegte er nunmehr Altbewährtes, darunter auch Autoren aus Ländern, mit denen Deutschland gerade erst Krieg geführt hatte – Émile Zola und Guy de Maupassant, Maxim Gorki und Anton Tschechow sowie den amerikanischen Autor Sinclair Lewis. In der Hoffnung, weniger von der darbenden deutschen Wirtschaft abhängig zu sein, gründete er in Florenz die Pantheon Casa Editrice, den ersten paneuropäischen Kunstbuchverlag. Dort veröffentlichte er Bildbände in fünf Sprachen und kooperierte dabei mit ausländischen Verlagen, um sich die Herstellungskosten zu teilen. Aber die unsicheren Verhältnisse ließ sogar wohlhabende Buchkäufer auf dem Kontinent davor zurückschrecken, sich aufwendige Kunstbände anzuschaffen, und der wachsende Nationalismus zersetzte zunehmend den kosmopolitischen Gedanken, der dieser Art von Koproduktion zugrunde liegt.

Hatte der Verlag vor dem Krieg als sicherer Hafen für avantgardistische Dramatiker, Dichter und Romanciers gegolten, verblasste dieser Ruhm, während immer mehr dieser Autoren von der Bildfläche zu verschwinden schienen. Auf dem Höhepunkt der Hyperinflation bezahlte Kurt seine Angestellten täglich, damit sie, wie er schrieb, »noch am gleichen Tage etwas einkaufen konnten, für das am nächsten schon das Geld nicht gereicht hätte«.

Im Juli 1921, inmitten dieser zunehmend desolaten Zeiten, wurde mein Vater geboren. Als Niko zwei war, vermerkte mein

Großvater etwas in seinem Tagebuch, was heute kaum mehr vorstellbar ist: »Ein KW-Roman kostet jetzt 5 Millionen Mark.«

Die Berliner Skyline ist fast ein bisschen zu durcheinandergewürfelt, um sie als solche zu qualifizieren. Es ist fast so, als hätten sich die Stadtplaner an dem geflügelten Wort des Kunstkritikers Karl Scheffler aus dem Jahr 1910 orientiert, Berlin sei »dazu verdammt, immerfort zu werden und niemals zu sein«. Und doch ist ein vielgestaltiges Stadtbild einem Ort irgendwie angemessen, der zu Lebzeiten meines Großvaters und Vaters zunächst kaiserlich, dann verarmt und schwindelerregend sorglos, faschistisch und schließlich zerstört, besetzt und geteilt war, um zu guter Letzt wiedervereinigt und zum Mittelpunkt des Projekts Europa zu werden.

Der renovierte Reichstag bildet eine Ausnahme in dieser visuellen Widerspenstigkeit. Um Gebäude und Kuppel zu erkunden, steigt man die Rampe hinauf, die sich spiralförmig unter dem unverwechselbaren gläsernen Kuppeldach emporschwingt, um dann von oben auf die Abgeordnetensitze hinabzuschauen. Hier ist ein zweifacher Symbolismus im Spiel: Zum einen sollte eine Regierung von Transparenz umhüllt sein, zum anderen gibt es keine bessere Möglichkeit, das Parlament an seinen Platz zu gemahnen, als seinen Wählern die Gelegenheit zu geben, buchstäblich von oben darauf hinabblicken zu können.

Die Deutschen sind unermüdlich in ihrer Gedenkkultur. Während der Restaurierung des Reichstags beschlossen die Projektverantwortlichen, die in kyrillischen Buchstaben verfassten Graffiti zu erhalten, mit denen sich sowjetische Soldaten im Siegesjubel an der Mauer verewigt hatten, darunter: »ICH FICKE HITLER IN DEN ARSCH!« Südlich davon ist das Denkmal für die ermordeten Juden Europas zu sehen; es ist kein Zufall, dass die Gedenkstätte, informell »das Holocaust-Mahnmal«, einen so präzisen und ausdrücklich offiziellen Namen trägt und eine so zentrale Stelle einnimmt, dass kaum ein Berlinbesucher sie auslassen wird. Dieser demütige historische Kniefall sagt viel über das gegenwärtige politische Leben in Deutschland aus, hält das Gedenken wach und zieht die Wut der rechtslastigen AfD auf sich. Wenn, wie Björn Höcke schimpfte, die Deutschen »das einzige Volk der Welt [sind], das sich ein Denkmal der Schande in das Herz seiner Hauptstadt gepflanzt hat«, dann weil sie erkannt haben, dass es eine Notwendigkeit ist, vor allem solange Politiker wie Höcke zahlreiche Anhänger um sich scharen.

Günter Grass, einer der Autoren, die Kurt und Helen Wolff in New York veröffentlicht haben, war eine Art moralischer Kompass der Nachkriegs-Bundesrepublik. »Man kann sein Gewissen nicht an Schriftsteller oder sonst jemanden delegieren«, sagte Grass in einem Interview im Jahr 2000. »Ich sage nicht meine Meinung, weil ich Schriftsteller bin. Ich bin Schriftsteller von Beruf, aber ich äußere laut meine Meinung, weil ich ein Bürger bin. Ich glaube, der Zusammenbruch der Weimarer Republik und die Machtübernahme der Nazis im Jahr 1933 war deshalb möglich, weil es nicht genügend mündige Bürger gab. Das ist die Lektion, die wir gelernt haben. Wir Bürger dürfen die Politik nicht den Politikern überlassen.«

Ende 1944 war Grass als Siebzehnjähriger auf den sogenannten Gestellungsbefehl hin in die Waffen-SS eingetreten. Er gestand dies erst am Ende seiner Schriftstellerkarriere ein, nachdem er den Deutschen unermüdlich in den Ohren gelegen hatte, sie sollten gefälligst ihre Vergangenheit aufarbeiten. Dass er es selbst nicht getan hatte, war gewiss ein Fehler. Aber in Bezug auf die Lehre, die sie aus der Vergangenheit ziehen konnten, hatte er recht: Es gab damals nicht genügend mündige Bürger.

Die AHA Factory erstreckt sich über fast die gesamte Fläche eines oberen Stockwerks einer ehemaligen Mietskaserne, von denen unzählige gebaut worden waren, um die vielen Arbeiter und ihre Familien unterzubringen, die während der industriellen Revolution nach Berlin strömten. Um mich herum rattern die Zahnräder der Kreativwirtschaft. Moritz, ein Jazzgitarrist und Kunstagent, schwebt in unser gemeinsames Büro, noch ganz beseelt von seinem erfolgreichen Angelausflug am Wochenende. Aidan, ein Ire, der mit einer Deutschen mit türkischen Wurzeln verheiratet ist, erstellt Bewegungsanalysen für Tänzer. Ed, ein Programmierer aus Holland, entwickelt gerade eine App für Vorschuleltern, während Francesco, ein Filmemacher aus Italien, Videos sowohl für Firmen wie auch für weniger betuchte AHA-Factory-Mitstreiter anbietet. Jeder von ihnen trägt zum Ruf Berlins bei, mehr Start-ups als jede andere europäische Großstadt zu beherbergen. Für die darbenden Künstler sind die Lebenshaltungskosten noch vergleichsweise günstig, und jeder neue Tag kann eine inspirierende Begegnung mit einem Menschen bringen, der vor Konvention oder Repression geflohen ist. All das trägt zu dem Gefühl bei, vom Wellenkamm einer aufregenden Bewegung getragen zu werden.

Aber diese Welle geht einher mit einem Sog, der einen aus der Gegenwart fortziehen kann, und zwar dann, wenn man es am wenigsten erwartet. Unsere Kinder fahren jeden Morgen mit der S-Bahn zu ihrer Schule am Wannsee, wo die Nazis im Januar 1942 festlegten, wie die »Endlösung der Judenfrage« organisiert werden sollte. Nachmittags kehren sie mit dem Zug zurück, der dann weiter nach Oranienburg fährt, von wo aus die »Schutzstaffel« (SS) diesen Prozess überwachte. Wir kaufen Fleisch und andere landwirtschaftliche Erzeugnisse in der Markthalle ein, wo Carl Herz, der jüdische Bezirksbürgermeister von Kreuzberg, 1933 an einem Frühlingstag öffentlich misshandelt wurde, nachdem er von Braunhemden der »Sturmabteilung« (SA) aus dem Rathaus vertrieben und durch die Straßen gehetzt worden war. Wenn wir durch unseren »Kiez« gehen, begegnen wir immer wieder einem von mehr als 5000 »Stolpersteinen«, von denen jeder einem Berliner Opfer des NS-Regimes gewidmet ist und die sich jeweils vor der Wohnstätte befinden, die sie oder er zuletzt freiwillig gewählt hatte. Schlicht und rezitativartig sind das Geburtsdatum sowie die Daten der Deportation und der Ermordung unter den Namen der Personen aufgeführt. Die Kraft dieser Gedenksteine rührt von ihrer subtilen Aufdringlichkeit her. Im Gegensatz zu grauen Grabsteinen, deren Besuch einen Abstecher zu einem Friedhof erfordert, begegnet man diesen Stolpersteinen, die wie Goldklumpen in einem Flussbett glänzen, in der ganzen Stadt auf Schritt und Tritt. Um die Inschriften zu lesen, muss man sich bücken, wie bei einer respektvollen Verbeugung. Wie andere Gedenkstätten auch beziehen die Stolpersteine eine belebende Kraft daraus, dass sie ein ständiges »work in progress« sind, denn Zehntausende von den Nazis ermordete Berliner warten noch darauf, dass man ihnen ein solches Denkmal setzt.

Es sei eine ernüchternde Tatsache, dass »Erinnerungskulturen … durch runde Zahlen und Zehnjahresintervalle organisiert [werden]«, schrieb Timothy Snyder, »doch irgendwie ist das Andenken an die Toten einfacher, wenn die Zahlen nicht rund sind, wenn die letzte Ziffer keine Null ist.« Genau deshalb wirkt jeder

Stein in unserem Viertel wie ein Appell, denn er bezeugt ein schicksalhaftes Ereignis im Leben einer bestimmten Person, ruft sie uns beharrlich in unserem Alltag in Erinnerung. Wenn wir die Straße zu der Eisdiele überqueren, wo wir uns entscheiden müssen, ob wir eine Kugel oder zwei nehmen, werden wir zuerst an Wilhelm Bötticher erinnert, den Witwer mit dem Holzbein, der sich, statt andere homosexuelle Berliner zu verraten, zwei Wochen nach seiner Festnahme im September 1936 im Gefängnis am Alexanderplatz das Leben nahm. Wollen wir eine Überweisung in der Bankfiliale an der Straßenecke tätigen, dann tun wir dies nur wenige Schritte entfernt von der Stelle, wo 1943, nur im Abstand von einem Monat, Ruth Gerstel und ihr Cousin Erwin Rones festgenommen, nach Ausschwitz deportiert und dort ermordet wurden. Nähern wir uns dem Eingang des nächstgelegenen Supermarkts, um ein paar Kleinigkeiten einzukaufen, werden wir daran erinnert, dass der gelernte Schneider und zeitweise als »Posthelfer« tätige Martin Jaffé hier in einer Wohnung im dritten Stock gelebt hatte, ehe die Nazis ihn im Februar 1943 bei der Arbeit verhafteten. Er hatte sechs Jahre lang Zwangsarbeit in einer Chemiefabrik in der Nähe von Tempelhof verrichtet, doch da man beschlossen hatte, Juden wie ihn durch Zwangsarbeiter aus dem Osten zu ersetzen, wurde er zuerst in das sogenannte Ghetto Theresienstadt verschleppt, wo er ums Leben kam.

Gleich um die Ecke des Gebäudes, wo wir wohnen, befindet sich der nächstgelegene Stolperstein, der Erna Wolff gewidmet ist. Keine Verwandte, soweit ich weiß. Und ich weiß es tatsächlich nicht.

Meine journalistische Arbeit ging oft über den reinen Sport hinaus: Mich interessierte vor allem die Frage, was die Spiele, die

wir spielen und uns ansehen, mit der Welt an sich zu tun haben. Daher fasse ich die Tatsache, dass zwei Ereignisse für denselben Tag anberaumt sind – der Berliner Marathon und die Bundestagswahl 2017 – als Einladung auf, mich eine Querstraße weiter an der Marathonstrecke zu postieren, um herauszufinden, was es mit dieser Koinzidenz auf sich hat.

Der Marathon, der jetzt, im Herbst 2017, stattfindet, wird von Polizeiwagen angeführt, dann kommen die afrikanischen Favoriten und schließlich der Pulk, dessen Farbenpracht in auffälligem Kontrast zum schiefergrauen Himmel steht. Da wir in Kreuzberg sind, erhält niemand so viel Beifall wie Teilnehmer aus einer Gruppe von Menschen, die die Nazis auslöschen wollten: die Handbiker und ein einarmiger Teilnehmer. Wenn man den Läufern zusieht, wird einem klar, wie sehr dieser Beinsport doch vom Schwingen der Arme abhängt, wie immer sie beschaffen sind.

Trotz des breiten Kandidaten- und Parteienfelds betrachten die meisten Deutschen die heutige Abstimmung als Entweder-oder-Wahl. Auf der einen Seite stehen Merkel und ihre Entscheidung, mehr als eine Million Geflüchteter ins Land zu lassen. Indem sie das C im Namen ihrer Partei ernst nahm, rief sie dazu auf, das biblische Gebot der Gastfreundschaft gegenüber dem Fremden zu befolgen. Ihr Mantra »Wir schaffen das« war ein Appell an die praktische Mentalität der Deutschen und deren Bereitschaft, Herausforderungen anzunehmen. »Ich bin hinter einer Mauer aufgewachsen«, pflegte Merkel zu sagen, »und habe keine Lust, diese Erfahrung nochmals zu machen.« Ihre Flüchtlingspolitik war ein riskanter politischer Schritt, der weltweites Aufsehen erregt hat, aber er war mutig und richtig. Und angesichts der deutschen Geschichte und der Massen von Asylsuchenden, die sich vor Deutschlands Grenze sammelten, gab es tatsächlich keine Alternative.

Andererseits ist da die AfD. Anfangs war sie eine Protestbewegung gegen die Europäische Union, die durch das maßgeblich von Merkel ins Leben gerufene Bail-out-Programm für Griechenland erstarkte. Bald wurde die Partei zum Sammelbecken für all jene, denen Immigranten, der Islam oder das Beharren auf der Scham über den Nationalsozialismus ein Dorn im Auge waren. Einige Parteimitglieder machen inzwischen keinen Hehl mehr aus ihrer völkischen Gesinnung. Alexander Gauland zum Beispiel erklärte: »Wenn die Franzosen zu Recht stolz auf ihren Kaiser sind und die Briten auf Nelson und Churchill, haben wir das Recht, stolz zu sein auf die Leistungen deutscher Soldaten in zwei Weltkriegen.« Und ein anderer AfD-Politiker, Jens Maier, ein Richter aus Sachsen, behauptete, »Mischvölker« seien »einfach nicht zu ertragen« und Anders Breivik, der islamfeindliche norwegische Terrorist, sei »aus Verzweiflung heraus zum Massenmörder geworden«.

Es ist ein berufsbezogener Tick von mir, dass mich Sportbezüge ganz besonders aufhorchen lassen: »Natürlich«, sagte Gauland, »finden ihn die Leute als Fußballspieler gut. Aber sie wollen einen Boateng nicht als Nachbarn haben.«

Die AfD erhält bei den Bundestagswahlen von 2017 12,6 Prozent der Stimmen und zieht zum ersten Mal in den Bundestag ein. Aber Merkel wird in ihrem Amt bestätigt. Laut Umfragen gibt es in Deutschland eine Brandmauer gegen den Extremismus. Ungefähr 80 Prozent der Bevölkerung sehen sich in der politischen Mitte, fast 30 Prozent mehr als in Frankreich. Der Historiker Konrad Jarausch schreibt die außerordentliche politische Stabilität der Bundesrepublik der alternden Generation von Menschen zu, die den Frieden über alles stellen, sich in der politischen Mitte verortet sehen und von denen sich viele mit der Nazizeit und der Verstrickung ihrer Eltern und Großeltern darin auseinandergesetzt haben. Der britische Historiker Timothy Garton Ash bezeichnet es als Ironie der Geschichte, dass »gerade Deutschland [heute] als Insel der Stabilität dasteht«. Das ist nicht zuletzt dem Trauma der Naziherrschaft und – für die Menschen in den neuen Bundesländern – der darauffolgenden Unterdrückung durch die Stasi geschuldet, was mich zu dem hoffnungsvollen Schluss gelangen lässt, dass Deutschland trotz AfD im Bundestag in der Lage ist, weiterhin voranzugehen.

Technisch begabter Junge und abgesetzter Souverän

Niko, 1921 bis 1939
Kurt, 1924 bis 1933

Das Leben eines Kindes im Wolff'schen Haus in der Münchner Königinstraße war recht eingeschränkt und reglementiert. Das Kinderzimmer im ersten Stock befand sich hinter einer mit Leder verkleideten Tür mit Messingnieten, und es roch nach Linoleum und Teerseife. Dies war die Domäne des Kindermädchens, das die beiden Geschwister beaufsichtigte. Nur hin und wieder begegneten sie einer Persönlichkeit des literarischen Lebens, die gerade zu Besuch war, etwa Rabindranath Tagore, der kurz vor der Geburt meines Vaters bei den Wolffs zu Mittag aß. Mit seinem langen grauweißen Bart und der großen Würde, die er ausstrahlte, sei er eine höchst eindrucksvolle Erscheinung gewesen, erinnerte sich Kurt vierzig Jahre später. »So daß der Irrtum meiner dreijährigen Tochter völlig nachvollziehbar war, die dachte, Gott würde uns einen Besuch abstatten, und sich zufrieden in den Schoß des Herrn kuschelte.«

Abgesehen vom sonntäglichen Mittagessen nahmen die Wolff-Geschwister ihre Mahlzeiten separat ein, und zwar stets ein eigens für sie zubereitetes Menü. Zum Beispiel gab es Tafelspitz mit Spinat, den Niko in den Backen hamsterte, bis er die Gelegenheit hatte, ihn wieder auszuspucken. Melanie Zieher, das Kindermädchen, das alle nur Bulle nannten, musste dafür sorgen, dass die Regeln eingehalten wurden: zu den Mahlzeiten kein Wasser, denn das verursachte bei Kindern ein Sättigungsgefühl, noch bevor sie ausreichend gegessen hatten, außerdem strikte Befolgung des Fletcherismus, das heißt, man musste so lange kauen, bis sich das Essen verflüssigt hatte. Weil sie zu wenig Salz zu sich nahmen, leckten Maria und Niko bisweilen sogar die Wände ab.

Als Bulle, die nie heiraten sollte, ein uneheliches Kind bekam, musste sie es zur Adoption freigeben. Also konzentrierte sie ihre unerfüllten Mutterinstinkte ganz auf ihre Schützlinge und unterstützte sie in ihrem Kampf gegen Kurt und Elisabeth, indem sie ihnen heimlich Essen zusteckte. »Bulle und ich und Maria bildeten ein Lager«, erzählte mir Niko einmal. »Meine Mutter war in einem anderen Lager. Meinen Vater bekamen wir nie zu Gesicht.« Bulle, hier zusammen mit ihren Mitstreitern abgebildet, behandelte Nikos Teddybär Zoschl – den ihm der italienische Konsul in München, ein Freund meiner Großeltern, geschenkt hatte, als er drei war – wie ein weiteres Kind, das sich in ihrer Obhut befand.

Während einer Reise Mitte der Zwanzigerjahre gab Kurts Buick im Engadiner Bergell-Tal auf einer schmalen, steilen Staubstraße zum Dorf Soglio hinauf plötzlich den Geist auf. Niko stieg aus und trommelte wütend mit den Fäusten gegen den Wagen. Der technophobe Kurt blieb, wie es typisch für ihn war, mit seinen makellos weißen Handschuhen im Wagen sitzen, darauf vertrauend, dass ein praktisch begabter Samariter des Weges käme. Und so war es dann auch immer.

Im Gegensatz zu Kurt wollte mein Vater wissen, wie die Dinge funktionierten. Angestrengt lauschte er dem Grammofon, um zu ergründen, wo sich die kleinen Musikanten befanden. »Und jetzt nicht bewegen«, pflegten die Fotografen zu sagen, bevor sie die Blitzlichtbirne betätigten, die an der Kamera angebracht war. »Gleich kommt's Vögelchen raus.« Aber es kam nie ein Vögelchen raus, und so beschloss der kleine, logisch veranlagte Niko, dass Fotografen allesamt abscheuliche Schwindler waren. Aber auch wenn er sich hin und wieder auf diese Weise betrogen fühlte, konnte dies seinem grundsätzlich heiteren Wesen nichts anhaben. Niko teilte nur wenige der anarchischen Instinkte seiner Schwester. Als die zehnjährige Maria bei einem Spaziergang im Englischen Garten ein Sonntagskleid trug und zwei elegant gekleidete Damen ihr Entzücken zum Ausdruck brachten, warf sich das Mädchen zur Antwort kurzerhand in eine trübe Pfütze, wälzte sich darin und schrie: »Von mir aus!« Kurz darauf sollte sich in der Ehe von Kurt und Elisabeth eine Kluft auftun, die schließlich zur Scheidung führte. In solchen Momenten meinte man sie förmlich zu sehen, wenn Marias Mutter zusammenzuckte, während ihr Vater angesichts dieses expressionistischen Ausbruchs seiner Tochter übers ganze Gesicht strahlte.

Schmächtiger als seine Schwester und ohne deren Gabe, Kurts Gunst zu erlangen, hatte Niko nicht nur das Pech, der Beta-Mann in der Familie zu sein, er war obendrein auch der unterlegene Bruder. Manchmal forderte Maria ihren kleinen Bruder auf, Kurt Wolff Verlag mit ihr zu spielen, wobei sie darauf bestand, Kurt Wolff zu sein; mein Vater durfte nur mitspielen, wenn er bereit war, Frau Hertlein zu geben und Marias Diktat aufzunehmen. Zwar protestierte Niko, aber Maria, drei Jahre älter und einen Kopf größer, setzte sich mit schöner Regelmäßigkeit durch.

Doch das Ganze hatte auch eine Kehrseite, die wiederum meinem Vater zum Vorteil gereichte. Er lechzte nicht so sehr nach der Aufmerksamkeit der distanzierten oder häufig abwesenden Eltern, jedenfalls nicht so demonstrativ wie seine Schwester, die gern in die Ankleide ihrer Mutter huschte, wo sie sich im Schrank einschloss und das Gesicht in einem seidenen Kleid verbarg, um das luxuriöse Gewebe auf der Haut zu spüren und in seinem Duft zu schwelgen. Niko war gehorsam und relativ angstfrei und besaß die Gabe, sich selbst beschäftigen zu können, etwas, worum andere Familienmitglieder ihn mit der Zeit beneiden sollten. Als angehendem Homo faber unter lauter Ästheten – Spross eines Mannes, der niemals zu Hammer und Meißel griff, es sei denn, um eine Kiste Wein zu öffnen – blieb ihm viel Raum, um sich zu entfalten. Und so nahm Niko Uhren auseinander, um zu ergründen, wie sie funktionierten, und setzte sie, nachdem er es herausgefunden hatte, wieder zusammen. Einmal zerlegte er die Nähmaschine seiner Mutter und brachte sie anschließend wieder zum Laufen, wobei ein Teil beim Zusammensetzen übrig geblieben war.

»Du gewinnst irgendwann den Nobelpreis«, verkündete Maria, »und unterstützt mich dann, wenn ich mal alt bin!« Es sollte die Zeit kommen, da Niko auch Bücher und Malerei und Musik entdeckte, aber vorerst hatte er nur Augen für Apparate und Autos und Flugzeuge. Als Bulle es leid war, ihn ins Deutsche Museum zu begleiten, wo er Lokomotiven und Flugmaschinen in Augenschein nahm, suchten seine Eltern für ihn andere Begleitpersonen, die mit ihm ins Museum gingen.

1925 verbrachten meine Großeltern den Frühling in der Villa Cantagalli, einem Ferienhaus in dem Örtchen Fiesole bei Florenz. Dort malte der italienische Künstler Felice Casorati diese beiden Porträts. Für die beiden Kinder waren dies die letzten idyllischen Monate eines intakten Familienlebens. Irgendwo in den toskanischen Hügeln jenseits des Gartens, wo Elisabeth sitzt, braut sich ein Sturm zusammen.

Im Jahr darauf verkaufte Kurt einen weiteren Teil seiner Erstausgaben und Wiegendrucke. Der Verkaufserlös belief sich auf 375 000

Reichsmark, was heute ungefähr 1,9 Millionen Euro entspricht. Von diesem Polster sollte er die nächsten zwanzig Jahre zehren, bis er schließlich wieder auf ein zuverlässiges Einkommen zurückgreifen konnte.

Obwohl Kurt den Freuden des Lebens zugeneigt war, hatte die Hyperinflation – das hieß, »zusehen zu müssen, wie das Geld förmlich dahinschmilzt«, wie mein Onkel Christian es beschreibt – ihn vorsichtig beim Umgang mit Geld werden lassen. Doch der weltweite Wirtschaftskollaps von 1929 sorgte dafür, dass sein Verlag finanziell ausblutete. Und unmittelbar vor und nach der Wirtschaftskrise ereigneten sich zwei weitere Zusammenbrüche sehr persönlicher Art.

»Ich möchte etwas sehr schönes sagen«, schrieb Elisabeth ihrer verwitweten Mutter Clara Merck kurz nach Weihnachten 1928. »Im Sommer kommt ein kleiner, sehr ersehnter Gast zu uns, ein Geschwister für Maria und Niko. Ich freue mich unsagbar auf dieses Kind, das wir uns Beide seit Jahren wünschen, wenn wir auch jetzt sehr große Sorgen haben, von denen wir einmal mündlich mit Dir sprechen wollen.«

Diese Sorgen waren vermutlich geschäftlicher Natur, nachdem Kurt mittlerweile fast sämtliche verlegerischen Tätigkeiten eingestellt hatte. Es mochte aber auch die Angst gewesen sei, ob Elisabeth ein weiteres Kind würde austragen können, denn sie war vor Kurzem achtunddreißig geworden. Außerdem war sie nach der Geburt meines Vaters sieben Jahre zuvor mit einer Nierenbeckenentzündung ins Krankenhaus eingeliefert worden. Worauf sie wohl eher nicht anspielte, war die Tatsache, dass es in ihrer Ehe bereits heftig kriselte.

Bald nach der Hochzeit hatte sich zwischen Kurt und seiner Schwiegermutter eine vertrauensvolle Korrespondenz entwickelt. In den folgenden beiden Jahrzehnten wechselten die beiden Dutzende Briefe, und Kurt verließ sich zusehends auf Claras Rat. Ende Februar 1929 berichtete er ihr von der Schwangerschaft ihrer Tochter. Elisabeth habe sich in den letzten Wochen nicht wohlgefühlt und liege seit Montag mit einer beängstigenden Grippe im Bett. Eine Woche später heißt es in einem weiteren Brief, Elisabeth gehe es noch schlechter, und wieder eine Woche später, Elisabeth habe Blutungen gehabt, und ihr Zustand sei besorgniserregend. Daher habe der Gynäkologe sie ins Krankenhaus einliefern lassen.

Elisabeths Drangsal fand zwei Tage später, am 21. März, ein Ende. Nun müsse er ihr eine schreckliche Nachricht verkünden, schrieb Kurt seiner Schwiegermutter: Am frühen Morgen habe Elisabeth nach mehr als vierzig Stunden Wehen eine Totgeburt gehabt. Wie Dr. Albrecht ihm mitgeteilt habe, sei es ein Junge gewesen, fügte Kurt in Klammern hinzu.

Ich hatte gar nicht gewusst, dass mein Vater ein Brüderchen verloren hatte. Er hat mir nie davon erzählt, und ich habe nie nach anderen Geschwistern gefragt.

Um sich von einer Sepsis zu erholen, musste meine Großmutter zwei weitere Monate im Krankenhaus bleiben.

Jahre später bekannte Kurt, sich schon früh in seiner Ehe gefangen gefühlt zu haben. Dieses Gefühl kristallisierte sich heraus, als er eines Abends vom Büro nach Hause kam und Elisabeth in der Tür auf ihn wartete. Meine Großmutter wiederum erzählte sehr viel später Maria: »Ich war zu jung. Ich habe ihn einfach nicht verstanden.« Es ist unklar, wann Kurt anfing, Affären mit anderen Frauen zu haben. Außerdem stellt sich die Frage, was für eine Art

Schwerenöter er war: einer, der immer mindestens zwei Frauen gleichzeitig haben muss, oder einer, der von Abenteuer zu Abenteuer jagt. Ersteres untermauert ein Cousin, der berichtet, dass sich Kurt regelmäßig mit seinen Geliebten in der Lobby eines Münchner Hotels umgab, das Gespräch dominierte und ihnen reihum seine Aufmerksamkeit schenkte. (Um ja kein Missverständnis aufkommen zu lassen, sollten diese »Kaffeeklatsch-Runden« signalisieren, dass alle ebenbürtig waren und keine eine Vollzeitrolle beanspruchen durfte.) Ein anderer Cousin unterstützt die zweite These; er meint, Kurts nächtliche Aktivitäten auf langen Zugfahrten hätten ihm den Spitznamen »Nachtzug« eingetragen.

Möglicherweise hat er beide Versionen verkörpert. Und er selbst sah sich vielleicht weniger als Jäger denn als Charmeur. »Gegen große Vorzüge eines andern gibt es kein Rettungsmittel als die Liebe«, lautete eines seiner Lieblingszitate von Goethe. Das ist das Credo des Impresarios, der andere emporheben möchte. Aber diese Worte können auch so verstanden werden, dass er der Polyamorie einen Hauch von Unvermeidbarkeit verleihen wollte. Maria erzählte mir einmal, Kurt habe ihr ziemlich spät in seinem Leben gebeichtet, er wäre ohne all diese Frauen ein besserer Verleger gewesen, hätten sie doch allzu viel von seiner Zeit in Anspruch genommen. »Es ging ihm nie um den Sex«, sagte sie. »Es ging um die Verführung. Außerdem hasste er es, allein zu sein.«

Einer seiner Affären entsprang ein Kind – und dabei blieb es auch, soweit ich weiß. Am 7. Juli 1926 – fünf Jahre nach der Geburt meines Vaters – brachte Annemarie von Puttkamer, eine Übersetzerin, die für den Verlag arbeitete und die Schwester eines Kameraden aus dem Ersten Weltkrieg war, einen Sohn zur Welt, der auf den Namen Enoch getauft wurde. Niemand freute sich mehr für Annemarie, hier abgebildet, als meine Großmutter. Nicht wissend, dass es sich um das Kind ihres Mannes und dessen Geliebter handelte, schenkte sie der Mutter eine Babyausstattung. Aber bald sollte die Wahrheit ans Licht kommen.

Irgendwann im späten Frühjahr 1929, kurz nach Elisabeths Genesung, eröffnete Kurt seiner Frau, er wolle nicht länger »in einer Ehe leben«. Im Juni, während eines Besuchs von Clara Merck in München, informierte das Paar sie über seine bevorstehende Trennung, was meine Urgroßmutter sehr betroffen machte.

Am Morgen des 15. Juni fuhr Kurt seine Schwiegermutter zum Hauptbahnhof und begleitete sie in das Abteil des Zuges, mit dem sie nach Darmstadt zurückkehren sollte. Noch ehe er den Bahnhof verließ, starb Clara Merck an einem Herzinfarkt.

Nicht länger eine »Ehe führen« zu wollen, erforderte nicht automatisch eine Scheidung. Eine Zeit lang bildeten die vier auf dem Papier weiterhin eine Familie, sie feierten 1930 sogar noch zusammen Weihnachten im Engadin. Mittlerweile hatte Elisabeth das Herz von Dr. Albrecht gewonnen, dem Gynäkologen, der sie nach der Totgeburt ihres dritten Kindes ärztlich betreut hatte. Kurts Tagebuch spiegelt wider, wie vertrackt ihre Ehe vor der Trennung geworden war. »5. Februar: E [Elisabeth], Albrecht, AvP [Annemarie von Puttkamer] … E mit Albrecht. März: Abend mit Albrecht. 3. Mai: AvP bringt Enoch vorbei.«

Am Morgen des 3. Mai 1930 schrieb Elisabeth in ihr Tagebuch: »Um halb acht frühstückt Kurt mit mir zum letzten Mal … Um acht fährt er mit seinem Auto fort.« Sie nannte dies ihren »schwersten Tag«. Der Darmstädter Arzt und Psychoanalytiker Carl Happich, der Elisabeth einmal wegen einer Nervensache behandelt hatte, verbrachte den Nachmittag mit ihr im Botanischen Garten und las ihr Texte über Versöhnung vor.

Nachdem Hans Albrecht ihr signalisiert hatte, sie heiraten zu wollen, leitete Elisabeth die Scheidung ein, die Anfang des folgenden Jahres erfolgte. Um eine Ehe aufzulösen, musste sich einer der Ehepartner schuldig bekennen und angeben, mit wem das Ehegelübde gebrochen wurde. Kurt tat dies, doch um den Ruf seiner Geliebten zu schützen, die ein hohes gesellschaftliches Ansehen genoss, nahm eine Frau aus der Arbeiterschaft die Schuld auf sich. Unklar ist, ob diese tatsächlich eine seiner Geliebten war oder einfach nur dazu überredet oder bestochen wurde, vor Gericht auszusagen. Jedenfalls geht aus der Scheidungsurkunde hervor, dass Kurt »ehewidrige Beziehungen zu der Bäckersehefrau Ida Pollinger« gestanden hatte, die »seit Frühling 1930 im Austausch von Küssen und Zärtlichkeiten« bestanden.

Niko und Maria hätten gewiss mehr unter dieser Trennung gelitten, wenn sie im Streit verlaufen wäre oder wenn die Eltern eine größere Rolle in ihrem Leben gespielt hätten.

Stattdessen schienen beide entschlossen, das Beste aus der Situation zu machen. »Niko ist ein sehr geheimnistuerischer Mensch«, sagte seine Schwester kurz vor ihrem Tod im Jahr 1996 zu mir. »Er spricht nicht über alles. Er ist ein wunderbarer Mensch, weil er alles *fühlt*. Wir empfanden die neuen Menschen in unserem Leben als Bereicherung, sahen uns nicht als eine zerrüttete Familie an. Wir dachten, es sei normal. Als Kind wollte ich, wenn ich einmal groß war, auch zweimal heiraten und eine nette erweiterte Familie haben.«

Im März 1931 legalisierte meine Großmutter ihre Beziehung und heiratete Dr. Albrecht, hier mit der Ausbeute eines Arbeitstages zu sehen. Niko und Maria zogen mit ihr in ein schönes Haus im noblen Nymphenburg. Niemand war überrascht von dieser Verbindung. Familienmitglieder erinnerten sich daran, wie nervös Dr. Albrecht gewesen war, als er meinen Vater zur Welt zu bringen half. So hingerissen war er von der Frau, die er ein Jahrzehnt später heiraten sollte.

Niko und Maria wurden schnell warm mit ihrem frischgebackenen Stiefvater. Er spielte Geige und Viola, malte Aquarelle und hatte die ungezwungene Art eines waschechten Bayern. Als Amateurzauberkünstler und Mitglied der Vereinigung »Magischer Zirkel« trat er in privatem Kreis auf. Seinen Stiefkindern erzählte er Geschichten aus dem Kreissaal, die sie umso mehr genossen, als sie ihre Mutter aus der Fassung brachten – etwa die Anekdote von einer völlig aufgelösten Krankenschwester, die ihn vor dem Krankenhaus mit folgenden Worten empfing: »Herr Doktor, ihr Muttermund ist schon groß wie ein Fünfmarkstück!«

Wie um sich gegen solche ungenierten Plaudereien aus dem Klinikalltag zu wappnen, stürzte sich Elisabeth in die »Christliche Wissenschaft«; sie gab ihren Kindern Texte von Mary Baker Eddy zum Lesen auf und nahm sie mit zu den Gottesdiensten in der Tonhalle. Maria war indes nach wie vor aufsässig und flog 1931 vom Internat. Ihre Mutter und ihr Vater waren so sehr mit ihrem eigenen Leben beschäftigt, dass sie sich nicht die Mühe machten, sie bei ihrer Rückkehr vom Münchner Hauptbahnhof abzuholen, und die Dreizehnjährige musste ihre Koffer allein nach Hause schleppen.

Derweil besuchte Niko das humanistische Maximiliansgymnasium, wo er jedoch nicht so recht hinpasste. Nur an kalten, regnerischen Tagen machte Niko Hausaufgaben, wenn er, statt zu Fuß zu gehen, mit der Straßenbahn fuhr und sie unterwegs erledigen konnte.

Mittlerweile war Deutschland durch das im März 1933 erlassene »Ermächtigungsgesetz« endgültig auf dem Weg in die nationalsozialistische Diktatur. Als 1934 mein Vater zusammen mit seiner Mutter Urlaub in der Schweiz machte, erreichte sie die Nachricht vom Tod des Reichspräsidenten Hindenburg und davon, dass Hitler sein Amt übernommen hatte und sich fortan »Führer und Reichskanzler« nannte. Ein Jahr darauf erließen die Nazis auf ihrem Reichsparteitag die Nürnberger Rassengesetze. Mit einem Schlag wurden 450 000 deutschen Juden sämtliche bürgerlichen Rechte aberkannt, sie besaßen nun lediglich den Status von »Staatsangehörigen«. Doch weitere 50 000 Deutsche jüdischer Abstammung, die konvertiert waren, stellten ein Dilemma dar. Für die Nazis war das Jüdischsein ein rasseideologisches Konstrukt, und so machte es für sie auch keinen Unterschied, wenn sich Juden hatten taufen lassen, wie etwa Kurts Großeltern mütterlicherseits – es sei denn der Übertritt zum Christentum hatte noch vor der Generation der Urgroßeltern stattgefunden. Dennoch: Wenn jemand laut Definition der Nazis ein »Mischling« war – ob ein »Mischling ersten Grades« mit einem jüdischen Elternteil oder, so wie Kurt, ein »Mischling zweiten Grades« –, wurde ihm eine »vorläufige Reichsbürgerschaft« zugestanden, auch wenn er nicht als vollwertiges Mitglied der deutschen »Rasse« und Nation galt.

Im selben Jahr, nachdem Niko die Quinta wiederholen musste, hatten er und das »Max« genug voneinander. »Der Schüler brachte kaum den nötigsten Fleiß auf und zeigte gegenüber allen Fächern große Gleichgültigkeit, so daß er trotz Wiederholung der Klasse nur mit knapper Not das Ziel erreichte«, heißt es in seinem Zeugnis am Ende des Schuljahrs 1934/35.

Alle Beteiligten waren erleichtert, als der inzwischen vierzehnjährige Niko ins Landheim Schondorf wechselte, ein Internat am Ammersee. Dort blühte er förmlich auf. Für das Pauken von Latein und Mathe wurde man durch Segel- und Fotokurse entschädigt, auch konnte man hier Theaterkulissen entwerfen und bauen. Niko nahm an einem Wettbewerb für den Entwurf eines Logos für den Bruckmann-Verlag teil, und sein Vorschlag – eine Brücke mit einem Mann – gewann den ersten Preis. »In Schondorf hat er sich gut gemacht, sowohl geistig als auch physisch«, erzählte mir Maria. »Nachdem er aus dem Schatten seiner Schwester getreten war. Ich muss ihn wohl ohne böse Absicht unterdrückt haben.«

1939 markierte Nikos Mutter im Schondorfer Telefonbuch die Namen einer Handvoll Schüler, deren Eltern prominente Nazis waren, mit einem Hakenkreuz. Aus den bis heute erhalten gebliebenen Seiten geht hervor, um wen es sich bei den betreffenden Vätern handelte: um den Maler Elk Eber, der mit seinen NS-Propagandabildern erfolgreich war, den Admiral Hermann Boehm sowie den SS-Oberführer Ernst Boepple, der 1950 als einer der Hauptverantwortlichen für die Umsetzung des Holocausts im besetzten Polen in Krakau gehängt werden sollte. Doch zu der Zeit, als Niko ins Landheim Schondorf kam, war es noch ein von der »Gleichschaltung« weitestgehend unberührter Zufluchtsort. Der Rektor der Schule war dem ganzheitlichen Bildungsideal verpflichtet und zählte einige »Mischlinge« zu seinen Schülern.

Dessen ungeachtet schlüpfte mein Vater jeden Mittwochabend in eine braune Uniform mit Hakenkreuzarmbinde und folgte einem älteren Schüler, der die Gruppe anführte, zum wöchentlichen »Heimabend« der Hitlerjugend. »Sie haben uns mit lauter Mist indoktriniert, mit hanebüchener Geschichtsklitterung, Halbwahrheiten über den Ersten Weltkrieg und dieser Dolchstoßlegende«, erzählte er mir einmal. »Und lauter antisemitisches Zeug. Und wir mussten so tun, als würde es uns gefallen, sonst hätten wir die Eltern oder die Schule in Schwierigkeiten gebracht.«

Niko erinnerte sich an mehrere Schüler mit jüdischer Abstammung, denen es nicht erlaubt war, mitzukommen. »Und wir haben sie dafür beneidet.«

Ungeachtet seines persönlichen Lebensstils hielt mein Großvater an seinen honorigen Grundsätzen fest, als er seine verlegerische Tätigkeit beendete. Am 23. Juni 1930 schrieb er an Franz Werfel:

> *Ich kann und werde den Kurt Wolff Verlag nicht weiterführen ... Tatsache ist, daß ich mich in den letzten sechs Jahren praktisch und materiell an diesem Verlag aufgerieben, verblutet habe. Ich bin, wie viele andere, natürlich ohne Geld, aber mit einem immensen Lager von Büchern, die zumeist auf schlechtem Papier gedruckt waren, aus der Inflation in die stabile Währungszeit hineingegangen ... Im Anfang blieb der Umsatz groß und gab mir wie so vielen Anderen die Fiktion, ein großes Geschäft zu haben, das einen großen Apparat benötige. Es war auch eine soziale Selbstverständlichkeit, die Angestelltenschaft, die einen durch die schwere Inflationszeit begleitet hatte, so lange wie möglich weiter zu behalten ... Geld war keines da, die überwiegende Masse der Vorräte war schwer absetzbar wegen völliger Änderung im Geschmack des Publikums ... Ich will und werde nicht Pleite machen, trotzdem die jetzige Zeit das als honorigste Selbstverständlichkeit gelten läßt; ich will ebenso wenig, wie das so mancher meiner Kollegen ist, zum abhängigen Strohmann meiner Gläubiger, Drucker, Buchbinder werden. Was ich privat hatte, ist zugesetzt ... Ich verkaufe soweit aus, daß wir schuldenfrei werden (was jetzt schon eigentlich der Fall ist, wie wir denn überhaupt niemals jemandem etwas schuldig geblieben sind oder bleiben wollen) ...*

»Warum habe ich aufgehört?«, fragte sich Kurt später in einer an niemand Bestimmten gerichteten Notiz. »Es war nichts Neues in Sicht. Nicht das geringste Zeichen von etwas Neuem.« Er hatte seinen Lebensunterhalt mit neuen oder exotischen literarischen Strömungen bestritten, hatte sie zu seinem Lebensinhalt gemacht: Expressionismus, Tagore, Fletcherismus. Einige Bücher aus seinem Verlagsprogramm hatten sich hervorragend verkauft. Aber nach fünf Jahren war noch immer die Hälfte der achthundert gedruckten Exemplare des ersten Einzelwerks von Franz Kafka im Lager, und viele andere Schriftsteller – Musil, Roth, Robert Walser – sollten Jahre benötigen, um eine Leserschaft zu gewinnen. Kurt veröffentlichte sie trotzdem, als wäre jeder von ihnen eine Anleihe, die zehn, zwanzig oder gar fünfzig Jahre reifen müsste, um dann wie im Zeitraffer seine Urteilskraft zu rehabilitieren. »Da so viele seiner Autoren inzwischen zum Kanon gehören«, schrieb das *Times Literary Supplement* 1970, »kann Kurt Wolff mit Fug und Recht behaupten, sie würden die Fehler, zu denen er sich von seiner Begeisterung hatte verleiten lassen, wieder ausgleichen.«

Mein Großvater führte nicht näher aus, was seiner Ansicht nach für die Änderung des Lesegeschmacks verantwortlich war. Bald darauf aber sollten die Nazis mit ihrer »Gleichschaltung« ernst machen, und viele der Ereignisse, die ihren Aufstieg befeuerten, darunter der Börsencrash von 1929 und die darauf folgende Wirtschaftskrise, beeinträchtigten auch das Verlagswesen und Kurts Verlag im Besonderen. Alles in allem sorgten diese Umstände dafür, dass mein Großvater, wie es ein Verlegerkollege Jahre später ausdrücken sollte, »wie ein abgesetzter Souverän nach einer Revolution« wirkte.

Er und sein alter Kampfgefährte aus Leipzig bemitleideten sich in ihrem Briefaustausch gegenseitig. Im März 1930 appellierte

Werfel an ihn, das, was sie einst geteilt hatten, nicht aufzugeben. »Der Kurt Wolff Verlag war das literarische Instrument der letzten dichterischen Bewegung, die es in Deutschland gegeben hat. Wie hoch oder niedrig man die Namen, die ihn gebildet haben, heute veranschlagen mag, eines steht fest, es waren dichterisch gesinnte Talente, die letzten Dichter, die der Krieg aufgeopfert hat. – Das Bild der Welt ist heute so sehr verändert, daß erst eine künftige Zeit jenen Menschen gerecht werden kann, zu denen wir beide auch gehören.«

Während Kurt im Lauf der Zwanzigerjahre seine Mitarbeiter nach und nach entließ, stellte er 1925 die Person ein, die sein Leben verändern und schließlich entscheidenden Einfluss auf seine verlegerische Tätigkeit in Amerika haben sollte.

Helen, meine Stiefgroßmutter, wurde 1906 als Helene Mosel in Vranjska Banja geboren, einem Kurort im südlichen Serbien. Ihre Mutter Josephine Fischhof stammte aus Wien und war Journalistin. Ihr Vater Ludwig Mosel, ein Ingenieur aus dem Rheinland, war ins Osmanische Reich geschickt worden, um dort bei der Elektrifizierung mitzuwirken. Aus Angst, dass Helen und ihre drei jüngeren Geschwister sich in einer öffentlichen Schule mit Cholera anstecken würden, engagierte ihr Vater Privatlehrer für sie. Helen konnte schon mit vier lesen. Da ein Bein von Geburt an etwas kürzer war als das andere, hinkte sie leicht, doch das bestärkte sie nur zusätzlich in dem Wunsch, in die Welt der Bücher und der Sprache einzutauchen.

Kurz nach Beginn der Balkankriege, die von 1912 und 1913 dauerten, trennten sich Helens Eltern. Als Ludwig die Familie schließlich für immer verließ, schwor sich Helen, seinen Namen nie wieder in den Mund zu nehmen. Josephine zog mit den Kindern zuerst nach Wien, dann nach Berlin und 1918, als durch den andauernden Weltkrieg die Lebensmittel immer knapper wurden, in ein bayerisches Dorf. In ihrer Kindheit, die von der brüchigen Ehe ihrer Eltern und einem unsteten Wanderleben geprägt war, gaben die Bücher Helen die nötige Stabilität, um zu einer frühreifen Jugendlichen heranzuwachsen.

1920 schrieb Josephine ihre Tochter als eine der ersten Tagesschülerinnen im Landheim Schondorf ein, wo Niko Internatsschüler war. Mit fünfzehn beherrschte Helen Englisch und Französisch, kannte zahlreiche klassische Werke und durfte mehrere Klassen überspringen. Mit siebzehn nahmen ein paar wohlhabende Familien aus der Umgebung von Frankfurt, die durch eine Verbindung zur Schule von ihr gehört hatten, die Siebzehnjährige unter ihre Fittiche und engagierten sie als Kindermädchen und Hauslehrerin. Eine ihrer Arbeitgeberinnen – die Mutter eines Klassenkameraden – war eine Bekannte von Kurt und verhalf Helen zu einer dreimonatigen unbezahlten Volontärstelle in seinem Verlag. Anschließend arbeitete Helen als Kurts Sekretärin, dann als Lektorin für Pegasus Press, den in Paris beheimateten kleinen Kunstbuchverlag, der das, was von Pantheon Casa Editrice übrig geblieben war, in sein Programm aufgenommen hatte, und schließlich, nachdem auch dieser Verlag in schwieriges finanzielles Fahrwasser geraten war, als Übersetzerin für eine Abteilung beim Völkerbund in Genf.

Im Herbst 1928 taucht der Name Helen immer häufiger in Kurts Tagebuch auf, in Einträgen mit Ortsangaben wie Grenoble, Menton, Nizza, Paris. In diesem und auch dem folgenden Jahr reisten die beiden durch Frankreich, England, Spanien, die Schweiz und Nordafrika. In Briefen an ihre Familien macht Helen keinen Hehl daraus, dass es sich um eine Liebesaffäre handelt, wenngleich eine von Unwägbarkeiten belastete. Kurt pflegte weiterhin Kontakt zu dem großen Kreis seiner Geliebten, von denen die meisten aus der gehobenen Gesellschaft stammten und wohlhabender waren als seine mittelose zwanzigjährige *protégée*. Helen musste sich mit den »Fetzen Zeit, [den] abgerissenen, heimlichen«, begnügen, wie sie ihrem Bruder Georg im März 1930 schrieb. »… mir fällt schon jedes Wort aus dem Herzen, wenn ich weiß: in zwei Minuten hält der Wagen an der Ecke und dann ist es aus.«

Als ihr klar wurde, wie sehr Kurt emotional von ihr abhing, fand sich Helen besser mit seinen Liebschaften ab. »… es ist besser, eine Woche im Jahr mit solchem Menschen zu verbringen, den Rest allein, als Kompromisse zu schließen und ein ganzes Jahr nicht allein zu sein«, schrieb sie Georg im darauffolgenden September. »Man muß nicht das Geliebte besitzen wollen, man muß es richtig lieben, um einander wissen, unzerstörbar aus der Kraft des Gefühles verbunden sein – dann wird es keine Ferne geben und keine Eifersucht und kein Nichtgönnen.« Im Sommer 1931 war Helen – auf der nächsten Seite in den frühen Dreißigern in Südfrankreich abgebildet – im Begriff, Kurts Lebensgefährtin zu werden, jedenfalls war sie ihm bereits näher, als es jede seiner Freundinnen gewesen war.

Während ihrer Reisen durch Europa machten Kurt und Helen einen Bogen um Deutschland, das »schon trostlos und zum Kotzen« war, wie er im November 1931 an Walter Hasenclever schrieb. »Man spürt sie gleich in den ersten fünf Minuten …, [eine] Weltuntergangsstimmung, die ja zur allgemeinen Massenpsychose geworden ist.« Darüber hinaus, berichtete er Franz Werfel, »ruhe [ich] mich aus, schwimme, gehe spazieren, und will mir dann ausgeruht im Herbst vielleicht einmal überlegen, was ich tun kann«.

Aber die Frage, was er tun konnte, lastete schwer auf ihm. In den späten Zwanzigern hatte Kurt zu viel gegessen und getrunken und fast fünfzehn Kilo zugenommen. In seinen Briefen klagte er über »Unruhe« und »lähmende Müdigkeit«. So weit weg vom eigentlichen Geschehen zu sein, war »lähmend anstrengend, und unendlich viel schwieriger als irgendeine klar umrissene aktive Aufgabe«. Im März 1931 gestand er einem Freund, wie sehr er sich »nach einer vernünftigen, meinen Möglichkeiten und Fähigkeiten … einigermaßen entsprechenden Tätigkeit« sehnte.

Und als Kurt und Helen Anfang Januar 1933 schließlich nach Berlin fuhren, dann nur, weil sie hofften, es könnte sich eine Tätigkeit für ihn bei der Kulturabteilung des Auswärtigen Amts eröffnen.

Sie quartierten sich in einer Pension am Kurfürstendamm ein und ahnten nicht, dass es für lange Zeit ihre letzten Wochen in Deutschland sein würde; erst nach dem Zweiten Weltkrieg sollten sie wieder zurückkehren. Kurt hatte mehrere Sitzungen bei einem Zahnarzt. Er und Helen besichtigten ein paar Wohnungen. Sie trafen sich mit Freunden, die ihre Angst teilten, dass die Nazis einen Vorwand ersinnen würden, um die uneingeschränkte Macht an sich zu reißen. Joseph Roth, einer von Kurts ehemaligen Autoren, hatte beobachtet, dass an den Kiosken am Potsdamer Platz »ein Blätterwäldchen bepflanzt« worden war: »Seine jungen Stämme heißen: *Völkischer Ratgeber*, *Kampfbund*, *Deutscher Ring*, *Deutsches Tagblatt*, und sind mit unvermeidlichen Hakenkreuzen versehen, die man heutzutage tief in alle Rinden einschneidet.«

Selbst wenn Kurt durch seine jüdischen Vorfahren nicht ins Visier der Nazis geraten wäre, machte die Tatsache, dass er »entartete« Künstler und Schriftsteller protegiert hatte, ihn zu ihrem Feind. Und so bedeutete Hitlers Ernennung zum Reichskanzler am 30. Januar 1933 das Aus für einen möglichen Posten beim Auswärtigen Amt. Resigniert verließ Kurt mit Helen die Pension am Ku'damm und zog in die möblierte Wohnung von Walter Hasenclever in Berlin-Friedenau, wo einige Künstler wohnten. Der Schriftsteller war vor Kurzem ausgezogen, um nach Südfrankreich zu emigrieren. Auf dem Klingelschild stand noch der Name einer anderen früheren Bewohnerin, einer gewissen Sigrid Engström, und Kurt und Helen hofften, dass dieser »arisch« klingende Name sie vor Übergriffen durch SA-Schlägertrupps schützen würde. »Wir sind jetzt auch mitten im Faschismus«, schrieb Helen am 17. Februar an ihren Bruder, »und da sträuben sich mir alle Haare und Federn. Hast Du Hitler einmal am Radio reden hören? Es ist zum Weinen ... Ich sehe meiner Verhaftung wegen unziemlicher Äußerungen über den ›Führer‹ gefaßt entgegen, denn einmal werde ich ja doch mein Maul nicht halten können.«

Neun Tage später schrieb Helen ihrem Bruder in einem weiteren Brief: »Alles, was die Regierung verordnet, ist reinste Barbarei ...; seit der Parteidiktatur der Nazis ist ja für einen Menschen, der halbwegs Charakter hat, hier kein Lebensraum mehr ...« Und lieferte sogleich eine Diagnose: »Das scheint mir überhaupt das Urproblem des deutschen Menschen zu sein: daß ihm das Wirkliche nicht genügt, daß er sich dem Gegebenen nicht einordnet, daß ihn das Leben langweilt und er es deshalb wegwirft – in einem herrisch scheinenden Rausch ... Er, dem das Normale nicht genügt, immer wieder Chaos und Zerstörung schafft.«

In der folgenden Nacht brannte der Reichstag, und Helen und Kurt verfolgten am Radio das Gegeifere von Hermann Göring. »Die sind wahnsinnig!«, kommentierte Kurt. »Pack!«

Zwei Tage später verließen sie mit dem Zug das Land. In Paris machten sie Zwischenstation, ehe sie nach London weiterreisten, wo sie am 27. März heirateten. Unterdessen hatte Herman Hesse aus der Schweiz einen Brief an Kurt geschrieben, der, als wäre er mit einem Zielsuchgerät ausgestattet, tatsächlich den Weg zu seinem Adressaten fand. »Diese Nachrichten sind traurig und wunderlich. Ich lege [die Zeitungen] bei und bemühe mich davon unberührt zu bleiben. Es gibt ja keine Front, an die man sich stellen könnte, überall müßte man sich zu Terror und Kanonen bekennen. Aber es gibt das ›Reich Gottes‹ oder die ›universitas literarum‹ oder die ›unsichtbare Kirche‹, die steht uns noch immer offen.«

Auf dem Opernplatz in Berlin (heute Bebelplatz) verbrannten von Braunhemden angestachelte Studenten mit Goebbels' Segen zahlreiche Bücher, viele davon waren im Kurt Wolff Verlag erschienen.

Woher wusste Kurt, dass es an der Zeit war zu fliehen? Wie konnte man wissen, wann man einen solch unwiderruflichen Schritt machen musste, der die absolute Kapitulation bedeutete? »Damit man herausbringt, ob man schon heut fliehen muß oder erst morgen fliehen darf«, heißt es in Bertolt Brechts *Flüchtlingsgesprächen*, »ist eine Intelligenz nötig, mit der man noch vor ein paar Jahrzehnten hätte ein unsterbliches Werk schaffen können.« Was auch immer es war – Genie in Sachen Selbstschutz oder primitiver Überlebensinstinkt –, Kurt sollte, nunmehr mit Helen, immer wieder auf diese Intuition zurückgreifen können.

Mein Vater hatte von Anfang an nie das Gefühl, dass er von seinem Vater verlassen worden war. In den Schulferien reisten er und Maria nun von einem idyllischen Ort am Mittelmeer zum nächsten, um den Vater und seine neue Frau zu besuchen, die sie beide auf Anhieb mochten. Abgesehen von den Aktivitäten der Hitlerjugend herrschte Nikos Ansicht nach im Internat der Geist des zivilisierten Deutschlands. In Schondorf konnte sich ein Jugendlicher Wissen, künstlerische und handwerkliche Kenntnisse aneignen, ohne zu ahnen, was sich ringsherum zusammenbraute.

In ihrem 1951 zuerst auf Englisch erschienenen Buch *The Origins of Totalitarism* schrieb Hanna Arendt, eine Freundin von Kurt und Helen, die idealen Untertanen eines totalitären Regimes seien nicht überzeugte Nazis oder engagierte Kommunisten, sondern Menschen, für die der Unterschied zwischen Fakten und Fiktion, wahr und falsch nicht länger existiere.

Dabei geht es Hannah Arendt nicht so sehr um die Mitschuld der Getäuschten in Bezug auf das Sich-täuschen-Lassen. Heute haben die Menschen in Deutschland und den Vereinigten Staaten vermutlich die Handlungsmacht, die Erzeugnisse einer freien Presse zu beurteilen und zu sortieren. Aber unter den Nazis ließ die Mehrheit der Deutschen sich von der Propaganda verleiten und in die Irre führen. Mithilfe von Sebastian Haffner, dem Journalisten, der im Exil viel Zeit darauf verwandte, das Phänomen Nationalsozialismus zu erklären, lohnt es sich, der Ursache auf den Grund zu gehen.

Die ersten bewusst wahrgenommenen Jahre der Kindheit meines Vaters vollzogen sich in der Ära Stresemann zwischen 1923 und 1929, einer relativ ruhigen Zeit in Deutschland, die nach dem besonnen agierenden Außenminister benannt ist. Aber eine ganze männliche Generation, die um 1900 herum geboren wurde, wusste mit einer solchen Normalität nichts anzufangen, war nicht darauf vorbereitet. Als Jugendliche hatten sie mitbekommen, wie Meldungen von der Front wie Sportergebnisse präsentiert wurden, und später – nach dem Versailler Vertrag, während der Hyperinflation in der Weimarer Republik –, wie ihre Mütter und jungen Frauen Waschkörbe voll Geld zum Einkaufen mitnahmen. Laut Haffner sind nach 1914 ungefähr zwanzig Geburtsjahrgänge junger und jüngerer Deutscher daran gewöhnt worden,

ihren ganzen Lebensinhalt, allen Stoff für tiefere Emotionen, für Liebe und Haß, Jubel und Trauer, aber auch alle Sensationen und jeden Nervenkitzel sozusagen gratis aus der öffent-

lichen Sphäre geliefert zu bekommen – sei es auch zugleich mit Armut, Hunger, Tod, Wirrsal und Gefahr. Nun, da diese Belieferung plötzlich ausblieb, standen sie ziemlich hilflos da, verarmt, beraubt, enttäuscht und gelangweilt. Wie man aus eigenem lebt, wie man ein kleines privates Leben groß, schön und lohnend machen kann, wie man es genießt und wo es interessant wird, das hatten sie nie gelernt. So empfanden sie das Aufhören der öffentlichen Spannung und die Wiederkehr der privaten Freiheit nicht als Geschenk, sondern als Beraubung.

Für meinen Vater und seine Familie, die dem Bildungsbürgertum angehörte, traf das nicht zu. Aber die meisten Männer der halben Generation vor Nikos Jahrgang fühlten sich von der Nachkriegszeit betrogen. Diese Erfahrung hinterließ bei ihnen Narben und trug zu ihrer Radikalisierung bei. Nochmals Haffner:

Nur eine bestimmte Bildungsschicht – nicht gar zu klein, aber doch natürlich eine Minderheit – fand und findet ähnliche Lebensinhalte und Lebensfreuden in Büchern und Musik, eigenem Denken und dem Bilden einer eigenen »Weltanschauung« …

Jenseits der Bildungsschicht heißt und hieß die große Gefahr des Lebens in Deutschland immer: Leere und Langeweile … Über den großen Flächen Nord- und Ost-Deutschlands, in seinen farblosen Städten, hinter seinen allzu fleißig, gründlich und pflichtbewußt betriebenen Geschäften und Organisationen droht und drohte immer der Stumpfsinn. Und zugleich der horror vacui und der Wunsch nach »Erlösung«: Erlösung durch Alkohol, durch Aberglauben oder, am besten, durch einen großen, alles überschwemmenden, billigen Massenrausch.

Diese Worte könnte man noch heute auf einige der genannten Gegenden Deutschlands anwenden. Auch die Lebenswelt der Nachkommen jener Menschen, auf die sich Haffner bezieht, ist nach wie vor von einer bedrohlichen Monotonie geprägt. Angst, Hass und eine negative Grundstimmung füllen die Leere in ihrem Alltag, und ihr Groll richtet sich gegen die wenigen Flüchtlinge, die in diesen Gebieten wohnen.

Haffner glaubte eine Erklärung für dieses Phänomen zu haben: »Der einzige Rest, der bei alledem bleibt«, schrieb er, »ist die völlige Abwesenheit von dem, was man an einem Volk wie an einem Menschen ›Rasse‹ nennt: also eines festen, durch Druck und Zug von außen nicht zu erschütternden Kerns, einer gewissen adligen Härte, einer allerinnersten, gerade erst in der Stunde der Prüfung mobilisierbaren Reserve an Stolz, Gesinnung, Selbstgewißheit, Würde. Das haben die Deutschen nicht. Sie sind als Nation unzuverlässig, weich, kernlos.«

Albert Einstein sprach drei Jahrzehnte vor dem Aufstieg der Nazis an die Macht ebenfalls von der »angeborenen Unterwürfigkeit« der Deutschen und dass der »Autoritätsdusel der größte Feind der Wahrheit« sei. Darin waren sich Einstein und Arendt – zwei deutsche Exilierte, die zu Amerikanern wurden, der eine Physiker, der eine frühe Warnung formulierte, die andere eine Philosophin, die eine Post-mortem-Analyse durchführte – einig. Schlussendlich zählt nur die Wahrheit.

Nachdem der Künstler Gunter Demnig, der jeden Stolperstein eigenhändig mit einer Gravur versieht und ihn in die Bürgersteige einlässt, erfuhr, dass sein Vater im Zweiten Weltkrieg Flugabwehrkanonen bedient hatte, sprach er fünf Jahre lange kein Wort mehr mit ihm. Es kam mir nie in den Sinn, meinen Vater so unverblümt aufzufordern, Rechenschaft abzulegen. Aber jetzt, im Herbst 2017, ertappe ich mich immer wieder dabei, wie ich Indizien nachjage, die belegen, dass ich Grund dazu habe, auf meine Vorfahren stolz zu sein. Gleichzeitig bin ich skeptisch gegenüber jeder Geschichte, die einen Verwandten in einem vorteilhaften Licht erscheinen lässt, denn jede wirft die Frage auf: Hat sie die Jahre nur deshalb überdauert, weil die historische Perspektive ihr schmeichelt?

Maria erzählte mir einmal, wie sie zum ersten Mal spürte, dass etwas Schreckliches vor sich ging: Eines Tages in den späten Dreißigern erschien Hans Albrechts Schwager, damals der Leiter eines Münchner Krankenhauses, aufgeregt bei ihnen zu Hause: Zwei SS-Offiziere hatten gerade ein paar kranke Männer gebracht und darauf bestanden, dass sie während der Behandlung im OP-Raum bleiben durften. Er glaubte, es habe sich bei den Patienten um Insassen aus dem KZ Dachau gehandelt, und die SS-Leute hätten befürchtet, dass sie unter dem Einfluss des Betäubungsmittels etwas verraten könnten.

Maria erzählte mir eine weitere Geschichte, die die andere in gewisser Weise stützte: Im Herbst 1944 chauffierte sie ihre Mutter an den Tegernsee, und weil es ein so schöner Tag war, ließen sie das Verdeck offen. Als sie in der Nähe von Sauerlach Sirenen hörten, fuhren sie rechts ran, um sich im Schutz von Bäumen am Straßenrand auf den Boden zu legen. »Plötzlich sahen wir drei Männer mit rasierten Schädeln zwischen den Sträuchern«, berichtete Maria. »Wir riefen ihnen zu, sie bräuchten keine Angst zu haben, sowohl in Englisch, als auch Französisch. Sie sagten uns, sie seien aus Dachau geflohen.«

Schnell scheuchten sie die Flüchtigen in den Wagen und fuhren weiter, während sie inständig beteten, nicht angehalten zu werden. Sie brachten sie zu dem nicht weit entfernten Haus einer Arztwitwe aus München, einer Bekannten, der sie vertrauten, da sie einige Monate zuvor ihre antinazistische Gesinnung zum Ausdruck gebracht habe, und zwar kurz nach dem missglückten Attentat auf Hitler. Uschi, so hieß die Bekannte, gab den Geflohenen zu essen und ließ sie ein Bad nehmen, bevor sie sie in Zivilkleidung und mit einer Landkarte ausgestattet in Richtung Schweizer Grenze losschickte.

Jedenfalls geht so die Geschichte, die mir meine Tante erzählte. »Der wahre Heroismus in solchen Zeiten ist nicht nur auf den Schlachtfeldern«, hatte Helen Maria Anfang der 1940er-Jahre aus New York geschrieben, »sondern wirkt in jenen Seelen, die dennoch zu leben bemüht sind, als gäbe es eine Ewigkeit und eine Verantwortlichkeit vor der Ewigkeit für alles Halbgetane, Halbgedachte, Halberkannte.«

Mit diesen Worten hatte sie Maria quasi in Alarmbereitschaft versetzt. Und meine Tante und meine Großmutter scheinen sich an besagtem Tag auf einer oberbayerischen Landstraße in der Tat heldenhaft und ehrenwert verhalten zu haben. Aber wenn ich mir zugestehe, mich gut zu fühlen, weil zwei meiner Familienmitglieder den Nazis die Stirn geboten haben, wie wird es mir dann gehen, wenn ich von anderen erfahre, die es nicht getan haben?

Wenn Gunter Demnig wieder einmal einen Stolperstein verlegt, ist die Wahrscheinlichkeit höher, dass er von einem Nachfahren der Mörder gespendet wurde als von einem Nachfahren des Opfers. Das scheint mir eine gerechte und gesunde Sache zu sein. Ob der Ort des Gedenkens ein in einen Gehsteig eingelassener Stolperstein oder eine weitläufigere Gedenkstätte ist, in beiden Fällen drängt sich dem Betrachter die Vergangenheit auf und beunruhigt das zeitgenössische Gewissen. Wir sind dazu erzogen worden, Scham möglichst zu meiden oder totzuschweigen. Aber Scham kann eine große belebende Kraft sein, wenn wir sie zulassen. »Eine Scham, die, abgelöst von der Schuldfrage, jeden ergreift, der sich ergreifen lässt. Bewusstsein und Scham – dafür, dass beides geweckt und geübt werde, sind die Gedenkstätten da.«

Beim Versuch, einen gedanklichen Rahmen für die Entdeckungen zu schaffen, die auf mich warten, lohnt es sich, ein paar Eckpunkte hinsichtlich der Frage festzulegen, worum es beim Rückblick auf die Nazivergangenheit geht und worum nicht – oder worum es gehen sollte. Für uns Angehörige der Nachfolgegeneration stellt sich weniger die Frage nach einer Kollektivschuld als die nach kollektiver Verantwortung. Und Aufarbeitung der Vergangenheit besteht nicht einfach nur darin, sich die Vergangenheit in Erinnerung zu rufen, sondern sich ihr zu stellen, sich mit ihr auseinanderzusetzen und Antworten zu finden. Oder, wie die Philosophin Susan Neiman es in ihrem Buch *Von den Deutschen lernen* formuliert: »Sein Erbe kann man sich genauso wenig aussuchen wie seine Eltern. Man kann nur die Art der Beziehung zu ihnen wählen.«

Wären die Amerikaner bei der Auseinandersetzung mit ihrer Vergangenheit doch genauso gewissenhaft und einfallsreich! Uns mit unseren beschämendsten historischen Kapiteln zu beschäftigen, würde nicht unbedingt heißen, Buße zu tun, denn Buße, ob freiwillige oder auferlegte, setzt in der Regel irgendeine Art der persönlichen Verstrickung voraus. Wenn Deutsche heute die Kosten für einen Stolperstein übernehmen, um eines Menschen zu gedenken, den sie nicht kannten, beteiligen sich an einem Akt der Sühne, der Wiedergutmachung – aber auch das erfasst nicht genau, was mir vorschwebt. Der Begriff der »Erbsünde« scheint mir ganz gut zu verdeutlichen, was sich für mich richtig anfühlt – eine von der vorigen Generation ererbte moralische Pflicht. Vielleicht könnte das eine gemeinsame Grundlage für eine amerikanische Erinnerungskultur sein, ein geeigneter Rahmen für die Betrachtung von Konföderierten-Denkmälern, in dem die »Stars-and- Bars«-Flagge als eine spezifisch amerikanische Abwandlung des Hakenkreuzes erschienen.

Seit 1993 steht nur wenige Schritte vom Nationalpark National Mall in Washington das United States Holocaust Museum and Memorial. Doch für Sklaverei und rassistische Gewalt gab es in der amerikanischen Hauptstadt bis zur Einweihung des Martin Luther King Jr. Memorial im Jahr 2011 keine bedeutende eigenständige Gedenkstätte.

Zuflucht am Mittelmeer

Kurt und Niko, 1931 bis 1938

Von 1931 an hielten sich Niko und Maria vier Sommer lang in Südfrankreich auf, wo ihr Vater in wechselnden Ferienhäusern wohnte. In diesen Jahren war dies die einzige ausgedehnte Zeit, die sie mit ihrem Vater verbrachten. Während der Zug mit den Wolff-Kindern München hinter sich ließ, wichen die Kälte und der geregelte Alltag der Sonne und dem Müßiggang, und dies hatte die Deutschen schon seit eh und je in Richtung Süden gelockt. Mit ihren kleinen Fingern verschoben die beiden Kinder von außen die Anzeigen an den Türen der Zugtoiletten, sodass aus dem »Frei« ein »Besetzt« wurde, um sich dann diebisch über die Schlangen von Wartenden zu freuen, die sich bis zum Ende der Waggons bildeten. Hin und wieder begab sich Niko bei einem Halt in einem Bahnhof auf den Bahnsteig und stieg erst wieder ein, wenn sich der Zug schon wieder in Bewegung gesetzt hatte, was ihrer Reisebegleiterin Elisabeth Krämer, einer jüdischen Freundin der Mutter, schrecklich unangenehm war.

Ihr Reiseziel im ersten Jahr zählte damals noch nicht zum mondänen Teil der französischen Riviera, sondern war der *petit littoral*, der weitgehend unberührte Küstenstreifen mit dem noch unentdeckten Fischerdorf Saint-Tropez als Ankerpunkt, wo auf folgendem Foto Frau Krämer (rechts), Niko, Helen und Maria bei einem Schwimmausflug zu sehen sind. Sybille Bedford, die entwurzelte deutsch-jüdische Schriftstellerin, fing die kulturelle Landschaft dieses südfranzösischen Fleckens anschaulich ein:

»… das Zusammentreffen der ewig herben Schönheit von Klima und Natur – des rauen Mistral, der unbarmherzigen Sonne – mit der Süße und Schärfe, der Vitalität und dem Esprit, der Gastfreundlichkeit und Toleranz der französischen manière de vivre vermittelte einem das großartige Gefühl, dass man vernünftig, mit allen Sinnen, ja, lustvoll auf vielen Ebenen lebte: jetzt und noch viele Jahre lang. Denn das Frankreich zwischen den Kriegen schenkte einem wie kein anderes Land der Welt die Illusion von Freiheit.«

Während sie sich zu Hause dem pingeligen Ordnungssinn ihrer Mutter beugen mussten, fühlten sich Niko und Maria in diesen

Ferienhäusern, wo es weder fließendes Wasser noch Strom gab, pudelwohl. So etwa in Le Cabanon, einem Bungalow mitten in einem Weinberg, oder der am Meer gelegenen Villa Schlumberger, die Kurt und Helen mit Öllampen, einem mit einer Handkurbel betriebenen Grammofon und einem Röhrenradio mit aufladbarem Blei-Akku ausgestattet hatten. Von den beiden Geschwistern rühmte sich eines, Kurts Liebling zu sein: »Mein Vater hielt Niko für ungebildet«, erzählte mir Tante Maria einmal. »Mit mir konnte er dagegen über Bücher und Kunst reden.« Außerdem nahm er Maria, die mit zwölf bereits 1,78 Meter groß war, zum Fischerball in Saint-Tropez mit, wo er immer wieder einschreiten musste, wenn ein Mann sich ihnen näherte und fragte: *»Permettez, monsieur?«*

Mein Vater und seine Schwester, hier 1931 mit Kurt in Saint-Tropez, verbrachten dort sorglose Tage, in denen sie Feigen von den

Bäumen pflückten und in der Patisserie Sennequier in den Behältnissen voller Bonbons wühlten. Unweit davon blieben sie vor der Villa La Treille Muscate stehen, um herauszufinden, ob die Laternen grün leuchteten, was hieß, dass die Mieterin, die Schriftstellerin Colette, Besucher empfing, oder rot, wenn dies nicht der Fall war. Hin und wieder landete fälschlicherweise die Post für einen deutschen Adeligen namens Baron von Wolff bei ihnen, der unweit in der Nudistenkolonie wohnte, und dann pflegte mein Großvater in hochnäsigem Ton zu sagen: »Ich muss die Post wieder den Nudisten zustellen.«

Die beiden Geschwister aus dem sich zusehends nazifizierenden Norden wurden durchaus dafür entschädigt, dass sie aufgrund der gescheiterten Ehe ihrer Eltern hin- und herpendeln mussten.

Während des letzten Sommers in Saint-Tropez verkündete Niko seinem verblüfften Vater, er wisse jetzt, wie man einen Wagen fährt. Ein Mann der Worte, forderte Kurt ihn auf, es zu beweisen, indem er es aufschreibe. Also fertigte Niko, gerade erst zwölf geworden, eine illustrierte Fahranleitung an, und zwar eine so gründliche, dass sein verdutzter Vater fast in Versuchung gekommen wäre, sie zu veröffentlichen. In seinem viertürigen und mit je einem Ersatzrad auf den Trittbrettern ausgestatteten Buick Cabriolet, Baujahr 1929 ließ Kurt Niko auf seinem Schoß hinter dem Lenker Platz nehmen, und los ging's über die Straßen des provenzalischen Hinterlands – bis ein Gendarm sie rechts heranwinkte.

Niko rutschte hastig auf den Beifahrersitz und tat ganz unschuldig.

»Er sieht kaum über die Windschutzscheibe hinweg«, beeilte sich Kurt dem Polizisten zu erklären.

»Wollen wir mal hoffen, Sie lassen ihn nicht fahren.«

»O nein.«

»Dürfte ich Ihren Führerschein sehen?«

Kurt zeigte seine Fahrerlaubnis vor. Wie nebenbei brachte er auch seinen Mitgliedsausweis des Fördervereins »Freunde der Polizei von Saint-Tropez« zum Vorschein, worauf der Gendarm ihn weiterfahren ließ.

So idyllisch der Aufenthalt in Saint-Tropez auch schien, an Kurts und Helens prekärem Status als »Gesinnungsemigranten« änderte das nichts. Im Herbst 1933 waren sie die Küste entlang in Richtung Osten weitergezogen, in ein Haus namens La Chiquita in den Bergen oberhalb von Nizza. Dort nahmen sie Übernachtungsgäste auf, um die Miete bezahlen zu können. Im folgenden März wurde Christian, der Halbbruder meines Vaters, geboren.

Während dieser Jahre, in denen sie quasi auf der Flucht waren, versteigerte Kurt weitere Bücher seiner Sammlung und verkaufte Gemälde. Den Erlös legte er bei Banken in der Schweiz und England an, in weiser Voraussicht, wie sich zeigte, als die Nazis rigorose Devisenbeschränkungen verhängten. Sei es mit dem Kauf von Gold oder seiner Mitgliedschaft in Vereinen wie dem der »Freunde der Polizei von Saint-Tropez«, stets versuchte Kurt, auf defensive Weise am Ball zu bleiben, während er zugleich akribisch die Nachrichten verfolgte.

Ende 1934 – die faschistische italienische Regierung agierte noch weitestgehend unabhängig von Hitler – planten Helen und Kurt einen weiteren Umzug, diesmal ins Dorf Lastra a Signa vor den Toren von Florenz. Im Dezember schrieb Kurt aus Nizza an Hermann Hesse:

Hier können wir nicht bleiben, so sehr wir Haus und Landschaft lieben. Aber unsere Existenz hier hatte den Besuch von paying guests zur Voraussetzung, die auch bis zum Herbst in

Gestalt deutscher Freunde ständig kamen – seit dem Oktober aber infolge der neuen deutschen Devisenvorschriften nicht mehr kommen können. So entschlossen wir uns, alle Reserven zu mobilisieren und haben eine sich bietende Gelegenheit benützt, um in der Toskana einen sehr reizenden kleinen Besitz zu erwerben: Haus und guten Boden, der uns Wein, Öl, Korn, Früchte, Gemüse einträgt, auch Hühner, Eier, Milch etc. liefert, und da hoffen wir – wenn es Herr Mussolini und die Dämonen der Politik gestatten – bleiben zu können.

Das klingt fast so, als wollte Kurt eine Art Selbstversorger werden. Tatsächlich gehörte zur Villa Moro, in die sie im März 1935 zogen, eine *casa colonica*, wo eine Bauernfamilie wohnte, und die landwirtschaftlichen Flächen warfen genügend Erträge ab, um alle zu ernähren. Gab es im Dorf einen Notfall, wussten die Bewohner, dass sie sich an den Deutschen in dem großen Haus wenden konnten, um sich seinen Wagen zu borgen; im Gegenzug gaben die Einheimischen in politisch unsicheren Zeiten auf Kurt und Helen acht. Unterdessen pflegte Kurt auch weiterhin seine Liebschaften. In Italien konnten die Wolffs wieder zahlende Gäste aufnehmen, und eines Tages erklärte Kurt gegenüber seiner Frau, sie hätten da »ein florierendes Geschäft« am Laufen. Helen, nicht auf den Mund gefallen, konterte: »Wohl eher ein deflorierendes Geschäft.«

Das Exil änderte nichts an Kurts Selbstbild eines Grandseigneurs, der meinte, seine Umgebung an seiner umfassenden Bildung teilhaben lassen zu müssen. Willy Haas, in den Leipziger Tagen einer der ersten Lektoren des Kurt Wolff Verlags, erinnert sich, wie er 1937 in Kurts Ferienhaus auf Elba weilte, einem Ort, der Exilanten wahrhaft paradiesisch erschien. Laut Haas entspann sich folgender Dialog zwischen ihnen:

»›Was haben Sie in Florenz gesehen?‹ fragte er. Ich zählte es ihm auf, ich glaubte Florenz ziemlich genau zu kennen. ›Kennen Sie die Fresken von Castagno in San' Apollonio?‹ fuhr er inquisitorisch fort, und ich mußte verneinen. ›Dann fahren Sie bitte sofort nach Florenz zurück. Ich erwarte Sie hier wieder am Abend.‹ Ich tat es und hatte es nicht zu bereuen.«

Während sich ihr Vater und ihre Stiefmutter rasch an das italienische Landleben gewöhnten, freuten sich Niko und Maria zusehends auf die Schulferien, die sie in Il Moro verbringen durften.

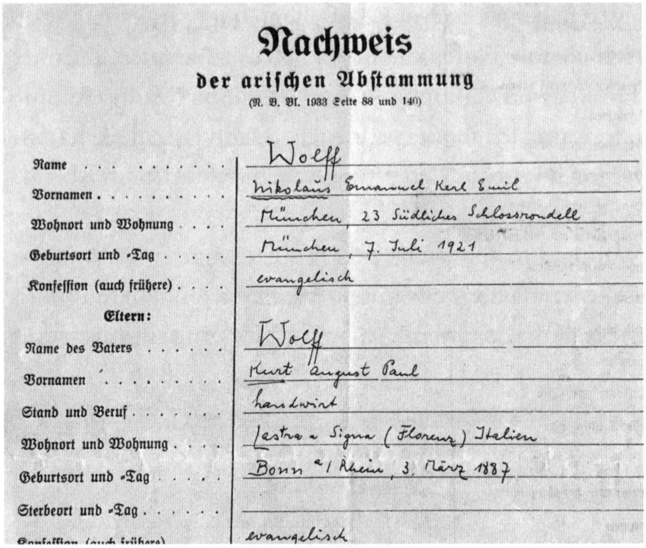

Nachweis

der arischen Abstammung

(R. G. Bl. 1933 Seite 88 und 140)

Name	Wolff
Vornamen	Nikolaus Emanuel Kurt Emil
Wohnort und Wohnung	München, 23 Südliches Schlossrondell
Geburtsort und -Tag	München, 7. Juli 1921
Konfession (auch frühere)	evangelisch
Eltern:	
Name des Vaters	Wolff
Vornamen	Kurt August Paul
Stand und Beruf	Landwirt
Wohnort und Wohnung	Lastra a Signa (Florenz) Italien
Geburtsort und -Tag	Bonn a/Rhein, 3. März 1887
Sterbeort und -Tag	
Konfession (auch frühere)	evangelisch

Bei einem dieser Aufenthalte entstand dieses Foto von meinem Vater als Jugendlichem. Unterdessen betätigte sich Kurt weiterhin literarisch. Er lektorierte die Übersetzung eines französischen Textes für einen Münchner Verleger und benutzte dafür ein Pseudonym, um sich und seinen Kunden vor Ärger zu schützen.

1935 hatten Kurt und Helen den Dirigenten Bruno Walter und dessen Frau Elsa Korneck sowie Franz Werfel mit seiner Gattin Alma Mahler-Werfel zu Gast. Mit Werfel schmiedete er Pläne für einen Exilverlag. Doch es wurde zunehmend nervenaufreibender, in einem faschistischen Land zu leben und den Pass eines anderen faschistischen Landes zu besitzen, der dringend verlängert werden musste, womit man auf Gedeih und Verderb den Launen irgendeines Nazibeamten ausgeliefert wäre.

1935, nach Inkrafttreten der Nürnberger Rassengesetze, beratschlagten Kurt und Niko, wie sie den Nachweis der arischen

Abstammung erbringen konnten, den das Naziregime von jedem forderte, der deutscher Staatsbürger bleiben wollte.

Nikos Nachweis, hier abgebildet, in der Handschrift seines Vaters ausgefüllt, zeigt, dass ihr Unterfangen in seinem Fall von Erfolg gekrönt war. Der violette Stempel mit dem Reichsadler und dem Hakenkreuz auf der Rückseite sieht aus, als wäre er erst gestern angebracht worden. Als Beruf hat Kurt »Landwirt« angegeben – nicht Verleger jüdischer Autoren oder Mäzen »entarteter« Künstler. Als Religionszugehörigkeit von Nikos Großmutter väterlicherseits ist »evangelisch« eingetragen, war sie doch Kind zweier getaufter Christen und ebenfalls evangelisch getauft. (Die in Klammer hinzugefügte Aufforderung, »auch frühere« »Bekenntnisse« aufzuführen, ignorierte Kurt wohlweislich, indem er Maria Marx' jüdische Wurzeln verschwieg.) In dem Dokument, das von einem Justizrat in München beglaubigt wurde, heißt es: »Ich bestätige hiermit, daß die in dem vorstehenden Nachweis enthaltenen Angaben mit dem Inhalt der entsprechenden mir urschriftlich vorgelegten Urkunden übereinstimmen.«

Auch der Antrag meines Großvaters, ebenso ordentlich ausgefüllt, ist erhalten geblieben. Aber er blieb unbescheinigt – weil er niemals eingereicht wurde. Eine Vielzahl von Briefen und Formularen, die meisten davon aus dem Jahre 1937, dokumentiert Kurts anfängliche Versuche, seinen Reisepass verlängern zu lassen, der im November 1938 ablaufen sollte. Einen Brief unterschrieb er »mit deutschem Gruß«, einer Formel, die »Heil Hitler« am Nächsten kam, denn diese Worte zu schreiben, hatte sein Ehrgefühl offenbar nicht zugelassen. Schließlich beschlossen er und Helen, französische Reisedokumente mit der Bezeichnung *titres de voyage* zu beantragen (die sie auch bekamen). Kurt hatte Walter Hasenclever im August 1938 mitgeteilt, dass »wir beide ganz einfach den deutschen Paß nicht mehr wollen«. Aber sicherlich wusste er auch, dass der Antrag auf Verlängerung des Reisepasses bei Behörden des NS-Regimes ein Kampf gegen Windmühlen gewesen wäre, jedenfalls für jemanden, der den Nazis nicht nur wegen jüdischer Vorfahren, sondern auch aus anderen Gründen suspekt war. Einige Jahre später ließ sich Maria mit ihrem frischgebackenen Ehemann in Freiburg nieder, nachdem sie von der Münchner Buchhandlung, in der sie gearbeitet hatte, entlassen worden war. Als Grund nannte der Inhaber des Ladens, ihr Vater sei ein »Kulturbolschewist«.

Im Internat meines Vaters hatten »Mischlinge« in dem Rektor Ernst Reisinger wenigstens einen Verbündeten. 1938 benutzte Reisinger in offiziellen Schreiben stets die Formel »mit deutschem Gruß«, ebenso wie bei mehreren Einladungen zu Elternabenden, die ich ausgegraben habe. Erst 1939 begann er, »Heil Hitler!« zu verwenden. Mein Vater erinnerte sich, dass Reisinger taktische Kompromisse einging, um seine Beziehungen zu bestimmten Behörden nicht aufs Spiel zu setzen, darunter auch zu einem hochrangigen örtlichen Nazi, der mit der Klavierlehrerin der Schule verheiratet war. Der Rektor des Landheims Schondorf tat dies laut Niko, um seine schützende Hand über »Mischlinge ersten Grades« wie Ursula Lange zu halten, eine Schülerin, die in der Klasse über meinem Vater war und nach dem Krieg seinen Cousin Emanuel Merck heiraten sollte.

Heute ist die Frage nach der eigenen Identität eine persönliche Angelegenheit. Doch dieses Foto, das in den späten Dreißigern im Landheim Schondorf aufgenommen wurde, ruft mir in Erinnerung, dass im nationalsozialistischen Deutschland »identifizieren« ein Verb war, das nicht aktiv, sondern ausschließlich passiv gebraucht wurde.

Damals wurde man kurzerhand »identifiziert«. Dabei konnten die zuständigen Nazibürokraten jahrhundertealte weltliche und kirchliche Urkunden hervorzerren und mit grotesken Tabellen und Messschieber agieren, um nach Gutdünken ihr Urteil über eine Person zu verhängen. Auf diesem Foto steht Niko in der Mitte der hintersten Reihe, und sein dunkles, gewelltes Haar sticht zwischen den vielen Flachsköpfen hervor. Wurde er von Lehrern und

Klassenkameraden voll und ganz akzeptiert? Oder haben sie trotz seines »Ariernachweises« geargwöhnt, dass er ein Geheimnis zu wahren hatte? Wenn ich dieses Foto betrachte, auf dem er eindeutig als Außenseiter zu erkennen ist, fühle ich mich sofort bemüßigt, mir seine, Kurts und meine eigenen jüdischen Wurzeln zu vergegenwärtigen. Und das führt mich unweigerlich zu jenem gefährdeten deutschen Juden zurück, den man, je mehr er sein Deutschsein bekräftigte, umso vehementer sein Jüdischsein spüren ließ.

Ich statte dem Jüdischen Museum in Berlin einen Besuch ab, einem Labyrinth aus kantigen Fluren und verwinkelten Räumen. Der Bau des Architekten Daniel Libeskind erinnert von oben an einen zerbrochenen Davidstern. Die Dauerausstellung konzentriert sich auf die Geschichte des deutschen Judentums. Zu Beginn des 19. Jahrhunderts gab es in Deutschland nur ein paar Hunderttausend Juden, die meisten von ihnen arm und ungebildet. Einige waren jedoch zu Wohlstand gekommen, wie etwa die Vorfahren von Kurts Mutter Maria Marx, und diese arrivierten Juden lebten in der Regel in Städten, wo sie am kulturellen Leben teilhaben konnten. Da sie nicht Universitätsprofessoren werden konnten und ihnen der Zugang zum Militär und in den Beamtendienst verwehrt war, wandten sich ambitionierte Juden juristischen Berufen zu oder wurden Ärzte, Kaufleute, Ingenieure oder Unternehmer. Um die Aufstiegschancen für sich und ihre Kinder zu verbessern, konvertierten zahlreiche Juden als Erwachsene zum Christentum. Die meisten dieser Konvertiten waren keine praktizierenden Katholiken oder Protestanten und verehrten weniger einen christlichen Gott als die Ideale der Aufklärung und Humanität und machten so die Bibliothek, das Museum und den Konzertsaal zu ihrem Gotteshaus. Viele wohlhabende Deutsche mit jüdischen Vorfahren konnten ganze Passagen aus Goethes Werk zitieren, der von der Formbarkeit des Glaubens und der Überlegenheit des Geistes überzeugt war: »Wer Wissenschaft und Kunst besitzt, hat auch Religion …«

Meine Vorfahren gehörten zu den rund 20 000 deutschen Juden, die sich im 19. Jahrhundert entschieden zu konvertieren. Mein

Ururgroßvater August Karl Ludwig Marx wurde 1837 als Fünfzehnjähriger getauft, auch wenn er später einen großen Teil seines Vermögens, das er als Bauingenieur und Bergbau- und Eisenbahnbaron verdiente, wohltätigen jüdischen Einrichtungen spendete. August heiratete Bertha Isabella, seine Cousine ersten Grades und ebenfalls eine Konvertitin. Sie war die Tochter eines Arztes, der Kunst und Bücher sammelte und gemeinsam mit seiner Frau unter anderem mit den Goethes und Schopenhauers befreundet war, wie der junge Kurt bei seinen Besuchen bei seiner Großmutter anhand verschiedener Dokumente aus dem Familienfundus herausfand. Berthas Eltern waren ebenfalls Cousin und Cousine ersten Grades gewesen, Abkömmlinge bekannter rheinischer Juden. Berthas Vater war nicht nur in der Gesundheitsverwaltung der Stadt Bonn tätig, sondern besaß auch Anteile an der Bahnlinie, die zwischen Bonn und Koblenz verkehrte.

Die Bezeichnung »getaufter Jude« zählt zu den bemerkenswertesten Dingen, denen ich begegne, während ich jetzt durch die Säle des Jüdischen Museums streife. Nach heutiger weltlicher Auffassung würden Juden, die sich zur Konversion entschlossen haben, nicht länger als jüdisch gelten. Doch in der Naziideologie wird ein Kind jüdischer Eltern unabhängig von seinem späteren Lebensweg als Jude angesehen, während nach rabbinischem Gesetz nur die Kinder einer jüdischen Mutter als Juden gelten. Und dass die Bezeichnung »getaufter Jude« auch im Deutschland des 19. Jahrhunderts fortbesteht, zeigt, dass die Konversion vom Judentum zum Christentum gesellschaftlich kaum abgebildet wurde. Heinrich Heine, der als Harry Heine in Düsseldorf aufwuchs, hatte sich geschworen, niemals zu konvertieren, tat es 1825 aber dennoch, und zwar in der Hoffnung, der Taufzettel würde das »Entre Billet zur Europäischen Kultur« sein, wie er es ausdrückte.

Aber er sollte es bitter bereuen, »zu Kreuz gekrochen« zu sein, denn nun wurde er von »Christen und Juden gleichermaßen« gehasst. Heine verkörperte ein Paradox, das den meisten deutschen Juden vertraut war. Ein »Arrivist«, der »nie arrivierte«, »von den Eliten heimlich verspottet und vom Pöbel lautstark ... geschmäht«, so beschreibt der in Deutschland geborene Historiker Fritz Stern, ebenfalls Sohn eines »getauften Juden«, der vor dem Krieg in die Vereinigten Staaten geflohen war, den Bankier Bleichröder, »... dessen vermeintlicher Einfluß ihn zur idealen Zielscheibe des aufsteigenden Antisemitismus der siebziger Jahre des neunzehnten Jahrhunderts werden ließ«.

Mochte diese Dualität in der Privatsphäre für die Betroffenen belastend sein, im öffentlichen Leben zeitigte sie erstaunliche Ergebnisse. Deutsche jüdischer Herkunft prägten überproportional die Kultur, die dem Land so viel Ansehen eintrug. Bis zur Mitte des 20. Jahrhunderts erwarben sie sich einen Ruf als hervorragende Wissenschaftler (Albert Einstein, Paul Ehrlich, Fritz Haber, Richard Willstätter – allesamt Nobelpreisträger), Musiker (Felix Mendelssohn Bartholdy, Arnold Schönberg, Kurt Weill), Philosophen (Moses Mendelssohn – der Großvater des Komponisten –, Theodor Lessing, Hannah Arendt) und Schriftsteller (um hier nur einige wenige Namen aus dem Katalog des Kurt-Wolff-Verlags zu nennen: Else Lasker-Schüler, Walter Mehring, Carl Sternheim und Arnold Zweig sowie Kafka, Kraus, Roth und Werfel aus den Ländern der K.u.k.-Monarchie). Doch inmitten des von Rassismus, Militarismus und Christentum gespeisten Nationalismus, der Deutschland in eine Reihe von Angriffskriegen hineintreiben sollte, riefen die Errungenschaften und Leistungen deutscher Juden vor allem Groll hervor. Der Antisemitismus bezieht seine Kraft aus dem Stigma der »Andersartigkeit des Fremden«; im Deutschland des 19. Jahrhunderts speiste er sich auch aus dem Wunsch, die Juden für ihr Prosperieren und ihre Akkulturation zu bestrafen, ganz gleich, was sie zur Gemeinschaft beigetragen oder was sie aufgegeben hatten.

Kurst Vorfahren mütterlicherseits, Männer wie Salomon und Moritz von Haber, hatten aus eigener Kraft genau diesen Weg beschritten, der indes mit Gefahren verbunden war. Die Ersten, die sich in Deutschland niederließen, waren Rabbiner aus Böhmen, Galizien oder auch Italien. Einer, der Oberrabbiner in Trier wurde, war ein Vorfahr von Karl Marx. Im 18. Jahrhundert war ein weiterer Vorfahr, der jesuitisch erzogene Arzt Moses Wolff (nicht mit Kurts protestantischen Vorfahren väterlicherseits verwandt), Leibarzt der Kölner Erzbischöfe Clemens August und Maximilian Friedrich, die gemeinsam mit den anderen Kurfürsten den römisch-deutschen Kaiser wählten. Moses Wolff und seinesgleichen gehörten den örtlichen jüdischen Gremien und dem Stadtrat an. Zugleich konnte man an ihrem Wohlstand sowie ihren Gemäldesammlungen und Bibliotheken ablesen, wie sehr sie an der deutschen Gesellschaft und Kultur teilhatten.

Doch der rechtliche und gesellschaftliche Status auch der angesehensten deutschen Juden im 18. und 19. Jahrhundert war äußerst prekär, wie die Schicksale von Salomon und Moritz bezeugen. Und nun war auch Kurt auf der Flucht, genauso gefährdet wie fast ein Jahrhundert zuvor die von Habers.

Auslieferung auf Verlangen

Kurt, 1938 bis 1941

Ab Mitte 1938 verfolgten »Herr Mussolini und die Dämonen der Politik« ganz eigene Pläne. Mittlerweile war es in Italien zu gefährlich für einen »Kulturbolschewisten« mit jüdischen Wurzeln. Nach einem Besuch Hitlers im Frühling desselben Jahrs verschärfte Mussolini die Diskriminierungsmaßnahmen gegenüber deutschen Exilierten und Juden. Auf eine Warnung hin verließen Kurt, Helen und Christian binnen vierundzwanzig Stunden Lastra a Signa, um sich nach Nizza zu begeben, wobei sie lediglich zwei Koffer mitnehmen konnten. Laut Kurts Tagebuch fand der Umzug in einer ohnehin depressiven Phase statt: Alles sei bedrückend, die Zeitungslektüre, der Regen, der Friedhofsbesuch am Nachmittag. »Wir können und wollen nicht nach Italien zurück«, schrieb Kurt später einer deutschen Freundin, die sicher in den USA angekommen war. »Zumal hinzukommt: ich bin zur Zeit ohne Paß (ich habe die Erneuerung vor sechs Monaten beantragt, aber heute noch nicht mal eine Antwort), und ohne Paß kann man in Italien unmöglich leben, man würde repatriiert werden.«

In Nizza mieteten die Wolffs eine Wohnung in der Rue Maréchal Joffre. Dort stieß Luise Marx zu ihnen, Kurts Tante und Stiefmutter, die als Schwester der verstorbenen Maria Marx Wolff dieselben jüdischen Vorfahren hatte. Luise, die mein Vater »Oma

Lullu« nannte, hatte 1904, kurz nach Marias Tod, Leonhard Wolff geheiratet und seit dessen Tod im Jahr 1934 als Witwe in Bonn gelebt.

Der Herbstbeginn trug auch nicht gerade zur Aufhellung von Kurts Stimmung bei. In seinen Tagebuchaufzeichnungen vom 9., 10. und 11. September äußert er sich besorgt über die Kriegsgefahr. Der Eintrag vom 29. September, den er auf Französisch verfasste, zeugt von kurzfristiger Erleichterung: »*Les 4 à Munich – accord.*« Aber Kurt musste nur einen Blick in seinen in Kürze ablaufenden Pass (hier abgebildet) werfen, um daran erinnert zu werden, dass er sich nun auf die Seite eines anderen Landes geschlagen hatte.

Die Tagebucheinträge der nächsten Monate zeugen von einem sorgenvollen, unsteten Leben. Im November suchte Kurt das amerikanische Konsulat auf, doch seine Hoffnung, dass er dort Visa für sich und seine Frau erhalten würde, erwies sich als trügerisch. Kurz darauf, in der »Reichskristallnacht«, beging Elisabeth Krämer, die wenige Jahre zuvor Nikos und Marias Reisebegleiterin gewesen war, gemeinsam mit ihrem Mann Emil in München Suizid. Als sie erfuhren, dass die Gestapo auf dem Weg zu ihnen war, schluckten beide eine Zyankalikapsel. Doch Emil, der Justitiar beim Bankhaus H. Aufhäuser war, konnte die Pille nicht bei sich behalten, weil sein Magen rebellierte, und sprang, sich vor Krämpfen windend, aus dem Fenster.

Als meine Großmutter am nächsten Tag in die Wohnung der Krämers kam, traf sie auf Gestapo-Beamte, die bereits alles leer geräumt hatten. »Ich habe gehört, meine Freunde sind tot«, sagte sie zu ihnen, worauf sie sich ihren Namen notierten.

Im Frühjahr 1939 zog Kurt mit Helen und Christian nach Paris, in eine Wohnung gegenüber von Notre-Dame mit Blick auf die Seine. Helen fand Arbeit bei einem britischen Verlag, während sich Kurt mit gelegentlichen freiberuflichen Aufträgen begnügen musste. Ein Artikel, eine Rezension von Thomas Manns Roman *Lotte in Weimar*, die er im Dezember 1939 für eine in Paris ansässige deutschsprachige Exilzeitschrift verfasste, liest sich wie eine Therapie, eine Übung, um mit seinen Lebensumständen irgendwie zurechtzukommen:

> *Habent sua fata libelli [Bücher haben ein Schicksal]: geschrieben am Züricher See und in Südfrankreich, in der Kabine eines Ozeandampfers und einer amerikanischen Universitätsstadt, in Auszügen veröffentlicht in einer Schweizer Revue, gedruckt in Holland, geschmückt mit der Einbandzeichnung eines Prager Künstlers in Stockholm (bei Bermann-Fischer) verlegt – kann die Geschichte eines Buches »zerstreuter« sein, groteskerer Spiegel der Diaspora deutschen Geisteslebens un-*

serer Zeit? Aber kein Werk Thomas Manns ist weniger zerstreut als dieses, keins gesammelter, dichter, grösser, und wir neigen uns in Ehrfurcht vor der moralischen Leistung dieses Dichters, der in solcher Zeit dies zeithaltigste Werk geschaffen hat. Denn »Lotte in Weimar« ist ein Buch höchster Aktualität, ein Buch, das dem deutschen Genius ein glühendes und überzeugendes Denkmal setzt, ein Buch, das der Welt sagt, um welchen Einsatz Europa heute kämpft.

Und dann der Tagebucheintrag vom 1. September 1939: »0545h Hitler Angriff gegen Polen.« Durch den deutschen Überfall auf Polen änderte sich alles. Trotz ihrer nachweislich antifaschistischen Gesinnung und obwohl ihr Sohn in Nizza auf die Welt gekommen war, betrachtete die französische Regierung die Wolffs von nun an als »feindliche Ausländer«. Am 16. September nahm die Polizei Kurt fest und brachte ihn ins Sammellager Stade de Colombes. Nur das Einschreiten von Wladimir d'Ormesson, dem Bruder eines Freundes, der als Geschäftsträger Frankreichs in München fungiert hatte, bewirkte, dass Kurt drei Wochen später freigelassen wurde. Während seiner Internierung beschloss Helen, den damals fünfjährigen Christian an einem Ort unterzubringen, der möglichst weit vom Zugriff der Nazis entfernt war. Da sie Paris selbst nicht verlassen wollte, bat sie ihre Nachbarin Madame Bouty, ihn mit dem Zug nach La Rochelle zu begleiten, wo sie für ihren Sohn einen Platz in einem Klosterinternat gefunden hatte.

Inzwischen hatte der sogenannte Sitzkrieg begonnen, diese ereignislose erste Phase des Zweiten Weltkriegs, in der sich Frankreich und Großbritannien für den unvermeidlichen Angriff der Deutschen militärisch zu wappnen versuchten. Über den französischen Dramatiker und früheren Diplomaten Jean Giraudoux hatten Kurt und Helen Arbeit beim französischen Informationsministerium gefunden; sie erstellten Propagandaflugblätter, die von der französischen Luftwaffe über deutschen Grenzgebieten abgeworfen wurden. »Das einzige was uns fehlt, sind die Reisemöglichkeiten, die uns mit unseren Freunden, mit Euch insbesondere zusammenbringen könnten«, schrieb Kurt Ende April 1940 seiner Tochter in München. »Aber man kann ja schließlich nicht alles haben in solchen Zeiten – auch das wird einmal wiederkommen, und daß es nicht allzu lange dauern möge, ist natürlich unser aller Wunsch und Hoffnung.«

Ein paar Tage später wurde aus dem Sitzkrieg ein richtiger Krieg, und die Wehrmacht umging in Eilmärschen die Maginot-Linie. »Einfall Belgien, Holland«, lautet Kurts Tagebucheintrag vom 10. Mai. Als Deutsche, die an der feindlichen Flugblattaktion über deutschem Gebiet beteiligt waren, wussten Kurt und Helen, was ihnen blühte, wenn sie in die Fänge der Nazis gerieten. Durch die drohende Sippenhaft – ein mittelalterlicher Rechtsgrundsatz, der im Dritten Reich wieder angewandt wurde und demzufolge alle Blutverwandten einer wegen eines Verbrechens verfolgten Person in Mithaftung genommen wurden – würden ihre Handlungen auch Niko und Maria sowie Helens Schwester Liesl und deren Familie in Deutschland in Gefahr bringen. Also beschworen Kurt und Helen zwei Freunde, Germanistikprofessoren an französischen Universitäten: Wenn die Nazis es bis nach Paris schaffen und wir immer noch hier sind, dann erschießt uns, damit wir ihnen nicht in die Hände fallen.

Um diese Zeit herum erwarb Kurt zwei Goldbarren und deponierte sie bei einem der beiden Professoren, Albert Fuchs, einem französischen Staatsbürger, der an der Universität in Straßburg lehrte.

Als die Deutschen am 15. Mai bei Sedan die französischen Stellungen durchstießen, wurde Kurt erneut interniert und bald darauf auch Helen. Er landete zunächst im Stade de Buffalo, einem Pariser Sportstadion, und anschließend in den Internierungslagern in Chambaran und Le Cheylard im Südwesten Frankreichs. Helen kam ins Vélodrome d'Hiver in Paris und dann ins Internierungslager Gurs. Die Verlegung in den Südwesten Frankreichs sollte sich für beide als Glücksfall erweisen, denn so waren sie fern von Paris, als die Wehrmacht am 14. Juni in die französische Hauptstadt einmarschierte.

Nur zehn Tage nach Helens Ankunft in Gurs kapitulierte Frankreich und schloss einen Waffenstillstandsvertrag mit den Deutschen, der Helens Freilassung zur Folge hatte. Das aber war wiederum Fluch und Segen zugleich, denn das Abkommen verpflichtete die neue mit den Deutschen kollaborierende Vichy-Regierung, den Nazis jede Person auszuliefern, auf die sie es abgesehen hatten. Christian befand sich unterdessen noch immer in dem Klosterinternat in La Rochelle, und Kurt war, soweit Helen wusste, nach wie vor in Le Cheylard interniert. Was also sollte sie tun?

Auf Anraten der deutschen Malerin Anne-Marie Uhde, einer Mitinhaftierten in Gurs, machte sich Helen zu Fuß auf den Weg zu einem Ort, der sich als fantastische Zufluchtsstätte erweisen sollte. Eine aus einem böhmisch-österreichischen Adelsgeschlecht stammende Gräfin, so hieß es, lebte in den Ausläufern der Pyrenäen und nahm vor dem NS-Regime Geflohene und Heimatlose auf. Helen wanderte auf parallel zu den Bergen verlaufenden Straßen Richtung Osten und wurde schließlich ein Stück weit von einem französischen Militärfahrzeug mitgenommen. Als diesem der Treibstoff ausging, stieg sie in einen Bus, der sie in das Dorf Saint-Lary brachte. Von dort ging sie sieben Kilometer zu Fuß weiter, stieg eine schmale, gewundene Straße hinauf und hielt überrascht inne. Vor einem mit Efeu bewachsenen, aus gelblichen Steinquadern erbauten mittelalterlichen Schloss erblickte sie eine faszinierende Frau um die fünfzig, mindestens 1,80 Meter groß, die sich mit einer Gruppe französischer Offiziere unterhielt.

Ein paar Jahre später hielt Helen rückblickend ihre erste Begegnung mit Gräfin Berta von Colloredo-Mannsfeld fest: »Als sie mich sah, kam sie mit den flinken, kraftvollen Schritten einer Amazone auf mich zu, musterte mich von Kopf bis Fuß, lächelte und sagte: ›Gott sei Dank – Sie haben ein intelligentes Gesicht. Es bereitet mir bestimmt Vergnügen, mich mit Ihnen zu unterhalten. Aber jetzt brauchen Sie erst einmal eine Mahlzeit, ein Bad und ein Bett.‹«

Helen wurde in das Schloss geführt und blieb an einem Fenster mit gotischem Spitzbogen stehen, durch das sie auf einen Garten blickte.

Jahrhundertealte, miteinander verwachsene Zypressen bildeten eine dichte, hohe Hecke, vor der unzählige Büsche und Blumen in voller Blüte und in den verschiedensten Farben wuchsen. Der Ort, innen wie außen, war ein solches Wunder an Schönheit und Farben, dass ich auf Anhieb das ganze Elend und die Flucht vergaß. Ich dankte innerlich der Person, die dieses Wunder bewirkte, und statt mich hinzulegen, folgte ich den ganzen Nachmittag lang der Gräfin, die mich herumführte. Dies war meine erste und vermutlich einzige Gelegenheit, ein solch anachronistisches Relikt aus der Vergangenheit aus nächster Nähe zu erleben: eine wahre, nicht degenerierte Adelige, die ganz in ihrem Element war.

Die Gräfin nahm mich so selbstverständlich unter ihre Fittiche, als wäre ich eine streunende Katze. Tatsächlich konnte ich mich als eine Art Hofdame nützlich machen – und die zahlreichen französischen Offiziere abzuwehren, die alle auf ein Liebesabenteuer aus waren, war in der Tat eine Vollzeitbeschäftigung. Einer schwärmte von der Farbe ihres Kleides, das sie, wie er annahm, auf den Farbton ihrer Augen abgestimmt hatte. Sie kanzelte ihn mit den niederschmetternden Worten ab: ›Ja, genau daran habe ich heute Morgen gedacht, nachdem ich die Bedingungen des Waffenstillstands gelesen hatte.‹

Mit dem Polen, der sich um die Pferde kümmerte, sprach sie Polnisch, mit ihren Bauern Italienisch, mit ihrem Dienstmädchen Tschechisch und mit ihrem Vorarbeiter Russisch. Als sie hörte, daß ich das bißchen an Kleidung, das ich auf meiner Flucht hatte mitnehmen können, unterwegs verloren hatte, nahm sie mich mit in das winzige Dorf, das an das Schloßgrundstück grenzt. Dort hatte sie eine spanische Schneiderin untergebracht, die während des Bürgerkriegs aus Spanien geflohen war. Das war vier Jahre her, aber sie war immer noch da und nähte für die gesamte Gemeinde, von der Garderobe der Gräfin bis zu den Overalls der Arbeiter. Auf Spanisch wies sie Mercedes an, so schnell wie möglich eine komplette Ausstattung für mich anzufertigen.

Gräfin Colloredo-Mannsfeld war von der Erbin eines Tabakimperiums und einem österreichischen Grafen großgezogen worden. Als Mädchen hatte sie, mit ihrem starken Willen gegen die klassische Erziehung rebellierend, *Onkel Toms Hütte* gelesen, wodurch ihr radikaler Gerechtigkeitssinn geweckt worden war. Tatsächlich war sie in Besitz dieses Schlosses gekommen, weil sie getreu ihren Überzeugungen gehandelt und dabei gegen alle gesellschaftlichen Regeln verstoßen hatte.

In den frühen Zwanzigern war sie die Muse von Roland Hayes gewesen, dem afroamerikanischen Tenor, der damals durch die Konzertsäle Europas tourte – auf dem Foto unten neben seiner Förderin abgebildet. Die beiden kamen sich näher, und sie teilte mit ihm ihr umfassendes Wissen über Literatur und Kunst, er wiederum rechnete es ihr hoch an, eine bislang nicht gekannte Sensibilität bei ihm geweckt zu haben. Während langer Phasen der Trennung standen sie in Briefkontakt. Da die Gräfin mittlerweile für die harmonische »Vermischung der Rassen« eintrat, schrieb sie ihm schließlich, sie müssten »ein Kind zusammen haben«, um, wie sie es später ausdrückte, »die Menschheit in einem neuen Licht erstrahlen zu lassen«.

1925 eröffnete sie ihrem Mann, dem Grafen Hieronymus Colloredo-Mannsfeld, dass sie von Hays schwanger sei. Nach einem Wutanfall erwarb der Graf dieses Schloss, ließ es renovieren und schenkte es ihr. Außerdem unterstützte er mittels einer Apanage seine Frau, von der er sich entfremdet hatte, und die Tochter, die sie gebären sollte, um sie so weit wie möglich aus dem Licht der Öffentlichkeit fernzuhalten und einen Skandal zu verhindern.

Diese Affäre unterstrich die zutiefst antinazistische Haltung der Gräfin. Und sie war der Grund, warum es sie in die Berge außerhalb von Toulouse verschlagen hatte, wo sie abgesehen von meiner Stiefmutter noch zahlreichen anderen schutzlosen Menschen Zuflucht bieten sollte: einem Österreicher, dessen Zähne und Beine während seiner zweijährigen Haft in einem Konzentrationslager zertrümmert worden waren, einer Mutter aus der Bretagne mit einem vierjährigen Kind, einem rumänischen Wahrsager, der eine Wünschelrute in einer kubanischen Zigarrenkiste aufbewahrte, und unzähligen russischen Flüchtlingen, die meisten von ihnen Veteranen aus dem Spanischen Bürgerkrieg, die über die Pyrenäen geflohen waren. Einer von ihnen, zuvor Ordonanz eines sowjetischen Generals, heiratete später Maya, die Tochter von Berta Colloredo-Mannsfeld und Roland Hayes.

»Würde ich alles im Voraus genau planen, würde es garantiert nicht funktionieren«, äußerte die Gräfin über ihre Art, die Dinge zu regeln. »Mein Kopf würde mit meinem Herzen in Konflikt geraten. Wie sollte ich all diese Menschen durchfüttern und sie mit Kleidung versorgen, wenn ich mit einem festen Budget auskommen müsste?«

Nun, da sie eine zeitweilige Adresse hatte, schickte Helen eine Nachricht an einen Freund der Familie in der Schweiz. Auch Kurt, mittlerweile dank des Abkommens zwischen den Deutschen und der Vichy-Regierung freigekommen, setzte sich mit ihm in Verbindung. Der Freund, der Pazifist und der klassischen Antike zugewandte Privatgelehrte Baron Kurd von Hardt, ließ Kurt die

Adresse des Schlosses zukommen und sandte Helen eine Nachricht. Und so, erinnerte sich Helen später, »wartete ich auf ihn wie ein Schlossfräulein und beobachtete immerzu den Zufahrtsweg. Und eines Tages sah ich ihn diesen Weg heraufkommen.«

»Ich hätte für immer dortbleiben können«, sagte sie später. Aber obwohl sich auch mein Großvater an das Leben im Schloss hätte gewöhnen können, war er sich doch der allgemeinen Gefahrenlage bewusst. Da er sich keine Illusionen über die finsteren Seiten des Vichy-Regimes machte und fürchtete, die Nazis würden bald auch das restliche Frankreich besetzen, bestand er darauf, dass sie sich schleunigst einen Fluchtplan zurechtlegten. Wie Helen später erklärte: »Wir mussten uns an einen Ort begeben, von dem aus wir fliehen konnten ..., in die Nähe eines amerikanischen Konsulats.« In der zweiten Augustwoche kehrten sie wieder zurück in ihre Wohnung in Nizza, wiedervereint mit Kurts Tante und Stiefmutter Lullu.

Jetzt mussten sie noch Christian aus dem von den Deutschen besetzten La Rochelle herausholen. Sie setzten sich mit Tina Vinès in Verbindung, einer Pariser Freundin, die im Louvre arbeitete. Da es zu ihren Aufgaben zählte, einen Teil der Museumsschätze aus der Hauptstadt zu evakuieren und in Schlössern oder Klöstern unterzubringen, war Tina Vinès mit Papieren ausgestattet, mit denen sie ungehindert zwischen dem besetzten und dem unbesetzten Teil Frankreichs hin- und herreisen konnte. Sie erklärte sich bereit, Christian aus dem Klosterinternat zu holen und nach Nizza zu bringen. Und so verbrachten die beiden eine Nacht in einem Loire-Schloss, wo Christian in einem Bett schlief, das angeblich einst Talleyrand gehört hatte. Am nächsten Tag spazierten die beiden völlig unbehelligt in den unbesetzten Teil Frankreichs hinein, wobei sie Christians Sachen im Handkarren eines

Bauern, der auf dem Weg zum Markt war, über die Grenze zwischen den beiden Zonen schmuggelten. Am 6. September, kurz nach zehn Uhr abends, standen sie vor der Wohnung der Wolffs in der Rue Maréchal Joffre.

Der Paragraf im deutsch-französischen Waffenstillstandsvertrag, der die Vichy-Behörden zur »Auslieferung auf Verlangen« verpflichtete, versetzte Helen und Kurt und alle anderen Flüchtlinge in Angst und Schrecken. Er hatte auch zur Gründung des Emergency Rescue Committee (ERC) in New York geführt. Umgehend schickte diese Flüchtlingshilfsorganisation den einunddreißigjährigen Journalisten und Harvard-Absolventen Varian Fry in die unbesetzte Zone. Von wechselnden Standorten in verschiedenen Vierteln von Marseille aus – einem Hotelzimmer, einem Büro im ersten Stock einer baufälligen Villa am Stadtrand – verhalf Fry 2000 Menschen zur Flucht, die meisten davon Künstler, Intellektuelle und andere kulturschaffende Feinde der Nazis. Hin und wieder kaufte Fry, hier auf dem Bahnsteig im französischen Grenzort Cerbère zu sehen, Visa auf dem Schwarzmarkt. Manchmal ließ er sie auch fälschen. Unermüdlich kämpfte er gegen widerstrebende Bürokraten an, nicht zuletzt die des amerikanischen Außenministeriums, wo ein tief verwurzelter Antisemitismus herrschte. Doch ein amerikanischer Vizekonsul in Marseille, der frühere Theologiestudent Hiram (Harry) Bingham IV., widersetzte sich den Anordnungen aus Washington und stellte eigenmächtig lebensrettende Papiere aus. »Wie der erste Vogellaut an einem düsteren Morgen hallte ein Gerücht durch die Cafés des *vieux port* und von Canebière«, schrieb Hans Natonek, ein deutsch-tschechischer Schriftsteller und Journalist, den Fry ebenfalls retten sollte. »Es hieß, ein Amerikaner sei eingetroffen, der die notwendigen Mittel hatte und bereit war, uns zu helfen. Eine weitere Zerstreuung in einer Stadt, wo Schwarzmarkthändler panikerfüllten Menschen Kojenplätze auf Schiffen verkauften, die es nicht gab und die angeblich Häfen ansteuern sollten, wo sie niemals hätten anlanden können. Aber das Gerücht hielt und verbreitete sich hartnäckig. Es hieß, dieser Amerikaner habe eine Liste … Allein das Wort ›Liste‹ elektrisierte uns.«

Zu den Unterstützern des ERC zählten Akademiker, Philanthropen, verschiedene gewerkschaftliche und antifaschistische Organisationen und die First Lady Eleanor Roosevelt ebenso wie Emigranten, die nach der Flucht in die USA die Zurückgebliebenen nicht vergaßen. Immer wieder geriet Fry in Schwierigkeiten, da die Franzosen bemüht waren, die Besatzer zu besänftigen, und nach nur dreizehn Monaten sollte er endgültig des Landes verwiesen werden. Aber bis dahin hatte das ERC Dutzenden Persönlichkeiten wie Hannah Arendt, Marc Chagall, Marcel Duchamp und Max Ernst zur Flucht aus dem von den Nazis besetzten Frankreich verholfen. Am 13. September 1940, es war ein Freitag, begleitete Fry Kurts frühere Autoren Franz Werfel und Heinrich Mann sowie ihre Ehefrauen Alma und Nelly und Thomas Manns Sohn Golo persönlich zu dem vereinbarten Treffpunkt mit einem Fluchthelfer, der mit ihnen auf einem Gebirgspfad die Pyrenäen überqueren sollte. Am selben Abend traf sich Fry mit allen zum Essen in Spanien, wo er ihnen ihr Gepäck übergab, das er unbehelligt im Zug über die Grenze geschafft hatte.

Fry und sein Netzwerk sollten bald auch Kurt und Helen aus ihrer Notlage helfen.

Flüchtlinge, die Frankreich verlassen wollten, saßen in der Falle und mochten sich bisweilen wie eine Figur aus Kafkas Erzählungen fühlen. Um ein von der Vichy-Regierung kontrolliertes Gebiet zu passieren, brauchten sie ein französisches *Sauf-conduit*, eine besondere Reiseerlaubnis. Ferner benötigten sie ein französisches Ausreisevisum, das die Kollaborateure Juden oder Personen, die mutmaßlich von der Gestapo gesucht wurden, verweigerten. Auch brauchten sie ein Transitvisum für jeden souveränen Staat, den sie auf ihrer Reise durchqueren mussten. Und nicht zu vergessen: den Heiligen Gral, das Einreisevisum für die USA. Um an eines dieser Dokumente zu gelangen, schien es erforderlich zu sein, bereits alle anderen zu besitzen.

Am 27. August schrieb mein Großvater aus Nizza an Fry, der erst kürzlich in Marseille eingetroffen war – »eine romantische, schmutzige, gnadenlose Stadt, das Casablanca des nördlichen Mittelmeers«, wie Frys Biograf Andy Marino schrieb. Kurt erkundigte sich, ob für ihn, Helen und Christian die direkteste Ausreisemöglichkeit infrage komme: ein *Special-Emergency*-Visum, ein »Notfallvisum«, vom amerikanischen Außenministerium. Man merkt seinem Brief die Dringlichkeit an:

Mein Verlag war viele Jahre lang ein aktiver Mittelpunkt demokratischer deutscher Literatur, wie viele meiner amerikanischen Kollegen bestätigen können, vor allem Mr. A. Knopf, New York, der viele meiner Bücher in den USA veröffentlichte. Von der langen Liste meiner Autoren erwähne ich: Heinrich Mann – Franz Werfel – Gustav Meyrink – René Schickele – Karl Kraus – Romain Rolland etc. Ich habe auch eine Reihe amerikanischer Autoren verlegt, unter anderem Sinclair Lewis. Achtzig Prozent meiner Produktion wurden von den Nazis verbrannt und mein Verlag [wurde] auf die Schwarze Liste gesetzt. Es ist nicht nur wegen meiner früheren Tätigkeit als Verleger, dass ich mich bedroht fühle, sondern auch aus anderen Gründen, die ich schriftlich lieber nicht darlegen möchte.

Ein weiterer Grund, weshalb sich Kurt gefährdet sah, war seine Tätigkeit für das französische Informationsministerium, die sein Schicksal besiegelt hätte, wäre er in die Hände der Gestapo gefallen. Seine begeisterte Rezension von *Lotte in Weimar*, die in einer deutschsprachigen Exilzeitschrift veröffentlicht wurde, wäre der Aufmerksamkeit der Nazis gewiss auch nicht entgangen.

Was Kurt damals nicht wusste: Helen und er standen bereits auf der Liste derer, denen das Emergency Rescue Committee helfen wollte. Fry hatte sich die Liste unter dem Hosenbein mit einem Klebeband um die Wade gewickelt, ehe er Anfang des Monats eine Boeing 314 Clipper der Pan Am nach Frankreich bestiegen hatte. Zwei Wochen nachdem Kurt seinen Brief geschrieben hatte, erreichte ihn ein Telegramm des ERC aus Manhattan mit der Bitte um Informationen über Helen und Christian. Eine Woche später trafen die beiden erforderlichen Affidavits im Büro des ERC in der East Forty-Second Street ein. Eines, ein *Affidavit of sponsorship*, kam von Thea Dispeker, Erbin einer jüdischen Bankiersfamilie aus München und eine von Kurts alten »Flammen«. Sie war Musiklehrerin in Berlin gewesen und arbeitete seit ihrer Flucht nach New York im Jahr 1938 als Musikagentin. Kurt hatte ihr im Februar 1933 in Berlin zum Abschied ein schlichtes Goldarmband geschenkt, das nicht nur einen sentimentalen, sondern auch einen praktischen Zweck erfüllen sollte: Wenn sie in Not sei, solle sie es versetzen, hatte er gesagt.

Das zweite, ein *Affidavit of support*, mit dem sich der Geber verpflichtete, im Notfall für den materiellen Unterhalt des Einwanderers aufzukommen, stammte von Thea Dispekers Freund Robert Weinberg, einem New Yorker Architekten und Stadtplaner. Er hatte bereits für so viele Flüchtlinge gebürgt, dass er fürchtete, allmählich den Argwohn der Behörden auf sich zu ziehen. Thea Dispeker erwähnte gegenüber dem ERC Kurts und Helens Arbeit für die Franzosen, weswegen sie »in akuter Gefahr« seien. Am 20. September wandte sich die Geschäftsführerin des ERC, Mildred Adams, in einem Schreiben an das President's Advisory Committee on Political Refugees (Beratungskomitee des Präsidenten für Flüchtlingsfragen), um auf die Dringlichkeit von Helens und Kurts Fall hinzuweisen.

Während der restlichen Herbstmonate verschanzten sich Kurt und Helen in der Rue Maréchal Joffre und warteten vergeblich auf Neuigkeiten. Von Zeit zu Zeit schrieb Kurt an Fry und nannte ihm weitere Flüchtlinge, die der Unterstützung des ERC bedurften, wobei er jeden Brief dazu nutzte, sein eigenes Anliegen in Erinnerung zu bringen. Unterdessen schickte er Professor Fuchs eine Nachricht und reiste bald darauf mit den beiden Goldbarren nach Nizza. Dort tauschte er sie gegen eine Summe ein, die

die Kosten für eine Transatlantik-Schiffspassage für drei Personen decken würde.

Im November nahm er an der Trauerfeier für Walter Hasenclever teil, der sich fünf Monate zuvor im Internierungslager Les Milles bei Aix-en-Provence mit einer Überdosis Veronal das Leben genommen hatte.

Nach nervenaufreibenden Wochen des Wartens wurden zwischen Weihnachten und Neujahr endlich die beantragten Visa erteilt. Am 10. Januar trafen auch die *Laissez-passer*-Dokumente ein, mit denen sie zur spanischen Grenze gelangen konnten, und am 6. Februar erhielten sie schließlich die französischen Ausreisevisa.

Kurz nach Christians Geburt in Nizza im Jahr 1934 hatten Kurt und Helen in weiser Voraussicht das Rathaus aufgesucht, um ihrem Sohn die französische Staatsbürgerschaft zu sichern. Dieser Status ihres Sohnes half ihnen höchstwahrscheinlich, 1938 die französischen Ausreisepapiere zu erhalten. Jahre später stellte Christians Mutter die Vermutung an, dass nur ein siebenjähriger, in Frankreich geborener Junge die Vichy-Behörden hatte dazu bringen können, gegenüber allen dreien Gnade walten zu lassen. »Der Gedanke dahinter war, dass ein französisches Kind seine Eltern brauchte und dass wir durch unser Kind unsere Loyalität gegenüber Frankreich zum Ausdruck gebracht hatten«, sagte Helen. »Auf gewisse Weise könnte unser Sohn uns also das Leben gerettet haben.«

In diesen Wochen findet sich mehrmals das Wort »nervös« in Kurts Tagebuch. Kurz vor ihrer Abreise überwies er Fry telegrafisch alles Geld, was noch auf seinem Bankkonto war – 50 000 Francs, etwas mehr als 800 Euro. Das ERC war es nicht gewohnt, dass seine verzweifelten Klienten im Voraus die Kosten für ihre

Schiffspassage bezahlten. Fry bedankte sich in seiner Antwort, »zumal wir unsere Unterstützung in diesen Zeiten so vielen anderen in Not zukommen lassen müssen«.

Am 9. Februar verließen die Wolffs Nizza und machten Zwischenstation in Marseille, wo Fry sie am Bahnhof traf, um sich von ihnen zu verabschieden. Anschließend fuhren sie weiter nach Toulouse.

Am nächsten Tag erreichte ihr Zug die Grenze bei Canfranc. Dahinter erblickten sie Gebäude ohne Dächer und abgebrannte Felder – die Folgen des Spanischen Bürgerkriegs.

Erst suchte sie ein verspäteter Wintersturm heim, und dann mussten sie mehrere Tage warten, bis sie sie endlich Plätze für die Zugfahrt von Madrid nach Lissabon ergatterten. So wurde ihre Reise zu einer einwöchigen Geduldsprobe.

Von Madrid aus schickte Helen an »Señorita Maria Wolff« in München eine Ansichtskarte, auf der ein Gemälde von Diego Velázquez aus dem Prado abgebildet war. Die Karte traf mit den Zensurstempeln zweier faschistischer Regimes ein, wobei der der spanischen Behörde Velázquez' gekreuzigten Christus verunstaltete. Mochten die Zeilen auf der Karte auch vage gehalten sein, das Bildmotiv und der Poststempel ließen keinen Zweifel daran, dass Marias Vater und ihre Stiefmutter im neutralen Spanien gelandet waren. Nächster Halt: Lissabon.

Viele Vorteile sollten mir später das Leben erleichtern – ich war weiß und männlich, ein Goi, amerikanischer Staatsbürger kraft Geburt in den USA, aufgewachsen in einer Familie der oberen Mittelschicht, Ivy-League-Begünstigter. Letztlich entscheidend aber war wohl der glückliche Umstand, aus dem alles andere erwuchs: dass der Name meines Großvaters siebzehn Jahre vor meiner Geburt auf Varian Frys Liste gelandet war.

Jedes Schiff, das damals in Richtung Amerika aufbrach, war eine Arche, so Erich Maria Remarque in seinen Roman *Die Nacht von Lissabon*:

> *… [der] Berg Ararat war Amerika, und die Flut stieg täglich … Die Küste Portugals war die letzte Zuflucht geworden für die Flüchtlinge, denen Gerechtigkeit, Freiheit und Toleranz mehr bedeuteten als Heimat und Existenz. Wer von hier das gelobte Land Amerika nicht erreichen konnte, war verloren. Er musste verbluten im Gestrüpp der verweigerten Ein- und Ausreisevisa, der unerreichbaren Arbeits- und Aufenthaltsbewilligungen, der Internierungslager, der Bürokratie, der Einsamkeit, der Fremde und der entsetzlichen allgemeinen Gleichgültigkeit gegen das Schicksal des Einzelnen, die stets die Folge von Krieg, Angst und Not ist.*

In diesem Gestrüpp verbarg sich auch so manche Schlinge, die sich einem plötzlich um den Hals legen konnte. Zum Beispiel in Gestalt von Gestapo-Agenten mit Filzhüten, von denen es hieß, sie würden gesuchte Zielpersonen in den Gassen der portugiesischen Hauptstadt kidnappen. Aber auch eine prosaische Panne konnte einem zum Verhängnis werden: Kurt und Helen entdeckten, dass ihre Schiffskabine – für die Kurt telegrafisch besagte 50 000 Francs überwiesen hatte – gar nicht reserviert worden war. Mehr noch, die Hilfsorganisation, die mit dem ERC zusammenarbeitete, hatte auf dem Konto nur 625 Dollar unter Kurts Namen verbucht, was für die Überfahrt von drei Menschen bei Weitem nicht ausreichte. Außerdem sollte das Schiff, das für die Flüchtlinge reserviert worden war, erst in ein paar Monaten auslaufen, und bis dahin wären ihre Visa ungültig gewesen. Nur nach einer

Flut von Telegrammen an Freunde konnte sich Kurt die zusätzlich benötigten 1000 Dollar borgen. Irgendwie gelang es ihm, Passagen auf einem portugiesischen Schiff namens *Serpa Pinto* zu ergattern. »Ticket geholt bei Carlos«, lautet sein Tagebucheintrag vom 13. März. Für eine Kabine musste er den Wucherpreis von 1594 Dollar bezahlen, was heute mehr als 23 000 Euro entspräche.

Die *Serpa Pinto* lief am 15. März 1941 aus dem Hafen von Lissabon aus. An Bord befanden sich noch 637 weitere Passagiere, was weit über der eigentlichen Kapazität des Schiffes lag. Christian litt unter Keuchhusten, weshalb seine Eltern ihn anwiesen, den Mund geschlossen zu halten, während sie ihn die Landungsbrücke hinaufscheuchten, und in der Kabine zu bleiben, bis das Schiff auf hoher See war. Während der Reise beleuchtete die Crew den Schornstein und die Masten, um die Neutralität des Schiffes zu signalisieren und U-Boote, die den Nordatlantik durchpflügten, fernzuhalten.

Einschließlich des dreitägigen Zwischenstopps auf den Bermudainseln dauerte die Atlantiküberquerung zwei Wochen. Am 31. März dockte die *Serpa Pinto* in Stapleton, Staten Island, an. »An Land 10 Uhr«, vermerkte Kurt in seinem Tagebuch, »strahlendes Wetter.«

Jahrzehnte später schrieb Umberto Eco, einer von Helens Autoren, die Flucht der Wolffs gleiche einem »Roman mit Casablanca-Ende«. Aber ein Drehbuchautor schreibt die Dinge einfach so, wie sie sein sollen. In diesem Fall hing das Schicksal der Protagonisten jedoch vom Eingreifen einer Heerschar irdischer Engel ab, als da waren: Wladimir d'Ormesson, der französische Diplomat, Madame Bouty, die Pariser Nachbarin und Christians Reisebegleiterin Nummer eins, Jean Giraudoux, Dramatiker und Politiker, Anne-Marie Uhde, Helens Mitinhaftierte in Gurs, Gräfin

Colloredo-Mannsfeld, Baron Kurd von Hardt, Tina Vinès, Angestellte des Louvre und Christians Reisebegleiterin Nummer zwei, Professor Albert Fuchs, Varian Fry, Thea Dispeker, eine Frau, die später auch eine wichtige Rolle in meinem Leben spielen sollte, sowie ihr Freund Robert Weinberg, für den Kurt und Helen zwei völlig fremde Menschen waren, und »Carlos«.

Einige dieser Menschen zählten bereits zu den Freunden der Wolffs, die meisten indes nicht. Um sie sicher nach New York zu bringen, bedurfte es Dutzender Gesten der Menschlichkeit und des Edelmuts, einige in blindem Vertrauen und viele mit großer Gefahr verbunden.

Zu den Menschen, die Varian Fry rettete, gehörte auch Anna Seghers, die 1941 mit ihrem Mann und zwei Kindern über Lissabon nach Mittelamerika floh. Kurz nach ihrer Ankunft in Mexiko verfasste sie den Roman *Transit*, zu dem sie ihr mehrwöchiger Aufenthalt in Marseille inspiriert hatte, wo sie etliche Wochen als Emigrantin in Wartestellung verbrachte. Das Buch ist ein tragisches Porträt der Staatenlosen und der französischen Hafenstadt, in der sie sich notgedrungen zusammendrängen. Wenn die Flüchtlinge nicht gerade in den Wartezimmern von irgendwelchen Konsulaten sitzen, vertreiben sie sich die Zeit in Cafés und Pizzerien und sehen den Menschen zu, »die durch eine Tür in das Café hineingedreht wurden wie eine Mühle, in der man sie täglich ein Dutzend Mal durchmahlte an Leib und Seele«.

Jetzt, im Winter 2018, zeigt die Berlinale die Premiere von Christian Petzolds Film *Transit*, eine Adaption des Romans, die die flüchtigen Bündnisse und Treuebrüche unter den Emigranten schildert. Dem Film gelingt es in fast perfekter Balance, Langeweile und Furcht einzufangen, Emotionen, die selten in dieser Parallelität in Erscheinung treten. Allerdings hat Petzold die vom Krieg geprägte Handlung und die Figuren aus Seghers' Roman in das heutige Marseille verlegt. Zwar ist nirgendwo ein Smartphone oder PC zu sehen, und Pässe und Visa kommen ausschließlich in analoger Form vor, aber wenn schließlich ein Konsulatsbeamter bei den im Wartesaal sitzenden Flüchtlingen erscheint, die dort in Seesucker-Anzügen im Stil der Vierzigerjahre und mit großen Hüten ihre Zeit vertrödeln und längst aus der Mode gekommene Koffer an sich drücken, sieht man ein LED-Display mit Wartenummern, wie es auch an der Wand einer modernen Bank oder in einem Reisebüro hängen könnte. Die Menschen erstarren beim Lärm von Sirenen aus dem 21. Jahrhundert oder beim Anblick von Polizisten in Spezialausrüstung, die jeden, der nicht die richtigen Papiere vorweisen kann, abführen werden. Einige nehmen sich das Leben, um einen letzten Rest Kontrolle über ihr Schicksal zu behalten.

In *Transit* ist der vordergründige Raum, den es auf der Durchreise zu durchqueren gilt, der lineare Graben zwischen dem besetzten Frankreich und Amerika, wohin alle flüchten wollen. Doch in der Filmadaption gibt es eine weitere Transitstrecke zwischen der Vergangenheit und der Gegenwart, die der Regisseur hervorheben möchte. Petzold hat das Marseille von damals und heute übereinandergelegt und es vom Mistral der Zeitlosigkeit verwehen lassen, um die Parallelen zwischen den verschiedenen Zeitebenen sichtbar zu machen. Wenn eine der Figuren ein Visum beantragt, werden wir Zuschauer unweigerlich an einen abgelehnten Asylsuchenden von heute denken. Petzold wechselt nicht zwischen zwei verschiedenen Zeitebenen hin und her. Der einzelne

Moment ist ihm zu wichtig. Stattdessen lässt er beide Ebenen darin zusammenfallen.

Eine S-Bahn und ein Bus bringen mich zu der Villa, wo an einem Januarmorgen im Jahre 1942 fünfzehn Funktionäre des Dritten Reichs zusammentrafen, um über die effiziente Umsetzung der »Endlösung der Judenfrage« zu beraten. In einem Raum im ersten Stock mit Blick auf den Wannsee, wo sich die Nazifunktionäre mit Kaffee und Gebäck stärkten, sind die kaltblütigen Protokolle jener Konferenz in Glasvitrinen ausgestellt.

Hier erörterten die Nazis das »Problem« der »Mischlinge«. Jene Bestimmung der Nürnberger Gesetze, der zufolge eine Person mit einem jüdischen Großelternteil vor den schlimmsten Konsequenzen bewahrt wurde, ließen sie in Kraft, was bedeutete, dass mein Vater zumindest vorläufig mit dem Leben davonkommen würde. Hier verbreitete sich SS-Obergruppenführer Reinhard Heydrich über die »neuen Aussichten im Osten«, eine Anspielung auf die endlosen Steppenlandschaften, die mein Vater auf Schwarz-Weiß-Fotos mit Sepiafärbung bannte, um sie dann nach Hause zu schicken. Sie wiesen ebenfalls jene »bedrohliche Monotonie« auf, die Sebastian Haffner beschrieb, eine unendliche Weite, die Straffreiheit zu verheißen schien.

Bis zum Ende des folgenden Jahres sollten alle Deutschen zumindest eine Ahnung von dem erhalten, was auf der Wannseekonferenz beschlossen worden war. Auf Fronturlaub erzählten die Soldaten, was sie gesehen hatten. »Ereignismeldungen«, die von den Einsatzgruppen der Waffen-SS nach Berlin geschickt wurden, sickerten bis zur mittleren Beamtenebene durch. Es ist unmöglich, Millionen von Menschen festzunehmen, zu verschleppen, zu ermorden und sich ihrer Häuser und ihres Besitzes zu bemächtigen, ohne sich einer ausreichend großen Zahl ziviler Helfer – Eisenbahner, Immobilienmakler, Mittelsmänner – zu bedienen.

Als Goebbels in seiner Sportpalastrede vom 18. Februar 1943 die Deutschen dazu aufrief, sich am »totalen Krieg« zu beteiligen, rutschten dem Propagandaminister die ersten beiden Silben des Wortes »Ausrottung« heraus, ehe er sich besann und stattdessen von »Ausschaltung« sprach. Doch statt sein Publikum hinters Licht zu führen, bezog Goebbels bewusst jeden, der ihm an diesem Tag zuhörte, mit ein. Von allen Propagandamitteln, mit denen das Regime die Menschen kontrollierte, mochte dieses das hinterhältigste gewesen sein. Ungefähr bis zur Mitte des Kriegs hatte die Naziführung das deutsche Volk gerade so weit eingeweiht, dass es wusste: Eine Niederlage hieße, sich der Justiz der Sieger auszuliefern, und dies würde so schlimme Folgen nach sich ziehen, dass die Deutschen sich unter keinen Umständen ergeben durften. Die Zivilisten wussten genug, um sich im Klaren darüber zu sein, dass es besser war, »nicht mehr zu wissen«, wie der Historiker David Bankier es ausdrückte. Wenn heute so viele Deutsche nicht bereit sind, Mitgefühl für das Leid ihrer Vorfahren aufzubringen oder der Opfer der Bombenangriffe durch die Alliierten und der Vertreibungen nach dem Krieg zu gedenken, bekräftigen sie damit indirekt ihre Überzeugung, dass viele damals durchaus von den Nazigräueln wussten. Sich des Mitgefühls zu enthalten, war eine logische Konsequenz der Schande, die die ältere Generation über Deutschland gebracht hatte.

Ich war an den Wannsee gekommen in der Annahme, dass in dem Gebiet, wo mein Vater diente, nur Mitglieder der Ordnungspolizei-Einheiten und der Waffen-SS an der Umsetzung der »Endlösung« beteiligt waren. Doch dann ließ mich eine Schautafel im unteren Ausstellungsraum der Villa innehalten.

Auch die Wehrmacht war an der Verfolgung und Ermordung der sowjetischen Juden direkt beteiligt. Die Militärverwaltung veranlasste die Erfassung, Kennzeichnung und Ghettoisierung, entschied über das Schicksal der Kriegsgefangenen und häufig über den Einsatz von Juden zur Zwangsarbeit. Wehrmachtseinheiten leisteten vielfach logistische und administrative Unterstützung beim Massenmord und führten selbst Erschießungen durch.

Offenbar sahen sich die Deutschen 1995 genötigt, sich mit dem lange aufrechterhaltenen Mythos auseinanderzusetzen, dass nur Einheiten der SS und der Ordnungspolizei Nazigräuel verübt hätten – etwas, was ich und vermutlich auch mein gründlich amerikanisierter Vater gar nicht mitbekommen hatten –, und zwar im Rahmen der Wehrmachtausstellung des Hamburger Instituts für Sozialforschung, die Fotos, Feldpostbriefe und Zitate von Augenzeugen zeigte und darlegte, dass einfache Wehrmachtsoldaten sehr viel tiefer und weitreichender in die Verbrechen verstrickt gewesen waren, als die öffentliche Erinnerung es wahrhaben wollte. Die Ausstellung und ihre Botschaft kamen nicht überall gut an. Durch München marschierten 5000 Neonazis mit Transparenten, auf denen Parolen wie »DEUTSCHE SOLDATEN – HELDENTATEN« standen. Doch doppelt so viele Gegendemonstranten traten auf den Plan, und so markierte die Wehrmachtausstellung den Anfang des langsamen, aber unaufhörlichen Prozesses, bei dem das moderne Deutschland sein Bild vom Zweiten Weltkrieg mit dem des Holocaust zu verbinden begann.

Zur Zeit des Überfalls der deutschen Wehrmacht auf die Sowjetunion war mein Vater kaum zwanzig und Infanterist. Wie er mir erzählte und in seinen Briefen nach Hause schilderte, fuhr er einen

Lastwagen, mit dem er Landkarten und Fotomaterial transportierte. Er befand sich in seliger Ahnungslosigkeit in der Vorhölle, hatte ich mir lange weiszumachen versucht, weder direkt in die Schreckenstaten im Osten verwickelt noch mit der Wahrheit, die den Daheimgebliebenen allmählich dämmerte, konfrontiert. Wie dem auch sei, er war in der Ukraine gewesen, als Besatzungssoldat, der Befehle entgegennahm und ausführte. Welcher Natur diese Befehle waren, wusste ich nicht.

Es gibt dieses starke deutsche Wort »Lebenslüge«. Es bezieht sich auf die Selbsttäuschung, die es einem erlaubt, trotz einer schweren persönlichen Verstrickung weiterzuleben. Ich werde nie ganz herausfinden, was mein Vater wusste oder wann er es erfuhr, oder ermessen können, wie sehr der Krieg später auf seinem Gewissen lastete. Er erzählte es mir nur bis zu einem gewissen Punkt, so weit, wie ich Fragen stellte. Aber Günter Grass sprach dies in seinem 2006 erschienenen Erinnerungsbuch an, und ich frage mich, ob seine Worte das wiedergeben, was mein Vater empfand. »Zwar war während der Ausbildung zum Panzerschützen, die mich den Herbst und Winter lang abstumpfte, nichts von jenen Kriegsverbrechen zu hören, die später ans Licht kamen, aber behauptete Unwissenheit konnte meine Einsicht, einem System eingefügt gewesen zu sein, das die Vernichtung von Millionen Menschen geplant, organisiert und vollzogen hatte, nicht verschleiern«, schrieb Grass. »Selbst wenn mir tätige Mitschuld auszureden war, blieb ein bis heute nicht abgetragener Rest, der allzu geläufig Mitverantwortung genannt wird. Damit zu leben ist für die restlichen Jahre gewiss.«

Mit der ganzen Familie besuche ich das Berliner Ensemble, Brechts ehemaliges Theater an der Spree, wo wir uns die Bühnenfassung der *Blechtrommel* ansehen. Für diesen Roman hatten Kurt und Helen 1959 die englischen Übersetzungsrechte erworben. Fast zwei Stunden lang wird ein einziger Schauspieler vor uns stehen und Oskar Matzerath geben, das Enfant terrible der deutschen Literatur – einen Jungen, der 1924 geboren wurde und sich seit seinem dritten Geburtstag weigert zu wachsen und der schreit und trommelt, wenn die Älteren das Schweigen vorziehen.

Die Eintrittskarten wären die siebenundzwanzig Euro auch wert gewesen, hätten wir nur die ersten paar Sekunden der Aufführung miterlebt. Der Vorhang ging nicht auf. Einen Moment lang wurde auch das Licht nicht heruntergedreht. Der Schauspieler, der Oskar verkörperte, trat einfach nur ein paar Schritte aus der Bühnenkulisse hervor. Dann, beleuchtet von immer greller werdendem Scheinwerferlicht, funkelte er uns an. Das Publikum plapperte munter weiter. Oskar starrte uns weiter an. Erst allmählich verstummte das Publikum, und im Zuschauerraum kehrte Stille ein.

In diesen Momenten, während ich diesem vorwurfsvollen Blick ausgesetzt war, spürte ich eine inquisitorische Kraft, als wären wir in die Sechziger zurückversetzt worden und jeder in dem Theater müsste der jüngeren Generation Rede und Antwort stehen.

In ein paar Stunden, wenn wir wieder aufs Spreeufer hinaustreten würden, würde ich erneut in die Rolle des Fragen stellenden Sohns schlüpfen. Aber fürs Erste hatte ein Dreijähriger den Spieß umgedreht und uns alle zu Älteren gemacht, als wollte er fragen: Was wusstet ihr? Ab wann wusstet ihr es?

In einen dunklen Raum

Niko, 1939 bis 1941

Als der Zweite Weltkrieg ausbrach – »Hitler Angriff gegen Polen« lautet Kurts Tagebucheintrag –, hatte mein Vater gerade die Abschlussklasse auf seinem Internat begonnen. Nach dem Abitur im August 1940 wurde Niko in den Reichsarbeitsdienst eingezogen, wo junge Männer für den Militärdienst vorbereitet wurden. Er musste sich in Tannheim in Tirol melden, wo er – auf folgendem Foto links zu sehen – bei der Errichtung einer Sportanlage half.

Allen zum Arbeitsdienst Eingezogenen wurde ein Filzhut ausgehändigt, der in der Mitte eine längliche Wölbung hatte, weshalb sie ihn »Arsch mit Griff« nannten. Maler- und Straßenbauarbeiten wechselten mit Schießübungen ab. Die jungen Männer sangen das Marschlied des Reichsarbeitsdiensts (»Braun wie die Erde ist unser Arbeitskleid …«) und mussten sich Vorträge über das ruhmvolle Dritte Reich anhören. Sie lernten, mit einem Spaten umzugehen, als wäre er eine Waffe, ihn zu polieren und zu schultern.

Im Oktober 1940 meldete sich mein Vater, nachdem er den Stellungsbefehl erhalten hatte, bei einer Einberufungsstelle in Bayern und kehrte dann für die Grundausbildung nach Österreich zurück – drei Monate bei der Infanterie, auf die eine dreimonatige Fahrerausbildung folgte. Als seine Mutter ihn drängte, einen Koffer mitzunehmen, versuchte Niko, ihr zu erklären, wie unpassend das war: »Weißt du, die Qualität der Wäsche dort ist anders, als du sie gewohnt bist.« Seine schlechte Sehkraft auf dem linken Auge bewahrte ihn vor dem Flugdienst, und so landete er schließlich in einem Fuhrpark. Als Fahrer und Mechaniker bei der Luftwaffe trug er eine blaue Uniform mit einem Ärmelabzeichen – zwei Luftwaffenschwingen mit Lastwagen-Kühlergrill.

Alle ein bis zwei Wochen schrieb Niko seiner Mutter in München. Seine Briefe sind geprägt von Sehnsucht nach diesem und jenem – nach Schokolade, Zigaretten, Geld, Stiefeleinlagen, einem Regenmantel, seiner geliebten Leica und Krapfen von Kuni, der Köchin der Familie, nach seiner Geige und (denn er liebte auch Jazz) einem Altsaxophon, einer Leihgabe seines Onkels Hannes. Der Krieg ist voll in Gang, aber wie die meisten anderen Deutschen scheint er nicht daran zu denken, dass er auch in die Heimat kommen könnte. Gerade erst neunzehn geworden, klingt er wie ein Jugendlicher in einem Sommerlager, der bedauert, was er alles nicht eingepackt hat.

10. November 1940: »Ich komme mir dabei vor, wie wenn ich noch nie gefahren wäre. Wir haben in unserer Fahrschulgruppe einen Mercedes-Personenwagen und einen besonders netten Lastwagen. Er hat sieben Gänge und drei Achsen und ist ein Geländefahrzeug. Das wäre etwas für Tante Joe [Nikos Spitzname für seine Schwester Maria], die ist ja schon bei drei zu faul zum Schalten.«

26. Januar 1941: »Meine Prüfung hab ich hinter mir. Jetzt bin ich in Besitze der Führerscheine eins, zwei und drei. Wenn es nun wärmer wird, machen wir eine Wertungsfahrt. Das heißt, wir fahren vom Forstweg mit einem Wagen und bekommen ein Kuvert in die Hand, das wird dann geöffnet, und da stehen dann Kontrollpunkte drin, die angefahren werden müssen, den Weg sucht man sich auf der Karte, und dann werden an den Punkten Störungen in den Wagen eingebaut, die man schnellstens zu beheben hat. Wer am schnellsten fährt und die kürzeste Zeit hat, ist Sieger.«

2. Februar: »Stell Dir vor, welchem Unheil ich entgangen bin: die Flieger so und so, im ganzen vier Mann, kommen morgen fort und werden versetzt. Und zwar landeten sie bei den Fallschirmjägern! Die armen …«

16. Februar: »Mitte März ist unsere Ausbildung vorüber. Am 5. und 6. März haben wir Kolonnenfahrt nach Graz, über den Packsattel und Bruck an der Mur. Das wird sicher sehr lustig. Dabei fährt jeder einmal Pkw, Lkw und Krad. So etwa 50 bis 60 km, so daß man viel zum Fahren kommt.«

Dieser Ausflug wurde jedoch frühzeitig abgebrochen, nachdem ein Soldat den schweren Kopfverletzungen erlag, die er sich beim Sturz mit seinem Motorrad in einer Kurve zugezogen hatte. Die gesamte Einheit reiste in den Tiroler Heimatort des Soldaten und wohnte der Beerdigung bei. Der junge Mann, erst einundzwanzig, hätte eigentlich später die Getreidemühle der Familie übernehmen sollen.

Eine in Spanien aufgegebene und aus München weitergeleitete Ansichtskarte von Kurt erreichte meinen Vater an seinem Standort in Klagenfurt. Es gab keine Adresse, an die er eine Antwort hätte senden können, aber vielleicht schickte Niko deshalb quasi stellvertretend für den unerreichbaren Vater einen Brief an seinen Stiefvater Hans Albrecht. Darin heißt es: »Die Hauptsache ist, daß man sich nichts denkt und mechanisch tut, was man muß, dann geht alles viel leichter. Das Schlimmste ist, daß das Hirn völlig ausgeschaltet ist und ich so ziemlich alles nach und nach vergesse. Ich glaube, nach meiner Militärzeit kann ich wieder von vorne anfangen, so verdummt man hier. ... Man lebt eben so dahin.«

Im April 1941 rückte seine Einheit schließlich aus. Nach einem Zwischenstopp in Wien verschlug es ihn nach Brünn im Sudetenland, heute Brno in Tschechien. Pflichtschuldig informierte er seine Mutter über seinen jeweiligen Aufenthaltsort, soweit es die militärischen Geheimhaltungsbestimmungen zuließen.

Offenbar hatte meine Großmutter gefragt, »was für Leute« mit ihm in der Einheit dienten. Denn Niko antwortete spürbar gereizt:

Das ist mir offen gestanden etwas so Gleichgültiges geworden, denn man wird ja nicht danach gefragt. Der Dienst, den wir alle genossen haben, macht uns alle so gleich, daß man kaum mehr unterscheidet, ob der eine intelligent oder dumm ist ... Was macht das alles aus, mit »wem« man zusammen ist? Was uns hier verbindet, ist die Gleichheit des Betriebes, das [?] Komißleben. Und glaub mir, nach einem halben Jahr lebst Du nur noch rein vegetativ dahin. Der Geist schläft tief, sehr tief. Ich könnte kein Buch in die Hand nehmen und lesen. Ich hätte zur Zeit kein Interesse für irgendwelche geistigen Genüsse. Ich müßte [?] einmal in einer anderen Umgebung auftauen, das alte Leben wieder einmal zu spüren bekommen, um wieder das zu denken, zu leben und für das Interesse zu haben, was mich eigentlich beschäftigt, alle meine Liebhabereien, Musik, Technik, Theater und was es alles ist. Sicher wirst Du mich verstehen, wenigstens versuchen zu verstehen.

Nikos Antwort ist anzumerken, was ihm bei seiner Mutter auf die Nerven ging – ihr Standesdünkel und Pochen auf Privilegien. Dass er diese Haltung ablehnte, war einer der Gründe, nach dem Krieg auszuwandern.

Weiter schreibt er: »Ein Teil von uns ist schon versetzt, sie sind alle nach Jaroslavl, Rumänien, Bulgarien und Griechenland gekommen, haben ihre Fahrzeuge und sind selbständig. Wir werden dies auch bald sein.«

Anfang Juni wurde meinem Vater ein Ford-Kraftwagen mit einem V8-Ottomotor zugewiesen. Am 17. Juni schrieb er einen kryptischen Brief nach Hause, in dem er lediglich mitteilte, dass er zu einem rund tausend Kilometer entfernten Luftwaffenstützpunkt gefahren war. Des Weiteren nur noch: »Du kannst ja in deiner Phantasie ausmachen, was ich treibe.«

Er nahm an einer Unternehmung von größter historischer Dimension teil. Keine zwei Jahre nach der Unterzeichnung des deutsch-sowjetischen Nichtangriffspakts, in dessen geheimem Zusatzprotokoll die beiden Staaten die Erweiterung ihres Territoriums auf Kosten Polens und der baltischen Staaten vereinbarten, betrog Hitler Stalin und überfiel die Sowjetunion.

Nach dem überraschend schnellen Verlauf des Westfeldzugs hatte Hitler gegenüber Wilhelm Keitel erklärt, im Vergleich dazu wäre ein Überfall auf die Sowjetunion ein »Sandkastenspiel«. Er prophezeite, dass die deutschen Truppen zur Erntezeit Moskau erreichen würden. Doch insgeheim schien er doch seine Zweifel gehegt zu haben. In der Nacht vor dem Angriff, dem die Nazis den Decknamen »Unternehmen Barbarossa« gegeben hatten, äußerte er: »Mir ist, als ob ich die Tür zu einem dunklen, nie dagewesenen Raum aufstoße, ohne zu wissen, was sich hinter der Tür befindet.«

Wie auch immer, am 2. Juni 1941 befahl Hitler seinen Truppen, diese Tür aufzustoßen. Und daher gehörte mein Vater, der einen Lkw mit Zielkarten und Aufklärungsfotos fuhr, zu den drei Millionen Soldaten, die an der größten Offensive der Militärgeschichte teilnehmen sollten. Er unterstützte das Kampfgeschwader 51, das aufgrund seines Wappens auch »Edelweiß-Geschwader« genannt wurde – auf dem oben abgebildeten Aquarell hat er die Feldlager-Szenerie eingefangen. Nikos Einheit beteiligte sich an der südlichsten der drei größten Offensiven der Wehrmacht, die durch Polen, Galizien und die Ukraine führte: Krakau, Lemberg, Schytomyr, Winnyzja, Bila Zerkwa, Poltawa, Charkow. Ende September wurde es bitterkalt. Auf einem Zwischenstopp legte Niko eine mit Stroh bedeckte Plane über ein ausgegrabenes Erdloch und schabte eine Mulde in einen Felsen, die als behelfsmäßige Feuerstelle diente. »Im Winter wird das ja scheußlich«, vermerkte er am 1. Oktober in seinem Tagebuch.

An Heiligabend kam er in der an einer Flussmündung gelegenen Stadt Dnepropetrowsk an, westlich der Nord-Süd-Linie, wo die Wehrmachtsoffensive stecken geblieben war. Dort harrte mein Vater den ganzen Winter über aus – ein historisch bedeutsamer Winter.

Ein paar Monate zuvor hatte Kurts zweite Frau aus New York an seine erste Frau geschrieben. »An Niko denke ich besonders«, heißt es in dem Brief, »ich schließe ihn in alle Gebete ein, Sie wissen, wie sehr ich dieses stille, so gerne abseits stehende Wesen mit seiner ›heimlichen Unendlichkeit‹ ins Herz geschlossen habe und wie sehr ich ihm wünsche, daß er einmal ganz zu sich selber kommen darf, zu seinem Beruf, seiner Berufung – daß er dazu die innere und die äußere Freiheit finden möge.«

Die riesige Mietskaserne hatte ich schon bei zahlreichen Besuchen des Bauernmarkts auf dem Winterfeldtplatz im Berliner Viertel

Schöneberg gesehen. Wie eine Barrikade gegen den Ost-West-Verkehr ragt ihre Fassade auf. Die Balkone sind mit Satellitenschüsseln und türkischen Flaggen bestückt. Von unserer Wohnung sind es ein paar Kilometer dorthin, und auf dem Weg läuft mir schon das Wasser im Mund zusammen, wenn ich daran denke, was es dort alles gibt – Würste und Pho und Gözleme, Bauernbrot mit geschmolzenem Raclette, frisches Gemüse, dem noch die märkische Erde anhaftet.

Aber als ich im Winter 2018 auf unserem Weg eine Gedenktafel entdeckte, die mir bislang entgangen war, wurde diese kulinarische Vorfreude plötzlich durch andere Empfindungen überlagert.

An dieser Stelle stand ehemals eine Veranstaltungshalle, die alliierte Bomber zerstört hatten. Im sogenannten Sportpalast fanden Boxwettkämpfe und Sechstagerennen statt – und Großkundgebungen der Nationalsozialisten, konnten sie hier doch möglichst viele versammeln. Am 4. Oktober 1942 wurde dort eine Kundgebung zum Erntedankfest abgehalten, die in ganz Deutschland und den besetzten Ländern vom Rundfunk übertragen wurde. An diesem Abend versicherte Hermann Göring nicht nur, dass im nächsten Winter kein einziger Deutscher hungern würde, er versprach den Soldaten auf Heimaturlaub sogar eine Extraration Butter und eine Dauerwurst zu.

In Wirklichkeit hatte Deutschland gerade erst gute Ernten eingefahren. Aber Göring, so erfuhr ich, spielte auf einen perfiden Plan an. Die Nazis hatten bereits begonnen, den »Hungerplan« in die Tat umzusetzen. Heinrich Himmler und Herbert Backe, Staatssekretär im Reichsministerium für Ernährung und Landwirtschaft, hatten angeordnet, in Polen, Russland und der Ukraine produzierte Lebensmittel im großen Stil für die Versorgung der Wehrmacht und der deutschen Zivilbevölkerung abzuzweigen. In seiner Erklärung, dass jeder »arische« Deutsche mehr zu essen haben würde, ließ Göring die verstörende Kehrseite der Medaille unerwähnt: Es war ebenfalls Teil des Plans, dass Juden, Polen, Ukrainer und Russen verhungern würden.

Im Juni 1941 hatte Göring die Dienststellen der Besatzer im Osten angewiesen, die Truppen ausschließlich mit Produkten »aus dem Lande« zu versorgen und die Überschüsse nach Deutschland zu schicken. Eine diesbezügliche Aktennotiz benannte ganz klar die logischen Folgen: »Hierbei werden zweifellos zig Millionen Menschen verhungern, wenn von uns das für uns Notwendige aus dem Lande herausgeholt wird.« Vor dem Beginn des »Unternehmens Barbarossa« sprach Backe von der »überflüssigen Bevölkerung« die dabei liquidiert werden müsse. Und Himmler prophezeite: »... durch die Kriegshandlungen und die Ernährungsschwierigkeiten [werden] 20 bis 30 Millionen Slawen und Juden umkommen.«

Davon war vor allem auch die Ukraine betroffen. Laut einem Vermerk über eine diesbezügliche Besprechung war Hitler »die Ernährung der [ukrainischen] Zivilbevölkerung ... angesichts dieser Lage gänzlich gleichgültig.« Die Nazis betrachteten dies als Teil ihrer Vision, dass eroberte Gebiete – von Juden befreit, nur noch von wenigen unterworfenen Slawen bewohnt und von deutschen Bauern neu besiedelt – zu Agrarkolonien des Reichs werden sollten. Die Ukraine würde die »Kornkammer« eines »rassenreinen« Reichs sein. In *Bloodlands,* dem Buch des Historikers Timothy Snyder, bin ich auf historische Fakten gestoßen, in die sich Zeugnisse aus meiner Familie wie Puzzlestücke einfügen. Snyder zeigt ausführlich einen Sachverhalt auf, von dem Niko nie gesprochen hat und nach dem ich ihn auch nie gefragt habe – den Genozid, der zwischen 1941 und 1942 in der Ukraine unter deutscher Besatzung durch Aushungern der Bevölkerung stattfand.

Doch der »Hungerplan« verlief nicht nach Plan. Die Wehrmacht verfehlte das Ziel des »Unternehmens Barbarossa«, bis Ende September in Moskau zu sein. Da die Versorgungslinien immer weiter auseinandergezogen wurden, sahen sich die deutschen Truppen Regen und Schlamm und schließlich dem russischen Winter ausgesetzt. Es ist, als hätten die Wehrmachtsoffiziere bei ihren Planungen Napoleons Russlandfeldzug gänzlich ausgeblendet.

Snyder definiert die »Bloodlands«, nach denen er sein Buch benannt hat, als das breite geografische Band, das sich von Polen über die baltischen Staaten, Weißrussland und die Ukraine erstreckt, also die Gebiete östlich der Oder und westlich des Don, deren Bewohner sowohl Hitler als auch Stalin als minderwertige Bauern betrachteten und, in letzter Konsequenz, als verzichtbar ansahen. Die vierzehn Millionen Menschen, die zwischen 1933 und 1945 in den von den beiden Diktatoren kontrollierten Gebieten sterben sollten, »waren alle Opfer einer mörderischen Politik, keine Kriegsopfer«, schreibt Snyder. »Die meisten waren Frauen, Kinder und Alte, allesamt unbewaffnet. Viele hatten alle Habe verloren, auch ihre Kleider.« Den deutschen Angriff auf die Sowjetunion bezeichnet er als das unheilvollste Ereignis in der Geschichte Europas, »der Beginn einer Katastrophe, die sich jeder Beschreibung verweigert«.

Snyder zeigt das Ausmaß mithilfe von Zahlen auf. Infolge von Hitlers Überfall auf die Sowjetunion fielen mehr als zehn Millionen Soldaten, deutsche und sowjetische, im Kampf. Eine vergleichbare Zahl an Zivilisten wurde durch Bomben, Hunger, Krankheiten oder durch die Willkür der Nazis dahingerafft. Weitere zehn Millionen – darunter sechs Millionen Juden und drei Millionen sowjetische Kriegsgefangene – wurden von den Nazis einfach umgebracht. »Bald nach Beginn der Invasion setzte die Wehrmacht sowjetische Gefangene dem Hungertod aus«, schreibt Snyder, »und Einsatzgruppen zogen mit der Erschießung von politischen Gegnern und Juden eine blutige Spur durch die Länder.« Ein Wehrmachtssoldat musste erst gar nicht einer Einsatzgruppe zugeteilt werden oder zur Waffe zu greifen, um in dieses Geschehen verwickelt zu sein. »Wenn deutsche Soldaten essen wollten, so sagte man ihnen, müssten sie die umgebende Zivilbevölkerung aushungern. Sie sollten sich vorstellen, jeder Bissen im Mund eines sowjetischen Zivilisten werde einem deutschen Kind geraubt.«

Snyders Darstellung ist ein ernüchterndes Korrektiv für jemanden wie mich, der bislang geglaubt hat, der Genozid durch die Nazis hätte größtenteils in den Vernichtungslagern stattgefunden. Seit ich dieses Buch gelesen habe, verstehe ich sehr viel besser, wofür das Dritte Reich die Jugend meines Vaters missbraucht hatte.

Niko war weder Mitglied der Waffen-SS, noch wurde er der Ordnungspolizei zugeteilt. »Die Welt der Armee und die Welt des Naziapparats waren völlig unterschiedlich«, sagte er einmal zu mir. Und das mochte durchaus seine Erfahrung gewesen sein. Aber durch meinen Besuch in der Villa am Wannsee erfuhr ich, dass die Wehrmacht sämtliche Maßnahmen der Nazis im Osten unterstützte. Dazu schreibt Snyder: »... es war das Ausbleiben eines Sieges in der Sowjetunion, das die Wehrmacht untrennbar an das NS-Regime band. In der hungernden UdSSR des Herbstes 1941 saß die Wehrmacht in einer moralischen Falle, aus der der Nationalsozialismus der einzige Ausweg schien.«

Als am 13. und 14. Oktober 1941 am südlichen Stadtrand von Dnepropetrowsk Einsatzkommandos der Einsatzgruppe C circa 12 000 Juden mit Maschinengewehren zwangen, sich vor den ausgehobenen Gruben aufzureihen, war Niko nicht anwesend, er sollte erst etwas mehr als zwei Monate später eintreffen. Laut seinen Briefen befand er sich Mitte Dezember in Charkow, ungefähr zu der Zeit, als mehr als 10 000 jüdische Bewohner dieser Stadt verhaftet und zu einer Traktorenfabrik am Stadtrand gebracht wurden. Im Januar wurden diese Menschen gruppenweise erschossen, und zwar durch das Ordnungspolizei-Bataillon 314 und das Sonderkommando 4a, ebenfalls eine Einheit der Einsatzgruppe C.

Ich nehme an, dass Niko als Lkw-Fahrer bei der Luftwaffe nicht in die erste Phase dieser Gräueltaten involviert war, und ich weiß, dass er in Dnepropetrowsk war, als die zweite Phase stattfand. Aber als sein Sohn weiß ich auch, dass eine gute Mahlzeit in diesem an und für sich sanftmütigen Mann durchaus animalische Instinkte wecken konnte. Wenn Soldaten den Befehl erhielten, zuerst sich selbst mit Nahrung zu versorgen, hätte mein Vater gewiss nicht einmal erwogen, sich dieser Anweisung zu widersetzen.

Aus seinen Briefen wird deutlich, dass er und seine Kameraden gut und reichlich zu essen hatten. Hin und wieder findet sich auch ein Hinweis darauf, dass das bei den ukrainischen Bauern und sowjetischen Gefangenen nicht der Fall war. Am 29. Juni, eine Woche nach Beginn der Invasion, schreibt er, sie hätten Essen in Hülle und Fülle. »So köstlich und viel, daß man sich wie zu Hause fühlt. Zum Beispiel gab es vorgestern Schweinekotelettes mit Kartoffelknödln!« Und am 30. Juni: »Wir bekommen jeden Morgen echten Bohnenkaffee und abends echten schwarzen Tee.

Richtig verwöhnt werden wir.« Am 8. August: »Wir fuhren einmal in ein ukrainisches Dorf, um einzukaufen, und brachten ohne viel Mühe 500 Eier, 30 Liter Sahne, 5 Kilo Butter und 40 Pfd. Honig mit nach Hause. Die Preise: das Ei -.03, Sahne -.50 der Liter, Butter -.60 das Pfund und Honig 1.- das Kilo.«

Zu den Opfern des Hungerplans gehörten auch sowjetische Gefangene, so etwa diese auf obigem Foto meines Vaters vom Sommer 1941. Zur gleichen Zeit schrieb er an seine Mutter über Kriegsgefangene, die in der Kantine arbeiten mussten, und aus seinen Zeilen spricht eine antislawische Haltung, die unter den Deutschen damals weit verbreitet war: »Der Dreck springt ihnen von der Haut, und die saufen das Wasser aus den Pfützen, wenn sie es gar nicht nötig haben. Wenn sie dann zum Essen antreten sollen, gibt es oft wilde Schlägereien, die nur durch einen Schreckschuß der Posten beendet werden können.«

»Hunger habe ich keinen, darüber brauchst du dir keine Sorgen machen«, berichtet er am 6. September 1941 nach Hause. Und am 22. September schreibt er: »Gestern hatten wir uns Schnitzelfleisch von der Küche organisiert. Das war mal wieder was Nettes für den Sonntag … Sie schmeckten köstlich!« Am 11. November: »Die Baukompanie hat einen Ziegelofen eingebaut, der herrlich brennt und auf dem wir abends Kartoffeln braten.«

Am 19. November schildert er eine grausame Szene, und die Gefühllosigkeit, die aus seinem letzten Satz spricht, lässt mich zusammenzucken. »Da liegt ein Pferde-Kadaver. Halb verwest und gefroren. Ein Russe steht dabei und hackt sich mit der Spitzhacke Koteletts heraus. Daneben knabbert ein Hündchen an einem Knochen. Guten Appetit!«

Und so geht es weiter. Am 13. Dezember schreibt er: »Es gibt mittags ›Eintopf‹, abends ein drittel Laib Brot, etwas Fett und entweder eine Suppe oder etwas Wurst oder Fisch oder Käse.« Und an Heiligabend in Dnepropetrowsk, wo er gerade erst eingetroffen ist, gibt es »Kartoffelsalat und Bockwürstchen als Turkey-Ersatz«.

Als ich mich fragte: »Was hast du im Krieg gemacht, Daddy?«, hatte ich wohl kaum die Antwort erwartet, dass er gut gegessen hat.

Während meiner Kindheit erzählte mein Vater hin und wieder Geschichten von der Stadt, in der er eineinhalb Jahre verbracht hatte. Er sagte, die Ukrainer hätten die Wehrmacht anfangs als Befreier vom stalinistischen Regime willkommen geheißen, das ihnen in den Dreißigerjahren eine Hungersnot beschert hatte. In ihrer freien Zeit seien er und seine Kameraden im Dnepr geschwommen; in Dnepropetrowsk, in Poltawa und auch in Schytomyr seien sie bedenkenlos bis nach Mitternacht ausgegangen und hätten ihre Gewehre in den Barracken gelassen. Erst als die

Nazis begannen, Ukrainer zur Zwangsarbeit ins Reich zu verschleppen, hätten die Partisanen ihre Aktivitäten verstärkt.

Einmal erwähnte er eine Freundin, die Lidija hieß. Sie habe ihm ein bisschen Russisch beigebracht, und sie seien am Dnepr spazieren gegangen. Er sprach auch von Tanja, einer anderen Frau, die in der Nähe der Baracken wohnte und ihn Puschkin nannte, da sich seine Haare immer kräuselten, wenn er sie nach dem Schwimmen oder Duschen nicht kämmte.

Vielleicht ist Lidija die nur halb sichtbare junge Frau in dem weißen Kleid auf der linken Seite des nächsten Fotos, die meinem Vater auf dem Schoß zu sitzen scheint. »Fraternizing« schrieb Niko auf Englisch auf die Rückseite – »beim Fraternisieren«.

Laut Synder litten die Bauern auf dem Land am meisten Hunger. Als Stadtbewohnerinnen, die mit deutschen Soldaten befreundet waren, erging es den jungen Frauen vermutlich etwas besser. Niko erzählte mir, er habe Lidija Essen zugesteckt und hin und wieder an Picknicks mit ihrer Familie teilgenommen. Doch davon sprach er erst am Ende seines Lebens, als er bereits krebskrank war. Nun, da ich *Bloodlands* gelesen habe, frage ich mich unwillkürlich, ob er es tat, um sein Gewissen zu erleichtern.

Ob seine Beziehung zu Lidija eine Art Tauschhandel war? War es ein Versuch der Wiedergutmachung, als er sich in den späten Achtzigern in der Organisation Bridges for Peace engagierte, die den kulturellen Austausch zwischen den USA und der Sowjetunion förderte?

Zu den wenigen grausamen Vorfällen, von denen Niko in seinen Briefen berichtet, zählt eine Szene, die sich Mitte November 1941 in Charkow ereignete: zehn Leichen, die vom Balkon eines Gebäudes baumelten, alle mit einem Schild um den Hals, auf dem auf Kyrillisch ihre Vergehen aufgelistet waren. »Bei unserer Weiterfahrt entdecken wir noch mehr. In dieser Stadt sind noch so viele Partisanen, die dauernd Gebäude in die Luft sprengen, Soldaten umbringen oder sonst wie Sabotageakte ausführen, dass man zu diesen Methoden der Abschreckung greift.« Aber bestimmt sah mein Vater noch andere Dinge, von denen er seiner Mutter lieber nichts erzählte, da er wusste, wie schwer sie sich mit der ungeschminkten Wahrheit tat. Briefe aus dem Familienfundus und diverse Gespräche mit Verwandten haben mich zu der Vermutung gelangen lassen, dass er manches für sich behielt. Zum Beispiel ließ Maria in einem Brief, den sie ihm nach dem Krieg schickte, anklingen, wie sehr all die »furchtbaren Eindrücke« auf ihrem Bruder lasten mussten. Untermauert wird dies durch die Tatsache, dass Niko mit meiner Cousine, der Historikerin Marion Detjen, nie über seine Zeit in der Ukraine gesprochen hat.

Warum hat er es nicht getan? Um uns zu schonen natürlich. Aber diese Frage, eine von vielen auf einer langen Liste, legte eine Antwort in Form einer weiteren Frage nahe: Wie *hätte* er darüber reden können? Wobei dann immer sogleich der zweite Teil des Refrains »Er hat mir nie davon erzählt« – »Ich habe ihn nie danach gefragt« – in meinem Kopf erklingt.

Wieder muss ich daran denken, was er meiner Mutter kurz vor Beginn des »Unternehmens Barbarossa« schrieb: »Der Geist schläft tief, sehr tief … Ich müsste erst auftauen.«

Das war beabsichtigt. Die Soldaten sollten in einer Art psychologischem und emotionalem Permafrost gehalten werden. »Du gehörst von nun an dem Führer!«, lautete das Motto beim Eintritt in die Hitlerjugend. Oder in Hitlers Worten: »Ich will keine intellektuelle Erziehung. Mit Wissen verderbe ich mir die Jugend. Am liebsten ließe ich sie nur das lernen, was sie ihrem Spieltriebe folgend sich freiwillig aneignen. Aber Beherrschung müssen sie lernen. Sie sollen mir in den schwierigsten Proben die Todesfurcht besiegen lernen.«

Und darauf vorbereitet werden, alles klaglos hinzunehmen.

Als ich Nikos Feldpost durchsehe, durchfährt mich ein schmerzhafter Stich. Mein Vater in Uniform mit dem Hakenkreuz auf der Brust. Bis zu dem Moment, da ich diese Schachtel öffnete, hatte ich das Foto noch nie gesehen, das kurz nach Beginn seiner Grundausbildung in Klagenfurt aufgenommen worden war. Trotz der Zensur, auf die er hin und wieder verweist und die ihn gewiss dazu veranlasste, Dinge ein wenig zu beschönigen, hatte ich seine Briefe in der Hoffnung gelesen, auf irgendeinen subversiven Gedanken oder politischen Fauxpas zu stoßen, irgendeinen Hinweis darauf, dass er ein persönliches Nachhutgefecht ausgetragen hatte – dass der Opa meiner neunjährigen Tochter, wie sie es sich in den Cabinet War Rooms in London gewünscht hatte, tief im Herzen auf der Seite der Alliierten stand.

Ich habe keinen gefunden. Aber ich habe auch nichts Schreckliches gefunden – nur Vorurteile, mit denen Jugendliche seiner Generation sozialisiert wurden, und die gelegentliche Hemmungslosigkeit eines ständig hungrigen Landsers, der bis vor Kurzem noch ein Teenager war.

Er hatte mir erzählt, er sei während des Kriegs in die Stadt Auschwitz gekommen, vor deren Toren das Stammlager Auschwitz I lag. Dort habe er auf der Durchreise eine Nacht verbracht, ohne zu wissen, dass hinter den Starkstromzäunen des drei Kilometer entfernten Vernichtungslagers Birkenau ein industrieller Massenmord stattfand.

Aber ich bin dennoch nicht auf den Anblick der Handschrift meines Vaters – derselben Schrift, die mir von Geburtstagskarten oder Schecks während meiner Studentenzeit vertraut ist – auf dem Kuvert des Briefes vorbereitet, den er Ende 1944 nach Hause schickte, mit dem Stempel »AUSCHWITZ« und einer Briefmarke mit dem Hitler-Konterfei darauf.

Dankesschuld für die Rettung

Kurt, 1941 bis 1945

»Die ersten Tage eines Europäers seien ja einer Geburt vergleichbar«, sagt eine Figur in Kafkas Amerika-Roman *Der Verschollene.* Allerdings müsse »man sich vor Augen halten, daß das erste Urteil immer auf schwachen Füßen stehe und daß man sich dadurch nicht vielleicht alle künftigen Urteile, mit deren Hilfe man ja hier sein Leben weiterführen wolle, in Unordnung bringen lassen dürfe«.

Das hätte Kurt als Warnung dienen können. In seinem Tagebuch schildert er die aufreibende Zeit, die für seine Familie im Frühling 1941 begann, nachdem sie amerikanischen Boden betreten hatte. Am ersten Tag stiegen sie im Hotel Colonial an der Columbus Avenue ab, wo Thea Dispeker ein Zimmer reserviert hatte. Eine Woche danach lernten sie Robert Weinberg, ihren zweiten Gönner, kennen und besuchten das Büro des Emergency Rescue Committee, um nach dem verschwundenen Geld zu fahnden. Binnen eines Monats füllte Kurt alle Formulare aus, die nötig waren, um die amerikanische Staatsbürgerschaft zu beantragen.

Aber bald stellte sich heraus, dass er hier nicht mit der gewohnten überbordenden Aufmerksamkeit rechnen konnte. Angehörige der gleichen Gesellschaftskreise, denen Kurts Name in Europa auf Anhieb etwas sagte, fragten ihn nun, wie man ihn buchstabierte. Als sie zu einem Abendessen in Long Island eingeladen waren, stellten Kurt und Helen befremdet fest, dass keiner der amerikanischen Gäste nachfragte, was sie, die den Aufstieg der Nazis und den Fall Frankreichs miterlebt hatten, alles hatten durchmachen müssen.

Physisch waren sie in Sicherheit. Doch die neuen Lebensumstände bedrohten ihr Identitätsgefühl, und die Identität eines Menschen ist in der Muttersprache verankert, die eine wesentliche Voraussetzung ist, um die eigene Persönlichkeit zum Ausdruck zu bringen. Obwohl Kurt wusste, dass er sein Englisch verbessern musste, bestand er darauf, mit Christian Deutsch zu sprechen. »Ich habe keine Lust, mit ihm auf rudimentäre Weise zu kommunizieren«, sagte er zu seiner Frau.

Da das Verlegen von Büchern die einzige Erwerbsmöglichkeit war, die er kannte, bemühte er sich unverzüglich um fachlichen Rat und um die Beschaffung von Kapital. Er traf sich mit den Verlegern Alfred A. Knopf und W. Warder Norton und wandte sich an George W. Merck, den Cousin seiner geschiedenen Frau. Dieser war Geschäftsführer der in New Jersey angesiedelten Firma Merck & Co. Das florierende Pharmaunternehmen war aus der von der Darmstädter Familie Merck 1891 gegründeten amerikanischen Tochterfirma hervorgegangen, die während des Ersten Weltkriegs von der US-Regierung auf Grundlage des »Trading with the Enemy Act« enteignet wurde, einem Gesetz, das Geschäfte mit dem Feind untersagte.

Da Kurt und Helen mit dem baldigen Kriegseintritt der Vereinigten Staaten rechneten, fürchteten sie, wie zuvor in Frankreich interniert zu werden. Deshalb hatten sie vorsichtshalber Overalls und Arbeitsstiefel eingepackt, um besser für das Lagerleben gerüstet zu sein. Doch diese Angst ließ mit der Zeit nach. Zum ersten Mal seit langer Zeit wussten sie nicht, wo sich das nächste Polizeirevier befand.

»Wir haben im übrigen manche Freunde und Bekannte hier, lernen auch viele neue Menschen kennen, die gut und freundschaftlich sind«, schrieb Kurt zwei Wochen nach ihrer Ankunft an Maria. »Aber es wird alles sehr sehr schwer und hart sein, und es muß sehr sehr rasch eine Betätigungsmöglichkeit gefunden werden.«

Kurt, vor Kurzem vierundfünfzig geworden, war nun schon seit mehr als zwei Jahrzehnten nicht mehr im Verlagsgeschäft tätig gewesen. Im Sommer und Herbst verzogen er und Helen sich die meiste Zeit in die New York Public Library, um ausländische Literatur aufzuspüren, die amerikanische Leser möglicherweise interessieren konnte. Häufig besuchten sie Konzerte, Vorträge und Galerien und, soweit ihre Mittel es ihnen erlaubten, luden Gäste zu sich ein – »zum Abendessen, wenn es sich um Bedürftige handelte, andernfalls auf einen Drink«.

Ihr erstes Weihnachten in New York verbrachten sie mit einem alten Freund aus München, dem Germanisten Curt von Faber du Faur, der sich in den Dreißigern ebenfalls als »Gentleman-Landwirt« in der Nähe von Florenz betätigt hatte. »Verlag besprochen« lautet Kurts Tagebucheintrag anlässlich eines Besuchs in Cambridge, wo ihr Freund inzwischen als Gastdozent an der Harvard University tätig war. Bald erklärten sich Faber du Faur und dessen Stiefsohn Kyrill Schabert bereit, einen Betrag von 7500 Dollar zu investieren, falls es Kurt und Helen gelingen würde, die gleiche Summe aufzubringen. Auch Weinberg, George Merck und Gerard Neisser, ein Freund von Helens Bruder, zückten ihr Portemonnaie, sodass Helen und Kurt im Februar, ein knappes Jahr nach ihrer Ankunft, wieder als Verleger arbeiten konnten. Sie nannten ihren neuen Verlag Pantheon – nach Pantheon Casa Editrice, dem Kunstbuchverlag, den Kurt in Florenz betrieben hatte.

Im September bezogen sie für eine Monatsmiete von 63 Euro eine alte, heruntergekommene Wohnung am Washington Square South. Wohnzimmer, Esszimmer und Schlafzimmer dienten als Büros für den Verlag. Er wünsche sich, schrieb Kurt kurz darauf, dass sich all die Anstrengungen in nicht allzu ferner Zukunft auszahlen würden. Er erwarte keineswegs, dass sie damit reich werden würden, sondern hoffe einfach nur auf eine Verbesserung ihrer Arbeitsbedingungen – ein zusätzliches Zimmer und ein paar professionelle Mitarbeiter.

Nachdem die Vereinigten Staaten in den Krieg gegen Nazideutschland eingetreten waren, schien es nicht ratsam, dass Helen und Kurt als Ausländer aus einem Feindstaat offiziell als Verleger fungierten. Daher war in den Firmengründungsdokumenten Kyrill Schabert als Geschäftsführer eingetragen. Der Investitionsvertrag legte fest, dass Kurt Wolff kein Gehalt zustand, solange der Verlag keine schwarzen Zahlen schrieb. Um von den New Yorker literarischen Kreisen ernst genommen zu werden, versuchten Helen und Kurt, sich eine großbürgerliche Attitüde zu geben, wie etwa auf folgendem grotesken Foto, das sie mit einem Hund, der ihnen nicht gehörte, in einer eleganten Wohnung, in der sie nicht lebten, zeigt.

Anfang 1942 gelang es Kurt, mehrere Tausend Dollar von seinem Konto bei der Barclays Bank in London loszueisen, was ihnen eine Atempause verschaffte. Davon abgesehen bewahrheitete sich für sie vorerst das unter Einwanderern kursierende Bonmot »Amerika, Land der unbezahlten Möglichkeiten«. Oder wie Thomas Mann in einem Brief an Kurt 1946 schrieb: »Sie wissen ja, wie diese Zeit und dieses Land an einem zupfen und nagen.«

Den Pantheon-Verlag zu führen, erinnerte sich Helen später, »war ein einziger Balanceakt«. Sie arbeiteten in einem »Witz von

Büro« und inmitten eines »babylonischen Sprachengewirrs«. Mit einem Lektor, dem russisch-jüdischen Flüchtling Jacques Schiffrin, sprachen sie Französisch, während sie mit seinem Kollegen Wolfgang Sauerländer, einem bayerischen Protestanten und Nazi-Gegner, der sich auch im Emergency Rescue Committee engagierte, in ihrer Muttersprache reden konnten. Ihr Sachbearbeiter für die Bestellabwicklung war Albaner; ihr Buchhalter Portugiese. »So grotesk es sich anhören mag, bin ich die Einzige in Lektorat und Herstellung, die etwas Englisch kann«, schrieb Helen 1946 an Maria und fügte in Klammern hinzu: »... über das Englisch Deines Vaters schweige ich mich lieber aus«.

Auch wenn der Verlag finanziell auf tönernen Füßen stand, hielt Kurt unbeirrt an seinem hohen Qualitätsanspruch fest.

Eines Tages wurde bei einer Besprechung die Frage aufgeworfen, ob sie für die Prägung des Buchrückens richtiges Blattgold oder ein Imitat verwenden sollten. Kurt sprach sich für Goldprägung aus. Ein Vertreter plädierte hingegen für ein Imitat und wies auf die beachtliche Kostenersparnis pro Buchexemplar hin. Kurt erwiderte, ein Goldimitat würde verblassen. Der Vertreter meinte, bis dahin sei das Buch längst verkauft – ein Argument, das Kurts Entscheidung besiegelte: Nur richtiges Gold war gut genug.

»Man muss dies Land wie eine andere Sprache lernen«, schrieb Helen an ihre Schwester in Bayern, »es fällt einem nicht zu wie ein Wirklichkeit gewordener Traum, wie mein ach so geliebtes Frankreich. Keine Wahlverwandtschaft schlägt die Brücken, es geht alles über Erfahrungen und Verstand.«

Jahre später brachte Kurt seine zwiespältige Lage als Unternehmer im Exil folgendermaßen auf den Punkt: »Es war kein Geschenk des Himmels, sondern ein Tritt.« Die Unwägbarkeiten der Zeitläufte hatten ihn weiter von seinem ehemaligen Faible für alles Neue abrücken lassen. In einem unveröffentlichten Dokument skizzierte Kurt eine andere Vision für den Pantheon-Verlag: Es sollte kein Exilverlag sein, man wollte keine politischen Bücher und keine Streitschriften publizieren und auch nicht um jeden Preis Aktuelles verlegen, jedenfalls nicht auf Kosten des Relevanten. Stattdessen galt es, »die amerikanische Leserschaft mit Werken von dauerhaftem Wert bekannt zu machen, die mit größter Sorgfalt und Qualitätsbewusstsein hergestellt werden. Unser verlegerisches Konzept ist es, dazu beizutragen, Wissen über die wesentlichen Fragen des menschlichen Lebens und der Kultur zu verbreiten.«

Womit er und Helen durchaus Gespür für den damaligen Zeitgeist bewiesen, wie meine Cousine Marion Detjen es auf den Punkt bringt:

Die Zeit war aus verschiedenen Gründen gar nicht einmal so ungünstig, um einen kleinen neuen Verlag mit intellektuell anspruchsvollem Programm und finanziell bescheidenen Mitteln zu gründen. Die amerikanische Wirtschaft hatte sich mittels staatlicher Investitionen und Erhöhung der Militärausgaben gerade erst von einer Rezession erholt. Roosevelt war es endlich gelungen, die isolationistische Stimmung im Land zu überwinden, und es gab ein wachsendes öffentliches Interesse an der europäischen Kultur, vor allem an Themen, die überparteilich und apolitisch präsentiert wurden und frei von jeglichem Verdacht, sozialistische oder kommunistischer Ideen zu transportieren. Hinzu kam, dass die Immigranten, die in den letzten Jahren angekommen waren und sich in New York und an der Westküste niedergelassen hatten, trotz ihrer kleinen Anzahl einen massiven Kulturtransfer mit sich brachten – neue Ideen, akademisches Wissen, intellektuelle Konzepte, künstlerische Kreativität und überhaupt eine Neugier, sodass sie einen Markt für ihre eigenen Kulturprojekte schufen.

Jahrzehnte später erinnerte sich Helen an diese ersten Jahre in Manhattan, »als Europa noch ein Schlachtfeld war und wir nicht nur das Wunder der gelungenen Übersiedlung, sondern auch der Gründung eines aufblühenden Unternehmens erleben durften«:

Ich hatte meine deutsche Identität verloren und erkannte zugleich, wie hoffnungslos europäisch Kurt und ich waren, und zwar aus dem einfachen Grund, dass unsere Erfahrungen und unsere Prägung, sowohl in visueller als auch intellektueller Hinsicht, jahrtausendealte und nicht nur jahrhundertealte Wurzeln hatten. Um so dringender war das Unterfangen, ei-

niges vom alten Kontinent, das wert und vermittelbar schien, auf den neuen zu übertragen. Das waren wir unserem neuen Land schuldig, als Dank für unsere Rettung, das Gelöbnis, Amerikas verblüffende Gabe für Verständnis, Unterstützung und Resonanz niemals zu unterschätzen.

1943 brachte Pantheon eine Anthologie mit Gedichten von Stefan George in englischer Übersetzung heraus. Im folgenden Jahr wurden, inmitten sich häufender Berichte über die Gräuel der Nazis, *The Complete Grimm's Fairy Tales – Grimms Märchen* – überraschenderweise zu einem Verkaufsschlager im Weihnachtsgeschäft, auch wenn sich einige Kritiker über die darin enthaltene Grausamkeit ereiferten, in der sie einen Spiegel der deutschen Seele zu erkennen glaubten. Doch glücklicherweise schrieb W. H. Auden zum Ausgleich eine begeisterte Rezension für die Titelseite des *New York Times Book Review*, worin er erklärte, diese Märchen kämen in ihrer Bedeutung »gleich nach der Bibel«.

Wenn Bücher französischer Autoren mehr Anklang fanden als deutsche, so waren Kurt und Helen gern bereit, welche zu verlegen. Selbst wenn sie auf ihre Einbürgerung in die USA warteten, waren sie doch auch stolze Frankophile. Mithilfe Jacques Schiffrins, der ihnen mit seiner vertragstechnischen und redaktionellen Erfahrung den Weg ebnete, veröffentlichten sie André Gide, Albert Camus, Paul Claudel und Charles Péguy. Eine zweisprachige Ausgabe mit Werken von Péguy, einem Essayisten und Dichter, war eines der ersten Bücher, die bei Pantheon erschienen.

Im März 1942, einige Monate nachdem der japanische Angriff auf Pearl Harbor die Vereinigten Staaten in den Krieg gegen die Achsenmächte hineingezogen hatte, musste Helen an Péguy denken. »Überhaupt [Amerika] gefällt mir seit dem Kriege viel besser«, schrieb sie an die Gräfin Colloredo-Mannsfeld in Saint-Lary. »Es wird alles mit grandioser Einseitigkeit betrieben, in diesem Fall nur wünschenswert, und ein Zivilist ist ein Dreck und wird zermalmt. Das erinnert mich an Péguy: ›Quand on fait la guerre la vraie loyauté consiste à faire la guerre sérieusement, dans son genre, comme on doit faire sérieusement tout travail dans son genre. Elle consiste a ne pas commettre le mensonge qui consiste a faire de la guerre comme si c'était de la paix.‹«[1]

Wenngleich der Entschluss der USA, das NS-Regime um jeden Preis zu vernichten, von Helen und Kurt begrüßt wurde, so ergaben sich daraus doch ernüchternde Konsequenzen. Zu dem Zeitpunkt, als Helen diese Haltung zum Ausdruck brachte, lebte Kurts Exfrau in München. Seine Tochter wohnte in Freiburg, wo sie bald ausgebombt werden sollte. Und sein Sohn – mein Vater – war an der russischen Front.

Bevor ich nach Berlin kam, hatte ich mir die Frage, die sich daraus ergab, nie gestellt: Wie war es für Kurt, dass sein Sohn und seine Tochter, die er in Deutschland zurückgelassen hatte, nun den gleichen Gefahren ausgesetzt waren, die Kurt bereits am eigenen Leib erfahren musste?

Man wird Kurt wohl kaum anlasten, dass er Niko und Maria in den frühen Dreißigerjahren nicht mit ins Exil genommen hatte,

* Helen zitiert Péguy im französischen Original. Die Übersetzung lautet: »Wenn man kämpft, sollte man es mit dem nötigen Ernst tun und der Sache angemessen, genau wie man jede Art von Arbeit mit dem nötigen Ernst tun, ihr gerecht werden sollte … Man darf sich nicht dem Wahn hingeben, im Krieg nach den gleichen Maßstäben zu handeln wie im Frieden.« (Anm. d. Übers.)

als das NS-Regime noch nicht sein ganzes Grauen offenbart hatte. 1940 war die Flucht aus Frankreich mit Helen und nur einem Kind schwierig genug gewesen. Außerdem waren Niko und Maria »arischer« als ihr Vater, wie sich daran zeigte, dass beide im Gegensatz zu Kurt einen »Ariernachweis« hatten. Überdies wähnte Kurt sie vermutlich in Sicherheit, lebten sie doch bei ihrer Mutter, die der Unternehmerfamilie Merck angehörte, und ihrem Stiefvater, einem angesehenen Arzt. Nach Kriegsausbruch musste sich Niko zum Militärdienst melden, und Marias Mann wurde ebenfalls an die Front geschickt. Als Kurt und Helen aus Vichy- Frankreich flohen, schien Deutschland noch unbesiegbar.

Andererseits war Kurt durchaus bekannt dafür, dass er seine Zusagen nicht immer einhielt. Im Sommer 1917 fragte Kafka diskret an, ob er mit der Unterstützung seines Verlegers rechnen könne, wenn er seine Beamtenstelle aufgab, heiratete und dem geistig lähmenden Prag den Rücken kehrte, um Berliner Luft zu schnuppern. »Ich werde zwar, wie ich heute noch glauben darf«, schrieb er an Kurt, »auch dann nicht ausschließlich auf den Ertrag meiner literarischen Arbeit angewiesen sein, trotzdem aber habe ich oder der tief in mir sitzende Beamte, was dasselbe ist, vor jener Zeit eine bedrückende Angst; ich hoffe nur, daß Sie, verehrter Herr Wolff, mich dann vorausgesetzt natürlich, daß ich es halbwegs verdiene, nicht ganz verlassen.«

Kurt beruhigte ihn. »Was Ihre Zukunftspläne angeht, so wünsche ich Ihnen dazu von Herzen alles Gute«, antwortete er Kafka. »Mit aufrichtigster, freudigster Bereitwilligkeit sage ich Ihnen auch für die Zeit nach dem Krieg eine fortlaufende materielle Förderung zu, über deren Details wir uns gewiß leicht verständigen werden.«

Das war ein dreistes Versprechen, umso mehr als Kurt um Kafkas sensible Künstlerseele wusste. Der Erste Weltkrieg brachte weitere Unwägbarkeiten mit sich.

»... während man für den kommenden Winter bereits das Chaos der Hungerrevolten fürchtete, versprach er einem kaum eingeführten Autor wie Kafka teuerstes Büttenpapier und Halbledereinbände ...«, bemerkt Kafka-Forscher Reiner Stach. »Dass der erfreute Autor daran glauben wollte, ist begreiflich.«

»... irgendwie muss man aufschreien«, schrieb Kafka im Dezember 1918 an den Redakteur von *Donauland,* »damit ein solcher unter Autoren begrabener Verleger zuhört.«

Niko und Maria hätten das bestätigen können: Man musste buchstäblich aufschreien, um von einem Vater gehört zu werden, der sich nicht retten konnte vor Autoren und Kollegen und Freunden und Geliebten.

Und Kurt und Niko hatten durchaus ihre Differenzen. Sie waren nun einmal verschieden. Kurt war, in den Worten seines Sohns, »kein reflektierender oder philosophischer Mensch. Er war ein Ästhet. Und sehr gesellig.« Niko hingegen verharrte zufrieden in seiner »heimlichen Unendlichkeit«, wie Helen es ausgedrückt hatte – er besaß die Veranlagung, auf seine Chance warten zu können. Mein Vater musste erst in die Vereinigten Staaten auswandern, damit sich beide auf Augenhöhe – als gestandene Männer – versöhnen konnten. Wie Niko einmal zu mir sagte: »Erst in New York habe ich meinen Vater richtig kennengelernt.«

Niko hatte zwar sein kompliziertes Verhältnis zum Vater mit in die Vereinigten Staaten genommen, dieses Erbe jedoch nicht auf mich übertragen. Unsere Differenzen führten nur selten zu einem tiefen Konflikt. Vielleicht liegt es an der harten Zäsur der Emigration, die dafür sorgte, dass Nikos Erfahrungen ganz andere waren als meine und es so bei kleineren Scharmützeln blieb.

Doch empfinde ich hier, in dem Land, in dem er aufgewachsen ist, fast ein gewisses Bedauern über dieses gelassene Verhältnis. Niko ist die introvertierteste Gestalt in dieser Geschichte. Beinahe scheint es, als sei es seine Berufung gewesen, die Person zu sein, die sich immer bereithalten musste, um die »äußerliche Unendlichkeit« extrovertierter Familienmitglieder wie seiner Schwester zu dämpfen – unergründlich zu sein, wie Maria ihn mir gegenüber einmal beschrieb, »einer, der nie redet, immer fühlt«.

Diese relative Stummheit hat mich enger zu ihm hingezogen, in der Hoffnung, vielleicht ein Signal aus dem historischen Rauschen herauszuhören und so meinem eigenen Sohn und meiner eigenen Tochter die Geschichte erzählen zu können, die Niko mir nur lückenhaft hinterlassen hat. Auf gewisse Weise, wird mir klar, lerne ich meinen Vater erst nach seinem Tod richtig kennen.

Ein Ende mit Schrecken

Niko, 1942 bis 1945

1942 und den Großteil des Jahres 1943 über war Niko in Dnepropetrowsk stationiert, einquartiert in einem Gebäude mit einer Feldküche im Hof. Neben bestimmten Aufgaben in der Kaserne lieferte er Kartenmaterial und Fotos in der gesamten Ostukraine aus. In der Regel fuhr er allein über schlammige oder zerfurchte Straßen. Er wurde zum Obergefreiten befördert – und aß laut eigenem Bekunden weiterhin gut und reichlich. Im Dezember 1942 schrieb er an seine Mutter: »Nach einem gesunden Frühstück mit Honig und Wurst und Butter, habe ich um zehn Uhr schon wieder solchen Appetit, daß ich eine ganze Pfanne Bratkartoffel auffesse. Zum Mittagessen wird dann etwas reichlicher gesalzt, und abends auch eine handfeste Mahlzeit mit Bier heruntergespült.« Im folgenden August schrieb er nach Hause: »Wir essen hier wie etwa auf dem Hebelhof so gut! Heute gibt es zum Beispiel Grünkernsuppe, Sauerbraten mit neuen Kartoffeln, Soße, Tomatensalat und Vanilleeis! … Und abends Ölsardinen (echte portug.), Butter, Marmelade.«

Aber aus der Korrespondenz der beiden geht bald hervor, dass der Krieg eine Wendung genommen hat. Nikos Mutter berichtet von Luftangriffen auf München, und Niko schilderte, dass immer häufiger sowjetische Flugzeuge über Dnepropetrowsk erschienen; sie hätten wieder einmal Besuch vom »Iwan« gehabt, wie er schreibt.

Anfang Februar 1943 hatte die 6. Armee in Stalingrad kapituliert. Während die Briefe von seiner Mutter zweitweise ausbleiben, erreichen ihn Nachrichten von Luftangriffen zu Hause, und er machte sich Sorgen.

Im Frühling 1943 entdeckte mein Vater in der Kaserne einen Aushang von der Technischen Hochschule in München, die Interessenten für ein Chemiestudium suchte. Ende des Jahres wurde ihm sein Antrag für einen Studienurlaub bewilligt, und am 14. November, dem Geburtstag seiner Mutter, traf er zu Hause ein. Es sollte nur eine Galgenfrist sein, die nicht einmal fünf Monate dauerte, außerdem hatte er immer schon Architekt und nicht Chemiker werden wollen. Dieses Zwischenspiel veränderte sein Schicksal, stellte die Weichen für seine spätere Labortätigkeit, die ihn letztendlich von München wegführte. Ihm wurde klar, was ihm geblüht hätte, wäre er im Januar 1945 in die Gegenoffensive der Roten Armee geraten, die noch gewaltiger war als das »Unternehmen Barbarossa«: Tod oder Gefangenschaft in einem Gulag. »Da«, sagte er später, »wurde mir eines meiner sieben Leben geschenkt.«

Angesichts der Wende, die der Krieg genommen hatte, wurde Niko im April 1944 einer Fallschirmjägerschwadron in Thüringen zugeteilt. »Nur stelle Dir bitte nicht vor, daß ich da gleich wie ein alter Jäger abspringe«, schrieb er seiner Mutter, »sondern wir kommen, 6 Mann sind wir, wieder zu den Kraftfahrern, nur wird der Haufen dort neu aufgestellt, denn unsere Einheit besteht ja nicht mehr.« Sechs Monate später wurde er erneut versetzt, diesmal zu einer Flakbatterie in Baden-Württemberg, wo er zum Kanonier an einer 8,8-cm-FlaK ausgebildet wurde. Im August war seine Einheit in die Schlesischen Beskiden verlegt worden. Ende des Monats sollte er seine Unteroffiziersausbildung in der Nähe von Besançon beginnen, woran er jedoch zweifelte, denn dies war bereits die dritte Ankündigung eines solchen Kurses, nachdem die anderen beiden wieder abgesagt worden waren.

Niko konnte in seinen Briefen nicht allzu viel verraten, aber ich erkenne zwischen seinen Zeilen den künftigen Pazifisten, der entsetzt war angesichts der Zerstörungen durch den Krieg. Seine Mutter dürfte sich dabei an Kurts Feldpost aus dem Ersten Weltkrieg erinnert gefühlt haben. »Es ist so unsagbar traurig, daß all das Schöne zerstört wird, was mir so lieb und vertraut war durch die früheren Reisen«, schrieb Niko. »Wer weiß, ob ich jemals wieder an die Stellen komme. Auch das schöne Elba, St. Tropez und Florenz, alles ist jetzt Kriegsschauplatz gewesen und entschwunden.«

Außerdem befand er sich nicht mehr in einem Land unbegrenzter »Kalorienentnahme«. Am 12. September 1944 bat er darum, ihm »Speck oder so was« zu schicken. »Ich habe meistens großen Hunger.« Tags zuvor hatten amerikanische Spähtrupps von Luxemburg aus die Our überquert und waren zum ersten Mal auf deutsches Gebiet vorgedrungen.

Am 24. September begann Niko seine fünfwöchige Ausbildung zum Unteroffizier. Aber nach zwei Wochen wurde der Lehrgang abgebrochen, und er wurde mit seiner Einheit mehrmals versetzt. Zuerst landete er in Dux (dem heutigen Duchcov in Tschechien), dann an der niederländischen Küste, dann wieder in Dux und abermals in Holland. Im Dezember gelangte er schließlich an den Ort, wo sein letzter Kriegseinsatz erfolgen sollte. »Von meinem Transport einen kurzen Gruß«, schrieb er in der Nähe von Münster an seine Mutter. »Wohin die Reise geht, weiß ich noch nicht.«

In wenigen Tagen sollte das Ziel allen klar sein. Die Ardennenoffensive trug den deutschen Decknamen »Wacht am Rhein«, doch die Sieger sollten sie als »Battle of the Bulge (»Schlacht der Ausbuchtung«, und zwar der Front in Richtung Westen) bezeichnen.

Nikos Einheit wurde in die Eifel verlegt. Dort, irgendwo zwischen der deutschen Gemeinde Gleichlingen und dem luxemburgischen Vianden, kauerte er in einer Flakstellung auf einem Grat, der dem amerikanischem Artilleriebeschuss ausgesetzt war.

An Weihnachten kritzelte er einen kaum leserlichen Brief an seine Mutter: »Es ist so unsagbar schwer diesmal für uns alle, aber wir müssen durchhalten, und wir werden es auch schaffen. Ich liege in einem Erdloch, notdürftig und mit Feldfahnen zugedeckt. Es ist eiskalt draußen, und die Sonne löst die langen Mondnächte ab, jetzt ist es dunkel draußen, und damit ist Ruhe von oben eingetreten. Das Trommelfeuer in der HKL [Hauptkampflinie] ist die einzige Weihnachtsmusik, die wir haben. Wenn es ruhig ist, dann kommt es uns unwahrscheinlich vor. Daß ich dieses Jahr wieder mittendrin bin, hätte ich nicht gedacht, aber so Gott will, komme ich wieder heil und gesund hier heraus.«

Niko mochte sich der aussichtslosen Lage nicht vollends bewusst gewesen sein, jedenfalls eroberten die Alliierten Zug um Zug alle Gebiete zurück, die die Deutschen bei ihrem anfänglichen Vorstoß eingenommen hatten. Nach der geglückten Landung in der Normandie verfügten die Alliierten über achtmal so viele Soldaten in Frankreich und Belgien als die Deutschen. Ein weiterer Vorteil ergab sich daraus, dass Hitler noch mehr Kräfte in Richtung Osten abziehen musste, um den sowjetischen Truppen Widerstand zu leisten. Unterdessen rief jeder weitere klare Wintertag Niko ins Bewusstsein, dass die deutsche Luftwaffe keinerlei Bedeutung mehr hatte. »Den ganzen Tag kreisen die todbringenden Jagdflieger über unseren Köpfen niedrig, um sich dann auf uns zu stürzen wie die Raubvögel auf ihre Beute. Von Sonnenaufgang an lauern wir an den Kanonen, um uns zu wehren, wenn sie zu nahe kommen. Zwischendurch schießen wir dann … über die HKL. So vergeht der Tag, und man weiß nicht, ob Werk- oder Feiertag.«

In den folgenden Wochen hoben er und ein Kamerad eine günstigere Stellung in der Erde aus. Sie bedeckten sie mit Fichtenzweigen, statteten sie mit einem kleinen Ofen aus und stellten schließlich fest, dass sie sich Läuse eingefangen hatten. An einem Tag pflückte Niko 135 Exemplare von seinem Pullover. »Es ist im Augenblick so schwer und manchmal fast aussichtslos«, schrieb er am 26. Januar, »man glaubt kaum daran, lebendig davonzukommen, aber ich muß immer wieder staunen, welch guten Stern ich bisher gehabt habe, wenn man das Grauen um einen herum sieht und erlebt.«

Am 29. Januar hatte seine Einheit den Grat anscheinend verlassen und sich in ein nahe liegendes Dorf zurückgezogen, um auf weitere Befehle zu warten. »Was die nächste Zeit bringen wird, weiß ich nicht, aber ich glaube, daß sie noch schwerer wird als bisher«, schrieb Niko.

Hatten wir doch bisher in unserem Einsatz schon mehrere schwarze Tage. Seitdem wir hier liegen in dem Dorf, hatten wir etwas Ruhe. Aber von Zeit zu Zeit knallt es Streufeuer ins Dorf, und wie ich gerade den Brief anfange, hatte es wieder einen »Brocken« hereingesetzt, ganz nahe bei unserem Haus. Und wenn man dann so unversehrt davonkommt, überströmt einen ein Dankgefühl, das die überstandene Angst wieder gut macht. Weißt Du, wenn man so primitiv – (eben hat es wieder gekracht) – lebt und wie die armen Landstreicher seine Unterkunft sucht, die oft tollste Formen annimmt, dann ist man selig wie ein kleines Kind, wenn man eine Bude mit einem warmen Ofen hat und ein bißchen Stroh zum Liegen.

Offenbar war mein Vater mit seiner Einheit bereits ein oder zwei Wochen in diesem Dorf, ehe ihm klar wurde, dass er nur einen kleinen Fußmarsch von Grünhaus bei Trier entfernt war. Dort befand sich das Weingut der Familie Schubert, deren Sohn Andreas mit ihm aufs Internat gegangen war. Niko wanderte mit einem Kameraden von ihrem Feldlager zu dem wenige Kilometer entfernten Haus, wo Frau Schubert sie verköstigte und Niko von ihrem Sohn erzählte, der bei einer Panzerdivision war. Deutsche Offiziere hatten das Anwesen requiriert. Die »lieben Gäste« fläzten sich in den »Schubert'schen Möbeln«, berichtete Niko in seinem Brief, dem letzten, den er nach Hause schicken sollte. »Das Schicksal dieses Schloßes wird ja auch besiegelt sein, denn allzuweit steht der ›Ami‹ nicht mehr. Hin und wieder kommen auch dorthin Artillerieschüsse.«

In den nächsten Wochen hatten Niko und seine Einheit Mühe, den vorrückenden amerikanischen Truppen zu entkommen. Längst hatten sie ihre »Achtacht« zurückgelassen, um sich im Wald so gut wie möglich unsichtbar zu machen. Die Einheiten lösten sich auf, und nur noch versprengte Gruppen von Soldaten führten den Kampf fort.

Eine Nacht verbrachte Niko auf einer Insel im Rhein. Als er am 29. März ein Feld überquerte, um zum Dorfplatz von Wehen vor den Toren Wiesbadens zu gelangen, wurde er von amerikanischen Soldaten, die plötzlich mit Jeeps auftauchten, festgenommen.

Doch zuvor war mein Vater Zeuge eines Vorfalls geworden, über den er nie mit mir sprach. Erst nach seinem Tod erfuhr ich davon, und das nur, weil er es meinem Schwager erzählt hatte, dem es mit seiner Beharrlichkeit immer wieder gelang, das zugeknöpfte »wandelnde Flussdiagramm« zum Reden zu bringen.

Als den Deutschen Anfang 1945 dämmerte, dass sie die Wahl zwischen einem Ende mit Schrecken und einem Schrecken ohne Ende hatten, entschieden sich immer mehr von ihnen für Ersteres. Doch Hitlers Privatsekretär Martin Bormann befahl Mitte Februar die Einrichtung von Standgerichten, um alle Defätisten in der Wehrmacht zu liquidieren: »Wer nicht für sein Volk zu kämpfen bereit ist, sondern ihm in ernstester Stunde in den Rücken fällt, ist nicht wert, weiter zu leben und muss dem Henker verfallen.«

Irgendwann in diesen trostlosen Tagen vor seiner Gefangennahme gelangten mein Vater und etwa ein halbes Dutzend andere Soldaten seiner Einheit zu dem Schluss, dass der Kampf verloren war. Aber während sie darüber brüteten, wie sie sich am besten ergeben konnten, begann der höchste Offizier, ein überzeugter Nazi, Pläne für einen Partisanenkrieg zu schmieden. Daraus entwickelte sich ein handfester Streit mit den anderen.

Der Offizier war fest entschlossen, bis zum Tod zu kämpfen. »Wisst ihr, was wir tun werden«, sagte er und drehte sich um – woraufhin einer der Kameraden meines Vaters die Pistole hob und ihn erschoss.

Anfang April brachten die Amerikaner Niko in ein Zeltlager bei Le Mans, wo 60 000 Gefangene auf bloßer Erde schliefen und sich zu mehreren jeweils eine Decke teilen mussten. Zum Frühstück bekamen sie Brot und Ersatzkaffee, zum Mittagessen einen halben Liter Tomaten- oder Erbsensuppe und zum Abendessen fünfzig Gramm Käse oder konserviertes Schweinefleisch. Nach und nach sollten die Alliierten rund fünf Millionen Soldaten in Kriegsgefangenschaft nehmen, und diese Zahl stellte die Sieger vor gewaltige Herausforderungen. Doch Essensrationen von 850 Kalorien am Tag, knapp ein Drittel dessen, was ein männlicher Erwachsener braucht, um sein Gewicht zu halten, waren als Strafmaßnahme gedacht. Und auch wenn es sich um ein amerikanisches Gefangenenlager handelte, waren viele der Wachen Franzosen und den Häftlingen besonders feindlich gesinnt, wie mein Vater berichtete. Das Genfer Abkommen zur Behandlung von Kriegsgefangenen verpflichtete die Unterzeichner, die Gefangenen nicht schlechter als ihre eigenen Truppen zu versorgen. Aber die Amerikaner umgingen diese Bestimmung durch einen Trick: Sie bezeichneten gefangen genommene Soldaten wie Niko nicht als POW (»prisoners of war« = Kriegsgefangene), sondern als DEF (»disarmed enemy forces«, entwaffnete feindliche Streitkräfte). Mein Vater erzählte mir einmal, wie es einem Mitgefangenen ergangen war, der beim Stehlen von Schokolade erwischt worden war: Danach bekam er nur noch Schokolade zu essen, bis er starb.

Einem GI aus Chicago sollte Niko für immer dankbar sein: Er nahm ihm zwar seine Leica ab, entschädigte ihn aber mit mehreren Schachteln Zigaretten. Auf diesen Vorrat konnte mein Vater in den kommenden Wochen immer wieder zurückgreifen, um Zigaretten gegen Essen einzutauschen.

Eine Ohrenentzündung und vierzig Grad Fieber verschafften ihm bald wieder eine Ruhepause. Er wurde in ein Militärkrankenhaus überstellt, wo er Morphium gegen die Schmerzen erhielt und ihm das Ohr ausgespült wurde. Bis zu seiner Genesung schlief er in einem Bett mit Laken und Kissen und bekam seine Mahlzeiten auf einem Tablett serviert.

Nach der Kapitulation Deutschlands ging es für ihn und seine Kameraden quer durch Frankreich in Richtung Osten. Dabei wurden sie von einem Gefangenenlager ins nächste verlegt, bis Niko schließlich im Hochsommer mit Hunderten weiteren Kriegsgefangenen auf einen Zug mit offenen Viehwaggons verfrachtet wurde, auf denen sie nur stehen oder am Boden kauern konnten.

Von Luftangriffen bis zu unzureichender Ernährung – mit solchen Vergeltungsmaßnahmen reagierten die Alliierten in den letzten Kriegsmonaten und in der Zeit danach auf die Verbrechen der Deutschen. Dies galt auch für den entmenschlichenden Transport von Kriegsgefangenen in Viehwaggons. Drei Tage lang kamen Niko und seine Mithäftlinge nur stockend voran oder fanden sich auf Abstellgleisen wieder, wo der Zug auf eine andere Lokomotive warten musste. Die ganze Zeit über mussten sie in den offenen Waggons bleiben und waren ungeschützt den Elementen ausgeliefert, ebenso wie dem Abfall und Gestank, der sich um sie herum auftürmte. Doch das schlimmste Erlebnis hatte Niko auf einem Abstellgleis in Straßburg.

Ein Zug mit betrunkenen französischen Soldaten hatte neben ihnen angehalten. Als die Franzosen erkannten, mit wem sie es zu tun hatten, begannen einige, wahllos herumzuschießen – in die Luft, auf den Boden, aber offenbar auch auf sie. Die amerikanischen Wachen gerieten fast genauso in Panik wie ihre Gefangenen. Die GIs sprachen kein Französisch, mussten auf die neue Lok warten und konnten die Gefangenen natürlich auch nicht freilassen. Als der Zug mit den französischen Soldaten endlich losfuhr, herrschte allgemeine Erleichterung. »Ein weiteres meiner sieben Leben«, sagte Niko später.

Am 13. August schickte Kurt Maria einen auf Englisch verfassten Brief nach Freiburg. »Natürlich ist uns das Herz schwer, weil wir nicht wissen, was mit Niko ist. Elisabeth hat seit Februar, als er noch im Osten war, nichts mehr von ihm gehört. Auf unabsehbare Zeit sind die Chancen sehr gering, etwas über seinen Verbleib herauszufinden, bis auf Weiteres werden wir nicht einmal wissen, ob er überhaupt noch am Leben ist.«

Am Morgen des 17. August kam Niko am Münchener Hauptbahnhof an und sprang in eine Straßenbahn, die nach Nymphenburg fuhr. Dort wohnte meine Großmutter immer noch in einem weitgehend unversehrten Haus am Südlichen Schlossrondell, einer der beiden sanft geschwungenen Straßen direkt am Nymphenburger Schlosspark. Elisabeth vermerkte in ihrem Taschenkalender seine Ankunft. »10 Uhr: Niko kommt – sehr erschöpft, 121 Pfund!«

Tags darauf: »Niko ausschlafen, hat Dysenterie.«

Er hatte den Krieg ohne offensichtlichen psychischen und auch ohne körperlichen Schaden überlebt, einmal abgesehen von der Ruhr, der Ohrenentzündung und einem dauerhaft verfärbten Zehennagel, da ihm ein 225 Kilo schwerer V8-Motor auf den rechten Fuß gefallen war.

Und doch will mir ein Detail, das mir mein Vater im Zusammenhang mit seiner Heimkehr erzählt hatte, nicht aus dem Kopf gehen. Als er an diesem sonnigen Augustmorgen vor dem Haus seiner Mutter ankam, spazierte er nicht einfach zur Tür herein, sondern klingelte zuerst.

Ein weiterer Tag, eine weitere Enthüllung, die mir zu denken gibt. Die Buchhandlung liegt ein wenig versetzt in der Friedrichstraße in Berlin Mitte. Das Buch, das meine Aufmerksamkeit erregt, ist 2015 erschienen und trägt den Titel *Der totale Rausch: Drogen im*

Dritten Reich. Es ist eine einzige Chronik der Perversion und des Wahns. Die Historiker sind sich uneins über die Stichhaltigkeit mancher Thesen des Autors Norman Ohler. Jedenfalls liefert er plausible Argumente dafür, dass ein Methamphetamin mit dem Markennamen Pervitin den Frankreichfeldzug zu einem Blitzkrieg werden ließ. Es soll den Wehrmachtssoldaten im Juni 1940 ermöglicht haben, drei Tage lang ohne Schlaf vorzurücken und die Grenzen Frankreichs und Belgiens zu überwinden, bevor deren Armeen dazu kamen, Verteidigungsstellungen zu errichten. In den letzten Kriegsmonaten bauten die Nazis neuartige Kleinst-U-Boote und tauchfähige und mit Torpedos bestückte Kleinkampfmittel, mit denen sie die Themsemündung und Strände der Normandie ansteuern wollten, um die Schiffe der Alliierten zu sprengen. Die nur notdürftig ausgebildeten jugendlichen Fahrer erhielten kokainhalte Kaugummis für ihre waghalsigen Spezialeinsätze, die viele nicht überlebten. Außerdem beschreibt der Autor, dass Dr. Theodor Morell, der aus Hessen stammende korpulente Leibarzt Hitlers, den Mann, den er in seinen Aufzeichnungen als »Patient A.« bezeichnete, von Juli 1943 bis fast zum Kriegsende mit Aufputschmitteln versorgte. Dies soll er fast bis zum Ende des Krieges fortgesetzt haben. Zu Hitler soll er gesagt haben: »... wenn Sie längere Zeit hätten aussetzen müssen in der jetzigen Zeit, wäre Deutschland in die Brüche gegangen.«

Die Familie meiner Großmutter Elisabeth Merck gründete das älteste pharmazeutisch-chemische Unternehmen der Welt und hält nach wie vor die Mehrheit der Firmenanteile. Von den Substanzen, die Hitler allem Anschein nach einnahm, stellte Merck zwei her. Eines war das Kokain, für das die Firma weltbekannt war. Das andere, ein Opioid namens Eukodal, hatte eine besonders heimtückische Wirkung. Ab Anfang 1942 verabreichte Morell Hitler über den Zeitraum von achthundert Tagen mehr als tausend Dosen Eukodal. Laut Ohlers Darstellung hat diese Medikamentierung Hitler zu einem Junkie gemacht. Nachdem im Dezember 1944 B-17-Bomber der US Air Force die Merck-Werke in Darmstadt zerstört hatten, konnte Hitlers Leibarzt kein Eukodal mehr beschaffen, sodass »Patient A.« auf kaltem Entzug war.

Als ich all das lese, schwirrt mir der Kopf vor lauter Rückschlüssen.

1826 isolierte mein Ururgroßvater Emanuel Merck in seiner Apotheke in Darmstadt den reinen Wirkstoff Morphin aus Schlafmohn und begann, Alkaloide in standardisierter Qualität zu produzieren. Bald war die Firma Merck bekannt für die Reinheit ihres Morphins, und ab den 1880ern besaß sie quasi das Monopol auf den legalen Kokainhandel. Seit dem frühen 20. Jahrhundert wurde Mercks Kokain weltweit wegen seiner Qualität geschätzt, sodass Produktpiraten in China nachgemachte Etiketten auf die Fläschchen klebten, damit sie wie echte »Red Capsule« aussahen, für die die hier abgebildete Anzeige warb.

Pharmazeutische Erzeugnisse waren einer der prosperierenden Industriezweige im wirtschaftlich gebeutelten Deutschland der Zwischenkriegszeit. Ein Grund dafür war der Erfolg von Eukodal, im Grunde das gleiche Opioid wie Oxycontin, das für die aktuelle Suchtepidemie im ländlichen Amerika verantwortlich ist. Merck hatte die Droge 1917 auf den Markt gebracht und sie als schmerz- und hustenstillendes Mittel angepriesen. Doch Eukodal machte aufgrund seiner euphorisierenden Wirkung in den hedonistischen Zwanzigerjahren Furore. Doppelt so wirksam bei der Schmerzlinderung wie Morphin, noch euphorisierender als Heroin, wurde Eukodal von Ärzten besonders gerne empfohlen. Und nicht wenige von ihnen nahmen es selbst regelmäßig ein.

»Schwesterchen Eu.«, nannte Klaus Mann die Droge zärtlich. Oder wie William S. Burroughs, ein Kenner späterer Jahrgänge, es in *Naked Lunch* ausdrückte: »Eukodal ist wie eine Kombination von C [Kokain] und Morphin. Auf die Deutschen ist schon Verlass, wenn es darum geht, ein wirklich übles Zeug zusammenzubrauen.«

Im Juli 1943, am Vorabend eines entscheidenden Treffens mit Mussolini, begann Morell, Hitler mit Eukodal zu behandeln. Die Alliierten waren soeben an der Südküste von Sizilien gelandet, und der »Führer« wollte Italien unbedingt im Lager der Achsenmächte halten. Unter dem Einfluss von Eukodal lief Hitler zur Höchstform auf. Fast drei Stunden lang redete er auf den angeschlagenen Duce ein, bis dieser ihm schließlich erneut Italiens

Solidarität mit Deutschland zusagte, während Bomber der Alliierten erste Luftangriffe auf Rom flogen. Im Oktober, schreibt Ohler, erhielt Hitler viermal mehr als die übliche therapeutische Dosis.

Im Juli 1944, nach dem gescheiterten Attentat auf Hitler, spielten Drogen aus Merck'scher Produktion abermals eine große Rolle. Bei der Explosion der Bombe, die der Offizier Claus von Stauffenberg in einer Aktentasche unter dem Kartentisch im Führerhauptquartier »Wolfsschanze« deponiert hatte, wurde Hitlers Trommelfelle zerfetzt. Ein weiterer Arzt wurde herbeigerufen – der Hals-Nasen-Ohren-Spezialist Erwin Giesing. Offiziell galt den Nazis Kokain als der Inbegriff des degenerierten Rauschmittels der Weimarer Zeit. Wie dem auch sei, Giesing verschrieb Mercks Vorzeigedroge in einer zehnprozentigen Lösung für eine lokaltherapeutische Behandlung, und Hitler zeigte sich zufrieden mit der Wirkung.

Normann Ohler schildert, wie in den darauffolgenden Monaten Selbstüberschätzung und Größenwahn im Führerbunker regieren und der »Führer« trotz der exorbitanten Verluste im Osten eine Gegenoffensive im Westen vorschlägt. Während Giesing jeden Morgen Hitlers Nase und Rachen mit der kokainhaltigen Lösung betupft, verabreicht Morell ihm weiterhin Eukodal, nunmehr die doppelte Dosis des Vorjahrs. Diese Mischung »mutierte in diesen Wochen zum klassischen Speedball: Die sedierende Wirkung des Opioids glich der aufputschende Effekt des Kokains wieder aus.«

Als im Dezember 1944 das Merck-Gelände von Bomben zerstört wurde, hatte sich Hitler laut Ohler in einen apathischen schlaflosen Menschen mit gelblichen, von Nadelstichen übersäten Armen verwandelt.

Tatsächlich hatte Hitlers Bunkermentalität für den aussichtslosen Endkampf in Eukodal die passende Endzeitdroge entdeckt. Die ohnehin bei ihm angelegte Gefühllosigkeit, sein starres Weltbild, die Neigung zum Fantastischen und das skrupellose Überschreiten jeglicher Grenzen – all das wurde durch das Opioid, das im finalen Quartal 1944 so häufig zum Einsatz kam, auf unheilvolle Weise unterstützt. Das starke Betäubungsmittel radierte in dieser Zeit, in der im Westen wie im Osten die Alliierten ins Reich eindrangen, jeden Zweifel am Sieg, jedes Mitempfinden auch gegenüber den zivilen Opfern aus und machte ihn noch gefühlloser gegen sich selbst und die Außenwelt.

Ab Januar 1945 konnte Morell Hitler kein Eukodal mehr verabreichen, weil Merck es nicht mehr herstellen konnte. Zwei Monate später erteilte Hitler den sogenannten »Nero-Befehl«: Dieser sah die vollständige Zerstörung der deutschen Infrastruktur – Autobahnen, Gleise, Brücken, Kraftwerke, Fabriken, Banken etc. –, kurzum die komplette Verwüstung Deutschlands vor.

Ich hatte gehofft zu entdecken, dass Medikamente von Merck Hitlers Urteilsvermögen trübten und er, als die Wehrmacht Rückschlag um Rückschlag erlitt und die deutschen Städte zusehends vom Bombenhagel der Alliierten zerstört wurden, aufgrund des Entzugs in eine Abwärtsspirale geriet, die die Beendigung des Kriegs beschleunigte. Stattdessen zeigt Ohler in seinem Buch auf, dass Kokain und Eukodal ihn aufputschten und seinen Wahn noch steigerten. Der Drogenrausch, dann der Zusammenbruch aufgrund der Tatsache, dass Eukodal auf einmal nicht mehr verfügbar war, stumpften ihn gegenüber der Wirklichkeit ab und setzten seine niedrigsten Instinkte frei. Die Alkaloide aus dem

Hause Merck sorgten dafür, dass die Nazikriegsmaschinerie unermüdlich weiterarbeitete, während der »Führer« ohne monatelangen Drogenkonsum womöglich kapituliert hätte.

Ohlers Ausführungen zufolge haben meine Vorfahren nicht nur dazu beigetragen, dass Hitler in diesen psychischen Bunker des Irrsinns und des Wahns hinabstieg. Sie haben auch daran verdient.

Verdammt unangenehm, diese Erkenntnis.

Blut und Schande

Kurt und Niko, 1945 bis 1948

Nachdem die Vereinigten Staaten Ende 1941 in den Krieg eingetreten waren, kam der Postverkehr zwischen New York und Deutschland zum Erliegen. Kurt und Helen konnten mit meinem Vater, meiner Tante und meiner Großmutter keinen Kontakt mehr aufnehmen.

»... sage [Niko], daß ich in großer, tiefer Liebe immer seiner gedenke, daß ich eine Zukunft erhoffe für ihn, in der er seiner wahren Bestimmung wird leben dürfen, und daß ich hoffe, ihm an diesem Zeitpunkt ein guter helfender fördernder Freund zu sein«, schrieb Kurt in einem seiner letzten Briefe an seine geschiedene Frau nach München, ehe Pearl Harbor die Korrespondenz unmöglich machte. »Bitte vergiß nicht, ihm das zu sagen – ich möchte, dass er es weiß, wie sehr ich – und auch Helene – uns in Gedanken mit ihm beschäftigen, wie sehr lieb wir ihn haben.«

Bald darauf schrieb Maria an Kurt: »Ihr dürft Euch keine schweren Gedanken wegen ihm machen, er ist schon durch sein Wesen beschützt und behütet, und er wird sicher unversehrt aus allem Grauen zurückkommen und zu dem ihm gemäßen Leben zurückfinden. Aus seinen Briefen spürt man, daß er innerlich sehr viel reifer und erwachsen geworden ist und gelernt hat Dinge zu schätzen, die ihm vorher neben den Ravioli und der Technik unwesentlich erschienen.«

Nach Kriegsende traf eine Flut von Briefen ein, angefüllt mit all den Neuigkeiten und Gefühlen aus den vergangenen dreieinhalb Jahren. Im Herbst 1945 konnte Kurt endlich wieder mit Elisabeth korrespondieren. Diesmal schrieb er ihr auf Englisch, und die Wahl dieser Sprache schien der neuen Rangfolge zu entsprechen, die fortan für den Rest seines Lebens gelten sollte.

Endlich haben wir mittels eines Briefs von Liesl [Helens Schwester] gehört, dass Niko zu Dir nach Hause zurückgekommen ist. Ich kann mir vorstellen, was das für Dich bedeutet haben muss, und bin unermesslich glücklich für uns beide, dass er unversehrt ist – Embrasse-lui de ma part, très trendrement. *Vielleicht werde ich eines Tages in der Lage sein, etwas für ihn und seine Zukunft zu tun.*

Die Erinnerung an die Vergangenheit läßt die Bitterkeit verblassen, und all die gemeinsam geteilten schönen Tage und Dinge treten leuchtend hervor. Mit fortschreitender Zeit spüre ich häufig die Geisterhaftigkeit der menschlichen Existenz. Wir werden zu von Schatten und Echos bewohnten Häusern, die auf gespenstische Weise neben der nahen, hellen Gegenwart existieren …

Ich habe Pakete an verschiedene Adressen verschickt, in der Hoffnung, daß das ein oder andere Dich erreichen wird, auch wenn es ungefähr so ist, als würde man Brot auf dem Wasser ausstreuen. (Jedes Mal, wenn wir uns zu einem reichhaltigen Mahl hinsetzen, sagen wir zueinander, wie viel lieber wir diese Speisen nach Europa schicken würden.)

Maria, die nach wie vor in Freiburg lebte, hatte inzwischen einen Sohn namens Jon. Das historische Zentrum dieser Universitätsstadt ohne nennenswerte strategische Bedeutung war eines Nachts Ende November 1944 dem Erdboden gleichgemacht worden. Ende Januar 1946 schrieb Maria an Kurt:

> *Ich habe ein schönes Foto von Niko, traue mich aber nicht, es Dir zu schicken, weil es ihn in Uniform zeigt, und er sieht darauf aus wie ein mittelalterlicher Ritter mit seinem Stahlhelm. Niko sieht Dir jetzt sehr ähnlich, nur dass er kleiner ist, er ist sogar kleiner als ich und sehr zerbrechlich. Sein Gesicht wirkt manchmal transparent, und er hat schöne Augen und eine hübsche Stirn. Nach allem, was er mitgemacht hat, würde er Dir recht verändert vorkommen. Als er nach zweiundzwanzig Monaten zum ersten Mal auf Heimaturlaub aus dem Osten zurückkam, bin ich erschrocken als ich ihn erblickte, und musste mit den Tränen kämpfen. Er kam spätabends an, ziemlich unerwartet. Ich öffnete die Tür, und vor mir stand ein fremder, müder Erwachsener, der als Junge, frisch aus dem Internat in Schondorf, weggegangen war. Ich kann mir nicht vorstellen, was ich getan hätte, wenn ihm etwas zugestoßen wäre. Immer wieder träumte ich davon und wachte mit einem schrecklichen Angstgefühl auf. Und die letzten Monate des Krieges waren eine einzige Qual.*

Die Orte, an denen diese Briefe jeweils geschrieben und dann gelesen wurden, hätten unterschiedlicher nicht sein können. Jene, für die der Krieg nur aus einem beschränkten Bündel Erfahrungen bestanden hatte, konnten nur erahnen, was andere Familienmitglieder durchmachten. Während des gesamten Deutsch-Französischen Krieges, den Deutschland gewann, und auch fast den gesamten Ersten Weltkrieg über, den es verlor, war es den Deutschen gelungen, die Kampfhandlungen auf Gebiete im Feindesland zu beschränken. Jetzt waren Tod und Zerstörung zu ihnen nach Hause gekommen. Die Hälfte aller militärischen Todesopfer – bis zu 400 000 pro Monat – verteilten sich auf die letzten zehn Kriegsmonate. Für einen Verlierer eines großen Krieges fast einzigartig, kapitulierte das Dritte Reich bis zum Schluss nicht, was die Alliierten dazu zwang, ihren Siegeszug fortzusetzen und alles zu zerstören, was Hitler übrig gelassen hatte, von Deutschlands Streitkräften bis zu dessen Souveränität.

Als nach und nach aus den Todeslagern die Wahrheit ans Licht kam, rückte das Leid der deutschen Zivilbevölkerung gegenüber den Gräueln, die die Nazis begangen hatten, in den Hintergrund. Britische und amerikanische Bomben hatten deutsche Städte dem Erdboden gleichgemacht. Die vorrückende Rote Armee hatte deutsche Häuser geplündert und deutsche Frauen vergewaltigt. Etwa zwölf Millionen Deutsche wurden aus den ehemaligen Ostgebieten vertrieben und waren dazu verdammt, sich neben der angestammten Bevölkerung in den vier Besatzungszonen zwischen Trümmern eine Bleibe zu suchen. Die Welt brachte nur wenig Mitgefühl für die Deutschen auf, hatten doch allzu viele von ihnen Hitler zugejubelt. Aber das minderte das Ausmaß ihres Elends nicht, nachdem ungefähr sechsundzwanzig Millionen Deutsche durch Zerstörung, Vertreibung oder Flucht heimatlos geworden waren.

Nur vereinzelte Stimmen machten auf dieses grenzenlose Leid aufmerksam, ein Versäumnis, das W. G. Sebald Jahrzehnte später als »skandalöses Defizit« bezeichnete. Während des Kriegs war Victor Gollancz, ein jüdischer Verleger aus London, unter den Ersten gewesen, der in einem Land der Alliierten Berichte über den Holocaust veröffentlichte; nun sah er durch die wahllosen Bombenabwürfe auf Zivilisten »die Werte des Abendlandes in Gefahr«. Ähnlich wie Gollancz äußerte sich auch der schwedische Schriftsteller Stig Dagermann. »Denn das verschuldete Leiden ist so schwer zu tragen wie das unverschuldete«, schrieb er, nachdem er Ende 1945 durch das besiegte Deutschland gereist war. »Es macht sich gleich stark im Magen, in der Brust und in den Füßen bemerkbar. Und diese drei sehr konkreten Schmerzen sollen wegen ihres rohen Zuges von Bitterkeit nicht vergessen werden, der aus einem regnerischen deutschen Nachkriegsnachmittag hervorbrach.«

Auch meine Familie in Deutschland war nicht von dem unablässigen Bombenhagel aus der Luft verschont worden, mit dem die Amerikaner tagsüber und die Briten nachts deutsche Städte überzogen hatten. Die Alliierten begannen 1943 mit ihren regelmäßigen Luftangriffen auf 131 deutsche Groß- und Kleinstädte und setzten sie bis zum Kriegsende fast täglich fort. Die Bombardements sollten 600 000 deutsche Zivilisten töten, mehr als die doppelte Anzahl der militärischen Todesopfer, die die US-amerikanischen Streitkräfte in Europa verzeichneten. Aber das Kalkül der Alliierten, dass Tod, Verletzungen und Heimatlosigkeit die deutschen Zivilisten demoralisieren und letztlich dazu bringen würden, sich gegen das Regime zu wenden, ging nicht auf. Die Zivilisten, die durch die Luftangriffe nicht zu Tode kamen, waren vermutlich so traumatisiert, dass sie kaum mehr in der Lage waren, den täglichen Herausforderungen zu begegnen, geschweige denn einen Aufstand zu organisieren. Eines Abends flüchtete Niko während eines Bombenangriffs zusammen mit seiner Mutter und Schwester in den Luftschutzkeller des Hauses. »Nie mehr wieder«, sagte er danach zu Maria. »Da sind wir gefangen wie eine Maus in der Falle. Lieber würde ich an der Front sterben.«

Diese unterschiedlichen Kriegserfahrungen meiner Familie – Kurts und Helens Flucht und Exil, Marias und Elisabeths Gefühl, wie »eine Maus in der Falle« zu sitzen, Nikos Militärdienst an zwei verschiedenen Fronten – spiegelt sich in ihren Briefen wider.

Während Maria auf die Rückkehr ihres Mannes Hans Baumhauer aus einem Kriegsgefangenenlager in Frankreich wartete, ging sie weiterhin ihrer Beschäftigung als Sekretärin und Dolmetscherin bei der französischen Besatzungsbehörde nach. Mitte Februar 1946 schrieb sie Kurt aus ihrem Büro:

> *Was man immer am schwersten ertragen kann, ist absolute Stille. All die letzten Jahre, in denen es nie eine wirkliche Stille gab, denn auch die Augenblicke, die sozusagen »ruhig« waren, waren in Wirklichkeit von grauenhafter Intensität des Wartens bis zum Rande angefüllt und viel lebendiger als die »belebten«. Aber diese neue Stille, die jetzt manchmal ist, erscheint fremd und grauenhaft, es rauscht in ihr, und sie ist voll von fremden Gedanken und wie eine undurchdringliche Masse, die mit den unbekannten Elementen des »Nachher« geladen ist, wie die Luft vor einem schweren Gewitter, voll von Elektrizität. Man kommt dann in eine merkwürdige Verfassung, voller Unruhe und einem Gefühl von Irrealität …*
>
> *Kannst Du Dir vorstellen, daß man dann Angst hat, furchtbare Angst, mit Menschen der früheren Welt wieder zusammenzukommen, denn das Gewesene, das sich auch dem nächsten Menschen niemals in Worten erklären läßt, steht wie eine undurchdringbare Wand zwischen einem und jenen, die nicht dabeiwaren …*

Die Anklagen die nun auf uns niederprasseln von außen her, es sei unsere Schuld, was hinter dem Eisernen Vorhang, der Deutschland von der übrigen Welt trennte, vorging, kann nur einer machen der selbst hinter diesem Vorhang war und weiß wie es war …

Die Feststellung dieser Schuld oder Nichtschuld kann aber nur dem zugestanden werden, der die Bitternis der letzten zwölf Jahre von ihren Anfangsstadien bis zum Ende durchgekostet hat.

Maria ist mittlerweile eine erwachsene Frau. Sie wirbt nicht mehr so sehr um die Zustimmung ihres Vaters als um sein Mitgefühl, wenn sie beschreibt, wie es sich anfühlt, in der Falle zu sitzen:

Kein Mensch, der es nicht erlebt hat, kann sich das Gefühl von ohnmächtigem Ausgeliefertsein vorstellen. Niemand die Gefühle, die in die Zeit vom Ertönen der Fliegersirenen bis zur »Entwarnung« zusammengepresst sind, und niemand weiß, wie es in einem Menschen aussieht, der diese Gefühle nicht einmal, sondern Tag für Tag, Nacht für Nacht durchkostet. Bis zum ersten Großangriff hat man meist noch den Mut des Ahnungslosen …

Taumelnd vor Müdigkeit und Schlaf steinerne Kellerstufen hinunter in feucht-kaltes Dunkel. In die Illusion »Sicherheit«. Kein Licht. Ein Kerzenstummel in einer Flasche. Am Boden kauernde Gestalten in grotesken Vermummungen. Das Licht schält müde, stumpfe Gesichter aus dem Schwarz wie eine Radierung von Rembrandt oder Goya.

Die Luft fängt an leise zu beben von der Erschütterung der Motoren; das Beben setzt sich in den Wänden fort, kriecht über den Kellerboden, zittert in den hockenden Körper weiter. Das Bellen der Flak setzt ein. Ein Furioso brüllender Geschosse fangen die schweren Batterien an. Durch die Eisenklappe des »Ausstiegs« sieht man ein Viereck samtigen Nachthimmels, zerpflügt von Scheinwerfern. Plötzlich Leuchtkugeln: Die Stadt wird »abgesteckt«. »Christbäume« werden gesetzt. Die Eisenklappe wird zugehauen, es geht los.

In den deutschen Luftschutzkellern erlosch der Mut der Ahnungslosen zusehends.

Wir liegen flach auf dem Kellerboden, um vom Luftdruck nicht umgeworfen zu werden. Die feuchte, eisige Kälte kriecht langsam durch die dicken Kleider und Mäntel bis in den innersten Körper. Und trotzdem friert man nicht. Das glühend heiße Gesicht preßt sich auf den rauhen, nasskalten Boden.

Ein merkwürdiges, wellenartiges Beben, unheimlich still und drohend, wird hörbar: der erste »Teppich«. Jetzt kommt es. Ein sausender Luftdruck, man meint, das Trommelfell platzt, das Haus schwankt, als ob eine riesige Hand es von oben zusammendrückt. Es rieselt in den Mauern. Rauschendes Klirren von Glas. Geruch von Schutt und Brand. Dann Ruhe. Nach wenigen Sekunden dasselbe von vorne. Dazwischen die schweren Kaliber: Heulen, man liegt da wie ein Ziel, und das Pfeifen ist wie ein Pfeil der sich ins Herz bohrt …

Plötzlich Stille. Noch ungläubig rührt sich keiner. Dann kommt langsam das Bewußtsein zurück, Leben strömt in die Erstarrung. Müde und zerschlagen kriecht man die Kellertreppe hinauf ins Freie … Der Himmel ist rot von Bränden. Ins Haus strömt Kälte und bitterer Brandgeruch durch die geborstenen Fenster. Die Wände haben klaffende Risse, und der Verputz liegt in Placken auf dem Boden …

Ausgepumpt, fröstelnd und tödlich erschöpft fällt man angezogen auf ein Bett und versinkt in einem Abgrund aus wirrem Schlaf und unruhigen Träumen.

Mit diesen Schilderungen möchte Maria ihrem Vater vor allem eins vor Augen führen: »… wir sind auch nicht mehr dieselben, die Ihr 1939 verlassen habt … diese Versionen von uns sind unter den Trümmern begraben«. Und Thomas Mann habe kein Recht, »mit Steinen auf uns zu werfen« und zu behaupten, »an uns klebt Blut und Schande«.

Maria kritisiert Thomas Mann, der während des Kriegs zunächst in Princeton und dann in Pacific Palisades lebte und gesagt hatte: »Es ist von anderen Völkern zuviel verlangt, dass sie zwischen Nazitum und dem deutschen Volk säuberlich unterscheiden.«

Kurt versucht in seiner wohlüberlegten Antwort, seine Tochter zu trösten. Aber letzten Endes bestätigt er nur Marias Anklage, dass zwischen ihnen eine »unüberwindbare Mauer« entstanden ist.

Dein Brief vom 17. Februar hat mich sehr bewegt, und beschäftigt mich unausgesetzt. Ich antworte mit Zögern – zwei Gründe machen es mir schwer: Einmal fühle ich, daß Du, dass ihr alle nach den furchtbaren Erlebnissen der letzten Jahre und inmitten der schweren Gegenwart sehr zart und schonend behandelt werden müsst, daß ich jedes Wort vermeiden muß, das Dich in deinem wunden Zustand verletzen könnte. Und der andere Grund ist der, daß ich nichts so hasse als die Rolle des Richters oder Pharisäers. Aber ich denke, die letztere Gefahr besteht nicht. Denn ich fühle mich eins mit Dir als Deutschgeborener. Wir Deutschen alle [!] haben Hitler hervorgebracht, nicht Hitler die Deutschen. Ich habe mich zwar schon 1930 von Deutschland losgelöst, wie Du weißt, aber niemand entzieht sich seinen Verantwortungen durch eine Fahrkarte in ein anderes Land. Schließlich hab ich bis zu meinem 43. Jahr in Deutschland gelebt, und ich fühle mich für dies Land durch meine Abstammung und Vergangenheit verantwortlich, wie jeder andere. Man ist seines Bruders Hüter …

Dennoch wendet er sich gegen die Art und Weise, wie seine Tochter die »Bitternis der letzten zwölf Jahre« beschreibt.

O Maria, you should know better. Es ist Dir und den meisten Deutschen bis 1939 und länger nur zu gut gegangen … Da hat es keine Märtyrer gegeben. In diesen selben Jahren, die wir noch heiter genossen, hat ein Maß von Leiden, Qual und Grauen innerhalb Deutschlands stattgefunden, das wir nicht entfernt genug innerlich realisiert haben … Und von 1939 an haben wir die Dinge mit verschiedenen Augen gesehen, oder vielmehr Du, Ihr Alle fast, habt sie nicht gesehen, nicht sehen wollen wie sie waren.

In Frankreich bin ich vielen Opfern der deutschen Concentrationslager begegnet, Menschen mit zerschlagenen Knochen, Männer, die man entmannt hatte, zu physischen und psychischen Ruinen gemacht … Und als die lieben deutschen Soldaten aus Paris seidene Strümpfe und Schokolade schickten oder mitbrachten, wurden die flüchtenden französischen Civilisten auf den Landstraßen von den deutschen dive bombers mitrailliert, und ich, dein Vater, flüchtete angsterfüllten

Herzens zu Fuß in tagelangen Märschen, zerlumpt und gehetzt, um den selben lieben deutschen Soldaten nicht in die Hände zu fallen …

O, Maria, Du beschreibst die Hölle der Jahre 1944/45. Wo war Euer Gewissen 1939 bis 1943? Warschau, Rotterdam, London, Coventry, Lidice, die Extermination von Hunderttausenden von Polen, Tschechen, Juden, Russen hat Euch nicht den Schlaf geraubt … Es hat mehr als drei Jahre gedauert, bis der Bumerang zurückkam, bis Deutschland zu den Opfern gehörte. Metaphysisch gesehen, haben sich die Deutschen ihr Leid selbst zugefügt …

In diesen Aschenhaufen hinein spricht man jetzt von Schuld. Und diesen Gestorbenen, die aus den Gräbern steigen, kommt man mit den alten Geschichten … Mein Kind, man kann sich nicht frei leiden, wenn das Leiden nicht freiwillig war.

Dann geht Kurt auf ihre gemeinsamen deutschen Wurzeln ein:

Die Schuld, von der Du schreibst, ist eine alte Schuld, viel älter als der Krieg. Die Deutschen werden sich erst mit sich selbst und mit der Welt versöhnen, wenn sie in ihrer eigenen Angst, in ihrem eigenen Leiden, den Widerschein des Leidens der Anderen sehen – der Erstgeborenen im Leiden, deren Herzensangst nicht geringer war als Deine, nur sinnloser, hoffnungsloser, nur auf die Willkür der Quäler zurückzuführen, und diese Quäler waren Deutsche. Niemand kann uns davon freisprechen, nicht Dich, nicht mich.

Wie feig die Deutschen waren, haben wir erst an der Haltung der anderen begriffen. Die braven Italiener und Franzosen haben einen großen Teil ihrer Juden versteckt und geret-

tet, geschützt gegen die eigene Gestapo. Und noch zu Tausenden haben sie deutsche, österreichische, polnische Juden unter Lebensgefahr gerettet und, ohne Lebensmittelkarten, durchgefüttert … Die Deutschen in Deutschland haben weggeguckt, wenn ihre Freunde Selbstmord begingen, wenn sie in den Lagern verschwanden – sie haben nichts gewußt oder von nichts wissen wollen. Aber, nochmals: man ist seines Bruders Hüter. »Der Quäler und der Gequälte sind Eines. Jener irrt, indem er sich der Qual, dieser, indem er sich der Schuld nicht teilhaft glaubt«, sagt Schopenhauer …

Denke um Gottes willen nicht, daß ich die Deutschen schwarz und schuldig, die Anderen weiß und unschuldig sehe … Im übrigen aber glaube ich, daß wir Deutschen noch mitschuldig sind am Unrecht, das jetzt die Anderen begehen. Denn die Deutschen haben die Höllengeister entfesselt, die Welt mit Hass, Bosheit, Schlechtigkeit, Grausamkeit so verpestet, daß ganz Europa inficiert und krank ist und ein anderer Bumerang zurückfällt auf das Centrum, von dem die Pest ausging.

Zu guter Letzt ergreift Kurt Partei für Thomas Mann.

Die Neugeburt der Deutschen ist nur möglich durch die Erkenntnis unserer ungeheueren Schuld. Thomas Mann hat recht: es klebt Blut und Schande an den Deutschen. Und dies factum haben wir ohne wenns und abers zu realisieren, zu acceptieren, unbedingt, vorbehaltlos. Es ist die Aufgabe für Gegenwart und Zukunft; sie zu lösen, hat uns Gott am Leben erhalten. Ob jung wie Du, ob alt wie ich – unser Leben ist kaum lang genug, um diese Aufgabe ganz zu Ende zu leben. Wie weit wirs bringen, ist Gnade. Die Änderung der Welt wird nicht durch die UNO kommen, nicht von außen. Der Einzelne, Du und ich, wir müssen uns ändern und wandeln, bis es erkenntnishell und licht in uns wird. In diesem Licht werden die Kinder als bessere, verantwortungsvollere Menschen heranwachsen. (Nicht was die Eltern reden, was und wie sie leben, erzieht das Kind – hat C. G. Jung gesagt.)

Ich hab versucht Dir zu zeigen, daß wir mit verschiedenen Augen sehen, weil Du drinnen, ich draußen war. Diese geographische Verschiedenheit sollte nicht mehr existieren. Wir sollten jetzt mit denselben Augen sehen. Wir sind schicksalsverbunden, wir haben die gleiche Aufgabe vor uns.

Beide, Vater und Tochter, meinten jeweils, in Besitz der Wahrheit zu sein, so wie sie sie erlebt hatten. Maria kam während eines Luftangriffs nieder, und ihr Sohn Jon war noch keine zehn Monate alt, als ein nächtlicher Bombentreffer ihre Wohnung unbewohnbar machte. Den Glauben an die Einzigartigkeit dieses gerade erst erlebten »Endes mit Schrecken« teilte sie mit Millionen anderen ausgebombten Deutschen. Gleichzeitig erfuhr Maria nun erst die Einzelheiten von Kurts und Helens Flucht mit Christian aus Frankreich – ein Trauma, das den siebenjährigen Christian nach der Trennung und der Flucht in den Jahren 1940 und 1941 veranlasste, zu seinen Eltern zu sagen: »Wenn, dann kommen wir hoffentlich alle zusammen in dieser Katastrophe um.«

Auf eine ausführliche Debatte zu der Frage nach Schuld und Schande oder weitere Bitten um Mitgefühl oder Aufforderungen zur Selbstkritik verzichteten beide. Maria wies Kurts Kritik im folgenden Brief andeutungsweise zurück, doch gaben sie und Kurt einander zu verstehen, dass man über diese Dinge am besten von Angesicht zu Angesicht sprechen sollte. Nachdem sich Helen auf ähnliche Weise mit ihrer Schwester in Bayern ausgetauscht hatte, kam auch sie zu dem Schluss, dass man dieses Thema besser nicht weiter vertiefen sollte, jedenfalls nicht aus der Ferne und solange die Erinnerungen an den Krieg noch so frisch waren.

In einem weiteren Brief an Kurt bezog sich Maria auf ein Foto von meinem Vater, das sie ihm davor einmal geschickt hatte – vielleicht dieses hier, auf dessen Rückseite Niko »Hungersommer« notiert hatte. Man mag ihre Worte als allzu mitleidheischend empfinden, doch das würde ich ihrem schwesterlichen Mitgefühl und der Tatsache zuschreiben, dass sie sich noch nicht vollständig im Klaren über des Ausmaß der Naziverbrechen war.

Das Photo von Niko ist leider ganz ausgezeichnet, und der Ausdruck ist ein Überbleibsel von 2 ½ Jahren Rußlandfeldzug und der tödlichen Erschöpfung, an der wir alle leiden. Nun hat Niko wirklich Entsetzliches durchgemacht, ganz abgesehen von den körperlichen Strapazen, den eisigen Wintern

im Osten, den furchtbaren Eindrücken und dem Hunger. Ich habe ihn immer am Ende seiner Urlaube an den Frontzug gebracht und sein Gesicht, wie es blass und verstört und krampfhaft »Haltung« bewahrend aus dem Meer von Feldgrau heraussah in der Trostlosigkeit des zerstörten Bahnhofs, wird mir immer unvergeßlich bleiben. Das letzte Mal, als jedem die völlige Sinnlosigkeit so grausam klar war, daß keine tröstenden Worte mehr den geringsten Sinn hatten, die mit Schlachtopfern überfüllten Züge und Nikos letzte Worte: »Es ist ja doch alles aus, und nun treiben sie uns wohl mit der Genickschußpistole in den sicheren Tod.«

Es gibt in der deutschen Literatur das Genre »Heimkehrerroman«. Die Heimkehr meines Vaters verlief glatter als bei vielen anderen. Die Bewohner des Hauses am Südlichen Schlossrondell konnten sich nach wie vor auf einen intakten Ofen verlassen. Doch hatten die Truppen der Alliierten das wenige, das es noch an Kohle und Holz gab, requiriert. Wasserleitungen und Toilettenspülungen froren ein. Bald füllte sich das Haus meiner Großmutter mit Menschen, einquartiert von den Behörden, die händeringend nach Möglichkeiten suchten, alle unterzubringen, die ihr Zuhause verloren hatten. Niko und Elisabeth zogen ins Esszimmer, um den ungeladenen Gästen aus dem Weg zu gehen – der Frau, die Slawistik an der Universität unterrichtete, dem onkelhaften Herrn aus dem bayerischen Umland, dem Psychologen-Ehepaar, dessen vierjährigen Sohn mein Vater le *fils expérimental* nannte. Während sie sich auf den ersten Nachkriegswinter vorbereiteten, schrieb Lieutenant Lucius D. Clay, der spätere Militärgouverneur der amerikanischen Besatzungszone: »Offenbar braucht es Kälte und Hunger, damit sich die Deutschen über die Folgen eines Krieges klar werden, den sie verursacht haben.« Allerdings dürfe dies nicht zu Hungersnöten und Krankheiten führen.

Niko wurde alles zu viel. Als er eines Morgens am Frühstückstisch erschien, trug er ein aus einem Karton gebasteltes Schild um den Hals. Darauf stand: »BITTE NICHT ANSPRECHEN«.

Anfang 1946 standen den Münchner Zivilisten je 1330 Kalorien täglich zu. Um diese Rationen aufzubessern, schickten Kurt und Helen regelmäßig Carepakete sowie Nahrungsmittel und Kleidung aus Amerika. Derweil fand Niko diverse Möglichkeiten, ein wenig Geld zu verdienen. Die Erzdiözese München und Freising beauftragte ihn, Skizzen für den Wiederaufbau der Bürgersaalkirche anzufertigen.

Der Film *Your Job in Germany*, mit dem die GIs auf ihre Zeit in Deutschland vorbereitet werden sollten, warnte die Besatzungssoldaten davor, mit den Einheimischen zu fraternisieren. Produzent und Drehbuchautor war der deutschstämmige Amerikaner Theodor Geisel, der unter dem Pseudonym Dr. Seuss als Kinderbuchautor bekannt wurde. Doch diese Verbote erwies sich als nicht praktikabel und wurden bald fallen gelassen. Daher lungerte mein Vater mit einer Kamera vor einem amerikanischen PX Store herum und bot GIs an, Fotos von ihnen zu machen, die sie nach Hause schicken konnten. Manchmal nahm er statt Bargeld auch Essen oder Zigaretten als Bezahlung an.

Als die Technische Hochschule im März 1946 wieder öffnete, kehrte Niko an den Fachbereich Chemie zurück, wo er und seine Kommilitonen ein behelfsmäßiges Labor in einem der intakt gebliebenen Gebäude aufbauten. Sein Vater hatte ihm geraten, sein Englisch zu verbessern, und dafür schien Niko nichts besser geeignet zu sein als *Luncheon in Munchen,* die Jazzsendung auf American Forces Network. Als eines Tages eine Frau von der amerikanischen Besatzungsbehörde in ihrem Jeep im Südlichen Schlossrondell auftauchte, um Hilfspakete abzuliefern, sprach er sie an. Schnell wurden sie sich handelseinig: Er besorgte ihr Fotopapier, und im Gegenzug verschickte sie seine Briefe an Kurt in Manhattan, darunter auch diesen vom 19. September 1946. Offenbar war auch Niko daran gelegen, dass sein Vater wusste, wie ihr Alltag in München aussah.

Wir leben zur Zeit im Zeitalter des Fragebogens. Du ahnst gar nicht, wieviel man gefragt werden kann und was die Leute alles interessiert. Da gibt es einmal den Standardfragebogen mit 132 Fragen, rund einen Meter lang, er dient zum Nachweis seiner politischen und sonstigen Vergangenheit. Man hat ihn aber nicht allzu oft auszufüllen. Aber fast alle paar Wochen kommen umfangreiche Listen mit Gebrauchsanweisungen und weiteren Gebrauchsanweisungen, wie man die Listen richtig ausfüllt. Man wird registriert, bekommt neue Kennkarten, muß einen Registrierausweis vom Arbeitsamt haben und Lebensmittelkarten … Und dann gibt es Brennstoffkarten, die müssen zum Kohlenhändler, und da muß man genau aufpassen, wann ein viertel Ster Holz aufgerufen ist, den muß man dann alsbald nach Hause schaffen, und es gibt eine Personenstands- und Betriebsaufnahme, und dann kommen wieder Fragebögen wegen der kommenden Wahlen …, und wenn man meint, jetzt ist mal eine kleine Pause, dann steht ein Mann in der Haustüre und sagt, er ist vom Wohnungsamt. Er ist meist lieb und höflich, denn der Unglückliche muß wieder Platz schaffen für so arme Schweine, die irgendwo auf der Straße oder in Massenquartieren sitzen, und dann zeigt man ihm alle Zimmer und die lieben Untermieter, die darin wohnen, und be-

dauert, ihm nicht helfen zu können … Ja weißt Du, ich will Dir gar nicht weiter erzählen …

Bei schönem Wetter erschien um sieben Uhr morgens der vierundachtzigjährige Joseph, ihr Faktotum, um Holz zu hacken oder Laub zu rechen. »Er ist leider halb blind, und man kann ihn nicht an die Gartenbeete ranlassen«, berichtete mein Vater. »Er hatte vor einiger Zeit mal die Zwiebeln ausgerissen und weggeworfen, und das Unkraut ließ er stehen. So macht Mutti, unterstützt von mir, den Garten so gut wie alleine … Seit ein paar Wochen ist nun richtiger kühler Herbst. Ich denke mit Grauen an den kommenden Winter, ohne Fensterscheiben – nun schon im dritten Jahr – mit wenig Heizmaterial. Aber es ging auch den letzten Winter gut, so muß es diesen auch gehen.«

Der erste Fragebogen, den mein Vater erwähnt, war der zur Entnazifizierung, ein Verfahren, das überwiegend mit Laienrichtern besetzten Spruchkammern oblag. In der amerikanischen Besatzungszone mussten alle Erwachsenen diesen Bogen ausfüllen und wurden dann von der jeweiligen Spruchkammer in fünf verschiedene Belastungsgruppen eingeteilt, je nach Schwere der Schuld: Hauptschuldige (Gruppe I), Belastete (Gruppe II), Minderbelastete (Gruppe III), Mitläufer (IV) und Nicht-Belastete (Gruppe V). Ein nach 1919 geborener einfacher Soldat wurde, wenn er nicht an schweren Verbrechen beteiligt war und keine belastenden Beweise vorlagen, nicht weiter verfolgt. Dies traf auf meinen Vater zu, sodass sich das Verfahren bei ihm erheblich verkürzte.

Anfang Oktober 1946 schickte Niko seinem Vater einen weiteren Brief. Darin schilderte er eine Reise nach Darmstadt, wo er zum ersten Mal nach dem Krieg seinen Onkel Wilhelm besuchte.

Wilhelm Merck war Elisabeths jüngerer Bruder. Er war Mitglied der Firmenleitung, pflegte einen dandyhaften Lebensstil und hegte eine große Leidenschaft für Rennwagen. Für den kleinen Niko war er ein Idol gewesen.

In einer Übereinkunft, die Merck in den Zwanzigerjahren mit Mercedes-Benz geschlossen hatte, verpflichtete sich das Unternehmen, die Firmenflotte ausschließlich mit Mercedes-Wagen zu bestücken. Als Gegenleistung durfte Wilhelm zwei Wagen für private Zwecke benutzen – einen als Privatwagen und einen weiteren für Autorennen. Letzterer war ein SSK-300-Sportkabrio mit je drei seitlich der Motorhaube verlaufenden Auspuffrohren und riesigen Scheinwerfern, die von den vorderen Kotflügeln abstanden.

Seine Frau Ernestina, die sich im Jahr 1927 das Leben genommen hatte, war selbst eine berühmte Pionierin des Automobilsports gewesen. Auf dem linken Foto ist sie mit Wilhelm zu sehen, rechts daneben posiert sie auf einem Werbeplakat.

Wuchtige Trophäen im Wohnzimmer ihres Darmstädter Hauses zeugten von den Erfolgen der beiden. Wenn Niko in früheren Zeiten zu Besuch kam, nahm er auf dem Fahrersitz des Cabrios Platz, dessen rote Ledersitze einen Kontrast zur schwarz lackierten Karosserie bildeten, und legte die Hände auf das Lenkrad. Dann stellte er sich vor, wie er selbst am Steuer des Wagens den Nürburgring entlangbrauste und ebenfalls eine Siegestrophäe gewann.

Doch das war einmal, wie Niko seinem Vater nach der Rückkehr aus Darmstadt berichtete. »Die Straßen sind blitzsauber und völlig unbeschädigt«, schrieb er, »aber ... aus den einst so hübschen Läden am Wilhelminenberg [sieht] man Schutt und Steine quellen, wie ein dicker Brei ergießen sie sich auf den Gehsteig.« Auch Onkel Wilhelms Haus lag in Trümmern. Und Niko war in keiner Weise auf den Anblick seines einstigen Helden vorbereitet, der jetzt in einem Gartenschuppen hauste.

Onkel Wilhelm sieht furchtbar schlecht aus. Er hat einen winzigen Vogelkopf, ganz dünne Händchen und einen völlig krummen Rücken vom Beschtereff [Bechterew]. Es liegt nicht an der Ernährung, daß er so aussieht. Er hatte einen völligen Nervenzusammenbruch und war total am Ende. Durch den Umzug vom Löwentor bei der schwarzen Lisbeth [der entfernten Verwandten, die er geheiratet hatte], die Sorge um den Bau der Notwohnung und all die anderen Sorgen um die [Merck] Fabrik, Manuel [Wilhelms Sohn Emanuel, der noch in sowjetischer Kriegsgefangenschaft war] usw. ist er so heruntergekommen.

Nikos Rückfahrt wurde zu einer kleinen Odyssee. »Als wir erschöpft und todmüde in München wieder ankamen, mußten wir eine ganze Stunde im Regen auf die Straßenbahn warten. Sie kam aber nicht mehr, so daß wir mit einer anderen fuhren und noch eine halbe Stunde zu Fuß gehen konnten. Das danken wir alles unserem ›Führer‹.«

Nachdem mein Vater während des Kriegs unzählige Feldpostbriefe immer mit der Zensur im Hinterkopf verfasst hatte, durfte er sich endlich eine despektierliche Bemerkung erlauben.

Dieser deutsche Winter 1946/47 wurde in der Tat bitterkalt, wie Niko gefürchtet hatte. Mit Lebensmitteln beladene Kähne froren im Eis ein. Frauen kletterten in ihrer Verzweiflung auf Kohlewaggons und schaufelten, während sich der Zug bereits in Bewegung gesetzt hatte, Kohlestücke herunter, um sie anschließend aufzulesen. Die Deutschen fällten alle verfügbaren Bäume, um an Brennholz zu gelangen. Auf dem obigen Foto hackt ein Berliner im kahlen Tiergarten auf einen Baumstumpf ein, im Hintergrund sieht man die Ruine des Reichstags.

Unterdessen dauerte Marias »Bitternis« an. Nachdem sie und ihr Mann sich nach dessen Heimkehr getrennt hatten, schlug sich Kurts Tochter als alleinerziehende Mutter in Freiburg durch. Eine komplizierte Beziehung zu ihrer Mutter – Elisabeth konnte sich nie ganz mit Marias bohemehaften Lebensstil und ihrer Heirat mit einem Künstler abfinden – schloss vorerst eine Rückkehr in das Haus am Schlossrondell aus. Maria fragte sich, ob ihr Vater in New York ihre Lage wirklich begriff, und fühlte sich alleingelassen.

Niko wiederum wollte nur eins: so rasch wie möglich zu seinem Vater in die Vereinigten Staaten. Und siehe da, Kurt konnte in der Tat »etwas für ihn tun«. Da Niko kurz vor dem Vordiplom stand, was etwa einem Bachelor-Abschluss gleichkam, wandte sich Kurt an Hugh Stott Taylor, den Leiter des Fachbereichs Chemie an der Universität Princeton. Taylor, ein gebürtiger Engländer, meinte, er brauche lediglich eine Abschrift des Zwischenzeugnisses, um Niko einen Aufbaustudienplatz anbieten und sich um eine mögliche finanzielle Unterstützung kümmern zu können. »Professor Taylor war ebenfalls ein Immigrant«, erzählte mir mein Vater. »Daher war er bereit, mich quasi unbesehen zum Studium zuzulassen.« Mit Taylors Zusage konnte Niko ein Studentenvisum beantragen. Derweil musste Kurt, seit Dezember 1946 amerikanischer Staatsbürger, mittels eines Affidavits bestätigen, dass sein Sohn dem Staat nicht auf der Tasche liegen würde.

Bei Fliegeralarm war meine Großmutter stets in aufrechter Haltung und mit einer Kerze in der Hand die Kellertreppe hinabgestiegen, auf dem Kopf einen Stahlhelm, den Dr. Albrecht als Souvenir aus dem Ersten Weltkrieg mitgebracht hatte. Auf Maria wirkte sie »wie eine Figur, die einem Gemälde von Delacroix entstiegen« war. Eine Bombe hatte einen Krater in ihrem Garten hinterlassen; eine weitere war durch das Dach geschlagen und auf der Kommode in ihrem Schlafzimmer gelandet, ohne zu explodieren. Nun wollte Elisabeth einfach nicht akzeptieren, dass Niko nicht an ihrer Seite bleiben würde. Doch an Heiligabend im Jahr 1947 schien sie sich endlich damit abzufinden, dass sie ihren Sohn nicht für immer würde an sich binden können. In einem kurzen Gedicht brachte sie zum Ausdruck, dass dies vermutlich ihr letztes gemeinsames Weihnachten sein würde und sie eingesehen hatte, wie wichtig ihm die Ausreise nach Amerika war. In dem Gedicht beschwor sie den Begriff »Heimat«, dieses typisch deutsche Wort, das nicht nur Elternhaus und Vaterland meint, sondern eine Reihe weiterer Bedeutungsnuancen hat – von dem vertrauten Ort, an dem man lebt, bis zu der Landschaft, in die man hineingeboren ist. Außerdem bemühte sie das Bild des Waldes, ein so bedeutungsvoller und fast heiliger Topos in der deutschen Kultur, dass sich unzählige Komposita um diesen Wortstamm ranken, wie etwa »waldumrauscht«:

Du willst die Heimat mit der Fremde tauschen,
Dich lockt die Neue Welt,
Der roten Ahornwälder krafterfülltes Rauschen …

Europa stirbt, die müden Menschen sehnen sich
nach dem Todesschlaf,
Nur Ruhe suchen sie und Kühlung für die Wunden,
Da sie der Kriegsgott traf.

Im Juni 1947 reiste Kurt nach Europa und sah Maria und Niko nach neun Jahren zum ersten Mal wieder. Niko fuhr von München nach Freiburg und fort dort aus gemeinsam mit seiner Schwester mit dem Schnellzug Richtung Basel nach Weil am Rhein an der Schweizer Grenze, um dort den Mann wiederzutreffen, den sie »den Greis« nannten.

Im Nachhinein versuchte Maria, das Knäuel von Empfindungen, das diese Begegnung bei ihr hinterließ, literarisch zu entwirren. Dabei entstand ein schmales Erinnerungsbuch mit dem Titel *Selbstgespräche mit dem Vater*, das sie im Jahr darauf anonym veröffentlichte.

Lange bevor sie ihr Ziel erreicht hatten, traten sie und ihr Bruder aus dem Abteil auf den Gang hinaus, als wollten sie den Zug beschwören, das Tempo zu beschleunigen. Und doch war diese Reise begleitet von dem Gefühl, »allem Glück gegenüber zutiefst misstrauisch geworden [zu sein]«, schreibt Maria und fährt fort: »wir haben es völlig verlernt uns vorzustellen, dass etwas so Schönes wirklich Wahrheit werden könnte.«

Im Bahnhof Weil am Rhein stiegen sie aus und folgten der gewundenen Straße, die zum Zollamt führte. Als sie die Gestalt bemerkten, die hinter dem Grenzbaum mit beiden Armen winkte, rannten sie los. Maria beschreibt diesen Moment so:

> *Ich habe das Gefühl am Ende eines Marathonlaufes zu sein, der neun Jahre gedauert hat, noch ein paar hundert Meter und das Zielband ist erreicht, ich fühle den Niko neben mir wie ein Stück von mir und die Tränen laufen über mein Gesicht, so dass ich nichts mehr sehe, bis ich gegen die Holzbarriere stolpere, mit letzter Kraft, und ich fühle einen Arm um meine Schulter und Nikos Kopf ganz nah, einen rauhen Wollstoff*

an meiner nassen Backe und eine Stimme über mir, eine völlig unveränderte Stimme, nach Jahren unter tausend Stimmen wiederzuerkennen, die heiter sagt:

»Aber nur keine Aufregung, wo ist denn euer Gepäck?«

Niko hat dieses Wiedersehen mir gegenüber mit keinem Wort erwähnt. Doch ich bin mir ziemlich sicher, dass mein Vater einige der Pinselstriche in dem literarischen Porträt, das Maria von Kurt zeichnete, wiedererkannt hätte – von einem starken Mann mit einer großen Präsenz, aber dennoch schwer zu fassen, dem Mann, dem es gelungen war, immer wieder auf einfallsreiche Weise dem Unheil zu entkommen, dem Mann, der aus Europa und über lange Zeiträume hinweg auch vor seinen väterlichen Pflichten geflohen war, was immer auch seine Absichten gewesen waren. Mochte er auch jetzt alle Hebel in Bewegung setzen, um Niko bei einem Neustart in der Neuen Welt zu helfen, er hatte doch nichts tun können, um ihn und Maria aus Nazideutschland herauszubringen.

In seinem Mietwagen fuhr Kurt zusammen mit Maria und Niko nach Freiburg zurück. Maria beschreibt, wie am Stadtrand »die ersten Spuren des Krieges und der Vernichtung sichtbar zu werden [beginnen] – [ein] geborstenes Haus, wie eine Puppenstube zeigt es bis zum Speicher hinauf seine Geheimnisse. Ein Gehäuse, in dem Menschen lebten und starben, glücklich waren und litten. Die Kellerlöcher mit Unrat und Gerümpel gefüllt …«

Du siehst aus dem Fenster, du siehst zum ersten Mal eine deutsche Stadt und sagst, deine Erzählungen für einen Augenblick unterbrechend, »Ich hab' mir eigentlich vorgenommen, die Trümmer gar nicht erst anzusehen.«

Und bei diesen Worten tut mir etwas weh, eine Mischung von Zorn und Erschrecken steigt in mir auf, aber dann denke ich mir, du brauchst es dir gar nicht ansehen, warte nur noch ein bißchen, dann sieht es dich an, und auch wird es dich einmal packen, daß einmal dies dein Leben war – so gut wie unseres.

Wir fahren durch viele Straßen und keine ist mehr ganz und ... schließlich zwinge ich mich auch, die Zerstörung nicht mehr zu sehen und denke, ich bin vielleicht überempfindlich geworden.

Schließlich ist das Ziel der Fahrt erreicht und wir versuchen mit dem großen amerikanischen Wagen durch das Gartentor zu fahren, um die Koffer bequemer abladen zu können, aber es geht nicht, das Tor ist zu klein.

Das Tor ist zu klein. Wohl nicht nur in diesem einen Fall, nein hier scheint plötzlich alles zu klein, zu eng, zu müde. Selbst die Sprache, die Möglichkeit sich auszudrücken.

Maria war wieder zu dem Thema zurückgekehrt, das sie in ihrem Brief an ihren Vater sechzehn Monate zuvor angeschnitten hatte: dass sie jenen, die »die Bitternis der letzten zwölf Jahre ... bis zum Ende durchgekostet« hatten, das Vorrecht der Schuldzuweisung einräumte.

Dabei war sich Kurt des Ausmaßes der Zerstörung durchaus bewusst. Ein Jahr zuvor hatte Pantheon Books *Lost Treasures of Europe* veröffentlicht, einen Bildband mit Fotos von vierhundert Kulturstätten, die nun stark beschädigt oder fast völlig zerstört waren: »von Coventry bis Kiev, von [Monte] Cassino bis Rotterdam.« Das Buch »zeigt, was an europäischem, kulturellem Erbe in diesem Kriege zerstört wurde und was das menschliche Auge nicht wieder sehen wird«, hatte er an Maria geschrieben. Ein Jahr nach dem Wiedersehen mit seinen Kindern sollte Kurt in offizieller Mission abermals nach Deutschland zurückkehren, mit Empfehlungsschreiben von der National Gallery of Art und der Library of Congress in Washington. Mit grimmiger Entschlossenheit brachte er vier Wochen damit zu, das, was von den im »Führerprojekt« versammelten Objekten übrig geblieben war, aufzuspüren. Hitler hatte diese Inventarisierung mit Farbfotos 1943 angeordnet, als die Alliierten ihre Luftangriffe verstärkte, um auf dieser Grundlage nach dem deutschen »Endsieg« Fresken, Statuen und andere Kunstwerke restaurieren oder wiederaufbauen zu können.

Maria hatte indes den Eindruck, als würde ihr Vater lediglich eine Bestandsaufnahme dessen machen, *was* der Krieg unwiderruflich beschädigt hatte, aber nicht *wen*.

Am Ende seines Besuchs brachten Maria und Niko ihren Vater in Freiburg zum Nachtzug nach Paris, von wo aus er nach Le Havre weiterfahren sollte, um dann mit dem Schiff nach New York zurückzukehren. »O grauenvolle, qualvolle Bahnhöfe«, klagt Marias literarisches Alter Ego auf dem Bahnsteig und fühlt sich an frühere Abschiede in den Dreißigerjahren erinnert. Der Bahnhof kehrt in ihrer Erzählung immer wieder. Unmittelbar nach dem Krieg wurden Bahnhöfe »zum Brennpunkt eines häufig elenden, flüchtigen, provisorischen Lebens: dem Ort, wo trotz des Zusammenbruchs des Zugverkehrs im Frühjahr 1945 Flüchtlinge ankamen, Menschen auf der Suche nach verloren gegangenen Familienmitgliedern Nachrichten hinterließen und der Schwarzmarkt blühte«, schreibt der Historiker Richard Bessel. »Das ganze Land schien auf die Ankunft eines Zuges zu warten: eines Zuges, der ihre Familien wieder zusammenführte, eines Zuges, der ihnen die Heimkehr ermöglichte.«

Aber die Wiederzusammenführung der Wolffs sollte nicht von Dauer sein.

Ich stehe draußen, während du einsteigst und ich sehe dich durch das Korridorfenster mit dem Schlafwagenkontrolleur verhandeln und ich sehe deine Lippen sich bewegen wie in einem Stummfilm und ich weiß auch ohne dass ich deine Worte höre, dass du ihn jetzt bestichst, damit du alleine im Abteil bleibst, ich seh' dich so überscharf: Grauer Mantel, blasses Profil, dunkler Hut … Und tausend Dinge, die man sagen möchte, sitzen als würgender Kloß im Hals und man weiß, man kann sie nicht mehr sagen.

Du ziehst das Fenster herunter und beugst dich zu mir heraus, siehst mich verloren an und bist mir ganz nah, weil ich spüre, du bist genauso stumm wie ich, und bist mir unendlich fern, weil ich weiß, du bist schon lange nicht mehr da, du bist schon in Paris, du bist schon auf dem Schiff, das viele Wasser schiebt sich mehr und mehr zwischen dich und mich, der andere Erdteil saugt dich auf, der fremde, der geschäftige, der lebendige.

Und der Zug fährt an und zieht deine Hand aus meiner Hand, dein Gesicht schwebt traurig und weiß über mir und ich sehe auf ihm eine Müdigkeit, die ein Stück unserer Müdigkeit ist und ich fühle, es ist höchste Zeit, daß du fort kommst, fort aus all diesem Grauen, eh du es ganz erfaßt, ganz verstanden hast.

Und endlich, endlich kann ich mich umdrehen und kann weinen, während in meinem Rücken der Zug aus der Halle rollt: Fort, fort. Vorbei, vorbei.

Jetzt weiß ich auch, was ich dir so verzweifelt sagen wollte, in jenen letzten Sekunden am Zug, als der Kloß im Hals mir das Sprechen versagte: »Hol' uns heraus, nimm uns fort von hier, bald … Erst drüben, in einem anderen Land, finden wir die gemeinsame Sprache wieder!«

An einem Frühlingstag im Jahr 2018 steige ich am Bahnhof von Fürstenberg an der Havel aus dem Zug und folge einem Weg, auf dem fünfundsiebzig Jahre zuvor auch die Gefangenen gingen. Heute ist er für Touristen ausgeschildert, auf den Gehsteig wurden Ideogramme gemalt – hier die Streifen der Häftlingskleidung, dort Stacheldraht. Vom Bahnhof bis zum Lager ist es etwas mehr als ein Kilometer, und ich hätte auch ohne das Hinweisschild an der letzten Weggabelung, wo die Ravensbrücker Dorfstraße nach rechts abbiegt, den Weg gefunden. Ein in voller Blüte stehender Flieder wirft dort seinen Schatten über den Zaun hinweg auf den Weg. Nachdem ich einen Herbst und Winter lang in die Geschichte der Familie meines Vaters eingetaucht war, ist jetzt der Frühling da, und der Fliederduft erinnert mich unwillkürlich an meine Mutter.

2016 gelangte ein historischer Roman mit dem Titel *Lilac Girls* (*Und am Ende werden wir frei sein*) auf die amerikanischen Bestsellerlisten. Er erzählt die Geschichte dreier junger Frauen: einer deutschen Ärztin, die nach Ravensbrück geschickt wird, um dort grausame medizinische Experimente durchzuführen, einer politischen Lagerinsassin, die diesen Experimenten unterzogen wird, und einer wohlhabenden amerikanischen Schauspielerin und Philanthropin, die nach dem Krieg von dem Martyrium der weiblichen Häftlinge erfährt, sich für die Überlebenden einsetzt und sie zur Behandlung in die Vereinigten Staaten holt.

Die deutsche Ärztin ist eine historische Figur, die im Zuge der Nürnberger Prozesse verurteilt wurde. Die Polin ist eine fiktive Gestalt. Doch die Amerikanerin, Caroline Woolsey Ferriday, hat es ebenfalls gegeben. Sie war die Cousine des Vaters meiner Mutter. Und wenn sie nicht gerade wieder einmal wegen eines ihrer zahlreichen Projekte unterwegs war, pflegte sie die Fliederbüsche auf ihrem Landgut in Bethlehem, Connecticut, die auf dem Cover der amerikanischen Ausgabe abgebildet sind.

Caroline, hier auf einem Foto aus der Mitte des vorigen Jahrhunderts zu sehen, hatte einige Gemeinsamkeiten mit der Gräfin in Saint-Lary: Sie gehörte einer ähnlichen Gesellschaftsschicht an, hatte die gleiche Statur wie sie und teilte deren politische Einstellung und rastlosen Geist. Obgleich beim Ausbruch des Ersten Weltkriegs erst zwölf, fühlte sie sich bemüßigt, einem Verwandten zu schreiben, der Kaiser sei wohl »völlig verrückt« geworden. Carolines Vater Henry McKeen Ferriday und ihre Tante, Henrys Schwester und meine Urgroßmutter Elizabeth Ferriday Neave, verbrachten einige prägende Jahre in Frankreich, und Henry übertrug seine Frankophilie auf seine einzige Tochter, die dieser Vorliebe bis zu ihrem Lebensende treu blieb. Caroline war von Privatlehrern in Französisch unterrichtet worden, und als die Nazis in Frankreich einmarschierten, arbeitete sie gerade als Volontärin beim französischen Konsulat in Manhattan. Nach dem Krieg organisierte sie Spendenaufrufe für die Hinterbliebenen von Gefallenen der Streitkräfte für ein freies Frankreich.

Caroline blieb unverheiratet und kinderlos, fand aber in Mary – der Tochter ihres Cousins Alex – eine verwandte Seele aus der jüngeren Generation. Als Mary Neave, meine spätere Mutter, von ihren weißen, protestantischen Eltern zu hören bekam, sie könne ihre jüdische Freundin nicht zum Schwimmen in den Country Club der Familie mitnehmen, »weil man das einfach nicht tut«, entgegnete das Mädchen, das sei kein akzeptabler Grund.

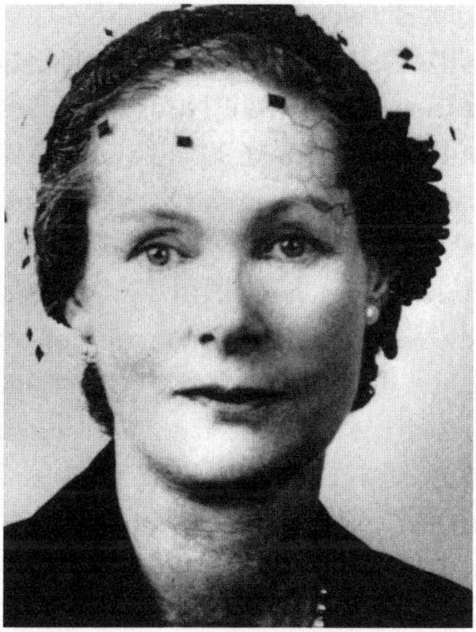

Mary, die sich ihr rebellisches Wesen auch als Erwachsene bewahrte, war überzeugt, der eigene Name sollte nur dreimal in der Zeitung stehen, bei Geburt, Heirat und Tod. Doch das hinderte sie nicht daran, sich gesellschaftlich zu engagieren. Ob es darum ging, für bettlägerige Menschen Klavier zu spielen oder Freiwillige anzuleiten, wie man Erwachsenen Lesen und Schreiben beibringt, oder ob sie uns nach der Ermordung Martin Luther Kings jr. zu Gedenkgottesdiensten mitschleppte – ein Kind auf dem Arm, das andere an ihrem Rockzipfel –, immer bezog sie Stellung. In späteren Jahren trat sie in Carolines philanthropische Fußstapfen, und zwar nicht nur, weil ihre fliederzüchtende Verwandte ihr eine kleinere Summe hinterlassen hatte, um ihr dies zu ermöglichen. Meine Mutter sorgte auch dafür, dass wir wussten, woher ihre Großeltern kamen: aus Louisiana, Tennessee, North Carolina und aus der nördlichsten Südstaatenstadt Cincinnati – allesamt Orte mit einem gleichfalls schweren historischen Erbe.

Wenn man das Gelände von Ravensbrück erreicht, dem einzigen Konzentrationslager, das die Nazis ausschließlich für Frauen errichtet hatten, sieht man als Erstes die alten SS-Quartiere – im regionalen Stil erbaute Villen mit Satteldächern inmitten von Kiefern. In der Nähe befindet sich das moderne Besucherzentrum. Von hier aus kann man einen Blick auf den Schwedtsee erhaschen, wo die Nazis die Asche aus dem Krematorium entsorgten. Das erste Gebäude, das dieses Idyll stört, ist die »Kommandantur«; dahinter erhebt sich die massive Lagermauer mit dem Haupttor, durch das man direkt auf den Appellplatz gelangt. Dort mussten sich die Gefangenen in Reih und Glied aufstellen, um sich abzählen, demütigen, schlagen zu lassen. Ihnen drohten Zwangsarbeit, Verstümmelung und Ermordung.

Gleich beim »Appellplatz« befindet sich das ehemalige »Revier«, die Krankenstation, wo die Nazis einen abgeriegelten Bereich in eine Folterkammer verwandelt hatten. Die Ärzte fügten Frauen, die aufgrund ihrer Jugend und gesunden Konstitution ausgewählt wurden, Wunden an den Beinen zu, in die sie Eiter, Erde, Glas- und Holzsplitter rieben, um Entzündungen hervorzurufen. Diese wurden dann mit Sulfonamiden behandelt – im Gegensatz zu den Wunden der Gefangenen, die der Kontrollgruppe angehörten. Von den fünfundsiebzig Frauen, die für diese Experimente missbraucht wurden, waren vierundsiebzig Polinnen. Mindestens fünf starben an den Folgen der Verstümmelungen, und weitere sechs wurden nach Beendigung der »Versuche« ermordet. Die übrigen ließ man auf dem ihnen verbliebenen gesunden Bein im Lager herumhumpeln. Bald hießen die malträtierten Frauen im Lagerjargon »Kaninchen« und nannten sich auch selbst so.

Die Nazis wussten nicht, dass einige ihrer Gefangenen, die aufgrund ihrer Widerstandsaktivitäten inhaftiert worden waren, Spionagepraktiken beherrschten. Mit einer Kamera, die auf einem Gefangenentransport aus Warschau ins Lager geschmuggelt worden war, fotografierten einige Frauen heimlich die Wunden und Verstümmelungen von Opfern der Versuche und versteckten anschließend den Film, bis eine freigelassene Mitinsassin ihn aus dem Lager schmuggeln konnte. Mit ihrem eigenen Urin, den sie als unsichtbare Tinte verwendeten, schrieben sie auf die Kuverts ihrer Briefe nach Hause, was ihnen angetan worden war. Die Adressaten konnten dann mit einem Bügelleisen die Botschaften sichtbar machen und sie an die polnische Heimatarmee weiterleiten. So erfuhr die polnische Heimatarmee, dann die polnische Exilregierung in London und schließlich die ganze Welt von diesem Verbrechen. Eine Ausgabe einer polnischen Untergrundzeitung vom August 1943 trug die Überschrift »UNVORSTELLBARE GRÄUEL IN RAVENSBRÜCK« und beschrieb detailliert die Experimente, die dort durchgeführt wurden. Sogar die beteiligten Ärzte wurden namentlich genannt, darunter auch Herta Oberheuser, eine der drei Protagonistinnen von *Und am Ende werden wir frei sein*. Aufgrund einer Vereinbarung zwischen dem Schwedischen Roten Kreuz und der dänischen Regierung mit Vertretern des Naziregimes konnten die überlebenden Opfer im April 1945 ins neutrale Schweden gebracht werden.

Caroline erfuhr von den »Versuchskaninchen« der Nazis durch französische Widerstandskämpferinnen, die ebenfalls in Ravensbrück inhaftiert waren und nach dem Krieg ihre Freundinnen wurden. Jahrelang versuchte sie gemeinsam mit anderen, die Bundesregierung zu Reparationszahlungen an die Opfer zu bewegen. Aber Ravensbrück war von der Roten Armee befreit worden, weshalb die Geschichte dieser zumeist polnischen Frauen im Westen zunächst kaum bekannt war. Die deutsche Bundesregierung verwies darauf, dass sie keine diplomatischen Beziehungen zum kommunistische Polen unterhielt, und behauptete, in dieser Sache nichts unternehmen zu können.

1958 gelang Caroline schließlich ein Durchbruch, als sie Norman Cousins, den Chefredakteur der Wochenzeitschrift *Saturday Review,* davon überzeugte, über das Martyrium der Ravensbrücker Versuchsopfer zu schreiben. Dank der großzügigen Spenden, die daraufhin von Lesern eingingen, konnten noch im Dezember fünfunddreißig betroffene Polinnen in die Vereinigten Staaten geholt werden. Einige der Frauen bedurften einer chirurgischen oder psychologischen Behandlung, und vier von ihnen verbrachten die Weihnachtszeit auf Carolines Landgut in Bethlehem. Mittlerweile hatte sie Benjamin Ferencz, den Chefanakläger im Nürnberger Einsatzgruppen-Prozess, dazu bewogen, Druck auf die Bundesregierung auszuüben. Während die polnischen Frauen auf einer Reise durch die USA immer mehr Aufmerksamkeit auf sich zogen, erklärte sich die Bundesregierung schließlich bereit, die Kosten ihrer Behandlung zu übernehmen. Fünf Jahre später willigte die BRD auch ein, Wiedergutmachungszahlungen zu leisten. Als Caroline erfuhr, dass Dr. Oberheuser eine Privatpraxis in Norddeutschland unterhielt – die ehemalige KZ-Ärztin hatte nur fünf Jahre ihrer zwanzigjährigen Haftstrafe absitzen müssen –, lancierte sie eine erfolgreiche Pressekampagne, in deren Folge ihr die Approbation entzogen wurde.

Zu den gemeinsamen Vorfahren von meiner Mutter und Caroline gehört ein Sklavenhalter namens William Calvin Ferriday. Die 1600 Hektar große Helena Plantation im Concordia Parish im Bundesstaat Louisiana hatte seine Braut Helen Catherine Smith aus Natchez, Mississippi, als Mitgift in die 1826 geschlossene Ehe mitgebracht. Einer ihrer Söhne, J. C., gewährte vor seinem Tod im Jahr 1894 einer Reihe von Bahnlinien das Eisenbahnwegerecht. Und so trug der auf dem Land der Familie errichtete Güterbahnhof ihren Namen – Ferriday.

Laut dem Zensus, den J. C. am Vorabend des Bürgerkriegs persönlich durchführte, hielten die Ferridays damals 149 Menschen in Sklaverei. Zwei Jahre später trat sein Bruder William Calvin jr. (Carolines Großvater und mein Ururgroßvater), ein presbyterianischer Priester, der in den Norden gegangen war, um am Lafayette College und dem Princeton Theological Seminary zu studieren, freiwillig als Militärkaplan in das Pennsylvania 121st Infantry Regiment ein. Dies war ein Affront gegenüber seiner Familie, die seit Generationen den »Southern Way of Life« pflegte.

Erschüttert darüber, dass Sklavenhalter zu ihren Vorfahren zählten, fühlte sich Caroline andererseits durch das Vermächtnis ihres integren Großvaters und die Tatsache, dass sich einige ihrer mütterlichen Vorfahren für die Abschaffung der Sklaverei eingesetzt hatten, ermutigt. Durch ihr soziales Engagement leistete Caroline in gewisser Weise auch Abbitte für die Verfehlungen ihrer Südstaaten-Vorfahren. Während ich mir ihren Beitrag zum Freiheitskampf der Schwarzen vergegenwärtige – von ihrer Hilfe bei der Gründung der ersten afroamerikanischen Bank in Harlem über die finanzielle Unterstützung diverser Bürgerrechtsorganisationen und traditionell afroamerikanischer Colleges bis zur Förderung der Gleichberechtigung der Afroamerikaner in dem Städtchen in Louisiana, das ihren Familiennamen trägt – fallen mir Kurts beschwörende Worte aus seinem Brief an Maria ein: »Ob jung wie Du, ob alt wie ich – unser Leben ist kaum lang genug, um diese Aufgabe ganz zu Ende zu leben. Wie weit wirs bringen, ist Gnade.«

Die Leserschaft von *Und am Ende werden wir frei sein* lernt eine fiktionalisierte Caroline kennen, die eine Affäre mit einem Franzosen hat. Als sie die verlorene Tochter ihres Liebhabers nach dem Krieg in einem Waisenheim entdeckt, gibt sie das Mädchen nur widerstrebend ihrem Vater und dessen jüdischer Frau zurück. Man mag der Romanautorin derlei erzählerische Kunstgriffe verzeihen, weil sie damit verhindern wollte, dass ihre Hauptfigur wie eine Heilige erschien. Aber Caroline hatte jenseits des Buchs ein ganz reales Leben. Sicher, sie betete tatsächlich jeden Morgen vor dem Frühstück. Und an einem dritten Juli kurz vor Mitternacht geboren, feierte sie den Unabhängigkeitstag stets so begeistert, als hätte sie den Patriotismus mit der Muttermilch eingesogen.

Aber wollte man bei ihr nach Charakterschwächen Ausschau halten, würde man auf etliche stoßen. Man könnte bei ihrer Sturheit anfangen und dürfte keinesfalls ihre Ungeduld vergessen. »Sie wollte die Welt an einem einzigen Tag verändern«, erinnert sich Stanisława Śledziejowska-Osiczko, eine der polnischen Frauen. Aber auch wenn »unser Leben kaum lang genug« ist, »um diese Aufgabe zu Ende zu bringen«, müssten wir uns Tag für Tag genau so ins Zeug legen, als stünde uns tatsächlich nur ein einziger zur Verfügung.

Was Caroline und auch meine Mutter taten, war nichts anderes, als den Übergang zum Erwachsensein zu vollziehen. Oder in Susan Neimans Worten: »Erwachsen zu werden, heißt, all das zu sichten, was zu erben man nicht umhinkommt, und dabei herauszufinden, was man für sich reklamieren möchte und was man tun muss, um den Rest loszuwerden.«

Was mich betrifft, gibt es für diese Aufgabe, keinen besseren Ort als die Stadt, in die ich nun mit dem Zug zurückkehre. Berlin, schreibt Neiman, »machte das Nachdenken über Moral zu einer ständigen Übung und verlieh ihm eine gewisse Bodenhaftung; jeder Pflasterstein, jedes Einschussloch erinnerte an moralische Fragen«.

Kettenmigration

Niko, 1948 bis 1952

Am 5. August 1948 lief die *SS Ernie Pyle*, ein umgebautes Frachtschiff, aus dem Hafen von Southampton aus. Das Ziel ihrer Fahrt war New York. Unter den Passagieren befanden sich Hunderte Amerikaner, die von Besuchen in Großbritannien zurückkehrten, einige Jiddisch sprechende Holocaust-Überlebende und mein Vater.

Erst eine Woche zuvor hatten die Westmächte eine Währungsreform durchgeführt, wodurch die 10 000 Reichsmark, die Clara Merck vor langer Zeit ihrem damals achtjährigen Enkel vermacht hatte, nun im Grunde wertlos waren. Daher trug Niko nur zehn Dollar bei sich. Und da es keinen offiziellen deutschen Staat gab, dem er angehören konnte, war er auf der Passagierliste als »staatenlos« aufgeführt.

Nachdem man ihn ins Unterdeck verwiesen hatte, richtete er sich in einer Koje unter der eines jungen Priesters aus New Jersey ein, der Verwandte in Deutschland besucht hatte. Der Priester war froh, sein Deutsch mit Niko üben zu können, der wiederum seine Englischkenntnisse an den Mann bringen konnte. Eines Abends machte Father Joe ihn mit Bingo bekannt, diesem Erbauungsritual des amerikanischen Katholizismus und beliebten Zeitvertreib für allein reisende Passagiere. Als Niko mit dem Mindesteinsatz zehn Dollar Gewinn gemacht hatte und dann einen Dollar verlor, hörte er auf. »Meine erste Investition«, sagte er später.

Es war fünf Uhr in der Frühe und noch immer dunkel, als die *Ernie Pyle*, von meinem Vater auf diesem Foto eingefangen, nach sieben Tagen auf See an einem Freitag den dreizehnten in den Hafen von New York einlief. Niko stand auf dem Vordeck und genoss die feuchte Luft in der Morgendämmerung. Die Spitze von Manhattan mutete wie der Bug eines anderen Schiffs an. Zu seiner Rechten sah er die Lichter der vielen Fahrzeuge, die bereits auf der Brooklyn Bridge unterwegs waren. Dann stieg über den Außenbezirken der Stadt eine riesige orangefarbene Kugel auf – die aufgehende Sonne beschien die Skyline von New York. Die unterschiedlichsten Emotionen erfüllten ihn, und kurz fühlte er sich wie in einem Fiebertraum.

Für meinen Vater, der einen Monat zuvor siebenundzwanzig geworden war, war dies die ganz persönliche »Stunde null«, wie man in Deutschland den durch die Alliierten herbeigeführten Neuanfang nach der bedingungslosen Kapitulation nannte. Sein Vater war eine Art Frühstarter gewesen: Kurt hatte schon mit einundzwanzig seine ersten Gehversuche im Verlagswesen gemacht, fünf Jahre später seinen eigenen Verlag gegründet und dazwischen geheiratet. Ganz anders Niko. Die Scheidung der Eltern hatte seine Kindheit erschüttert, seine Jugend wurde durch den Nationalsozialismus deformiert und der Übergang ins Erwachsenenalter durch den Krieg verzögert. Durch Kampfhandlungen, Krankheit oder die Strapazen der Gefangenschaft war die Hälfte der kurz nach dem Ersten Weltkrieg geborenen männlichen Deutschen vor dem dreißigsten Lebensjahr verstorben. Kurt zitierte gern aus einem Brief, den der Schriftsteller Johann Georg Schlosser, ein politischer und philosophischer Kopf, 1773 an meinen Vorfahren Johann Heinrich Merck geschrieben hatte: »Es gibt noch etwas zwischen Freude, Leiden und Gleichgültigkeit. Ich weiss nicht, wie ich's nennen soll, ich weiss nur, daß ich es gern erreichen würde. Vielleicht eine Art Kinderleben.« Endlich konnte für Niko diese Art des normalen Lebens – von dem Kurt gern mehr gehabt hätte und das für mich etwas Selbstverständliches sein sollte – beginnen.

Als die Holocaust-Überlebenden von Bord der *Ernie Pyle* gingen, wurden einige von Verwandten begrüßt, die im Diamantenviertel in der Forty-Seventh-Street tätig waren. Niko wurde von seiner amerikanischen Familie in Empfang genommen, die ihn am Pier abholte. Er profitierte von einem Phänomen, das später abfällig als »Kettenmigration« bezeichnet werden sollte.

Nachdem Kurt eine Woche in der Wohnung am Washington Square verbracht hatte, bestiegen er und seine Familie einen Zug nach Albany, wo sie von Kurts Exilfreunden Richard und Editha

Sterba abgeholt wurden. Im Wagen der beiden Freud-Schüler aus Wien fuhren sie zu deren Sommerhaus in Shaftsbury, Vermont. Während es auf ihrer Fahrt immer weiter bergan ging, der Himmel immer blauer und die Umgebung grüner wurde, staunte Niko darüber, dass es in den Vereinigten Staaten eine Region gab, die ein wenig Bayern ähnelte.

Das restliche Jahr über wohnten die Sterbas in Grosse Pointe, Michigan, wo sich Manager der Automobilbranche gegen ein stolzes Honorar eine Stunde lang auf ihre Couch legen durften. Aber für den Sommer zogen sie jedes Jahr mit ihren beiden Töchtern, Koch, Haushälterin und mehreren Pferden nach Vermont. Dutzende Freunde tummelten sich auf ihrem Anwesen, wo es mehrere mit Holz verkleidete Gebäude und ein Schwimmbad gab. Die meisten von ihnen waren ebenfalls ehemalige Flüchtlinge. Darunter gab es auch einige Musiker wie den Pianisten Claude Frank, der hin und wieder den Amateurgeiger Richard nach den Mahlzeiten auf dem Klavier begleitete. All das – Musik, Natur, drei Mahlzeiten am Tag und die Tatsache, dass genug Deutsch gesprochen wurde, damit er sich nicht verloren fühlte – erleichterte meinem Vater die Ankunft in seiner neuen Heimat.

Gegen Ende des Sommers, als sich seine Zeit bei den Sterbas dem Ende zuneigte, fuhr ihn jemand nach Bennington zur Kfz-Zulassungsstelle von Vermont, wo er seine bei der Luftwaffe erworbenen Fahrkünste unter Beweis stellte und die Führerscheinprüfung bestand. Vor dem Labor-Day-Wochenende durfte er Kurt, Helen und Christian in dem 1948er-Ford seines Vaters zum Washington Square zurück. Der Wagen war während des Winters normalerweise auf dem Grundstück der Sterbas untergebracht, doch nun würde ihn Niko an den Wochenenden zum Pendeln zwischen Princeton und Manhattan benötigen.

Kurt hatte seinem Sohn nicht nur zu einem Aufbaustudienplatz verholfen, sondern auch seine Beziehungen unter Emigranten spielen lassen, um für Niko eine Unterkunft zu finden. Seine neue Bleibe wurde das nahe der Nassau Street gelegene chaotische Haus von Erich Kahler, einem deutschen Kulturphilosophen, der 1938 nach Amerika emigriert war. Kahler hatte eine Stelle am Institute for Advanced Studies, einem privaten Forschungsinstitut, und war mit dem dort wirkenden Albert Einstein befreundet, der auch der Hypothekengläubiger für Kahlers Haus war. Es war, als versuchte Kahler, in seinem Heim das alte Prag wiederauferstehen zu lassen, wo er vor dem Krieg gelebt hatte. Die zahlreichen Dauermieter und Übernachtungsgäste, die er dort unterbrachte, wurden der Kahler-Kreis genannt. Zeitweise gehörten ihm der Mathematiker Kurt Gödel, der Maler Ben Sham und der Kunsthistoriker Erwin Panofsky an. Kahler mit seinem breit gefächerten Interessenspektrum und seinem Faible für gute Konversation saß stets am Kopfende der Tafel. Seine Frau Lili bereitete sowohl Frühstück als auch Abendessen für alle Mitbewohner zu. Gödel, der panische Angst vor Keimen hatte, brachte immer sein eigenes Besteck mit.

In dieses Biotop der Alten Welt platzte Niko hinein, dem ein winziges Zimmer mit eigenem Bad im obersten Stock zugewiesen wurde. Dessen voriger Bewohner war Hermann Broch gewesen, der sich dorthin zurückgezogen hatte, um *Der Tod des Vergil* zu vollenden, den epischen Roman, den er 1936 begonnen und an dem er während einer kurzen Inhaftierung weitergearbeitet hatte. Vor Kurzem war der Roman bei Pantheon in einer zweisprachigen Ausgabe erschienen.

Für Niko war diese Zeit eine Durchgangsstation, die Brochs Vergil mit der paradoxen Formel »noch nicht und doch schon«

umschreibt. Morgens ging mein Vater die Nassau Street entlang, dann linkerhand die Washington Road hinauf zum Frick Chemistry Lab, der Fakultät für Chemie von Princeton. Der Besuch der Vorlesungen bedeutete für ihn ein zweigleisiges Lernen: Zum einen ging es natürlich um den Chemielernstoff, aber auch sein Englisch musste er verbessern. Dies war gar nicht so einfach, galt es doch, sowohl den Neuengland-Akzent des einen Professors als auch das Südstaatennäseln eines anderen zu verstehen, ganz zu schweigen von dem obskuren Englisch von Dr. Furman, das eine einzige Zumutung war.

Um die Mittagszeit lotsten ihn die Kommilitonen von seinen Büchern weg, in die er sich zu Hause gern vertiefte, wie man auf folgendem Foto sieht. Gemeinsam gönnten sie sich dann zum Beispiel ein Schinkensandwich und einen Vanilleshake auf der anderen Straßenseite der Nassau Street. Zweimal in der Woche hielt Niko einen Kurs an der Fakultät, wofür ihm die Studiengebühren erlassen wurden. Doch bald war es Niko leid, die Medizinstudenten aus dem ersten Studienjahr zu unterrichten, denen es nur darum ging, die Chemieprüfung mit dem geringstmöglichen Aufwand zu schaffen.

Eines Abends im Februar 1949 nahm mein Vater Kahler im Ford mit zum Institute of Advanced Studies, wo der dänische Physiker Nils Bohr einen Vortrag halten sollte. Robert Oppenheimer stellte den Gastredner vor, Einstein saß im Auditorium. Niko verstand kaum ein Wort von Bohrs fünfundvierzigminütigen Ausführungen über Quantenmechanik und Erkenntnistheorie. Als man ihn anschließend bat, Einstein nach Hause zu fahren, geriet er in Panik. Was, wenn der berühmte Professor von ihm wissen wollte, wie er den Vortrag gefunden habe, von dem er so gut wie nichts begriffen hatte? Es gab nur eine Möglichkeit, sich aus der Affäre zu ziehen: Er musste Einstein zuvorkommen und ihn fragen, was er davon hielt.

Offensichtlich hatte Niko nichts verpasst. »Wenn der Bohr redet, kommt nur Blödsinn raus«, erwiderte Einstein. »Er soll lieber beim Schreiben bleiben.«

Nach seinem ersten Studienjahr in den Vereinigten Staaten erhielt Niko eine Anstellung als Laborkursleiter mit einem Jahresgehalt von 3500 Dollar und wurde damit von seinem Vater finanziell unabhängig. Er zog ins Studentenheim im Graduate College und erwarb seinen ersten Wagen. Für vierzig Dollar erstand er einen gelben Dodge, Modell 1938, und für weitere fünfundzwanzig Dollar Sitzüberzüge und eine neue Batterie; auf einem Schrottplatz in Trenton fand er einen grauen Kotflügel und lackierte mit einer Spraydose das unansehnliche Fahrzeug um in Grün.

Bei seinen Fahrten zum Washington Square überquerte er auf dem Pulaski Skyway das Ödland im Nordosten New Jerseys. Diese lang gestreckte Konstruktion aus Gerberträgerfachwerk-

Brücken auf Betonpfeilern war zugleich ein Denkmal für einen anderen Immigranten: den exilierten polnischen Offizier Casimir Pulaski, der als »Vater der amerikanischen Kavallerie« bezeichnet wird und dem im Jahr 2009 postum die Ehrenbürgerschaft der USA verliehen wurde.

Bald hatte mein Vater einen weiteren Grund für diese Pendelfahrten. Thea Dispeker – die Emigrantin, die eine der beiden Bürgschaften für Kurt und Helen ausgestellt und ihren Freund Robert Weinberg dazu bewogen hatte, die zweite zu übernehmen – war mittlerweile äußerst erfolgreich als Musikagentin tätig. Ihr Mann, der Bankier Lolo Greig, kannte den Vater meiner Mutter, der in New York als Anwalt tätig war. Eines Tages beschloss man, Niko mit Alex Neaves Tochter Mary bekannt zu machen, die an der Mannes School of Music in Manhattan Klavier studierte.

Auf den ersten Blick schienen die beiden nicht gerade die besten Voraussetzungen für eine ideale Verbindung mitzubringen. Noch vor wenigen Jahren hatte sich meine Mutter – damals war sie noch eine Teenagerin und wohnte in Canaan, Connecticut – nichts inbrünstiger gewünscht, als dass die Armee, der mein Vater angehörte, vernichtet würde. Aber gemeinsame Freunde und die Musik, die beide liebten, ebneten ihrer Verbindung den Weg. Auf einer Weihnachtsfeier bei Thea Dispeker war es dann so weit, dass das brünette Gibson Girl mit den langen Pianistenfingern Niko den Kopf verdrehte. Als meine Mutter aus Versehen ein Tablett mit Horsd'hœuvres über die Frau von Felix Salzer kippte, dem Dekan der Mannes School, der in Kürze bei der Abschlussprüfung ihre Leistungen benoten sollte, sprang ihr mein Vater zur Seite.

Später Abend

Kurt, 1947 bis 1960

Es dauerte nicht lange, bis die New Yorker Literaturwelt Pantheon Books ihre wohlwollende Aufmerksamkeit schenkte. So war es ein frühes ermutigendes Zeichen, dass Illustratoren und Übersetzer ihre üblichen Honorarforderungen zurückschraubten, weil sie sich mit dem prestigeträchtigen Verlagsnamen schmücken wollten. Irgendwann lief der Verlag so gut, dass für Kurt und Helen ein Monatsgehalt von 500 beziehungsweise 400 Dollar heraussprang, und 1949 konnten sie Büroräume in der Sixth Avenue mit Blick auf den Hudson anmieten. Geschäftlich ergänzten sich die Wolffs perfekt: Der intuitive Kurt, der sich gern im Licht der Öffentlichkeit sonnte, gab die Richtung vor; Helen schrieb einfühlsame Briefe und begutachtete Manuskripte und Übersetzungen. »Mein Vater war äußert gebildet, konnte aber auch ganz gut bluffen«, erzählte mir Maria. »Nie im Leben hätte er Zeile für Zeile [Karl] Jaspers redigiert.« Helen indes verbiss sich förmlich in Jaspers Manuskript.

Doch trotz dieser ersten zarten Triebe war der Verlag kläglich unterfinanziert, und Kurt musste sich immer wieder etwas einfallen lassen. 1947 veräußerte er den Nachlass des alten Kurt Wolff Verlags an Yale, und von dem Erlös konnte die Familie eine Weile leben. Auf seinen Reisen nach Europa kaufte er immer wieder Menschen in Not Kunstwerke ab, in der Regel kleinformatige Bilder, die sich gut transportieren ließen. Im Grunde war er selbst ja auch in einer verzweifelten Lage. Zurück in den Vereinigten Staaten trug er die Bilder zu Kunsthändlern in Manhattan und war bereit, Werke, die heute vier- oder fünfstellige Summen einbringen würden, für ein paar Hundert Dollar zu veräußern. Irgendwann machte er sogar die Vorzeigestücke seiner eigenen Sammlung zu Geld – Werke von Paul Klee, Käthe Kollwitz, Ernst Ludwig Kirchner und Pablo Picasso. Eines Tages trennte er sich auf einer Auktion sogar von fast 2000 Lithografien von Honoré Daumier und investierte den Erlös in den Verlag. »Ich erinnere mich, wie mein Vater einmal zu mir sagte: ›Komm, ich möchte dir was zeigen‹«, erzählte mir Christian. »Er rief mich zu sich in einen Raum, wo er einen großen Akt von Renoir bereitgelegt hatte. Am nächsten Tag war er weg.« Der berühmte Satz aus Giuseppe Tomasi di Lampedusas Roman *Der Leopard*, den Kurt und Helen mit großem Erfolg veröffentlichten: »Wenn wir wollen, dass alles so bleibt, wie es ist, muss alles sich ändern«, fängt auch das Dilemma ein, in dem Pantheon steckte. Der Frieden hatte keinen Wohlstand gebracht. Kurt zufolge verkaufte sich die Hälfte der fünfzig Titel, die Pantheon Books zwischen 1949 und 1951 verlegte, »schlecht« oder gar »katastrophal«. Meine Stiefgroßmutter berichtete: »Eines Tages kam Kurt ins Schlafzimmer – ich sehe ihn noch heute elegant und schwermütig in der Tür stehen und zu mir sagen: ›Weißt du eigentlich, wie nah wir dem Bankrott sind, Helen?‹«

Zwei Faktoren hielten den Verlag zunächst über Wasser, und beide hatten weder mit der Titelakquise noch mit den Verkaufsanstrengungen zu tun: zum einen die Tatsache, dass hin und wieder ein Titel aus dem Verlagsprogram vom »Book-of-the-Month«-Club ausgewählt wurde, einem Buchclub, der bei Kriegsende fast 900 000 Mitglieder zählte, zum anderen die mit der Bollingen Foundation und deren Vorsitzenden Mary Mellon, der Frau des Philanthropen Paul Mellon, getroffene Vereinbarung, die »Bollingen Series«, eine aufwendig ausgestattete Buchreihe über Jung'sche Psychologie, Kunst, Archäologie, Literatur, Mythologie, Psychologie und Religion unter dem Dach des Pantheon-Verlags herauszubringen. Bestandteil dieser Vereinbarung war ein monatlicher Vorschuss über 250 Dollar – in den ersten Jahren das einzige »Gehalt«, das die Wolffs bekamen. Vierzig Jahre später meinte Helen lapidar, Pantheon habe nur »wegen Bollingen überlebt. Tja, so war es.«

Derweil schrillten beim Aufsichtsrat von Pantheon die Alarmglocken. »Als sich der Wirtschaftsprüfer, der unseren größten Anteilseigner vertrat, mit dem Ergebnis eines besonders mageren Jahres konfrontiert sah, ermahnte er die Verlagsleitung, also die Wolffs, endlich nach gewinnträchtigeren Titeln Ausschau zu halten«, erinnerte sich Helen wenige Jahre vor ihrem Tod. »Bei dem mageren Jahr handelte es sich um 1954. Doch dann kam endlich der Durchbruch.«

1955 veröffentlichte Pantheon *Gift oft the Sea* (auf Deutsch *Muscheln in meiner Hand)* von Anne Morrow Lindbergh, der Frau des berühmten Fliegers Charles Lindbergh. Für Kurt und Helen bedeutete das Buch in doppelter Hinsicht einen Neuanfang. Zwar war diese Sammlung schlichter Lebensweisheiten, zu denen die Autorin im Lauf ihres Lebens im öffentlichen Rampenlicht gelangt war, nicht gerade ein Werk von bleibendem literarischem Wert, doch das Buch signalisierte, dass der Verlag endlich in den USA heimisch geworden war. Eine Autorin aus einer amerikanischen Bilderbuchfamilie vertraute ihre durch und durch amerikanische Geschichte einem eingewanderten Verleger an. Angesichts der ausgezeichneten Vorbestellungszahlen schrieb Kurt am Vorabend des Erscheinungstermins voller Dankbarkeit an die Autorin:

> *Tief berührt denke ich an Sie und das Geschenk, das Sie uns gemacht haben, und wenn ich zu ermessen versuche, was es für mich, Kurt Wolff, bedeutet, kommt es mir beinahe wie … ein Wunder vor. Schon lange hatte ich mich damit abgefunden, dass es mir mit meiner verlegerischen Arbeit in diesem Land zumeist wie mit dem Werk von Péguy ergehen würde – das heißt, dass sie mehr oder weniger von der Öffentlichkeit unbemerkt bliebe, die eigenen Anstrengungen im Missverhältnis zu den fassbaren Ergebnissen, gestählt und erschöpft zugleich vom Gegen-den-Strom-Schwimmen. Wann immer uns Autoren, Agenten und ausländische Verlage Bücher angeboten haben, waren es unweigerlich »die schwierigen«, während die erfolgversprechenden an die alteingesessenen großen amerikanischen Verlage gingen … Dieses Muster schien schicksalhaft und unumstößlich zu sein. Und deshalb habe ich Ihre Entscheidung, ausgerechnet uns* Gift from the Sea *anzuvertrauen, als »Wunder« bezeichnet. Denn genau das war es für mich: das freiwillige, vertrauensvolle, großzügige Geschenk eines Menschen ohne berechnenden Hintergedanken.*

Dieses »Geschenk« verkaufte sich 600 000 Mal als Hardcover und zwei Millionen Mal als Taschenbuch und besiegelte die Einbürgerung von Pantheon Books in die amerikanische Verlagswelt. Drei Jahre später erfolgte die Bestätigung, dass dieser Verkaufsschlager dem Ruf des Verlags als sicherer Hafen für ausländische Literatur nichts hatte anhaben können. Der russische Schriftsteller Boris Pasternak hatte die Weltrechte an *Doktor Schiwago* dem italienischen Verleger Giangiacomo Feltrinelli übertragen, der wiederum die US-amerikanischen Rechte über einen britischen Vermittler Pantheon Books anbot. Auf dem Höhepunkt des Kalten Kriegs wurden Kurt und Helen mit der Aufgabe betraut, das Buch nicht als politischen, sondern als literarischen Titel zu positionieren. Denn schon eine falsche Marketingmaßnahme hätte den Autor, der in der Sowjetunion als Dissident galt, in Gefahr gebracht und obendrein dazu geführt, dass man den Roman unter Wert verkaufte.

Kurt sollte seinem preisgekrönten russischen Autor nie begegnen. Nachdem *Doktor Schiwago* zu einem globalen Bestseller geworden war, wurde Pasternak von den sowjetischen Behörden in seiner Datscha bei Moskau mehr oder weniger unter Hausarrest gestellt. Außerdem wurde er gezwungen, den Nobelpreis abzulehnen. Mein Großvater bemühte sich dennoch, eine Beziehung zu seinem Autor aufzubauen, und zwar, wie er es liebte, auf brieflichem Wege. Wie Kurt hatte auch Pasternak in Marburg studiert, zum Teil sogar bei denselben Professoren, darunter der Neukantianer Hermann Cohen. Ehe der Kreml den Daumen senkte, schrieb Kurt dem Autor einen Brief, in dem er die Hoffnung äußerte, dass sie sich bald begegnen und Erinnerungen an Marburg austauschen würden – »vielleicht gegen Ende des Jahres in Stockholm«. Unterdessen informierte er den Autor über die Rezeption von *Doktor Schiwago* in den Vereinigten Staaten. Ein Kritiker eines Chicagoer Fernsehsenders hatte darauf hingewiesen, dass auch die Amerikaner eine Lehre aus dem Roman ziehen und ihn als Ermutigung begreifen könnten, sich gegen jede Form der Unterdrückung durch ihr eigenes System zu wehren: »Wie schnell geben wir nach – gegenüber unserem Chef, wenn wir einen Vorteil für uns wittern, gegenüber dem schnellen Geld. Ziehen wir es nicht vor, auf Nummer sicher zu gehen, ja kein Risiko einzugehen? Finden wir nicht immer eine Entschuldigung – in unserem Privatleben, im Beruf, in unserer Rolle als Amerikaner –, ja keinen Staub aufzuwirbeln und lieber zu entspannen, uns anzupassen, mitzumachen?«

Um prominente Fürsprecher für das Buch zu gewinnen, habe er, so Kurt weiter in seinem Brief an Pasternak, je ein Exemplar an William Faulkner und Ernest Hemingway geschickt. Doch zugleich dämpfte er die Erwartungen bezüglich für Werbezecke verwertbarer Lobeshymnen. »Beide sind natürlich große Schriftsteller«, meinte er, »aber beide sind unzuverlässig, schreiben selten oder nie Briefe, und beide sind Alkoholiker.«

Bei der Gründung von Pantheon Books im Jahre 1942 hatte man Kyrill Schabert als Verlagsleiter eingesetzt, weil er für die Dauer des Kriegs den Verlag besser nach außen hin repräsentieren konnte als ein »feindlicher Ausländer«. Mittlerweile aber, in den späten Fünfzigern, hatten sich die beiden Männer voneinander entfremdet. Vor dem Erscheinen von *Doktor Schiwago* hatte Schabert dem Vertriebsleiter recht gegeben, der meinte, dass sich russische Romane nicht verkauften. Doch nun, da binnen weniger Wochen weltweit mehr als eine Million Exemplare über die Ladentische gegangen war, wollte sich Schabert als nomineller Verlagsleiter den Triumph an sein Revers heften. Diese Heuchelei empörte Helen und Kurt.

Einige Jahre zuvor war Kurt, wie Helen später erzählte, »zitternd und mit leichenblassem Gesicht« vom Büro nach Hause gekommen. Ihm war soeben mitgeteilt worden, er sei nicht der Verleger von Pantheon, sondern dessen Lektor. Dabei hieß es in der Vereinbarung, die Schaberts Stiefvater Curt von Faber du Faur 1941 aufgesetzt hatte, dass Pantheon von Kurt Wolff »geleitet«

werde. »Zum ersten Mal in meinem Leben hat man mir gesagt, ich sei kein Verleger«, sagte er zu seiner Frau.

Am 29. November 1958 schrieb Kurt, gewiss mit Hellens Unterstützung, einen Brief an John Lewis, den Vorsitzenden des Aufsichtsrats von Pantheon. Darin erläuterte er, wo in seinen Augen der Unterschied zwischen den beiden Funktionen bestand.

Wir haben es offenbar mit einem semantischen Missverständnis zu tun: Was und wer ist ein Verleger?

Zu allererst ist es jemand mit literarischem Geschmack und fundierter Kenntnis der Weltliteratur und der Gegenwartsströmungen, mit Sinn für Qualität und Stil und mit Sachverstand als auch Intuition in Bezug auf das, was der Leserschaft gefallen könnte. Bücher zu verlegen ist sowohl ein Geschäft als auch eine Kunst, und das macht es zu einem so faszinierenden und herausfordernden Beruf, den man mit Leib und Seele ausübt, dem man sein Leben unterordnet. Ein Verleger muß meiner Definition nach wohlwollend den kreativen Prozeß begleiten und sich mitfühlend gegenüber dieser schwierigsten und neurotischsten menschlichen Spezies zeigen, die es gibt: dem Künstler, der mitten im Entstehungsprozeß steckt. Aber das ist nicht alles: Er muß solide Kenntnisse von der Buchproduktion und den verschiedenen technischen Abläufen haben, außerdem ein Gespür für die Buchgestaltung; er muß mit den öffentlichen Meinungsmachern Kontakt halten, den Kritikern und Wissenschaftlern, und ihre Sprache sprechen; er muß wissen, wo er sich Rat holen kann.

Dieses allumfassende Wissen unterscheidet einen Verleger von einem Lektor. Lektoren entscheiden nicht über die Geschäftsausrichtung; sie müssen nicht alles koordinieren. Da-

rum kümmert sich der Verleger, er trägt die Verantwortung für die eng verzahnten Abläufe, die einem ständigen Termindruck unterliegen. Er braucht die nötige Erfahrung und Fähigkeit, mit so unterschiedlichen Menschen wie Autoren, Künstlern, Druckern und Grafikern zusammenzuarbeiten, und muß auch, insbesondere in einem Verlag wie Pantheon, die europäische Verlagsszene und deren führende Köpfe kennen.

Ob er ein erfolgreicher oder gescheiterter Verleger sei, so Kurt weiter, wolle er dem Urteil anderer überlassen. Aber er habe jedenfalls

versucht, seiner Definition eines Verlegers gerecht zu werden und Pantheon zu einem prestigeträchtigen Verlag zu machen, nicht nur aufgrund der Bücher, die wir verlegt haben, sondern auch jener, die wir nicht veröffentlichen – Rätselbücher, Krimis, reißerische Erotik etc.

Meiner Ansicht nach war der Unterschied zwischen Kyrills und meiner eigenen Funktion … stets vernünftig und nachvollziehbar: Kyrill hat auf geschickte Weise die Beziehungen zum Buchhandel und verschiedenen Verlagsverbänden und Ausschüssen in den Vereinigten Staaten gepflegt. Und ich habe mich dem Kerngeschäft, so wie ich es verstehe, gewidmet. Wir haben uns in verschiedenen Kreisen bewegt; aber das heißt nicht, daß Kyrill Verleger und ich Lektor war. Die Verantwortung für das, wofür Pantheon steht, trage letztlich ich.

Aber das heißt nicht, daß ich unwillig oder unfähig gewesen wäre, mit Kyrill im Team zu arbeiten. Anfangs haben wir das sehr erfolgreich getan. Erst als mir bewußt wurde, daß Kyrill Pantheon nicht länger als Verlag, der von uns dreien aufgebaut wurde, sondern als seine persönliche Plattform darstellt, daß er sich selbst zum Leiter ernannt und mir und Helen den Status seiner »Mitarbeiter« zugewiesen hat, empfand ich das als empörende Verletzung meines Gerechtigkeits- und Gleichheitssinns.

Ungeachtet dieser diplomatischen Worte scheute Kurt nicht vor einem veritablen Frontalangriff zurück. So heißt es etwa in einem Brief, den er im selben Monat an Schabert schickte: »Sie sind kein Verleger und werden es nie sein. Sie sind ein literarischer Analphabet, können nicht zwischen einem guten und einem schlechten Buch unterscheiden, ja nicht einmal zwischen einem markttauglichen und nicht markttauglichen … Ich muss nicht im Rampenlicht stehen, weigere mich jedoch, zumal in Anbetracht meines Alters, durch Ihre Eitelkeit und Ihr Lechzen nach Anerkennung lächerlich gemacht zu werden.«

Die Aufsichtsratsmitglieder von Pantheon Books teilten durchaus berechtigte Bedenken bezüglich Kurts Alter und Gesundheit. Hinzu kam, dass die Frage seiner Nachfolge nicht geklärt war. Und Schabert selbst hatte einiges zu verlieren: Immerhin hatte er der Firma 15 000 Dollar geliehen und in den mageren Jahren mehrere Hypotheken auf private Vermögenswerte aufgenommen. Aber der phänomenale Erfolg von *Doktor Schiwago* – flankiert von Anzeigen wie der umseitig abgebildeten Anzeige in der *New York Times*, die Helen getextet hatte – brachte einen tiefen philosophischen Riss im Verlag zum Vorschein. Mit einem Mal wurde Pantheon Books mit einem Geldregen überschüttet, und es ergaben sich reale neue Chancen für einen Verlag, der sich lange mit seiner spezifischen »Physiognomie« (wie Helen es nannte) zufriedengegeben hatte. Mittlerweile rissen sich amerikanische Verlage darum, Schulbücher an die einzelnen Schulbezirke zu verkaufen, die den Unterricht der Babyboomer-Generation bewältigen mussten. Dies führte dazu, dass sich die Wall Street zunehmend für die Buchbranche zu interessieren begann, was Verlagsfusionen und -übernahmen nach sich zog. Ehemals unabhängige Verlage waren plötzlich nur noch ein Segment eines Firmenkonglomerats,

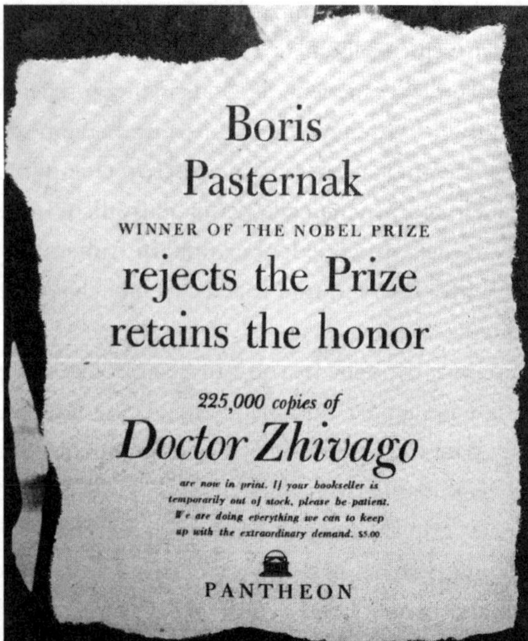

von dem man einen ordentlichen Beitrag zur Unternehmensbilanz erwartete. In diesem sich abzeichnenden Konflikt vertraten Kurt und Helen die idealistische Seite, sie waren der Ansicht, ein hoher literarischer Anspruch werde sich auf lange Sicht auszahlen. Aber Schabert und zwei gleichgesinnte Aufsichtsratsmitglieder wollten Pantheon Books moderner und kommerzieller ausrichten – und sie hatten die besseren Karten. Bittere Ironie: Ausgerechnet ein Bestseller, der dem Verlag in den Schoß gefallen war, weil man der Umsicht und Reputation Wolffs vertraut hatte, forcierte nun die Auseinandersetzung, bei der Kurt und Helen schließlich den Kürzeren zogen. Es war, als hätte die Geschichte den Weg vorgezeichnet. Der Kulturhistoriker Anthony Heilbut vergleicht deutsche Intellektuelle, die in die Vereinigten Staaten geflohen waren, mit den europäischen Hofjuden von einst, wie Kurts Vorfahr Salomon von Haber einer gewesen war. »Sie spielten eine seltsame, auf ungute Weise periphere Rolle«, schreibt Heilbut. »Ein wenig vergleichbar mit den Kammerjuden früherer Zeiten genossen sie in manchen Bereichen große Autorität und blieben in anderen verwundbar: In Europa wie in Amerika witterten sie Unruhe und Verrat.«

Dieser interne Zwist, der sich an *Doktor Schiwago* entzündet hatte, ließ bei Kurt das alte Herzleiden wieder aufflackern, das ein Jahrzehnt zuvor diagnostiziert worden war. Sein Nachlass umfasst ein spiralgebundenes Notizbuch, in dem sich einige mit Bleistift gekritzelte undatierte Sätze finden, die sich dennoch eindeutig dem Jahr 1958 oder 1959 zuordnen lassen. »Ich bin am späten Abend meines Lebens und ich nehme Abschied von der Arbeit, in der ich in den letzten siebzehn Jahren völlig aufgegangen bin, die Tätigkeit in die ich mehr Zeit, Fleiß, Passion investiert habe als je zuvor in meine europäische Berufsarbeit«, heißt es dort. »Ich bin krank. Selbstverständlich ist K[yrill] nicht schuld an meiner Krankheit, aber ich halte ihn für ihre Ursache.«

Kurt und Helen beschlossen, der vergifteten Atmosphäre in den New Yorker Verlagsräumen den Rücken zu kehren und in die

Schweiz zu ziehen, vordergründig, um dort einen europäischen Ableger von Pantheon zu gründen. Sie hatten finanziell vom Verkaufserfolg der Bestseller von Lindbergh und Pasternak profitiert. Um ihr Vorhaben zu finanzieren, wollten sie nun ihre Firmenanteile verkaufen, auch wenn sie dafür ihre Sitze im Aufsichtsrat aufgeben und deutliche Gehaltseinbußen hinnehmen mussten. Aber die Übersiedlung in die Schweiz war nicht nur dem Rückzug aus der Firma und der internen Niederlage geschuldet. »Mein Vater liebte gepflegte Konversation, aber sein Englisch war nie besonders gut«, erzählte mir Christian. »Daher fühlte er sich in New York immer im Nachteil.«

Zurück in Europa sollte sich dieser wortgewandte Mann endlich wieder wohl auf dem gesellschaftlichen Parkett fühlen. Im April 1959 teilte Kurt Hermann Hesse schriftlich mit, dass Helen und er bald ganz in seiner Nähe wohnen würden. Der leidenschaftliche Briefschreiber war wieder in seinem Element und ließ Hesse wissen, wie sehr er sich darauf freue, seinen Essay über die Tröstungen des Alters zu lesen. Im Frühjahr zogen Kurt und Helen nach Locarno im italienischsprachigen Tessin. Im Hotel Esplanade mieteten sie ein Apartment mit Blick auf den Lago Maggiore. Etwas mehr als ein Jahr danach stiegen sie ganz aus dem Pantheon-Verlag aus.

Als 1970 ein Freund Kurts Witwe vorschlug, ein Buch über Kurt zu verfassen, worin er den Amerikanern das Leben und Werk ihres Gatten näherbringen wollte, antwortete Helen: »Ich kann mich des Gefühls nicht erwehren, dass Kurt das nicht gewollt hätte, und zwar wegen seiner traumatischen Erfahrungen als Verleger in diesem Land.« Dann rekapitulierte sie noch einmal den Konflikt, der sie beide schließlich dazu bewogen hatte, New York dem Rücken zu kehren.

Kurt hat Amerika als gebrochener Mann verlassen, physisch wie psychisch. (Ich bin nicht hysterisch und übertreibe nicht. Als er zum Flugzeug schlurfte, das uns nach Zürich brachte, waren Niko und Christian überzeugt, ihren Vater zum letzten Mal zu sehen.) ... Aufgrund seines sanften, würdevollen Wesens litt er ganz erheblich. Im Juli 1960, nach seinem Rückzug aus der Firma, fügte er seinem Kollektaneenbuch eine Reihe von Aphorismen hinzu, die in folgendem gipfelten: »Ein alter Mann ist stets ein König Lear.« Das war vor zehn Jahren, aber ich kann es noch immer kaum ertragen, es zu lesen oder zu schreiben.

Im New Yorker Exil hatte sich mein Großvater nach einer Welt gesehnt, in der er keine Energie darauf verschwenden musste zu erklären, dass die Goldprägung auf einem Buchrücken nicht verblassen durfte. Doch seine europäische Herkunft haftete sowohl im Erfolg als auch in der Niederlage an ihm, wie Marion Detjen es ausdrückte. Gezwungen, sich den Lebensunterhalt in dem einzigen Metier zu verdienen, in dem er sich auskannte, tat er dies gegen alle Widerstände und mit feinem Gespür. Ironischerweise hatte Kurt vor dem Ersten Weltkrieg die Mitbewerber in seiner alten Heimat mit seinen »amerikanischen« Vermarktungspraktiken geärgert – farbenfrohe Einbände, günstige Preise, auffallende Anzeigen in Zeitungen und auf Kioskplakaten. Später dann ließ sein ganz in der Alten Welt verhafteter Wesenskern ihn mit der Geschäftskultur seiner neuen Heimat in Konflikt geraten. Das SED-Parteiorgan *Neues Deutschland* schrieb in einem Porträt von Kurt Wolff, er sei »von seiner eigenen Klasse verraten« worden. All das setzte am Ende seinem bereits angegriffenen Herzen zu.

Kurt sah keinen anderen Ausweg, als abermals zu fliehen – über den Ozean zurück nach Europa, wo er sich in der Schweiz niederließ, auf buchstäblich neutralem Terrain. Erneut blieb ihm nur die Flucht, um sein Leben zu retten.

Dass ich mich an diesem Frühlingstag im Jahr 2018 im Bundesarchiv im unscheinbaren Berliner Stadtteil Lichterfelde befinde, verdanke ich dem bayerischen Papiermüller Hanns Huber.

Am 15. April 1945 fuhr vor der Papiermühle Wirth im Münchner Vorort Freimann ein Nazifunktionär in beeindruckender Limousine vor, um eine Anweisung zu überbringen: In den kommenden Tagen würde eine große Menge Papier eintreffen, die unverzüglich eingestampft und zu Papierbrei verarbeitet werden müsse. Natürlich konnte Hanns Huber diesen Auftrag von oben nicht ablehnen, außerdem freute er sich zunächst über das unverhoffte Geschenk angesichts der Rohstoffknappheit. Und tatsächlich, bald trafen erste Lastwagen ein. Im Lauf der nächsten neun Tage lieferten sie circa zwanzig Ladungen Papier täglich ab, insgesamt fünfzig Tonnen. Neugierig, um was es sich da handelte, besah sich Huber die erste Wagenladung und begriff auf Anhieb, welch heikle Fracht ihm da angeliefert wurde: die Zentralkartei der NSDAP – vierzehn Millionen Karten mit Namen, manche auch mit Fotos und sogar Anmerkungen in Bezug auf die Zuverlässigkeit der Anhänger des Führers. Körbeweise waren sie aus dem Verwaltungsbau der NSDAP am Münchner Königsplatz geborgen und auf die Ladenflächen der Lastwagen geschüttet worden, während die amerikanischen Truppen vom Westen her immer näher rückten.

Doch die Nazifunktionäre hatten ihre entlarvenden Unterlagen dem falschen Mann anvertraut. Hanns Huber verabscheute die Nazis und sorgte dafür, dass die Ladungen unversehrt in einer Ecke des Fabrikhofs gelagert wurden. Als ein paar Tage später ein weiterer NSDAP-Funktionär auftauchte und wissen wollte, warum noch so viel Papier seiner Vernichtung harrte, bluffte Huber: Ach, dieser Haufen da? Der stammt von einem anderen Kunden und ist liegen geblieben, weil diese wichtige Parteisache dazwischengekommen ist. Huber gelang es, die Parteibonzen so lange an der Nase herumzuführen, bis München zwei Wochen später von den Amerikanern besetzt war.

Mehrere Jahrzehnte lang bewahrten die Amerikaner diese Mitgliedskarten im Westsektor von Berlin auf. Erst nach der Wiedervereinigung nahm die Bundesrepublik Deutschland sie in Besitz und machte sie öffentlich zugänglich – in ebenjenem Archiv, in dem ich mich jetzt befinde.

Die NSDAP-Mitgliederkartei im Bundesarchiv enthält mehr als nur die Karteikarten der Parteimitglieder. Jedes »Nebenprodukt« der Nazifizierung der deutschen Gesellschaft – von den »gleichgeschalteten« Berufsverbänden bis zu Kinder- und Frauenorganisationen – generierte seinen eigenen Aktenberg. Frau Gresens, die Wissenschaftlerin, die sich meines Anliegens annimmt, legt mir alle Unterlagen vor, in denen die von mir genannten Namen und Geburtsdaten vorkommen. Ich setze mich, hole tief Luft und mache mich an die Bestandsaufnahme.

Wie sich herausstellt, trat Ernst Reisinger, Helens und Nikos Rektor im Landheim Schondorf und Beschützer der »Mischlinge ersten Grades« 1933 dem Nationalsozialistischen Lehrerbund bei und beantragte vier Jahre später die Mitgliedschaft in der NSDAP. Offenbar wurde sein Antrag abgewiesen – womöglich wegen eines Briefs vom April 1933, den ich in seiner Akte finde, worin eine Frau aus Berlin Reisinger beim Hauptamt für Erzieher denunziert. Sie beklagt sich, das Horst-Wessel-Lied sei ihrem jüngeren Bruder, einem Schüler in Schondorf, »ein fremder Begriff«. »Sie werden verstehen, wie schmerzlich es für uns ist, die Erziehung von Ernst-Georg in Händen zu wissen, die ihm das große Erleben der Zeit geradezu vorenthalten«, schreibt sie. »Es wird in Schondorf erklärt, man wolle die Politik von der Schule fernhalten.«

Aber jede weitere Akte, die ich durchblättere, offenbart etwas Ernüchterndes.

Maria erzählte mir einmal, dass Hans Albrecht, ihr und Nikos Stiefvater, der Viola spielte und so gern den Zauberer gab, »genauso wenig mit den Nazis verkehrte wie mit den Drahtziehern des 20. Juli«. Die Akten bestätigen, dass er sich bemühte, nicht weiter aufzufallen. Er war nie in die Partei eingetreten. Aber er war Mitglied in der Reichsärztekammer gewesen und stand in Verbindung mit dem Reichsministerium für Wissenschaft, Erziehung und Volksbildung. Und 1933 wurde er förderndes Mitglied der SS (FMSS): Statt in eine Uniform zu schlüpfen, zahlte er nur regelmäßig Beiträge. Wenn diese Zahlungen eine Art Schutzgeld waren, dann hat es offensichtlich funktioniert. Dies legt jedenfalls die Korrespondenz zwischen zwei Nazifunktionären nahe, die sich Ende 1938 über meinen Stiefgroßvater austauschen. »Seine politische Einstellung hat bisher keine Veranlassung zu Klagen gegeben«, heißt es abschließend in der letzten Aktennotiz, die mit »streng vertraulich« gestempelt ist. »Bei Sammlungen usw. ist eine große Gebefreudigkeit feststellbar. Von ihm ist zu erwarten, dass er sich stets für Bewegung und Staat einsetzt. Die Gauleitung erhebt keine Bedenken.« Nun, ohne gewisse Verbindungen zur Partei wäre er wohl kaum Gynäkologe der Frau von Hitler-Stellvertreter Rudolf Hess geworden.

Die Akte meiner entfernten Verwandten Mathilde Merck belegt, dass Tante Tilla, wie sie in der Familie genannt wurde, eine glühende Nationalsozialistin war. Fast zeit ihres Lebens, mehr als achtzig Jahre lang, führte sie Tagebuch. Von den Dreißigern an zeugen ihre Einträge von ihren strammen nationalsozialistischen Überzeugungen, an denen sie bis zu ihrem Tod 1958 festhielt. Als großzügige Förderin der pseudowissenschaftlichen »Forschungsgemeinschaft Deutsches Ahnenerbe« schrieb sie häufig an Reichsführer-SS Heinrich Himmler und Wolfram Sievers, den Generalsekretär des »Deutschen Ahnenerbes«. Einzig Hitler übertraf Himmler noch in Sachen Kriegsverbrechen; Sievers wurde 1948 im Rahmen des Nürnberger Ärzteprozesses zum Tode verurteilt und gehängt, unter anderem weil er mitverantwortlich für die Ermordung von 112 Juden in Auschwitz war, die für die Menschenversuche im Auftrag des »Ahnenerbes« ausgewählt worden waren. Im Bundesarchiv befindet sich auch ein Brief, in dem Sievers Himmler mitteilt, dass Tante Tilla angeboten hatte, ihr Darmstädter Haus dem »Ahnenerbe« zu überlassen, um es in ein Museum zu verwandeln. Abgesehen von ihren Tagebüchern besteht der Großteil von Tillas schriftlichem Nachlass aus unveröffentlichten Monografien und humoristischen Knittelversgedichten, die sie privat drucken ließ und an Familienmitglieder verteilte. Außerdem geht daraus hervor, dass sie 1941 auf Himmlers Anregung hin einen Aufnahmeantrag bei der Reichsschrifttumskammer stellte. Sie hatte ein ihm gewidmetes Bühnenstück mit dem Titel *Die Letzte Volksmutter* verfasst, das sie gedruckt und aufgeführt sehen wollte.

Doch die bei weitem umfangreichste Akte betrifft den Bruder

meiner Großmutter, Wilhelm Merck, den Firmenleiter und einst von Mercedes gesponserten Rennfahrer, zu dem mein Vater stets ehrfürchtig aufgeblickt hatte. Onkel Wilhelm trat am 1. Mai 1933 in die Partei ein, am selben Tag wie sein Cousin und Mitgeschäftsführer Karl Merck – kurz nach der »Machtergreifung« und kurz bevor die NSDAP die Aufnahme von neuen Mitgliedern begrenzte. Doch wie sich nun herausstellt, war er nicht nur Parteimitglied. Im selben Jahr trat Wilhelm auch der SS bei, jener Organisation, die an jeder erdenklichen Gräueltat des Regimes beteiligt war, von der Überwachung der Gestapo bis zum Betrieb der Vernichtungslager.

In einem Erlass hatte Himmler SS-Mitgliedern eine Eheschließung untersagt, sofern sich ihre »arische« Abstammung und die der Braut nicht bis zum 1. Januar 1800 zurückverfolgen ließ. Vor mir liegt ein drei Zentimeter hoher Stapel von Wilhelms Korrespondenz mit dem »Rasse- und Siedlungshauptamt der SS«. Ab 1936 übersandte Wilhelm – damals »Unterscharführer« – diesem Amt alle erdenklichen Dokumente: Geburts- und Sterbeurkunden, Taufscheine etc. Lag es daran, dass er nach dem Selbstmord seiner Frau Ernestina wieder auf Freiersfüßen war? Allerdings übermittelte er auch Dokumente zur Abstammung seiner verstorbenen Frau. Wollte er erreichen, dass auch seine Söhne Emanuel und Peter eines Tages in schwarze Uniformen schlüpfen konnten? Jedenfalls reichte er eine gewaltige Fülle von Dokumenten ein, begleitet von unterwürfigen Anschreiben. Und die maschinengeschriebenen Antworten der »Zuchtwarte« des Hauptamts sind gespickt mit dem Sonderzeichen für die »Siegrune«, dem gezackten Doppel-S (für das man die Umschalttaste und die Ziffer Fünf drücken musste). Bei diesem Anblick läuft es mir kalt den Rücken hinunter.

Dieses Konvolut an Unterlagen belegt eindeutig, auf welcher Seite der Onkel meines Vaters stand. Niko hatte geschildert, dass er Wilhelm bei seinem Besuch im Jahr 1946 in Darmstadt als gebrochenen Mann vorgefunden hatte, der im Gartenschuppen hinter seinem ausgebombten Haus wohnte. Diese Szene erscheint nun in einem gänzlich anderen Licht.

Hier in Lichterfelde wird mir klar, dass ich mich genau wie Caroline Ferriday mit einem dunklen Fleck in meiner Familiengeschichte auseinandersetzen muss, in Gestalt eines Großonkels. Und ich fühle mich an eine Episode in den späten Siebzigern erinnert, als mein Vater zu seiner Verblüffung erfuhr, dass er als Familienaktionär der Merck KGaA dem US-amerikanischen Finanzamt Steuern auf Papiergewinne schuldete, obwohl er noch nie auch nur einen Pfennig erhalten hatte. Er schaltete einen Steueranwalt ein, der eine Einigung mit der amerikanischen Bundessteuerbehörde aushandelte, und – ich erinnere mich an seine Erleichterung, als ob es gestern gewesen wäre – machte in Deutschland einen Verwandten ausfindig, der ihm seine Anteile abkaufte. Den Erlös investierte Niko im amerikanischen Aktienmarkt und schwamm so auf der Erfolgswelle mit, die nahezu die gesamten folgenden Jahrzehnte andauern sollte.

Diese anfängliche Summe, die wuchs und wuchs und mir Aufenthalte im Sommercamp und ein Studium ermöglichte, verdankte sich wiederum dem deutschen Wirtschaftswunder. Aber auch wenn die Firma Merck nach dem Krieg zu einem allgemein respektierten Unternehmen wurde, lässt sich ein wesentlicher Teil ihres intellektuellen Kapitals und ihrer Markenpositionierung doch auf das 19. Jahrhundert und die Jahrzehnte vor dem Zweiten Weltkrieg zurückführen. Daher ist es unmöglich, die Nazizeit außer Acht zu lassen. Wie ist es Merck im Dritten Reich ergangen? Die Firma hat Zwangsarbeiter aus dem Osten beschäftigt und Drogen hergestellt, die Hitler offenbar süchtig machten. Doch was hat meine Familie unter der Herrschaft des schändlichsten Regimes aller Zeiten getan?

»Die Recherchen zu Ihrem Vater, Nikolaus E. Wolff, sind negativ verlaufen«, teilt mir Frau Gresens mit. Aber wenn mich der Dokumentenstapel auf dem Tisch vor mir eines lehrt, dann die Verkettung individuellen Handelns. Niemand ist aus dem Schneider, am allerwenigsten jene, die nach heutigem Maßstab urteilen. Und an dieser Stelle wird es schmerzlich für mich. Denn es ist leicht, hart mit meinem Stiefgroßvater ins Gericht zu gehen, weil er ein förderndes Mitglied der SS war. Aber wie kann ich Dr. Albrecht Dinge vorwerfen, die er vielleicht getan hat, um Nikos jüdische Wurzeln zu kaschieren und so dafür zu sorgen, dass sein Leben nicht in Gefahr geriet?

Am folgenden Tag treffen wir uns mit Wilhelm Mercks Enkel Niko Merck und seiner Familie zum Abendessen in unserem Kiez. Mein Cousin zweiten Grades war früher als Dramaturg tätig und ist heute Redakteur einer Theater-Webseite. Seine Frau Ute Frings-Merck ist Journalistin und wohnte schon in den Anfangszeiten der Kreuzberger Hausbesetzungen in Berlin. Das Paar hat zwei in Vietnam geborene Kinder adoptiert, einen Jungen aus Südvietnam, der demnächst in den Vereinigten Staaten studieren möchte, und ein Mädchen aus Nordvietnam, das dieselbe internationale Schule besucht wie unser Sohn und in derselben Jahrgangsstufe ist.

Mein entfernter Cousin Niko stellt mit seiner direkten und bisweilen sokratisch nüchternen Art gern kritische Fragen. Heute hält die Familie immer noch rund siebzig Prozent des Firmenvermögens der Merck KGaA, und der »Familienrat« nimmt weiterhin

Einfluss auf die strategische Grundausrichtung des Unternehmens. Niko und Ute gehören zu einer rebellischen Gruppe von Familienaktionären; die meisten von ihnen sind künstlerisch tätig oder würden sich als progressiv bezeichnen und sehen sich als Korrektiv gegenüber einem engstirnigen Denken, das bisweilen die Firmenpolitik bestimmt. Als Angela Merkel kürzlich aus Anlass des dreihundertfünfzigsten Firmenjubiläums das Unternehmen besuchte, versäumte es die Kanzlerin nicht, die Zwangsarbeiter zu erwähnen, die Merck im Dritten Reich beschäftigt hatte. Ihr Verweis auf dieses Firmenkapitel fand den Beifall der Fraktion, der Niko und Ute angehören.

Niko weiß natürlich Bescheid über Tante Tilla und ihre Freundschaft zu Himmler. Alle in der Familie scheinen es zu wissen. Ihre dominante Persönlichkeit spiegelte sich in ihrer politischen Gesinnung wider, und nachdem sie 1932 Witwe geworden war, kompensierte sie den Verlust ihres Mannes durch die Aufmerksamkeit, die sie auf sich zog. Niko glaubt, dass andere Verwandte in Mathilde Merck ein nützliches Instrument sahen, aber auch eine verrückte Tante, die einfach nur peinlich war. »Da sie das schwarze Schaf der Familie und zugleich eine so autoritäre Person war, konnten alle hinterher sagen: ›Oh, Tilla, ja, die war eine Nationalsozialistin‹«, sagt Niko.

Um die Mischung aus Herrschsucht und Sturheit zu veranschaulichen, die Mathildes Charakter prägte, erzählt er mir eine Geschichte: Mitten im Krieg, als richtiger Bohnenkaffee so gut wie nicht erhältlich war, ließ Himmler ihr eine Packung aus seinem persönlichen Vorrat zukommen. Mathilde schickte sie postwendend mit der Bemerkung: »Ich trinke Tee«, wieder zurück.

Was Niko bislang nicht wusste, ist, dass sein Großvater bei der SS war.

Allerdings hat Wilhelm Merck im Zweiten Weltkrieg nie gedient, sagt sein Enkel, nachdem er die Nachricht verdaut hat. Als einer der Firmenleiter im Darmstädter Werk war er als »unabkömmlich« eingestuft worden. Diese Hasenfüßigkeit passt allerdings schlecht zu seiner offensichtlichen Begeisterung für den Nationalsozialismus. Und falls Wilhelm mit seinen servilen Schreiben an das »Rasse- und Siedlungshauptamt« wirklich seinen Söhnen den Weg in sie SS ebnen wollte, indem er ihre »rassische Reinheit« nachwies, so erwiesen sich seine Bemühungen als vergeblich. Nachdem sein Sohn Emanuel, Nikos Vater, endlich aus sowjetischer Kriegsgefangenschaft zurückgekehrt war, heiratete er Ursula Lange, eine ehemalige Schulkameradin aus Schondorf. Sie gehörte zu den »Mischlingen ersten Grades«, über die Rektor Ernst Reisinger seine schützende Hand gehalten hatte.

Zum Trost für den Schock, den die Nachricht über seinen Großvater bei Niko verursacht hat, berichte ich ihm, dass meine Recherchen im Bundesarchiv die Erinnerung meines Vaters in Bezug auf Reisinger bestätigt haben. Der Rektor hatte in der Tat versucht, seine Schüler vor den Übergriffen des Regimes zu bewahren. Wie sich herausstellt, hat das auch Nikos Mutter erzählt. Aber Niko ist in Gedanken immer noch woanders. Er braucht eine Weile, ehe er bitter feststellt: »Eine Großmutter, die jüdisch war. Und ein Großvater, der bei der SS war.« Dann schlussfolgert er ironisch: »Sowohl Opfer als auch Täter in meiner Familie zu haben, macht mich zu einem vollwertigen Mitglied der Nachkriegs-*Volksgemeinschaft*.«

Nikos Großmutter mütterlicherseits, Käthe Silbersohn, wurde 1891 in Königsberg als Tochter einer jüdischen Kaufmannsfamilie geboren. Bei Ausbruch des Ersten Weltkriegs hatte sie gerade erst als Ärztin zu arbeiten begonnen, als sie bald darauf den nichtjüdischen Psychiater Johannes Lange heiratete. 1934 ließen sie sich scheiden. Drei Jahre später nahm sich Käthe in ihrer Münchner Wohnung das Leben; gemäß den Nürnberger Gesetzen war sie als »Volljüdin« eingestuft worden, sodass sie ihren Beruf nicht mehr ausüben durfte. Im Jahr darauf starb auch ihr Exmann und ließ Ursula und ihren jüngeren Bruder als Waisen zurück, die von nun an zwischen dem Internat in Schondorf und verschiedenen Freunden der Familie hin und her pendeln mussten.

Nachdem Ursula 1939 ihr Abitur in Schondorf abgelegt hatte, zog sie nach Berlin. Dort überlebte sie die Zeit bis zum Kriegsende unter dem Schutz des Neuropathologen Hugo Spatz, eines früheren Kollegen ihres Vaters. Jahrzehnte später kam ans Licht, dass auch Spatz Parteimitglied gewesen war. Mehr noch, er hatte für »Forschungszwecke« Gehirne von in Konzentrationslagern ermordeten Menschen am Kaiser-Wilhelm-Institut für Hirnforschung seziert.

Als Nikos Mutter das las, war sie derart erschüttert, dass sie dem Journalisten, der es zutage gebracht hatte, schrieb: »Sind Sie sich sicher?«

»Ja«, antwortete der Journalist bedauernd.

Ursula Lange-Merck, die ihr Überleben im Dritten Reich einem nationalsozialistischen Hirnforscher verdankte, fürchtete als Erwachsene keine Krankheit so sehr wie ein geistiges Gebrechen. 2003 starb sie an Demenz.

Zweites Exil

Kurt, 1960 bis 1963

»Was mich betrifft, so kommt's mir am Ende doch eigentlich nur darauf an, ob ich *à la fin des fins* ein einigermaßen anständiger Mensch geworden bin, soweit es halt die bescheidene *matière première* möglich machte.«

Dies schrieb Kurt kurz vor seiner Übersiedelung in die Schweiz an seinen Freund Faber du Faur, und ganz offensichtlich beschäftigte ihn das Thema Sterblichkeit. Er fuhr fort:

> *Ich bin durchaus gern alt geworden (Du auch?) – immer wieder erstaunt über die Tatsache, daß man ja nicht allmählich altert, sondern jahrelang überhaupt nicht, aber von Zeit zu Zeit mit heftigem Ruck. (Der Anfang dieses Jahres bedeutete für mich einen solchen Ruck.) Dann hält man neugierig Umschau und macht interessante Feststellungen, etwa: daß das Gewicht der Wichtigkeiten sich erfreulich verschoben hat. Und was das »Guter-Mensch-Sein« angeht: da man diesen wünschenswerten Zustand ja nie erreicht, bleibt man angenehm beschäftigt bis zum Schluß.*
>
> *Ich hab das Péguy-Wort so gern: »Je sais que je vais mourir, mais je ne le crois pas.«* [Ich weiß, dass ich sterben werde, glaube es aber nicht.]

Kurt benutzte gern das Wort »abbröckeln«. »Man bröckelt ab«, pflegte er zu sagen, vor allem als ihm in den Siebzigern das Herz und die vielen Zipperlein des Alters zu schaffen machten. Und dann kam, wie Kurt einige Jahre später an Faber du Faur schrieb, »das große Wunder am späten Lebensabend für mich: ein Mann, den ich nie vorher gesehen, jünger als Niko, erscheint plötzlich hier und verführt Helene und mich (den 74 jährigen!) zu einer Zusammenarbeit die volle Befriedigung gibt …, und er ist eine Persönlichkeit von ungewöhnlicher Intelligenz, Vitalität, Begeisterungsfähigkeit, Aufgeschlossenheit, Integrität und Noblesse … Für mich, *das* Amerikawunder.«

In den späten 1960ern traf eine unscheinbare Postkarte im Hotel Esplanade ein, die an Kurt und Helen adressiert war. William Jovanovich hatte eine schlichte Frage daraufgekritzelt: »Würden Sie gern bei mir publizieren?« Der Verlagsleiter von Harcourt, Brace & World musste gewusst haben, dass kein anderes Verb ihr Blut so in Wallung bringen würde wie dieses.

Bei seinem Besuch in Locarno nach Neujahr erläuterte Jovanovich ihnen dann sein Projekt. Er wollte Kurt und Helen als Verleger für ein eigenes Imprint in seinem Verlag gewinnen. Sie könnten von der Schweiz aus arbeiten und wären allein ihm unterstellt, während Harcourt sämtliche operativen Aufgaben übernehmen und die Verantwortung tragen würde. Die Wolffs hätten hingegen freie Hand in Hinblick auf Autoren und Themen und wären an jedem »Helen and Kurt Wolff Book« gewinnbeteiligt, ganz gleich, wie gut ihr Imprint bei Harcourt insgesamt abschneiden würde. Nachdem sie all die Jahre bei Pantheon vom Aufsichtsrat abhängig gewesen und immer wieder mit Kyrill Schabert aneinandergeraten waren, konnten sie ihr Glück kaum fassen, plötzlich als unabhängige Verleger unter der Ägide dieses amerikanischen »Wunders« tätig werden zu können – eines Mannes, der als Sohn eines Bergarbeiters aus Montenegro und einer polnischen Einwanderin in einem Kohlebergbaudorf in Colorado geboren worden war.

Eines Morgens im Herbst 1962, etwas mehr als ein Jahr nachdem sie die Zusammenarbeit besiegelt hatten, erwachten Kurt und Helen in ihrem Zimmer im Hotel Beau Rivage in Lausanne, und zwischen ihnen entspann sich folgender Dialog:

»Ich habe einen merkwürdigen Traum gehabt«, sagte Kurt.

»Ich auch.«

»Ich träumte, ich schreibe einen Roman.«

»Ich auch.«

»Ich weiß auch noch den ersten Satz.«

»Ich auch.«

»Es gibt Tage, von denen wir sagen, sie gefallen uns nicht.«

»Some days are more dreadful than others.« [Manche Tage sind schlimmer als andere.]

Nach Kurts Tod gab Helen diese Episode gern zum Besten. Lange Zeit war es mir ein Rätsel, warum sie seine früheren Affären immer wieder verteidigte. Einmal meinte sie: »Man kann von einem Virtuosen nicht erwarten, dass er nur vor einem Zuhörer spielt.« Doch dieser Dialog zeugt von einer tiefen seelischen Verbindung, die weit über das Sexuelle hinausreichte. Als gründliche Leserin war es Helen wichtig, auf den Unterschied der Sätze hinzuweisen, mit denen ihr jeweiliger Traum begann. »Kurts ›Beginn‹ ist, glaube ich, ein Goethe-Zitat, zumindest im goetheschen Stil gehalten«, schrieb sie an Günther Grass, dem sie diese Episode schilderte. »Meins, sehr charakteristisch, englisch – ich habe des Öfteren englische Träume, besonders wenn ich etwas (im Traum) konzentriert ausdrücken möchte.«

Dieses Detail unterstreicht, dass sich Helen zwei Jahrzehnte nach ihrer Immigration in die Vereinigten Staaten an die Neue Welt angepasst hatte, während Kurt dem Kontinent verhaftet blieb, der ihn geformt hatte. In der Tat waren Kurts letzte Jahre von einer sonderbaren Mischung aus Unrast und Zufriedenheit geprägt. Für zwei Menschen, die einen so großen Teil ihres Lebens zusammen verbracht hatten, stellte ein Hotel in einem neuen Land ein sinnbildliches Domizil dar. Das Esplanade erlaubte ihnen, eine Drei-Zimmer-Suite mit ihren eigenen Einrichtungsgegenständen auszustatten, und sie hatten einen Matisse und einen Guardi aufgehängt. Ich kann mir vorstellen, dass sie den Singsang des dort gesprochenen Italienisch als tröstlich empfanden, ebenso wie das Rascheln der Palmwedel und den Ausblick von ihrer Terrasse. Nach Kurts Tod schrieb ein Freund aus Locarno an Maria, er habe Kurt völlig verändert angetroffen, nicht nur charmant wie eh und je, sondern auch entspannt, hoffnungsfroh und voll des Elans, den man früher an ihm gekannt hatte. Von dieser Abgeklärtheit durchdrungen ist auch das folgende Porträt, das der Vater meines Cousins Niko kurz nach Besiegelung der Partnerschaft mit Harcourt aufgenommen hat.

Aber die Schweiz konnte gegenüber Ausländern bisweilen recht ungastlich sein, und ein richtiges Zuhause war ihr neues Domizil wohl kaum. »Ich habe viel darüber nachgedacht, warum Kurt Wolff … am Ende seines Lebens im Hotel wohnte«, sagte Wolfram Göbel in einem Vortrag im Jahre 1987, in dem sich Kurts Geburtstag zum hundertsten Mal jährte. »War es Überdruß an Büchern, an Besitz? Ich glaube, nein. Es war die weise Einsicht eines bitteren, aber reichen und erfüllten Lebens, die den eigentlichen Wert der Büchermacherei nicht im Bewahren von Schätzen, sondern im ständigen Neuentdecken fand.«

So wie Kurt sein Zuhause mit sich herumtrug, bezog er Energie aus einer Art innerem Kraftfeld. 1962 schrieb Helen, er werde von allen mit Respekt behandelt, ganz einfach dank seines selbstsicheren Auftretens und weil ihm noch immer der silberne Löffel aus dem Mund luge, mit dem er geboren worden sei.

Natürlich war es eine große Hilfe, dass Helen ihm den Rücken stärkte. »Großartig, daß Du Deine Löwin hast, sie würde selbst eine Elefantenherde angreifen, wenn sie Dir etwas tun wollte«, schrieb Fabre du Faur nicht ohne Bewunderung.

Wenn Kurt nach Deutschland reiste –gewöhnlich fuhr er im Herbst zur Frankfurter Buchmesse –, stellte er sich gern als »ein Amerikaner aus Bonn« vor. Tatsächlich entdeckte ihn eine neue Generation literarisch interessierter Deutscher gerade wieder und berief sich auf ihn. Nachdem ihm 1960 der Börsenverein des Deutschen Buchhandels die Ehrenmedaille verliehen hatte, bekräftigte

Kurt seine Entschlossenheit, weiterhin »unbetretene Wege zu gehen, auch wenn es Um- und Irrwege sein sollten. Dazu gehört, daß man sich nicht nur mit Verkaufsziffern befaßt.«

Im Oktober 1963 traf er sich mit Günter Grass in Paris, wo beide an Passagen der englischen Übersetzung von *Hundejahre* arbeiteten, die Harcourt bald darauf als ein »Helen and Kurt Wolff Book« herausbrachte. Ein paar Tage zuvor hatte Kurt Grass und das Erscheinen seines jüngsten Romans mit einem verschwenderischen Abendessen im Frankfurter Hof gefeiert. Dort wurde dieses Foto von dem Autor und seinem amerikanischen Verleger aufgenommen, vielleicht das Letzte von meinem Großvater.

Mitglieder der »Gruppe 47«, der auch Grass angehörte, wollten Kurts Engagement in Bezug auf neue literarische Stimmen würdigen und luden ihn zu einem Treffen ein, das noch im selben Monat im schwäbischen Bad Saulgau stattfinden sollte. Am 21. Oktober reisten er und Helen aus Locarno nach Ludwigsburg.

Am nächsten Tag planten sie, in das wenige Kilometer entfernte Marbach am Neckar zu fahren, um das Schiller-Nationalmuseum und das Deutsche Literaturarchiv zu besuchen und auf dem Rückweg in Bad Saulgau Station zu machen. Nachdem sie ihr Hotelzimmer in Ludwigsburg bezogen hatten, wollte sich Kurt ein bisschen die Füße vertreten.

Jahre später veröffentlichte der *Independent* in London einen Artikel über Kurts Tod, in dem so ziemlich alle Fakten durcheinandergebracht worden waren. Der Journalist schrieb, Kurt sei »auf einer Brücke in Frankfurt von einer Tram gegen das Geländer gedrückt worden«. Erstens ereignete sich das Unglück an einem anderen Ort, und zweitens waren Kurts Todesumstände nicht annähernd so dramatisch. Ein Tankwagen schickte sich an, in eine schmale Zufahrt zwischen zwei Gebäuden zurückzustoßen, und Kurt, der auf dem Gehweg entgegenkam, dachte, er könne vorher noch schnell die Öffnung passieren. Aber er hatte sich verschätzt und wurde von dem Lastwagen gegen einen Torpfosten gedrückt.

Kurt wurde in die nahe gelegene Kinderklinik eingeliefert und Helen im Hotel benachrichtigt. Dem Paar blieben noch ein paar wenige gemeinsame Stunden, ehe er seinen inneren Verletzungen erlag. Am Ende hatte sich seine Prophezeiung bewahrheitet. *Ich werde an meiner eigenen Leichtsinnigkeit sterben.*

Früh am nächsten Morgen erreichte uns die Nachricht in Princeton, wohin wir vier Jahre zuvor aus Delaware gezogen waren. Ich erfuhr es von meinem Vater, der den Anruf im Bett entgegengenommen hatte, wo er immer noch lag, als ich zu ihm ins Schlafzimmer trat. Es war das erste Mal, dass ich ihn weinen sah.

Während sich die Nachricht von Kurts Tod verbreitete, erschienen die ersten Nachrufe. »Er zeichnete sich durch eine seltene Eigenschaft aus«, schrieb die *Times* in London. »Er ließ sein

Gegenüber so großzügig an seinem Frohsinn, seiner Intelligenz und seiner Bildung teilhaben, dass man (beinahe) das Gefühl hatte, ebenso fröhlich, intelligent und gebildet zu sein – so wohlwollend und teilnahmsvoll begegnete er seinen Gästen.«

Die »deutsche Katastrophe«, die Fritz Stern als »zweiten Dreißigjährigen Krieg« bezeichnete, der »noch schrecklicher war als der erste«, hatte sich zwischen 1914 und 1945 zugetragen, als Kurt in der Blüte seines Lebens stand. Die Zwischenkriegsjahre, der Zweite Weltkrieg, die Fixierung Westdeutschlands auf den Neubeginn, die Stunde null – all das hatte die frühere Laufbahn meines Großvaters als Verleger in Vergessenheit geraten lassen, sodass die *Ludwigsburger Kreiszeitung* nun über den Tod des »amerikanischen« Verlegers Kurt Wolff berichtete. Faktisch stimmte es ja auch – wobei die Zeitung in einer folgenden Ausgabe klarstellte, dass »dessen Name eng mit der Geschichte des deutschen Expressionismus verbunden ist«.

Helen beschloss, Kurt in Marbach beerdigen zu lassen, in fußläufiger Nähe zu den Manuskripten vieler seiner frühen Autoren. Hannah Arendt wies auf den »unheimlichen« Symbolgehalt seiner letzten Ruhestätte hin. »Das ist schön und tröstlich«, schrieb sie aus Chicago an Helen. »Denn er hat ja im Grunde die Wurzellosigkeit, die unser aller Schicksal ist, nie mitgemacht. Zurückzugehen, woher er kam – das scheint mir wie das letzte Glied seiner Glückskette, als hätte Fortuna auch im Schrecken noch einmal gelächelt, weil dieses Leben in Glück und Unglück doch immer gesegnet blieb und diesen Segen auch ausstrahlte.«

Bernhard Zeller, der Direktor des Schiller-Nationalmuseums, hielt die Grabrede: »Die kühnsten Stimmen, die unruhigsten Geister, die verborgensten Talente – darunter waren nicht wenige, deren Rang erst eine spätere Generation erkennen sollte – wußte er zu entdecken und an sich zu ziehen. Die Kraft und den Elan, immer wieder neu zu beginnen, konnten ihm auch Katastrophen und Zusammenbrüche nicht rauben. Ins Große planend, ins Weite wirkend hat er gelebt, das Wissen um Wert und Maß mit dem Wagemut des Unternehmers, aber zugleich auch mit der Phantasie des Künstlers verbindend.«

Kurz nach der Beerdigung schrieb Helen ihm ein paar Zeilen zum Dank für die Trauerrede: Sie »setzte den Accent auf das, was in ihm wesentlich und bleibend war, seine Verlegerleidenschaft, seine Liebe zum Buch und seiner Gestaltung. Dass der Unheilstag und die ihm folgenden in der fremden Umgebung tragbar waren, danke ich Ihnen – Ihrem Beistand am 21., und Ihrem sofortigen Eingehen auf meinen Wunsch, Kurt in Marbach begraben zu wissen, dem einzigen Ort, in dem er in einem internationalen Sinn beheimatet war.«

Es war eine Art »literarisches Staatsbegräbnis«. Aber für Niko bedeutete die Reise nach Marbach mehr, als seinen Vater zur letzten Ruhe zu betten. Als er die vielen Frauen unter den Trauergästen sah, habe er etwas über »falsche Witwen« gemurmelt, erzählte mir Maria später. Und zum ersten Mal begegnete Niko als Erwachsener seinem Halbbruder Enoch Crome wieder.

Aus Kurts Tagebüchern weiß ich, dass Niko als siebenjähriger Junge mit Enoch gespielt hatte, der an seinem Geburtstag 1926 auf die Welt kam und damit genau fünf Jahre jünger war als er. Aber mir gegenüber erwähnte mein Vater Enoch nie. Als Niko ihm am Grab begegnete und die Ähnlichkeit mit sich selbst sah, sei er aschfahl geworden, erinnerte sich meine Tante. Während eines langen Spaziergangs in den Neunzigern erzählte mir meine Mutter, Niko sei »erschüttert« aus Marbach zurückgekommen.

Helen beschloss, in die Vereinigten Staaten zurückzukehren.

Sie war seit jeher besser gerüstet, um mit Veränderungen zurechtzukommen, mit einer besseren gesundheitlichen Konstitution ausgestattet und in der englischen Sprache mehr zu Hause als ihr Mann. Da meine Eltern gerade ihr drittes Kind bekommen hatten und Christian sich gerade in seinem neuen Lebensabschnitt als Ehemann, Vater, Akademiker und Komponist in Neuengland einrichtete, hatte Helen in den Vereinigten Staaten nun eine ebenso große Familie wie in Europa. Sie sollte noch weitere dreißig Jahre lang »Helen and Kurt Wolff Books« bei Harcourt, Brace & World und später bei Brace Jovanovich verlegen. »Die falschen Witwen lassen mich so ziemlich in Ruhe«, schrieb sie meinem Vater drei Wochen nach Kurts Beerdigung, wobei sie sich auf Nikos abfällige Bemerkung bezog. »Nur Ninon [Hesse] kommt am 20. herüber, das dürfte etwas anstrengend sein, aber einmal wohl nicht zu vermeiden. Sie hat mir übrigens ein sehr schönes Gedicht ihres Mannes geschickt, zur Aufmunterung in Hinblick auf den Neubeginn in New York, mit den beiden Zeilen:

Jedem Anfang wohnt ein Zauber inne,
Der uns beschützt und der uns hilft, zu leben.«

Ein paar Wochen später entspann sich eine Korrespondenz zwischen den beiden Frauen, die mit meinem Großvater verheiratet gewesen waren. Kurz vor Heiligabend schrieb Helen aus der Schweiz an Elisabeth Merck in München:

Du hast mir einen so guten Brief geschrieben, so nobel in der Gesinnung, und ich habe oft über ihn nachgedacht. Eines siehst Du, glaube ich, nicht richtig: Deine Rolle in Eurem Leben. Du warst mit ihm in der glanzvollsten Zeit, in der Jugend, in der glücklichen Zeit, in der sein verlegerischer Elan zusammenfiel mit dem dichterischen Elan einer neuen Epoche, in der alles neu war; Du warst ihm in vielem sehr viel näher als ich – in dem Gefühl für Ästhetisches, Gesellschaftliches, in der großen Lebensgeste; Du gabst ihm einen Rahmen, den er nie wieder fand, die Schönheit, Gepflegtheit, das Verwöhntsein, für die ich, aus einer zerstörten Welt kommend, weder Begabung noch Muster hatte. Die schönste, die beste Zeit seines Lebens hatte Kurt an Deiner Seite gelebt.

Als ich ihn kennenlernte, war er in einem Auflösungsprozeß, wie die Zeit selbst. Er war ein ungeheuer Intensiver, versprach sich damals nichts von Gegenwart und Zukunft und lebte eigentlich in einem Zustand verzweifelter, aber stummer Resignation, mit gelegentlichen Ausbrüchen zur Betäubung. Vielleicht suchte er überhaupt nur einen Menschen, auf den er sich bedingungslos verlassen konnte, aber der ihn genauso nahm, wie er war – nichts erwartete und nichts verlangte –, und das hatte meine Generation und durch meine schwierigen Familienverhältnisse ich besonders als Lebenswegweiser bekommen: die Hinfälligkeit und Unzuverlässigkeit von Dingen und Menschen, das Morsche aller Struktur, an die man versucht gewesen wäre sich zu halten. Ich habe Kurt über alles geliebt ..., aber niemals mit Vertrauen, so konnte er mich auch nie enttäuschen. Ich habe ihn nicht geliebt wie Gott oder die Mutter ..., sondern wie ein zauberhaftes, liebenswürdiges und unberechenbares Kind. Wie um ein Kind fürchtete ich für ihn, wie ein Kind versuchte ich, ihn zu schützen, vor allem vor sich selbst. Seine radikale Unvernunft brachte mich oft zur Verzweiflung, und doch gehörte sie zu seinem Wesen, das ohne sie nicht so unbekümmert, so strahlend gewesen wäre ... Er warf mir in den letzten Jahren oft vor, daß ich ihn »entmündigte«, denn so empfand er Mahnung und Sorge, und sagte mein zweites Wort sei: »Tu's bitte nicht!« – wir waren als Charaktere so radikal verschieden, daß er sicher oft unter mir gelitten hat, unter einer gewissen Nüchternheit und Vorsorge.

In früheren Zeiten gingen Witwen ins Kloster, was viel für sich hatte. Ich gehe in die Askese der Arbeit und hoffe, daß sie hilft.

Dieses Foto ruft meine einzige bewusste Erinnerung an Kurt wieder wach. Im Sommer 1963 hatte er mehrmals in Manhattan zu tun und besuchte uns anschließend in Princeton. (Auch warmes Wetter und die Tatsache, dass die Familie unter sich war, konnten ihn nicht dazu bewegen, sein schwarzes Jackett und die Krawatte abzulegen.) Eines Nachmittags richtete sich Kurt auf seinem Stuhl in unserem Wintergarten auf und tat etwas, das sich in mein sechsjähriges Bewusstsein einbrannte.

Um seinen Sohn zur Sparsamkeit zu erziehen, hatte mein Vater mir eine Spielzeug-Registrierkasse geschenkt, die als Sparschwein diente. Man steckte eine Münze in den Schlitz und zog am Hebel, worauf die Kasse den Wert des eingegebenen Betrags registrierte und den Kontostand anzeigte; erst wenn zehn Dollar in der Schublade waren, ließ sie sich öffnen. Monate vergingen, ohne dass sich eine der Ziffern bewegte. Irgendetwas – eine Limodose, Süßigkeiten, Baseballspielkarten – beanspruchte immer das Bargeld in meiner Hosentasche. Dieser rote Wächter auf der Schlafzimmerkommode war eine ständige Mahnung, den Arm erhoben, als wollte er mir gleich einen Klaps versetzen – ein symbolischer Stellvertreter für meinen Vater und seinen im Krieg gestählten Glauben an die Sparsamkeit.

An besagtem Tag entdeckte Kurt diese Spardose und verfuhr mit ihr, als wollte er einem engstirnigen Menschen eine Lektion erteilen. Der Mann, dessen Lebenszweck es gewesen war, anderen Unterhaltung zu spenden, setzte sich über sämtliche Gebote von »Nüchternheit und Vorsorge« hinweg und fütterte die Registrierkasse so lange mit Münzen, bis sie endlich die zehn Dollar ausspuckte. Wie hypnotisiert sah ich zu, und schon hatte mich dieser rückhaltlos gesellige Mann, dem nichts so wichtig war, wie Beziehungen zu Menschen zu knüpfen, fest an der Angel.

Das war im Juli. Drei Monate später war Opa Wolff tot.

Schweinenest

Niko, 1952 bis 1878

Aufgewachsen in einer Welt, in der die Menschen wussten, wo ihr Platz war, sah sich mein Vater jetzt in eine Welt hineinkatapultiert, wo jeder sich seinen Platz erst erobern musste. Er sammelte einige Zusagen ein – von Princeton, der Universität, die ihm den Doktortitel verlieh, zu dem es sein Vater nicht gebracht hatte, von DuPont, dem Chemiekonzern, der ihm eine Stelle als Chemiker im Forschungslabor in Wilmington, Delaware, anbot, und von meiner Mutter, die seinen Heiratsantrag annahm.

In Nikos Dissertation in Princeton ging es um Cholesterinderivate unter Standardbedingungen. Bei DuPont hatte er ein Vorstellungsgespräch bei Mr. Cavanaugh, der mit explosiven Stoffen arbeitete und hinkte, eine Kombination, die meinen Vater zu Reflexionen über Ursache und Wirkung anregte. Außerdem fand Niko den Geruch von Tetraethylblei ziemlich penetrant. »Da gewöhnt man sich dran«, versicherte ihm Mr. Cavanaugh.

Niko widerstrebte der Paternalismus, der in den Fünfzigern in amerikanischen Firmen herrschte. Aber im Sinne des vereinzelten Lobes in einem ansonsten miserablen Zeugnis vom Max-Gymnasium – »Sein Betragen war im ganzen lobenswert« – konnte man auf meinen Vater als Teammitglied zählen. Zweimal sollte er bei DuPont den internen Sicherheits-Award wegen seiner Pingeligkeit im Labor erhalten. Der Mann, der sich inzwischen als Nick vorstellte, strich einen ansehnlichen Gehaltsscheck ein. Er beschloss, den alten Dodge, in den er etwas mehr als fünfundsechzig Dollar gesteckt hatte, gegen etwas Besseres einzutauschen, und fuhr zu einem Gebrauchtwagenmarkt in Wilmington.

»Nehmen Sie einen alten Wagen in Zahlung?«

»Eigentlich nicht.«

»Was haben Sie denn zu bieten?«

Mein Vater deutete kleinlaut auf seinen grünen Wagen.

»Für den gebe ich Ihnen 250 Dollar.«

Was für ein Land, dachte Niko.

Um meine Mutter zu einem Ja zu bewegen, bedurfte es sowohl der Physik als auch der Chemie. Hingerissen von dieser Frau mit den »Schmetterlingsaugen«, wie Maria es ausdrückte, und tief beeindruckt von ihrer Leidenschaft für das Klavierspielen, verfolgte mein Vater hartnäckig sein Ziel. Doch sie zögerte: Kaum zwanzig, als sie ihn kennengelernt hatte, wusste meine Mutter, die mit ihren Zimmergenossinnen in Manhattan ein unabhängiges Leben führte, dass es kein Zurück gab, wenn sie sich an diesen neun Jahre älteren und wesentlich erfahreneren Mann band. Im Herbst 1953 – er hatte gerade erst bei DuPont angefangen – wollte sie ihn partout nicht sehen. Er schrieb ihr dennoch unermüdlich.

Ende Juni 1954 war sie sich ihrer Sache sicher. Sie einigten sich auf einen Hochzeitstermin im Oktober, sprachen über ihr zukünftiges gemeinsames Leben, wobei die Erziehung der gemeinsamen Kinder nicht Gegenstand der Vertragsverhandlungen war, und mein Vater schwor ewige Treue. Worauf meine Mutter erwiderte: »Natürlich.«

Später sollte sie erfahren, warum dieses ausdrückliche Versprechen meinem Vater ein solches Bedürfnis war.

Bevor Niko im Dezember 1957 amerikanischer Staatsbürger wurde, half meine Mutter ihm, sich auf die Prüfung vorzubereiten. Bei der Zeremonie im Bundesbezirksgericht von Wilmington überreichte man ihm ein Exemplar der amerikanischen Verfassung sowie Glückwünsche vom Wilmington Lions Club und von der American Legion. Damit und mit seinem neuesten fahrbaren Untersatz war er das Inbild eines Amerikaners aus den Fünfzigerjahren.

Nikos bester Freund bei DuPont war Karl Frensdorff, ebenfalls ein emigrierter deutscher Chemiker, der mit ihm in Princeton promoviert hatte. Vor dem Krieg hatte Karls jüdische Familie ihn mit einem der Kindertransporte nach Großbritannien geschickt. Anschließend entkamen seine Eltern ebenfalls nach England, von wo aus sie gemeinsam mit dem Schiff nach Amerika gelangten.

Bei aller Dankbarkeit, die Niko und der Mann, den ich nur als Onkel Karl kannte, gegenüber den Vereinigten Staaten empfanden, die sie aufgenommen hatten, hegten beide auch Vorbehalte gegen Autorität, Konformismus und verordneten Patriotismus. Angesichts der Erfahrungen mit dem Dritten Reich waren sie wachsam gegenüber dem McCarthyismus und seinen Auswirkungen. Beide Männer konnten auf spielerische Weise mit Worten umgehen, wie es typisch ist für Menschen, die sich erst in späteren Jahren eine zweite Sprache aneignen mussten. Nach der Einbürgerungszeremonie reichte Karl meinem Vater eine Ulknotiz, von der folgende Institutionen einen Durchschlag erhalten sollten: »die Abteilung für Schandtaten beim FBI, die Spionage-Abteilung der CIA, das Patriotismus-Komitee der DAR (Daughters of the American Revolution), das Komitee America First, Americans Second!, die Amerikanische Legion und die Spendenabteilung der Republikanischen Partei.« Es handelte sich um einen Katalog von »Regeln«, einen Leitfaden, »der dazu dient, dem neuen Bürger den Einstieg in den amerikanischen ›way of life‹ zu erleichtern«. Das Ganze las sich wie der Text eines Tom-Lehrer-Songs. Es galt,

Unpolitisch zu sein wie Protoplasma
Auf der Hut zu sein vor Enthusiasmus
Abscheu zu haben vor Ikonoklasmen.

Dieses satirische Artefakt, das die Freundschaft von Niko und Karl besiegelte, stellt für mich eines der Gründungsdokumente bei der Formung meines Vaters zum Amerikaner dar. Mit revolutionärem Eifer steckte er die politische Mitte ab und spendete jedem Beifall, der die Mächtigen aufforderte, Rechenschaft abzulegen, oder die Regierung dazu aufrief, einen besseren Job zu machen. Er liebte den Politikstil von Senator William Proxmire, dem Demokraten aus Wisconsin, der mit seiner monatlichen Verleihung des »Golden Fleece Award« die Keule wider den politischen Wahnsinn schwang. Senator Lowell Weicker, der entrüstete abtrünnige Republikaner aus Connecticut, war einer von Niko Lieblingsdarstellern im Watergate-Spektakel. Und er machte es sich zu einer lebenslangen Gewohnheit, an seinem jeweiligen Wohnort gemäßigte, kosmopolitisch gesinnte republikanische Senatoren mit alliterierenden Namen zu wählen: Clifford Case in New Jersey, Jacob Javits in New York und Jim Jeffords in Vermont.

»Die Heimat ist das Kindheits- und Jugendland«, schrieb der Widerstandskämpfer und Auschwitz-Überlebende Jean Améry 1966. »Wer sie verloren hat, bleibt ein Verlorener, und habe er es auch gelernt, in der Fremde nicht mehr wie ein Betrunkener herumzutaumeln, sondern mit einiger Furchtlosigkeit den Fuß auf den Boden zu setzen.«

Kurt mag in gewisser Weise ein Taumelnder geblieben sein. Nicht so mein Vater: Niko bewegte sich nüchtern durch die Neue Welt, beherrschte die Sprache und praktizierte seine neue Staatsbürgerschaft mit der Disziplin eines Anonymen Alkoholikers, der akribisch das Zwölf-Schritte-Programm verfolgt. Er war nicht wie die eingewanderten Deutschen bei Kurt Vonnegut, die, »um ihren Patriotismus zu zeigen«, ihren Sohn »mit vollem Bewußtsein unwissend und wurzellos« ließen. Mein Vater dagegen liebte Wurst und ein gutes Bier und hörte sich amüsiert eine Kassette mit bayerischer Blasmusik an, die ihm Maria aus einer Laune heraus geschickt hatte. Aber er hatte kein Interesse daran, über seine Vergangenheit zu reden, jedenfalls nicht mit uns, und schon gar nicht mit Freunden und Nachbarn, viele von ihnen Juden, einige ehemalige GIs.

Und genau wie in den frühen Vierzigern keiner der Gäste bei den Abendessen auf Long Island große Lust zeigte, Kurt und Helen über das gerade kollabierende Europa auszufragen, wurde auch Niko nur selten auf seine Wurzeln angesprochen. Er hatte beschlossen, dies als Willkommensgeste zu begreifen.

Als Niko 1959 vom Elektronikkonzern RCA bei DuPont abgeworben wurde, zogen wir nach Princeton in eines dieser Häuser mit versetzten Wohnebenen, von dem man mit dem Wagen rasch zum Forschungszentrum des Unternehmens an der Route 1 gelangte. Meinem Vater war klar geworden, dass die Technik, die ihn schon als Kind so fasziniert hatte, im Begriff war, die Welt zu revolutionieren, und zwar nirgendwo so stark wie in seinem neuen Heimatland.

Bei einer Konferenz in den Sechzigern lauschte er dem Vortrag eines Physikers über eine seiner Erfindungen, eine Komponente namens »integrierter Schaltkreis.« Als Niko danach zu Robert Noyce trat, um ihm seine Visitenkarte zuzustecken, tat er es nicht in der Absicht, einen neuen Job zu ergattern. Stattdessen bat mein Vater den späteren Mitbegründer von Intel, ihn zu informieren, falls er und sein Geschäftspartner an die Börse gehen sollten.

Natürlich wurde auch unser Alltag in Princeton von den einschneidenden Ereignissen der Sechzigerjahre unterbrochen: Aufnahmen von der Mondlandung, soziale Unruhen, Morde – Bilder in Schwarz-Weiß im Fernsehzimmer, in Farbe in der Zeitschrift *Life* im Wohnzimmer. Aber von Zeit zu Zeit trat zutage, dass wir in mancher Hinsicht doch anders waren. Weihnachtsgeschenke gab es nicht am Weihnachtsmorgen, sondern an Heiligabend. Davor sangen wir *Stille Nacht*, zwar auf Englisch, aber beim flackernden Schein echter Wachskerzen, die an echte Tannenzweige geklemmt waren – in den Augen unserer Nachbarn sträflicher Leichtsinn, auch wenn Niko einen gefüllten Wassereimer bereitgestellt hatte.

Unser Nachbar Mr. Iverson arbeitete in New Brunswick im Hauptquartier der amerikanischen Pfadfinder. Hin und wieder steckte er mir eine Ausgabe von *Boy's Life* zu, Hefte, die Träume wachriefen, sich Jugendgruppen anzuschließen, in eine Uniform zu schlüpfen, auf der Rangabzeichen prangten, einen Eid abzulegen. Mein Vater wollte jedoch nichts davon wissen, was ich damals nicht verstand.

Dennoch hatte ich nie das Gefühl, unter posttraumatischen Verhältnissen aufzuwachsen oder mit strenger teutonischer Hand erzogen zu werden. Es gab keine Mittelsperson zwischen uns und unseren Eltern, keine Nanny und keine Köchin. Mein Vater versammelte die Familie gern auf dem Sofa im Wohnzimmer und nannte dieses Näheritual »Schweinenest«, um klarzustellen, dass wir alle demselben Stall angehörten. »Niko wollte wie der Flussgott Nil, diese riesige Statue im Vatikan, sein«, sagte Maria einmal zu mir, »mit allen Nebenflüssen, die um ihn herumkrabbelten.«

Ende 1968 lockte Xerox meinen Vater von RCA weg, und zwar mit einer leitenden Stelle im Forschungszentrum vor den Toren von Rochester, New York. Kurz vor Weihnachten zogen wir in den jüdisch geprägten Vorort Brighton, wo es, so die Überlegung meiner Eltern, die besten öffentlichen Schulen gab. Hier mussten sich nun die Wolffs akkulturieren, und um das zu schaffen, griffen sie auf die typischen Merkmale der alten bildungsbürgerlichen Erziehung zurück: Cellounterricht, die Erwartung, dass wir nur gute Noten nach Hause brachten und die Mitgliedschaft im Jewish

Community Center, dem Zentrum des gesellschaftlichen Lebens in diesem Viertel. Ich fühlte mich kein bisschen jüdisch. Allerdings achtete ich darauf, dass mir keinerlei Reste von Deutschsein anhafteten, die möglicherweise Freundschaften und bald darauf Liebschaften verhindern könnten. Wie auch immer, ich fand meinesgleichen: Kinder, deren Eltern Professoren an der University of Rochester, Ärzte am Strong Memorial Hospital und Ingenieure bei Kodak oder Bausch & Lomb waren. Unser Umzug erfolgte kurz vor meinem zwölften Geburtstag. Überall wurde Bar Mizwa gefeiert, und so schlug ich mir bei den Kidduschs den Bauch voll und drückte mich anschließend als Mauerblümchen auf der Rollschuhbahn herum.

Wenn zu Hause etwas von einem deutschen Autoritarismus zu spüren war, dann nicht etwa durch väterliche Strenge, sondern allenfalls durch einen rigorosen kulturellen Anspruch. So fragten sich meine Eltern, wenn wir durch eine Stadt fuhren, ob es hier wohl »einen guten Radiosender« gebe, womit sie natürlich einen Klassiksender meinten. Wenn ich sie so reden hörte, wurde mir wieder einmal bewusst, dass Unwissenheit verzeihlich war, nicht jedoch schlechter Geschmack.

Unverbesserlicher Optimismus irritierte meinen Vater fast ebenso wie Kulturbanausentum. Bei Xerox leitete er ein Forscherteam, das sich mit einer neuen Tonergeneration für Fotokopierer beschäftigte.

Wenn sein Chef ihn fragte, ob er die Deadline einhalten könne, antwortete Niko: »Hm, die Chancen stehen fifty-fifty.«

»Großartig!«, meinte sein Chef.

Das fand nun mein Vater nicht gerade. »Du weißt, was fifty-fifty bedeutet«, meinte er später zu mir. »Du überquerst heil eine Straße. Dann willst du wieder zurück, und peng, bist du tot.«

Niko, das »wandelnde Flussdiagramm«, war dennoch dankbar, dass er dieser Welt eine Ordnung aufs Auge drücken konnte, wie es ihm auf dem alten Kontinent nicht möglich gewesen war. Im Keller unseres Fachwerkhauses zückte er seine Dymo, die Luger unter den Etikettierern, wählte die gewünschten Buchstaben aus und klebte die ausgedruckten Beschriftungen auf Gläser, die er im Regal über seiner Werkbank aufreihte – »UNTERLEGESCHEIBEN«, »DÜBEL« und »PHILIPS-KOPFSCHRAUBEN«. In einem Leserbrief an den Redakteur des *Country Journal* fachsimpelte Niko über den Unterschied zwischen amerikanischen Sensen und jenen, die er als Junge in Bayern benutzt hatte, und untermauerte seine Argumente mit einsilbigen Begriffen, die ich in diesem Zusammenhang noch nie zuvor gehört hatte: »snath« (Sensenstiel), »nib« (Griff), »beard« (Bart), »peen« (dengeln). Ich kann mir seine diebische Freude vorstellen, als ihm später in seinem Leben jedes einzelne davon in den Kreuzworträtseln der *New York Times* wiederbegegnete, mit denen er sich immer öfter die Zeit vertrieb. Wenn er sich über die gesuchten Begriffe aus der Popkultur und Sport erregte, wartete ich ab, bis er seinem Ärger Luft gemacht hatte, und fragte dann, ob ich ihm helfen könne – ein Angebot, das er gnädig annahm.

Wenn man als Bürger die Muskeln spielen lassen wollte, war ein gesundes Konsumentenmisstrauen vonnöten, denn nur mündige Persönlichkeiten konnten dafür sorgen, dass Politiker, Finanz- und Industriemagnaten nicht grenzenlos Reichtum und Einfluss auf Kosten des kleinen Mannes anhäufen konnten. Die jährlichen Ausgaben des *Consumer Reports Buying Guide*, Nikos *Encyclopædia Britannica*, nahmen einen beachtlichen Teil unseres Bücherregals ein. Als Eisenhower vor einem Staat im Staat, dem »militärisch-industriellen Komplex«, warnte, nickte mein Vater mit Nachdruck. Wenn ich nachmittags von der Schule nach Hause kam, fand ich auf der Kommode im Flur oft in Washington abgestempelte Werbebriefe von Nichtregierungsorganisationen vor, etwa von Common Cause oder dem von Ralph Nader gegründeten Public Citizen. Oh, was für einen Idealismus diese Namen verkündeten! Doch Niko war überzeugt, dass es Amerika gelingen würde, selbst die wirrköpfigsten besten Absichten auf ihre Nützlichkeit zurückzustutzen.

Von Zeit zu Zeit bemerkte ich, dass mein Vater seine Verständnislücken zu den schrecklichen Ereignissen in seiner Jugend aufzufüllen versuchte. William Shirers *Aufstieg und Fall des Dritten Reiches* hatte einen prominenten Platz im Wohnzimmerregal. Niko hatte Albert Speers *Erinnerungen* gelesen, und zwar nicht nur weil er selbst ein verhinderter Architekt war. Und auf seinem Nachttisch lag das jüngste Buch von Günter Grass. Mein Vater bewunderte dessen verspielte Fantasie und freche Figuren, doch ihm imponierte auch die Mission, die Grass so vehement verfolgte, und das obgleich Niko selbst beharrlich über seine Vergangenheit schwieg. Wenn bei einem Gespräch mit einem Nachbar oder Kollegen die Rede auf seine Vorfahren kam, ließ er unerwähnt, dass er erst nach dem Krieg aus Deutschland eingewandert war. Als ich ihn Jahre später darauf ansprach, räumte er ein, dass er sich Nachfragen zu diesem Thema gern ersparen wollte. Genauso wie er uns vermutlich instinktiv gewisse Antworten ersparen wollte, was auch erklärt, warum ich wiederum von einigen Fragen Abstand nahm. An einem Sommertag in den Siebzigern, als wir auf Familienbesuch in München waren, kam ein Schweizer Freund von mir hinzu, und wir beide beschlossen, das ehemalige KZ in Dachau zu besuchen. Mein Vater sah mich mit gequälter Miene an und fragte: »Warum willst du dir das antun?«

Niko hätte so gern all das hinter sich gelassen und uns damit verschont. Als er seine Merck-Aktien verkaufte, war er nicht nur froh, der lästigen Steuerpflicht enthoben zu sein, sondern gewiss auch erleichtert, weil er damit eine der letzten Bindungen zur Alten Welt gekappt hatte.

Doch ein paar wesentliche Aspekte von Amerika blieben ihm fremd. Seine Unbedarftheit in Sachen Popkultur ließ mich bisweilen innerlich zusammenzucken. So etwa an einem Frühlingstag, als wir nach dem Urlaub auf dem Flughafen von Tampa angekommen waren: Ein Fernsehteam führte eine Umfrage darüber durch, wie die Menschen über den gegenwärtigen Zustand der Wirtschaft dachten. Plötzlich riss Niko dem verdutzten Reporter das Mikro aus der Hand und zog es zu sich heran – ein Fauxpas, der niemandem, der auch nur im Entferntesten mit dem coolsten amerikanischen Medium vertraut war, unterlaufen wäre. Später kam ich zu dem Schluss, dass mein Vater in diesem Moment einfach begeistert darüber war, in einem Land zu leben, in dem die Medien sich für die Ansichten des normalen Bürgers interessierten und dieser ungestraft seine Meinung sagen konnte.

Aber auch wenn er darauf vertraute, dass dieses Land vernünftige Gesetze machte und auf gerechte Weise für deren Befolgung sorgte, konnte ich beobachten, wie seine Regeltreue bisweilen ein wenig bröckelte. In den frühen Siebzigern wollten ein paar pubertierende Freunde und ich probeweise wissen, wie sich Jugendkriminalität anfühlte; wir hingen zusammen ab und gerierten uns als Vorstadtrowdys. Eines Abends während eines Schneesturms kauerten wir neben der Highland Avenue im Gebüsch und bewarfen vorbeifahrende Wagen mit Schneebällen.

Ich erinnere mich an einen Wirbel aus Scheinwerferlicht und peitschendem Schnee. Ich höre wieder den dumpfen Ton, mit dem der Schneeball gegen eine große Limousine prallt. Das Schlittern des bremsenden Fahrzeugs. Ich sehe, wie die Beifahrertür aufgestoßen wird und eine Gestalt aussteigt, ein Mann, der uns sofort nachjagt.

Wir flohen in alle Richtungen, und ich war derjenige, den er erwischte. Noch immer kann ich seine Alkoholfahne riechen und spüre den Griff, mit dem er mich an meiner wattierten Jacke festhielt. Er schleppte mich zu seinem Wagen und stieß mich hinein. Auf der kurzen Fahrt zu uns nach Hause blieb ich stumm. Niko stand am oberen Ende der Eingangstreppe, er dankte dem Mann und versicherte ihm, er werde sich »darum kümmern«.

Kaum war die Tür ins Schloss gefallen, atmete mein Vater auf. Er drehte sich zu mir um und grinste, um mich dann zu ermahnen, mich nicht noch einmal erwischen zu lassen.

Jedes Mal, wenn sich der D-Day jährt, werde ich daran erinnert, wie ich vor Jahren die Strände der Normandie besuchte. Wenn man am Rand der Klippen steht, den Blick über das graue Band des Horizonts jenseits des Ärmelkanals schweifen lässt, dann zurückschaut zu den Bunkern und Zielfernrohren des Atlantikwalls und hinüber zu den weißen Grabkreuzen, die makellose Reihen auf dem gestutzten Rasen bilden – wenn man all das auf sich wirken lässt, staunt man nicht nur über die taktische Kühnheit der »Operation Overlord«, sondern auch darüber, wie viele Menschenleben eingesetzt wurden, um die Freiheit zu erkämpfen. Die Westmächte boten anderthalb Millionen Soldaten für die Invasion auf. Geschätzte 4500 Soldaten der alliierten Invasionstruppen kamen am 6. Juni 1944 ums Leben, und weitere rund 70 000 mussten sterben, bis die Deutschen endlich über den Rhein zurückgedrängt waren.

Als Junge muss ich gespürt haben, was dieses Ereignis für mich und meine Familie bedeutete. Ich war noch keine zwölf und besuchte die Elementary School, als ich Cornelius Ryans *Der letzte Tag* aus dem elterlichen Bücherregal zog. Und als wir im Französischunterricht auf der Highschool Paul Verlaine lasen, kannte ich bereits die Gedichtzeilen, mit denen die BBC der Résistance die verschlüsselte Botschaft über die bevorstehende Invasion verkündete.

Am 8. Mai 1985 hielt der damalige Bundespräsident Richard von Weizsäcker vor dem Bundestag eine Rede zum vierzigsten Jahrestag des Endes des Zweiten Weltkriegs in Europa. Ihre Kernbotschaft war so einfach wie zum damaligen Zeitpunkt provokativ: Die Deutschen sollten diese Gelegenheit nicht dazu nutzen, ihrer Niederlage zu gedenken, sondern ihre Befreiung zu feiern. »Wir müssen die Maßstäbe allein finden«, sagte Weizsäcker. »Schonung unserer Gefühle durch uns selbst oder durch andere hilft nicht weiter. Wir brauchen und wir haben die Kraft, der Wahrheit so gut wir es können ins Auge zu sehen, ohne Beschönigung und ohne Einseitigkeit … Und dennoch wurde von Tag zu Tag klarer, was es heute für uns alle gemeinsam zu sagen gilt: Der 8. Mai war ein Tag der Befreiung. Er hat uns alle befreit von dem menschenverachtenden System der nationalsozialistischen Gewaltherrschaft.«

Der 8. Mai 1945 sei untrennbar mit dem 20. Januar 1933 verbunden. Weizsäcker weiter: »Es geht nicht darum, Vergangenheit zu bewältigen. Das kann man gar nicht. Sie läßt sich ja nicht nachträglich ändern oder ungeschehen machen. Wer aber vor der Vergangenheit die Augen verschließt, wird blind für die Gegenwart.

Wer sich der Unmenschlichkeit nicht erinnern will, der wird wieder anfällig für neue Ansteckungsgefahren.«

Es klang fast wie eine vorweggenommene Antwort auf die Verheißungen vom »Ende der Geschichte«, die ein paar Jahre später mit dem Fall der Berliner Mauer laut wurden, als Weizsäcker mahnend fortfuhr: »Wir lernen aus unserer eigenen Geschichte, wozu der Mensch fähig ist. Deshalb dürfen wir uns nicht einbilden, wir seien nun als Menschen anders und besser geworden.

Es gibt keine endgültig errungene moralische Vollkommenheit – für niemanden und kein Land! Wir haben als Menschen gelernt, wir bleiben als Menschen gefährdet. Aber wir haben die Kraft, Gefährdungen immer von neuem zu überwinden.«

Von dem Moment an, als ich zum ersten Mal auf diesen Klippen den Blick schweifen ließ und mir die Kette der Ereignisse vergegenwärtigte, die zu meiner Existenz führte, sehe ich die moderne deutsche Geschichte genau auf die Art und Weise, wie der Bundespräsident sie in seiner Rede dargestellt hat. Aber nach Ansicht von Alexander Gauland und Björn Höcke und ihren Glaubensbrüdern von der AfD hat Weizsäcker eine Rede »gegen das eigene Volk« gehalten.

Genau darin liegt die entscheidende Frage für das Nachkriegsdeutschland, die das gegenwärtige politische Leben formt und bestimmt: Sind Menschen so stark von einem Denken in Kategorien geprägt, dass eine moderne Gesellschaft überfordert ist, wenn eine Million Flüchtlinge in einem Land mit einer Bevölkerung von achtzig Millionen eintrifft? Wer ist das deutsche Volk – sind es in erster Linie Deutsche, oder ist es ein Volk?

Für den Sohn eines ehemaligen Wehrmachtssoldaten aus München und einer Amerikanerin, die sich in Connecticut als Jugendliche um einen »Victory Garden« kümmerte, haben die Antworten zu derlei Fragen nicht weniger als eine existenzielle Dimension. Ich bin aus dem gleichen Grund auf die Welt gekommen, aus dem das moderne Deutschland prosperiert – weil die Welt aus Abscheu vor dem NS-Regime handelte und es dann für richtig erachtete, künftigen Generationen von Deutschen zu helfen, sich den Aufgaben zuzuwenden, von denen mein Großvater in seinem Brief an Maria gesprochen hatte.

Millionen Deutsche haben dies überzeugt umgesetzt. 1995, ein knappes Jahrzehnt nach Weizsäckers Rede, betrachtete laut einer Umfrage mehr als die Hälfte der Deutschen den Sieg der Alliierten über die Nazis als Befreiung, und weitere 28 Prozent sahen darin sowohl eine Befreiung als auch eine Niederlage. Der Anteil Deutscher, die die Bezwingung von NS-Deutschland durch Waffengewalt ausschließlich als Niederlage begriffen, belief sich lediglich auf dreizehn Prozent, genauso viel – man kommt gar nicht umhin, das hervorzuheben –, wie der Stimmenanteil der AfD bei den Bundestagswahlen im September 2017 betrug. Außerdem reagierte der Rest der Welt anerkennend auf die Art und Weise, wie sich das Land neu erfunden hat. Als Gastland der Fußballweltmeisterschaft 2006 hielt Deutschland eine gesunde Balance: Die Deutschen hatten endlich eine Art Patriotismus für sich entdeckt, der ihnen erlaubte, zu jubeln und Flaggen zu schwenken und gleichzeitig liebenswürdige Gastgeber zu sein, und zwar so gute Gastgeber, dass sie, wie manche witzelten, anderen den Vortritt ließen und Frankreich und Italien den Sieg unter sich ausmachen konnten. Angereiste Fans erklärten danach, ihnen hätten die Deutschen und Deutschland gefallen. Wie Cem Özdemir es 2018 in einer Bundestagsrede betonte: Deutschland werde genau wegen seiner Vielfalt und Erinnerungskultur in der ganzen Welt »geachtet und respektiert«.

Rechter Populismus ist in der Tat auf dem Vormarsch in Europa und auf der ganzen Welt. Aber als das Land, das sich der damit verbundenen Gefahren am meisten bewusst ist, kann Deutschland für sich beanspruchen, eine Art Frühwarnsystem zu sein. Dreizehn Prozent sind eine bei Weitem zu hohe Zahl. Dies zeigte sich, als Angela Merkel nach der Bundestagswahl von 2017 mehrere Monate brauchte, um nach mehreren Fehlstarts endlich eine Regierungskoalition zustande zu bringen, mit dem Ergebnis, dass die AfD die größte Oppositionsfraktion wurde. Aber selbst die AfD hätte sich nicht getraut, durch eine deutsche Stadt zu marschieren und »Juden werden uns nicht verdrängen« oder »Blut und Erde« zu skandieren, wie es amerikanische Neonazis in Charlottesville taten. Der Aufstieg der AfD ist kein Grund, das Projekt Achtsamkeit aufzugeben. In Susan Neimans Worten: »Vergangenheitsaufarbeitung ist keine narrensichere Schutzimpfung gegen Rassismus und Reaktion; es ist unwahrscheinlich, dass es der Welt je an Narren mangeln wird.«

Doch während sie an ihrem Buch *Von den Deutschen lernen* arbeitete, stellte sie beruhigt fest, dass viele Deutsche angesichts des Titels, den sie ihm geben wollte, entsetzt reagierten.

Ernie Pyle, der Namensgeber des Schiffs, mit dem mein Vater in die Vereinigten Staaten gelangen sollte, war nicht mehr dazu gekommen, den geplanten Artikel über Deutschlands Kapitulation zu verfassen. Mehr als fünf Jahre lang schrieb er als Berichterstatter über einen Krieg, in dem allein in Europa vierundvierzig Millionen Menschen, darunter siebenundzwanzig Millionen Zivilisten, starben. Er wurde am 18. April 1945 erschossen, nur wenige Wochen vor Kriegsende. Doch in seinen Aufzeichnungen findet sich folgender Satz: »Jene, die gegangen sind, würden bestimmt nicht gern ein Mühlstein der Hoffnungslosigkeit an unserem Hals sein.«

Pyles Aussage geht einher mit einer nicht weniger hoffnungsvollen Schlussfolgerung: Die GIs, die ihr Leben gaben, indem sie die Strände der Normandie erstürmten und Frankreich und, ja, auch Deutschland befreiten, taten es für eine Idee – dass die Bürger eines Landes nicht einfach nur die Menschen sind, die innerhalb seiner Grenzen geboren wurden. Vertriebene können Bürger werden, ebenso wie Emigranten, indem sie ein Bekenntnis unterschreiben. »Amerikaner zu sein«, war nie ein Status, der auf Blut und Boden gründete. Das Gleiche gilt heute für Deutsche.

Und so kommt es, dass ein in Amerika geborener Sohn eines ehemaligen Wehrmachtssoldaten in Berlin Betrachtungen zum D-Day anstellt.

Turtle Bay

Alex, 1975 bis 1994

Als ich als frischgebackener Student zum ersten Mal den Campus der Princeton University betrat, war ich mir überaus bewusst, wie sehr mich dieser Ort mit meinem Vater verband. Die Witwe von Erich Kahler wohnte nach wie vor nur ein paar Türen weiter, und zwar in dem Haus, in dem Niko 1948 untergekommen war. Als Campus-Korrespondent der *Trenton Times*, der lokalen Abendzeitung, holte ich mittags immer meine gedruckten Artikel bei der Redaktion ab und überquerte dafür die Nassau Street, genau wie mein Vater seinerzeit, wenn er zu der Imbissbude hinüberging, um sich ein Sandwich zu kaufen.

Wenn Niko mich auf dem Campus besuchen kam, trafen wir meistens einen seiner Kommilitonen von damals, der im Keller seines Studentenwohnheims Rad gefahren und dabei die »Ode an die Freude« gepfiffen hatte: John Nash, den unter Schizophrenie leidenden Mathematiker und späteren Spieleerfinder, dessen Geschichte der Film *A Beautiful Mind* erzählt. Der Mann in dem unscheinbaren Mantel sollte auch Jahrzehnte später noch immer die Firestone Library aufsuchen.

Auf dem Höhepunkt der boomenden Achtziger entließ mich die Universität in die Welt des Magazinjournalismus. Ich begann als Faktenchecker bei *Sports Illustrated* mit einem Jahresgehalt von 16 000 Dollar plus bezahlte Überstunden. Zum Glück gab es die reichlich. Falls mein Vater angesichts meines reibungslosen Starts ins Berufsleben Stolz empfand, dann vermutlich nicht ohne einen negativen Beigeschmack, trug ich doch nun buchstäblich dazu bei, »das Herz des Sportlers höher schlagen« zu lassen, wie Kurt einmal abfällig bemerkt hatte. Oder wie Maria es später auf den Punkt brachte: »Sport – das ist ungefähr so, als wärst du eine Art Klatschreporter gewesen, nicht gerade das, was deine Eltern sich gewünscht hätten.«

Nachdem ich mir ein Jahr lang ein Apartment für 400 Dollar Monatsmiete in der Upper West Side mit Kakerlaken geteilt hatte, bot Helen mir an, in ihre Wohnung in Turtle Bay in Manhattan zu ziehen. Sie wollte jetzt mehr Zeit in der Nähe von Christian und seiner Familie in Neuengland verbringen; und wenn ich in ihre Wohnung zöge, hätte sie immer noch eine zweite Bleibe. Doch wie sich herausstellte, sind Enkel nach dem New Yorker Gesetz keine »direkten Familienangehörigen«, die laut ihrem Mietvertrag dort hätten wohnen dürfen. Und so wurde bald ein böser Brief mit dem Absender des Vermieters unter der Wohnungstür durchgeschoben, worin sich dieser auf verschiedene Paragrafen und Unterparagrafen bezog. Bürokraten und offizielle Dokumente hatten bisweilen die unangenehme Eigenschaft, die Vergangenheit heraufzubeschwören, sodass Helen mehrere schlaflose Nächte hatte, bis ein neuer Mietvertrag und eine kräftige Mieterhöhung die Sache wieder ins Lot brachten. Diese Narben des Exils machten sich von Zeit zu Zeit bei ihr bemerkbar, so etwa wenn es um persönliche Besitztümer ging, die sie »immer noch verkaufen« konnte, »wenn ich muss«. Bezeichnend war auch die Reihe gnadenlos praktischer Schuhe in ihrem Schrank. In bewundernder Anspielung auf Helens praktische Ader nannte Maria sie »die Gestiefelte« – ein Wortspiel mit Stiefmutter.

Die nächsten zwölf Jahre über gaben wir, wenn Helen geschäftlich in New York zu tun hatte, eine ungewöhnliche Wohngemeinschaft ab. Dann beschwor sie mit einfachen Abendessen die mittellosen Zeiten in Frankreich und Italien herauf – Linsengerichte, Pasta mit Pesto alla genovese. Jedes Möbelstück und jedes Kunstwerk hatte seine eigene Geschichte. Ihren Schreibtisch schmückte ein Foto von Kurt, dem Ästheten, die Beine übereinandergeschlagen, eine unbekümmert nach unten weisende Zigarette zwischen den Lippen. Literarische Persönlichkeiten – Günter Grass, Uwe Johnson, Max Frisch, verschiedene Lektoren und Kritiker – gingen aus und ein, und manchmal begegnete ich ihnen zwischen Tür und Angel. Allerdings nicht, wenn sich der wöchentliche Redaktionsschluss wieder einmal bis in die frühen Montagmorgenstunden hineingezogen hatte. Dann stolperte ich hundemüde nach Hause, nachdem ich meiner heiligen Pflicht nachgekommen war und sichergestellt hatte, dass wir den Namen eines bestimmten Spielers der New York Nicks richtig geschrieben hatten: Micheal – und nicht Michael – Ray Richardson.

Im Frühling 1994 verlor ich meine Teilzeit-Mitbewohnerin. Sie starb in ihrer Küche in Hanover, New Hampshire, »aufrecht, im Stehen«, wie Umberto Eco es ausdrückte, mit dessen Roman *Der Name der Rose* sie den größten verlegerischen Erfolg nach Kurts Tod gefeiert hatte. Grass schrieb in seinem Nachruf: »Plötzlich ist da nichts mehr. Der Brückenpfeiler ist weg. Gewiß spricht aus dieser Sicht panischer Schrecken doch auch die Erkenntnis, wieviel die Autoren meiner Generation den deutschen Emigranten verdanken. Sie, die aus Deutschland vertrieben wurden, haben mehr für uns getan als zu erwarten, zu erhoffen war.«

Kurz vor ihrem Tod übergab mir Helen eine Kopie des letzten Eintrags in Kurts Kollektaneenbuch, sechs Zeilen, die abwechselnd Stephen Grellet oder William Penn zugeschrieben werden; »bestimmt in Liebe« hatte sie als Anmerkung hinzugefügt. Gegen Ende seines Lebens schien ihn die Frage, was das »Guter-Mensch-Sein« bedeutete, ebenso sehr zu beschäftigen wie »die bescheidene *matière première*«, der Rohstoff, mit dem er arbeitete.

Ich werde nur einmal durch diese Welt gehen
Jede gute Tat, die ich tun kann,
Und jede Freundlichkeit, die ich einem Menschen erweisen kann, lass mich daher jetzt tun.
Lass mich es nicht hinausschieben oder es versäumen,
Denn ich werde diesen Weg nicht mehr entlangkommen.

Es war eine Variation von Helens handfesterem Rat: »Gib immer ein üppiges Trinkgeld.«

Altaf, Hisham, Vedad, Dayot, Ademola: So heißen die jungen Menschen, mit denen wir einen unserer Berliner Samstage im Sommer 2018 verbrachten. Sie kommen aus fernen Regionen, bewirteten und unterhielten uns und sorgten dafür, dass wir uns glücklich schätzten, weil wir je ein Standbein in zwei wohlhabenden Ländern haben, in denen Frieden herrscht.

Wir waren zu Besuch bei Helens Großnichte Marion Detjen und ihrem Mann Stephan, deren Haus und Grundstück in Berlin-Westend Geschichte atmet. Von ihrem Garten aus kann man ein Fenster im ersten Stock des Nachbarhauses sehen; aus dem Zimmer dahinter hat die Gestapo den evangelischen Theologen Dietrich Bonhoeffer verschleppt, der am Widerstand gegen die Nazis beteiligt war. Eines der Fenstergitter am Haus der Detjens ist mit einem schmiedeeisernen Emblem verziert, in das die olympischen Ringe eingelassen sind: Sie erinnern daran, dass das Haus 1936 gebaut wurde, dem Jahr, in dem nicht weit von hier die Olympischen Spiele stattfanden. Auf einem Fenster im Erdgeschoss sieht man ein transparentes Foto von Jesse Owen, wie er sich aus dem Startblock abdrückt. So wird das Bild des Afroamerikaners, der Hitler demütigte, indem er vier Goldmedaillen gewann, von hinten in helles Tageslicht getaucht.

Zu all diesen Einzelheiten haben Marion und Stephan eine berufliche Beziehung – er als Chefkorrespondent des Deutschlandradios, sie als Geschichtsdozentin am Bard College in Berlin. Marions Seminare sind voller Studenten, die aus ihren Heimatländern vertrieben wurden – Krisengebieten wie Afghanistan, Irak, Syrien. Und Bezüge zur Nazizeit finden sich nicht nur in ihrer Nachbarschaft, sondern auch in ihrer eigenen Familie. Marion hat sich schon vor langer Zeit intensiv mit der Vergangenheit ihrer Angehörigen befasst: Ihrer Familie gehörte eine Papierfabrik in Bayern, die Zwangsarbeiter aus der Ukraine beschäftigte. Doch die Bandbreite der Gründe, warum Marion und Stephan in ihrem Haus Flüchtlinge aufnehmen, ist sehr viel größer. Sie pflegen damit eine Art interkulturelle Geselligkeit und möchten gleichzeitig mehr über den Nahen Osten erfahren. Auch wollen sie eine Lanze für den Transnationalismus brechen, da es in der Bundesrepublik Vorbehalte gegenüber Einwanderern gab und gibt. Auch die Geschichte der Familie von Marions Mutter Marie, die aus

Russland eingewandert ist, spielt hier eine Rolle. Ihr Vater Michael, der sich inzwischen aus der Papierfabrik zurückgezogen hat und noch immer in seinem konservativ geprägten Heimatdorf lebt, unterstützt Flüchtlinge bei der Integration, und das macht Marion mächtig stolz.

Die Willkommenskultur bei Marion und Stephan sorgt dafür, dass Menschen eine zweite Chance bekommen. Zuerst kam Samer, ein syrischer Flüchtling. Sie hatten ihn vor drei Jahren bei sich aufgenommen, als er gerade den »Aleppo Supper Club« ins Leben rief, einen Catering-Service, der auf den Kochkünsten seiner Mutter basierte und einem größeren Familienkreis einen Lebensunterhalt verschaffte. Zurzeit beherbergen die Detjens Altaf und Hisham, zwei jemenitische Studenten, die zweimal fliehen mussten: zuerst aus ihrer Heimat, wo sie einen saudischen Luftangriff erleben mussten, und dann aus der Türkei, als die Universitäten, an denen sie studierten, Erdoğans Angriff auf die Zivilgesellschaft zum Opfer fielen.

In dem polyglotten Haus der Detjens, wo reihum gekocht wird, haben Altaf und Hisham uns ein jemenitisches Mittagessen zubereitet. Anschließend spazieren wir zum Olympiastadion, um uns das letzte Saisonspiel von Hertha BSC anzusehen. Kurz nach dem Anpfiff landet Dayot Upamecano einen Treffer für die Gäste, den RB Leipzig. Wenige Minuten später gleicht Vedad Ibišević für die Heimmannschaft aus. Bald darauf schießt Ademola Lookman von RB Leipzig den Ball knapp am heimischen Keeper vorbei ins Tor und trägt zum 6 : 2-Sieg in diesem hochspannenden Spiel bei. Die drei genannten Fußballer kommen aus Guinea-Bissau, Bosnien und Nigeria. Wenn man sieht, wie eingefleischte Fans Schilder mit der Aufschrift »GEGEN RASSISMUS, FÜR TOLERANZ« schwenken, wird man Zeuge, wie ein modernes Berlin dabei ist, dem Mythos eines Bauwerks aus der Nazizeit eine neue Erzählung entgegenzusetzen.

1936 saß der Schriftsteller Thomas Wolfe während der Eröffnungszeremonie von Hitlers Olympischen Spielen hier auf dieser Tribüne. Seine Eindrücke fanden Eingang in seinen autobiografischen Roman *Es führt kein Weg zurück:*

> *Ohne irgendwelche Erfahrungen auf diesem Gebiet hatten die Deutschen ein gewaltiges Stadion errichtet, das schönste und vollkommenste seiner Art. Das ganze Drum und Dran der kolossalen Anlagen – die Schwimmbäder, die weiten Hallen, die kleineren Stadien – vereinigte in seiner Planung und Ausführung das Schöne mit dem Zweckmäßigen. Die Organisation war prachtvoll. Nicht nur daß die sportlichen Ereignisse bis in die kleinste Einzelheit jedes Wettkampfes mit der Pünktlichkeit eines Uhrwerks begannen und abliefen; auch die Menschenmassen wurden mit einer verblüffenden Ruhe, Ordnung und Geschwindigkeit gelenkt – Menschenmassen, mit denen keine andere Großstadt je hatte fertig werden müssen und die sicherlich den New Yorker Verkehr hoffnungslos und unentwirrbar durcheinandergebracht und zum Wahnsinn getrieben hätten.*

Hier, genau an dem Tag, über den Wolfe geschrieben hatte, führten die Nazis das heidnisch anmutende Ritual des olympischen Fackellaufs ein. Seitdem findet er bei allen Olympischen Spielen statt und gipfelt in der Szene, wenn ein Athlet oder eine Athletin das olympische Feuer mit einer in Olympia entzündeten Fackel entfacht. 1936 fiel dem deutschen Gewichtheber Rudolf Ismayr die Ehre zu, stellvertretend für alle Athleten die olympische Eidesformel zu sprechen, während er eine Flagge schwenkte. Doch es war nicht etwa die Flagge mit den olympischen Ringen, wie es das Protokoll verlangte. Stattdessen schwenkte der deutsche Fahnenträger eine Hakenkreuzflagge. Graf Henri de Baillet-Latour, der damalige Präsident des Olympischen Komitees, der neben Hitler in der »Führerloge« saß, nahm es mit missbilligender Miene zur Kenntnis.

Kurz darauf tippte ihm Józef Lipski, der polnische Botschafter in Berlin, auf die Schulter. »Wir müssen auf der Hut sein vor einem Volk, das so zu organisieren versteht. Eine Mobilmachung in diesem Land wird genauso reibungslos funktionieren.«

Zwei Türme bilden unsere Fixpunkte in Berlin. Wenn wir aus unserer Wohnung im oberen Stock Richtung Norden blicken, wo früher die Mauer verlief, sehen wir den alten DDR-Fernsehturm auf dem Alexanderplatz. Richtung Süden reckt der Radarturm des stillgelegten Flughafens Tempelhof seine Kugel über die Baumwipfel des Friedhofs auf der gegenüberliegenden Straßenseite. Diese Wahrzeichen bilden eine symbolische Symmetrie, denn jedes steht für eine Seite des Kalten Kriegs: Der eine hat Informationen ausgesendet, der andere Daten eingesammelt.

Der Fernsehturm mag ein international bekanntes Symbol Berlins sein, doch Tempelhof spielt in unserem täglichen Leben eine wesentlich größere Rolle. Der Flughafen stellte 2008 den Betrieb ein, und seitdem bilden die Start- und Landebahnen und Rollwege zusammen mit den Grünflächen das Tempelhofer Feld, einer der größten und bemerkenswertesten urbanen Freiräume. Die Berliner besannen sich ihrer ein wenig aus der Mode gekommenen Besetzermethoden und begannen, das alte Flughafengelände für ihre Erholung zu nutzen, ehe die Stadt dazukam, es an irgendwelche Bauträger zu verkaufen. Als die Behörden etwas dagegen unternehmen wollten, war bereits ein öffentlicher Park entstanden. Wann immer uns danach ist, gehen wir auf den asphaltierten Wegen und Grünflächen des Tempelhofer Feldes spazieren, sehen den Kitesurfern zu, amten den Rauch aus den Dönerbuden ein, lassen den Blick über die Wohnblöcke schweifen, die in kunterbunter Reihenfolge mit Kirchtürmen und hie und da einem Minarett die Silhouette der Stadt im Hintergrund bilden. Auch unsere Kinder verdrücken sich hin und wieder auf das Tempelhofer Feld, um zu joggen oder Fotos für irgendein Schulprojekt zu machen. Aber Vanessa ist diejenige, die am meisten mit dieser riesigen Freifläche und dem ehemaligen nationalsozialistischen Terminal am westlichen Ende verbindet. Probleme bei der Anerkennung ihres Berufsabschlusses haben meine Frau daran gehindert, als Krankenschwester in Deutschland zu arbeiten. Daher engagiert sie sich jetzt bei einer Freiwilligengruppe, die sich um Berliner Flüchtlingsfamilien kümmert, von denen einige nach wie vor in einem der Hangars von Tempelhof leben.

Endlich setzen Vanessa und ich unser Vorhaben in die Tat um und erkunden das alte Flughafengebäude. Wie gehen den Columbiadamm entlang und kommen an dem Mahnmal vorbei, wo früher das Gebäude stand, das zuerst die Berliner Militärarrestanstalt beherbergte und später dann das von der SS betriebene KZ Columbia. Die Passanten konnten damals die Schreie der dort misshandelten politischen Gefangenen hören. 1935 ordnete Göring als Luftfahrtminister den Neubau des Flughafens Tempelhof an. Arbeiter, die meisten davon Zwangsarbeiter, montierten hier während des Kriegs Junkers-Flugzeuge und Stuka-Bomber für die Luftwaffe. Nach dem Krieg landeten hier während der Berlin-Blockade durch die Sowjets rund um die Uhr britische und amerikanische Transportflugzeuge, die sogenannten »Rosinenbomber«, und entluden ihre Fracht. Insgesamt trafen während der elfmonatigen Luftbrücke rund 100 000 Maschinen ein. Als einige der Flüchtlinge zum ersten Mal den »Rosinenbomber« erblickten, der zur Erbauung der Touristen auf der Rollbahn aufgestellt worden war, gerieten sie in Panik: Sie fürchteten, er diene dazu, sie nach Syrien zurückzubringen.

In einer Stadt, in der es an jeder Ecke etwas zu bestaunen gibt, das sinnbildlich für das neue Deutschland steht, ist das Flughafengebäude von Tempelhof genauso bemerkenswert wie alles andere auch. Er ist aus dem hellbraunen Sandstein erbaut, der charakteristisch für die Naziarchitektur war. Die Flure sind noch immer rot, schwarz und weiß gefliest. Vierzig Meter lange Stahlträger stützen das Dach jedes Hangars, denn die Nazis wollten darauf Tribünen errichten, um Hunderttausenden Zuschauern bei Kundgebungen und Flugshows Platz zu bieten.

Aber es sind die Schicksalsgöttinnen, die zuletzt lachen. Jene verstärkten Dächer, die dazu bestimmt waren, Massen »reinrassiger« Deutscher zu fassen, bieten nun mehreren Hundert zumeist dunkelhäutigen Menschen Schutz, die hier untergebracht sind, bis sie eine Wohnung gefunden haben, jeder Einzelne ein Gast des deutschen Staates.

Mr. Bitte nicht ansprechen

Niko, 1979 bis 2003

Niko und Mary brachten beide ihre Liebe zu Vermont mit in die Ehe – meine Mutter durch ihre Erinnerungen an diverse Sommercamps, in denen ein gut erzogenes Mädchen aus dem Fairfield County das Gemeinschaftsleben genoss und sich nach Lust und Laune schmutzig machen konnte, mein Vater, weil ihn dieser Bundesstaat mit seinem Weideland und den bewaldeten Hügeln an Bayern erinnerte. Und beide liebten die Werke von Carl Zuckmayer: Den exilierten früheren Autor des Kurt Wolff Verlags hatte es in den späten Dreißigern an denselben Ort verschlagen, in dem meine Eltern 1963 mit Christian in ein altes Farmhaus zogen. »Mich lockten die Wälder und das Abenteuer ihrer Weglosigkeit«, schrieb Zuckmayer in der Zeit, als er in dieser weitgehenden Wildnis lebte. »Die Einsamkeit war für mich eine Schutzhülle, eine Zuflucht, ein Trost.«

Als Auswanderer, nicht als Exilant verlangte sich Niko ein forscheres Tempo ab. Aber sein Schicksal führte ihn, der mittlerweile als freiberuflicher Consultant tätig war, schließlich auf Dauer in diese europäischste Gegend der Vereinigten Staaten. Als ihr Farmhaus 1979 winterfest gemacht wurde, zogen meine Eltern vorübergehend in den Nachbarstaat New Hampshire, damit meine jüngste Schwester dort ihren Highschool-Abschluss machen konnte. Nachdem sie zum Studieren weggegangen war, lebten die beiden sieben Jahre lang in diesem ehemaligen Farmhaus in East Barnard, Vermont, zu dem nur eine Staubstraße führte. Anschließend sahen sie sich durch Isolation und Alter genötigt, in die Nähe medizinischer Einrichtungen zu ziehen. Ein weiser Entschluss: Nur wenige Monate nach diesem letzten Umzug nach Norwich, Vermont, erlitt Niko beim Rasenmähen einen Herzinfarkt. Vier Jahre später erhielt er die Diagnose Prostatakrebs.

Der Mann, der einen Bombenangriff im Luftschutzkeller überlebt hatte und wusste, was es hieß, wie eine »Maus in der Falle« zu sitzen, hatte zuvor mitgeholfen, solche Fallen für andere Menschen zu stellen – während er Foto- und Kartenmaterial zum Edelweiß-Geschwader beförderte. Ich kann mir gut vorstellen, dass ihn das in den späten Achtzigern dazu bewog, seinen erklärten Pazifismus unter Beweis zu stellen, indem er an einem Austauschprogramm mit Sowjetbürgern teilnahm. Das Leben hatte es gut mit Niko gemeint, es hatte ihn, bildlich gesprochen, in eine Casino-Suite platziert und mit einem Haufen Spielgeld ausgestattet. Doch nichts konnte die Erinnerungen an den Krieg und die Not auslöschen. Am selben Tag, als er mir anvertraute, er habe vor Jahren 50 000 Aktien von Intel zum Stückpreis von zwei Cent gekauft, schrieb er in einem erbosten Brief an Verizon, es sei Abzocke, die Kosten für ein Ferngespräch innerhalb eines Bundesstaats um zwei Cent anzuheben.

Insbesondere verachtete er alle Arten von Organisationen – ob politische, unternehmerische oder religiöse –, die den einfachen Mann über den Tisch zu ziehen versuchten. Als das Eternal Word Network, der weltweit größte religiöse Fernsehsender, es schaffte, in sein Kabelfernsehen-Grundpaket aufgenommen zu werden, beschwerte er sich in einem weiteren wütenden Leserbrief an die Lokalzeitung darüber, dass man ihm als Nicht-Katholiken diese Glaubensinhalte aufdränge. Wehe dem zuständigen Kundenbetreuer des Kabelnetzbetreibers oder der Telefongesellschaft, wenn sich eine Tariferhöhung oder neue Gebühren hinter Lockangeboten versteckten. Niko hob sämtliche Quittungen auf. Gegenüber Telefonverkäufern kannte er kein Pardon. Noch verfügte sein Anschluss nicht über eine Anrufererkennung, aber einfach aufzulegen, war in seinen Augen keine ausreichende Strafe. Also nahm er ab, legte den Hörer hin und entfernte sich, sodass der Anrufer eine Weile ins Leere sprach. Meine Mutter betrachtete dieses Verhalten als unverzeihlich respektlos gegenüber Leuten, die einfach nur versuchten, ihren Lebensunterhalt zu bestreiten, doch mit der Zeit lernte ich, die Ursache dafür zu verstehen.

Die klinische Diagnose hätte vermutlich »periodisch auftretende und schwach ausgeprägte posttraumatische Belastungsstörung« gelautet. Seit seiner Heimkehr waren Jahrzehnte vergangen, und trotzdem galt nach wie vor: *Bitte nicht ansprechen.*

Im Sommer 1995 nahm Niko meine jüngste Schwester Kathy mit auf eine Mittelmeerkreuzfahrt. Von Italien, wo er schöne Zeiten nach der Trennung seiner Eltern erlebt hatte, ging es ostwärts nach Istanbul und weiter in die türkische Ägäis. Die Reisegruppe begab sich in der Gluthitze in Kuşadasi an Land, von wo sie ein Bus in das eine halbe Fahrtstunde entfernte Ephesos brachte.

Die verstreuten Ruinen dieser antiken Stadt erzählen die Geschichte einer hoch entwickelten Kultur. Das Amphitheater fasste einst 25 000 Menschen, und mehr als hundert Säulen stützten den Tempel der Artemis, eines der sieben Weltwunder. Doch das atemberaubendste Bauwerk, das überlebt hat, steht am Ende eines lang gezogenen Platzes: Dort erhebt sich die teils wiedererrichtete Fassade der Celsus-Bibliothek, nach Osten ausgerichtet, damit die Besucher im Jahr 200 im Schein der Morgensonne lesen konnten.

Irgendwann trennte sich Niko von der Gruppe und setzte sich auf eine Steinbank an der Längsseite dieses antiken Platzes. Als ihn meine Schwester dort fand, weinte er.

Sie begriff, dass etwas, das tief in seinem Unterbewussten vergraben gewesen war, an die Oberfläche gekommen sein musste, Emotionen, die das ein halbes Jahrhundert währende Streben nach Erfolg und Anpassung unter Verschluss gehalten hatte. »Es war, als wäre er urplötzlich seiner schützenden Haut beraubt worden«, schrieb Kathy mir. »Hier lagen die bloßgelegten Zeugnisse einer Hochkultur, gespenstisch in ihrer ganzen Traurigkeit und Vergeudung – etwas, das einmal da war, liegt nun in Trümmern. Mit einem Mal ließ er Gefühle zu, die er vor mir noch nie gezeigt hatte.«

In Ephesus sah Niko erneut »Schutt und Steine« die sich in »einem dicken Brei« ergossen, Visionen, die ihn an seinen Besuch kurz nach dem Krieg in Darmstadt erinnerten. Eine Erinnerung, in eine hintere Ecke des Unterbewussten geschoben und nun plötzlich wieder hervorgeholt.

Wir hatten Ähnliches bei ihm schon vorher erlebt – jäh aufflammende Emotionen, auf die wir nicht im Geringsten vorbereitet waren. Mal war ein schräg hereinfallendes Sonnenlichtbündel am Spätnachmittag der Auslöser, mal der Duft von Lindenblüten oder die ersten Takte von Schuberts Streichquintett in C-Dur. Inzwischen glaube ich, dass diese Gefühlsausbrüche in einem emotional gegenteilig aufgeladenen Raum besonders gediehen. Je schöner der gerade erlebte Moment war, umso deutlicher trat die wachgerufene Erinnerung hervor. Und uns gegenüber war er stets darauf bedacht, nur das Schöne zu teilen.

Mein Cousin Jon, Marias ältestes Kind, wurde 1944 während eines Luftangriffs geboren und ist heute der Genealoge und Archivar der Familie. Im Sommer 2018 fahre ich mit dem Intercity zu ihm nach München, um an seiner historischen Sorgfalt zu partizipieren.

Jon ist fast dreizehn Jahre älter als ich und kannte meine Großmutter sehr viel besser. Das vermutlich verstörendste Ereignis in ihrem Leben fand an einem Tag Mitte Juli 1921 statt, genau eine Woche nach der Geburt meines Vaters. An diesem Tag, ihrem zweiundzwanzigsten Geburtstag, nahm sich ihre jüngere Schwester Annemarie das Leben. Sie benutzte die Militärpistole ihres Mannes Jesko von Puttkamer, Kurts Freund aus dem Ersten Weltkrieg, in den sich auch Elisabeth, wie klar aus ihren Briefen und Tagebüchern hervorgeht, verliebt hatte.

Wenn es eine Familie gibt, die unlösbar mit der unseren verflochten ist, dann sind es die Puttkamers aus Hinterpommern. Nur zur Erinnerung: 1926 hatte Jesko von Puttkamers Schwester, auch sie eine Annemarie, Kurts unehelichen Sohn Enoch Crome, den Halbbruder meines Vaters, zur Welt gebracht. Doch Jesko ist es, der immer wieder in meiner Familiengeschichte auftaucht und wieder verschwindet wie ein geheimnisvoller Zelig von jenseits der Oder: als Kamerad in Kurts Artillerieregiment, als Ehemann von Elisabeths Schwester, die sich später das Leben nahm, und, im letzten Akt, als Lebensgefährte meiner Großmutter.

Jesko, hier abgebildet, stammte aus einer alten Junkerfamilie, die in der Nähe der Stadt Stolp ein großes Gut besaß. Er war ein schwer erziehbarer Jugendlicher gewesen. Zweimal lief er von zu Hause weg, nachdem er seinen Eltern Geld gestohlen hatte. Mit fünfzehn wurde er in eine Besserungsanstalt gesteckt. Drei Jahre später bescheinigte ihm die Oberschule einen »Mangel an moralischer Reife« und weigerte sich, ihm ein Abschlusszeugnis auszustellen. Nur mithilfe von Privatlehrern schaffte er schließlich das Abitur. Anschließend besuchte er drei Jahre lang das Stern'sche Konservatorium in Berlin, wo er Gesang, Klavier und Violine studierte und – eine weitere schicksalhafte Begegnung, wie ich erfahre – den dänischen Dirigenten und Komponisten Fritz Crome kennenlernte. Als im August 1914 der Krieg ausbrach, wurde Jesko zusammen mit Kurt an die Westfront geschickt.

Der gut aussehende und gebildete Jesko zog Männer und Frauen gleichermaßen in den Bann. An seinem Geburtstag im März 1915 berichtete Kurt in einem Brief an Elisabeth von dem »teuflischen Jungen« in seiner Einheit, der in den Personalakten Kurts Geburtsdatum aufgespürt hatte: »Er selbst kommt gleich nach dem Frühstück in mein Büro und bringt mir wie einer Primadonna einen traumhaft schönen riesengroßen Orchideenstrauß.«

Auch Elisabeth sollte dem Charme dieses »teuflischen Jungen« erliegen. Im darauffolgenden Monat begegnete sie Jesko zum ersten Mal bei einem Rendezvous mit Kurt in Kassel, wo seine Einheit eine Woche stationiert war. Ihr Tagebuch zeugt von dem Aufruhr der Gefühle, den sie in den folgenden Tagen erlebte – von »er ist ein bildhübscher Kerl und furchtbar snobistisch« über »er ist sehr musikalisch« bis zu dem Bedauern, dass Jesko ihr keinen Strauß gelber Rosen schenkte, ehe er an die Front zurückkehrte.

Später im selben Jahr, kurz bevor Jesko vom Stützpunkt ihrer Einheit in Mazedonien zu seinem Fronturlaub aufbrach, beschwor Kurt ihn, in Wien haltzumachen und Karl Kraus aufzusuchen, den Kurt damals als Autor gewinnen wollte. Später rief sich Kurt diese Mission ins Gedächtnis:

> *Man schickte keine Freunde und Bekannte ohne weiteres mit einem schönen Gruß zu Kraus. Ich machte mir auch erst nach Jeskos Abreise klar: neben meinem hochgewachsenen Freund musste Kraus besonders zwerghaft erscheinen und sich irritiert fühlen – wie fast alle sehr kleinen Leute im Zusammensein mit sehr großen – jedenfalls erwartete ich den Aus-*

gang einer nicht eigentlich legitimen und recht gewagten Initiative mit einigem Bangen.

Grundlos. Bald schon erfuhr ich: Kraus hatte Puttkamer freundlichst empfangen und anscheinend eine unmittelbare Zuneigung zu meinem Freund gefaßt, dessen noble Gesinnung, Geistigkeit und Gescheitheit durch die ungewöhnliche Schönheit seiner Erscheinung ergänzt wurde. Der von Urlaub und Wien Zurückkehrende aber war völlig fasziniert und berauscht von Kraus' Persönlichkeit, seiner Kunst der Konversation, seiner Gedankentiefe und seinem Gedankenreichtum, der blitzschnell zwischen tödlicher Satire, anmutigstem Humor und aphoristisch pointiertem Feuerwerk spielen konnte.

Anfang 1917 erlitt Jesko einen »Nervenkollaps«, wie Kurt es ausdrückte, und war nicht mehr tauglich für den Frontdienst. Dessen ungeachtet begann er kurz darauf, Elisabeths neunzehnjähriger Schwester Annemarie den Hof zu machen, und im Herbst 1918 verlobten sich die beiden. »Alle Schicksale erfüllen sich, sie stehen bei Gott, bei uns aber steht es, dass wir uns von Niemand das Ziel verrücken lassen«, schrieb Elisabeth ziemlich unverblümt an ihre Mutter. »Ich bin nun eine alte Frau, aber ich habe meinen Anteil an Glück gehabt und nur noch den Wunsch, dass Annemarie höchstes Glück für den über Alles geliebten Mann bedeute.«

Am 6. Februar 1919 wurden Annemarie und Jesko, hier auf ihrem Verlobungsfoto, getraut. Das junge Ehepaar ließ sich in Bonn nieder, wo Jesko ein Mathematikstudium an der Universität begann, während er allmählich wieder genas. Unterdessen kämpfte Annemarie ihrerseits mit Problemen.

Mein Vater hat mir kaum etwas von den Ereignissen am 14. Juli 1921 erzählt, aber ich erfuhr im Laufe der Jahre durch andere davon. Davon, dass Annemarie ihren Mann gefragt hatte, ob er sie wirklich liebe. Von Jeskos offensichtlich unsensibler oder aber allzu ehrlicher Antwort.

(Ob diese etwas mit Annemaries Schwester zu tun hatte, weiß ich nicht.) Auf dem Totenschein heißt es, dass sich Annemarie irgendwann zwischen 10.15 Uhr und 11.00 Uhr in ihrer Wohnung in der Burgstraße erschoss. Doch was Maria mir erzählt hat, wird nicht erwähnt: dass Jesko am Fuß ihres Bettes saß und zusah, wie sie seine Pistole unter dem Kissen hervorzog.

Eine Woche später – am Tag nach der Beerdigung ihrer Schwester – wurde Elisabeth mit besagten Komplikationen nach der Geburt meines Vaters eilends in die Klinik eingeliefert.

Über viele Monate hinweg tauschten Elisabeth, ihre Mutter Clara und Jeskos Mutter Margarethe Briefe aus, alle drei verzweifelt über die Tragödie sowie Jeskos Depressionen und Ziellosigkeit. Margarethe von Puttkamer beschwor meine Großmutter: »Geliebteste Frau Elisabeth, helfen Sie dem armen Jesko! Seien Sie ihm Schwester, Freundin und Mutter, Alles was er braucht.« Im folgenden Sommer verbrachten Elisabeth und Jesko einige Zeit miteinander in Berg am Starnberger See. Dreiundvierzig Jahre später brachte meine Großmutter jene Tage in einem Brief an ihn in Erinnerung: »O wie lebendig ist die Erinnerung an 1922! Wir beide im Boot, Du im weißen Troyer, ich im violetten Leinenkleid, einmal losgelöst von der grausamen Wirklichkeit, nur dem Wind, dem Wasser und unserer Liebe hingegeben.«

Aber im Sommer 1923 war Jesko plötzlich verschwunden. Meine Vorfahren brauchten Monate, um herauszufinden, was er in dieser Zeit getan hatte. Allem Anschein nach hatte er sich einem Paar angeschlossen, den Fockes, die ein zweifaches Interesse an ihm hatten – als potenziellem Kapitalbeschaffer für ihre geschäftliche Unternehmung und, zumindest was die Frau betraf, eine mögliche Liebesbeziehung. Er hatte seinen Besitz veräußert, darunter auch das gesamte Mobiliar der Bonner Wohnung, in der er nur kurz mit seiner verstorbenen Frau gewohnt hatte, und den Erlös an besagtes Paar, seine neuen Geschäftspartner, weitergereicht. Sechs Monate lang wohnte er mit den Fockes im Nassauer Hof in Wiesbaden, bis ihnen klar wurde, dass er kein weiteres Geld mehr würde beisteuern können.

Zur gleichen Zeit logierten auch die Guevaras, eine Familie aus Venezuela, im Nassauer Hof. Als sich Jesko mit den Fockes überwarf, verliebte sich die Tochter Theodora Hals über Kopf in Jesko. Die beiden heirateten im folgenden Mai und ließen sich im venezolanischen Maracaibo nieder, wo sich Jesko als Kaufmann betätigte. 1929 zogen sie in die Vereinigten Staaten, wo er eine Stelle bei der Vacuum Oil Company antrat. 1930 kehrten sie nach Deutschland zurück, nach Hamburg, doch von da an verschwindet er aus den Aufzeichnungen meiner Familie.

Es sollte dreißig Jahre dauern, bis er erneut in das Leben meiner Großmutter trat. Im November 1963 vermerkte Elisabeth in ihrem Tagebuch: »Weiß nichts von K.'s Tod. Ohne Adresse. *Il pleure dans mon coeur / comme il pleut sur la ville.*«

Weitere achtzehn Monate vergingen, bis Annemarie von Puttkamer am 31. Mai 1965 meine Großmutter anrief und ihr mitteilte, ihr Bruder komme an diesem Abend nach München.

Zwei Tage später verbrachten er und Elisabeth sechs gemeinsame Stunden. »Er sieht schlecht aus, hors cela il est toujours le même«, schrieb sie in ihr Tagebuch. »Endloses Gespräch. Je suis heureuse.«

»Es war wunderbar«, berichtete Jesko seiner Schwester über dieses Wiedersehen.

Wie sich herausstellte, war Jesko noch immer mit Theodora verheiratet. »Theo möchte Dich à tout prix halten und zu ihrer Verfügung haben«, schrieb meine Großmutter ihm, » … komm ruhig über das große Wasser und zu mir, mehr als auf Scheidung klagen kann sie ja nicht, und das werden wir – nach allem was seit so vielen Jahren hinter uns liegt – auch noch gemeinsam bestehen …, wie Du mir überhaupt fehlst, Du anderer Ich, jede Stunde ohne Dich ist eine verlorene …«

Keine drei Wochen später schrieb sie ihm erneut.

Du mußt aber die Kraft aufbringen, ihr viva voce zu sagen, dass Du nicht mehr in einer Gemeinsamkeit mit ihr leben willst und für den Rest Deines irdischen Lebens ganz frei sein willst ... Dann kann sie nach ihrem Ermessen handeln: sich ruhig verhalten oder auf Scheidung klagen.

Ich muß so viel an meine eigene Situation 1929 im Dezember denken ... Kurt hatte mir erklärt, »er könne nicht mehr in einer Ehe leben« (er lebte schon lange nicht mehr in einer solchen). Nun, ich ließ ihn gehen, ganz ohne Krach, nur sehr traurig, ich hatte ja zwei Kinder und ein drittes im Anfang des Jahres 1929 verloren. Ich hätte mit meinen Kindern für mich allein weitergelebt, aber 1930 trat dann Hans Albrecht sehr intensiv in Erscheinung, und so ließ ich mich im Januar 1931 scheiden. Natürlich nahm Kurt die Schuld auf sich ...

Laß uns keine Zeit mehr verlieren ... Wir wissen voneinander, daß wir vor Gott und den Menschen einander anzugehören gewillt sind.

Im April 1966 reiste Jesko auf einem australischen Dampfer nach Southampton und mit dem Zug weiter nach München. Er war bei schlechter Gesundheit, hatte jedoch eine Entscheidung getroffen. »Vor wenig mehr als einem Jahr noch hätte ich nicht geglaubt, daß man so nah dem Ende einen Zustand der *béatitude* erleben könne, wie er mir jetzt geschenkt ist«, schrieb er ein paar Monate darauf an Maria, »um so mehr, als es ja die Erfüllung von Bestimmungen ist, um die ich seit fünfzig Jahren weiß, und die, nach vielen Jahren wachsender und mehr und mehr hoffnungsloser Divergenz, am Ende doch noch konvergieren.«

Jesko und Elisabeth besuchten einander gegenseitig in ihren Münchner Wohnungen. Sie unterhielten sich über Menschen und Orte, die sie beide kannten, berichteten einander, wie es ihnen in all den Jahren ergangen war. Hin und wieder besuchten sie die

Oper oder unternahmen Spaziergänge auf dem Land. Im September 1967 zogen sie in ein Seniorenwohnheim in Dießen am Ammersee, in zwei nebeneinanderliegende Apartments, und lebten so die nächsten zweieinhalb Jahre Seite an Seite.

Mein Vater hatte einmal beiläufig erwähnt, dass sich eine der Schwestern meiner Großmutter das Leben genommen hatte. Aber er erzählte mir weder, wie oder warum sie es möglicherweise getan hatte, noch etwas über ihren Mann, seinen Onkel Jesko, geschweige denn über die spätere Beziehung seiner Mutter zu ihm. Niko schwieg sich über einen großen Teil der Vergangenheit aus, nicht nur über die Dinge, die den Krieg und das Dritte Reich betrafen.

Im Februar 1970, kurz nachdem dieses Foto aufgenommen wurde, starb Elisabeth in München, wo sie wegen Krebs behandelt wurde. Jesko legte im Krematorium eine Nachricht neben die Urne. Sie lautete: »So lange in diesem Leben haben wir aufeinander warten müssen. Jetzt wirst Du nicht mehr lange zu warten haben. Bald folge ich Dir.« Daneben platzierte er einen Strauß gelber Rosen.

Im darauffolgenden Juni fuhr mein Cousin Jon nach Dießen, um das Apartment meiner Großmutter auszuräumen. Als er nebenan bei Jesko vorbeischaute, fand er einen Sterbenden vor und holte einen Arzt. Am selben Nachmittag verschied Jesko. Meine Familie kam seinem Wunsch nach und ließ ihn neben meiner Großmutter auf dem Alten Friedhof in Darmstadt bestatten.

Die Jesko-Saga mag alle Ingredienzen einer Schmonzette aus der Alten Welt aufweisen, aber sie hilft zu verstehen, warum meine Vorfahren zu denen wurden, die sie waren. Am meisten hat mich die Tatsache verblüfft, wie viele emotionale Schläge die Mutter meines Vaters in ihrem Leben verarbeiten musste. Abgesehen von dieser späten Phase im Herbst ihres Lebens waren die ersten Monate ihrer Ehe in Leipzig vor dem Ersten Weltkrieg – als sie jung und verliebt war und mitten im Gesellschaftsleben stand – die wohl schönste Zeit ihres Lebens. Der Krieg war gerade einmal zwei Jahre vorüber, als der Suizid ihrer Schwester folgte, anschließend kamen die Hyperinflation in der jungen Weimarer Republik und Kurts Affären und Depressionen. Dann die Totgeburt ihres dritten Kindes, der plötzliche Tod ihrer Mutter und die Scheidung, alles zu der Zeit, in der Deutschland dem Wahnsinn anheimfiel. 1944, nachdem ihnen kaum ein Dutzend gemeinsame Jahre vergönnt gewesen waren, erlag Hans Albrecht dem Krebs, und in diesen letzten Kriegsmonaten wurde die Hälfte Münchens dem Erdboden gleichgemacht. All das geschah, bevor mein Vater vierundzwanzig wurde, und Niko bekam einen großen Teil dieser Ereignisse hautnah mit.

In diesem Lichte ergeben Elisabeths Festhalten an ihren Privilegien, ihre mangelnde Anpassungsbereitschaft und ihr Liebäugeln mit der »Christlichen Wissenschaft« allmählich mehr Sinn für mich. Genauso wie das höfliche, zuvorkommende Verhalten meines Vaters gegenüber Frauen und seine Aversion gegen Komplikationen im Privatleben.

Kein großer Tiefgang

Niko und Alex, 1996

Als mein Vater Mitte siebzig war, steuerte ich auf die vierzig zu. Zwischen uns herrschte das unausgesprochene Einvernehmen, immer nach vorn zu schauen und nicht zurück – jedenfalls bis zu einer kurzen Phase im Sommer 1996. Ein Jahr zuvor hatte Niko die Mittelmeerkreuzfahrt mit meiner Schwester unternommen. Jetzt sollte ich eine Woche mit ihm auf einem Schiff verbringen, diesmal ging es die Donau hinunter. Bei dieser Gelegenheit erfuhr ich von ihm mehr über die Kriegszeit als je zuvor. Wie mir erst später klar wurde, hatte es durchaus etwas Symbolhaftes, dass unsere Reise in Nürnberg begann, wo wir uns auf dem Rhein-Main-Donau-Kanal einschifften.

Wie ein »breiter flüssiger Gürtel, der Europas Hosen hält«, bahnt sich die Donau ihren Weg durch zehn Länder, vom Schwarzwald bis zum Schwarzen Meer. Als einziger großer Fluss Europas, der von West nach Ost fließt, handelt es sich bei der Donau um eine Art fluvialen Irrläufer, an dessen Ufern »die verschiedensten Völker sich begegnen und vermischen«, wie Claudio Magris schreibt, »ganz anders als der Rhein, der mythische Wächter über die Reinheit des germanischen Geschlechts«. Ihr Transnationalismus hat die Donau zur Zeugin verschiedener historischer Traumata gemacht, von den Napoleonischen Kriegen über die beiden Weltkriege bis zum Fall des Eisernen Vorhangs und dem gewaltsamen Auseinanderbrechen Jugoslawiens. Doch wann immer die Waffen schließlich schwiegen, gewann der Fluss seine Rolle als Lebensader wieder zurück. Schiffer transportierten Wein und Salz, Erz und Kohle, Bauholz und Kalk. Jahrhunderte zuvor segelten Kreuzfahrer auf diesem Fluss in den Nahen Osten. Heute dominiert wieder die menschliche Fracht: ältere Touristen in schmalen Kreuzfahrtschiffen wie dem unseren.

Auf dem Rhein-Main-Donau-Kanal gelangten wir nach Kelheim, wo er auf die Donau trifft. Wir hatten Deutschland noch nicht verlassen, als Niko auf eine Stelle am Ufer zeigte, an der er einmal mit seiner Internatsschulklasse gezeltet hatte. Ein paar Kilometer hinter der Grenze zu Österreich erblickten wir auf einem Hügel Schloss Rannariedl, wo wir mit der Familie 1964 Nikos Cousin Lukas und seine Frau Herta besucht hatten. Bald darauf passierten wir die hügeligen Marillengärten der Wachau und Willendorf, bekannt durch den Fund der berühmten Venus, der 30 000 Jahre alten steinzeitlichen Figurine, die dort 1908 ausgegraben wurde. An den Ausläufern des Wienerwalds kamen wir an Kierling bei Klosterneuburg vorbei, dem Ort, wo in einem Sanatorium Kafka starb, während er die Fahnen seiner Erzählung *Hungerkünstler* korrigierte – ein Perfektionist, der sich mit dem von ihm erfundenen Perfektionisten beschäftigte.

Eine Kreuzfahrt auf der Donau führt unweigerlich durch Orte, die ans Dritte Reich gemahnen. In Passau, wo Hitler drei Jahre seiner Kindheit verbracht hatte, ließ die Schneeschmelze aus den Alpen die Donau durch den Zufluss des Inns auf doppelte Breite anschwellen. Die Passauer verweisen die Besucher gerne darauf, dass ihre Domorgel die größte der Welt ist, und verschweigen, dass wenige Jahre zuvor etliche Bürger eine junge Frau, die die Nazivergangenheit der Stadt im Dritten Reich erforschen wollte, angefeindet, bedroht und schließlich aus der Stadt gejagt hatten. In Linz hatte der junge Hitler mehrere Jahre gelebt, und dort wollte er seinen Lebensabend mit Eva Braun verbringen, nachdem er sein »Tausendjähriges Reich« einem Nachfolger anvertraut hätte. Kurz hinter Linz kam die Gedenkstätte des KZ Mauthausen, des größten Konzentrationslagers auf österreichischem Boden, dessen Häftlinge unter unmenschlichen Bedingungen Zwangsarbeit leisten mussten.

Ich gebe diese Reiseschilderung nicht grundlos wieder. Genau wie unser Reiseboot hatten auch unsere Gespräche zunächst keinen großen Tiefgang. Während wir gemütlich dahinschipperten, bot es sich eher an, über unverfängliche Dinge zu reden. Es war besser, Lappalien auszutauschen, wie etwa dass sich das längste deutsche Wort von diesem Fluss herleitet: Donaudampfschifffahrtskapitänsmützenabzeichen. Oder Mitreisenden gewagte Biografien anzudichten, zum Beispiel dem ängstlichen Paar aus den Midlands oder dem fesch gekleideten Franzosen, der immer eine Zeitung unter den Arm geklemmt hatte. Oder eine amüsierte Bemerkung darüber zu machen, dass das »wandelnde Flussdiagramm« seinen Hewlett-Packard-Taschenrechner mit den Währungen von dreien der Länder programmiert hatte, durch die unsere Reise uns führte.

Selbst wenn ich allein mit Niko auf dem Aussichtsdeck oder in unserer Kabine war, konnte ich mich nicht dazu durchringen, ihm direkte Fragen zu stellen. Stattdessen schnitt ich das eine oder andere Thema an, und er erzählte dazu etwas aus der Vergangenheit. Während ich seine Antworten notierte, hoffte ich, die angenehme Plauderatmosphäre würde ihm die Zunge lockern.

Mein Vater holte seine frühesten Kindheitserinnerungen hervor. Sie reichten zu einem Familienurlaub auf Sylt zurück, wo jemand das folgende Foto von ihm machte, während er auf dem Gehäuse einer Seemine saß. In welchem Hotel sie übernachteten, wusste er nicht mehr, er erinnerte sich nur noch daran, dass die Bettpfosten mit gerundeten Messingteilen abschlossen und dass er sein Spiegelbild in einem von ihnen sah. »Im Hintergrund konnte ich durch das Fenster den blauen Himmel erkennen«, sagte er. »Und der kleine Mensch im Bett bewegte sich. Ich war fasziniert davon. Eine kleine, unbedeutende Erinnerung, aber sie ist haften geblieben. Wie alt war ich wohl – fünf ungefähr?«

Ich erfuhr, dass es in der Jugend meines Vaters eine ähnliche Episode gab wie in meiner eigenen – dieses Schneeballabenteuer in unserer Phase als Vorstadtrowdys.

In den frühen Dreißigern stellte eine Fabrik im Golf von Saint-Tropez Stahlseile für U-Boote und Schiffe her. Die Firma wurde mit hübschen Summen von der französischen Regierung subventioniert, um das Militär für den Fall eines Krieges zu beliefern, und da die Kampfhandlungen erst ein paar Jahre später beginnen sollten, lebte der Besitzer, ein gewisser Monsieur Gramont, sehr gut davon. Eines Tages pflückten Niko, Maria und Helen auf einem Spaziergang Trauben von den Reben an der Straße und spuckten achtlos Haut und Kerne aus. Plötzlich fuhr ein eleganter Wagen mit Monsieur Gramont am Steuer vorbei, und Nikos Auswurf landete auf der Windschutzscheibe.

Der Franzose stieg auf die Bremse und stellte sie zu Rede. »Seien Sie versichert, der Junge wird von seinem Vater ganz schön was zu hören bekommen!«, sagte Helen und wischte schnell die Scheibe sauber. Kaum war Monsieur Gramont zufrieden weitergefahren, schüttelten sich die drei vor Lachen – genau wie mein Vater und ich Jahre später an einem Winterabend.

Eines Nachmittags in der Kabine erzählte mir Niko von einem Mädchen, mit dem er in seiner Kindheit oft gespielt hatte, ehe die Nazis an die Macht kamen – Renée-Marie Hausenstein, die Patentochter seiner Mutter.

Eines Tages habe sie ihn gefragt: »Willst du mich heiraten?«

»Natürlich nicht.«

»Aber später, da willst du es bestimmt«, erwiderte sie mit anklagender Bestimmtheit.

Kurt hatte Werke ihres Vaters, des Kunstkritikers und Kulturhistorikers Wilhelm Hausenstein, verlegt. Renée-Maries belgische Mutter Margot war Jüdin, ihr erster Mann war im Ersten Weltkrieg in Flandern gefallen. Jahrelang hatte die Familie großzügig den Circus Krone unterstützt, und Margot hatte einmal ein Elefantenjunges mit gebrochenem Knöchel gesund gepflegt. Rund fünfzehn Jahre nach diesem tierpflegerischen Dienst ging sie mit Niko und Renée-Marie in den Zirkus und nahm sie mit zu den Gehegen, um ihnen ebendiesen Elefanten vorzustellen. »Er hob den Fuß und den Rüssel und trompetete zur Begrüßung«, erzählte mir Niko. »Diese Tiere vergessen nichts.«

Als mein Vater diese Geschichte erzählte, lebte Margot noch. Sie wohnte in Miami, zusammen mit Renée-Marie, die 1942 nach Brasilien geflohen war, nachdem sie statt meines Vaters klugerweise einen jungen deutschen Ingenieur brasilianischer Herkunft geheiratet hatte. 1946 gelangte sie nach Florida. Ihre Eltern hingegen hatten während des Kriegs in Tutzing am Starnberger See ausgeharrt, zeitweise unter Hausarrest, manchmal auch in einem Versteck. Niko vermutete, die Nazis hätten Margot aufgrund ihrer ausländischen Herkunft und wegen ihres prominenten nichtjüdischen Mannes verschont, auch wenn Wilhelm kein Freund des Regimes war. 1936 war er aus der Reichsschrifttumskammer ausgeschlossen worden, nachdem er sich geweigert hatte, sämtliche jüdischen Bezüge aus seiner Kunstgeschichte zu eliminieren. Wie ich später erfuhr, hatte Margot unter anderem deshalb überlebt, weil sie eine schriftlich zugestellte Aufforderung, sich in München einzufinden, verbrannt hatte. Wäre sie ihr gefolgt, hätte sie das gleiche Schicksal wie ihr Bruder erlitten, der in einem KZ ermordet wurde. Als ihr ein weiterer Meldebefehl zugestellt wurde und sie ihn abermals ignorierte, blieb dies nur deshalb folgenlos, weil das Dritte Reich bereits in Auflösung begriffen war.

Margot starb im Alter von 106 Jahren, ein Jahr nach unserer Donau-Flusskreuzfahrt. »Manche Menschen leben ewig«, meinte mein Vater. »Und der Mann der armen Frau Krämer«, der Mann der Begleiterin der Wolff-Kinder auf den Zugreisen zwischen München und Saint-Tropez, »der ist damals aus dem Fenster gesprungen.«

Was die beiden miteinander verband, musste Niko nicht erst erwähnen: Margot Hausenstein und Emil Krämer waren jüdisch. Uns war klar, warum sie die ganze Zeit in Todesgefahr schwebte und was ihn in den Tod getrieben hatte.

Gegen Ende unserer Kreuzfahrt erklärte mir Niko dann, warum er nach dem Krieg von München und seiner Mutter weggezogen war. »Du hast die letzte Schlacht, die Ardennenoffensive, in einem Unterstand zugebracht und kommst nach Haus, wo es nichts Wichtigeres gibt, als dass das Silber poliert werden muss«, sagte er, und seinen Worten war anzumerken, wie viel Mühe es ihn kostete, sie auszusprechen. »Es schien mir anachronistisch, in diesem wunderschönen Haus mit echten Canalettos an den Wänden herumzugeistern, wo Papierservietten nicht fein genug waren und man viel Zeit mit Nichtigkeiten zubrachte, nur um der Tradition willen. Meine Mutter gehörte einer Generation an, in der diese Dinge nicht nur eine Rolle spielten, sondern überaus wichtig waren.

Ich hätte in München weiterstudieren und später in einem Forschungslabor bei Merck arbeiten können. Dann hätte ich ein bequemes, einfaches Leben gehabt. Doch ich wollte meiner Vergangenheit den Rücken kehren. Es ging weniger darum, dass ich auswandern oder amerikanischer Staatsbürger werden wollte. Für mich war dieses Land kaputt. Ich hatte nie das Gefühl gehabt, mein Vaterland zu verteidigen. Fünf Jahres meines Lebens war ich betrogen und dazu gezwungen worden, den Befehlen der Nazis zu folgen. Bei der ersten Gelegenheit wollte ich die Käfigtür öffnen und hinausfliegen.«

Dann folgte eine Formulierung, die er bei anderer Gelegenheit erneut verwenden sollte: »Deutschland schleppte einfach zu viel mit sich herum.«

All die Jahre über hatte ich gedacht, mein Großvater sei der wahre Exilierte und mein Vater lediglich ein Auswanderer. Aber jetzt wurde mir mit einem Mal klar, dass Niko für sich beanspruchte, ebenfalls ein Exilierter zu sein.

Mehr als einmal sprach Niko von seinem Glück, »sieben Leben gehabt« zu haben. Dies sei, wie er später meinte, das Geburtsrecht eines Menschen, der am 7. Juli 1921 auf die Welt gekommen war – sieben/sieben/dreimal sieben. An einem Nachmittag in unserer Kabine zählte er ein paar dieser Situationen auf, in denen er gerade noch einmal mit dem Leben davongekommen war.

Da war zum Beispiel eine Episode in Dnepropetrowsk, als er mit ein paar Kameraden seiner Einheit an einem Tisch saß, während sie ihre Waffen putzten. Einer, ein gutmütiger Bayer, hatte es versäumt, zu überprüfen, ob sich noch eine Patrone in der Kammer befand, und die Kugel, die sich löste, bohrte sich wenige Zentimeter über dem Kopf meines Vaters in die Wand. (Seit ich das weiß, betrachte ich das Foto, auf dem Niko mit seiner Pistole herumhantiert, mit anderen Gefühlen als zuvor.)

Und da war »dieser Vorfall«, als Niko sich im Unterstand in der Eifel befand. Eines Tages vernahm er ein Pfeifen ohne Knall; es machte nur ping, und irgendetwas sauste direkt über seinen Kopf hinweg. Später fanden er und seine Kameraden den Grund heraus: Eine feindliche Granate hatte ihr Geschütz gestreift, sodass sie abprallte, ohne zu explodieren, wie ein über einen Teich flitschender Stein.

Wir waren bereits weit hinter Bratislava, als ich schließlich nach den Lagern fragte. Er habe damals gewusst, dass es sie gab, erwiderte er. Bekannte seiner Eltern seien nach Dachau gebracht worden. »Es waren Orte, wo Gefangene inhaftiert waren und Zwangsarbeit leisten mussten«, sagte er. Aber vom Schlimmsten – den Vernichtungslagern – habe er nichts gewusst, obwohl er auf dem Weg zu einem anderen Stützpunkt sogar in der Stadt Auschwitz übernachtet hatte. »Ich hatte keine Ahnung, was da vorging«, sagte er. »Ich habe Lastwagen gesehen, auf denen Häftlinge in gestreiften Uniformen befördert wurden, alles Männer. Man sagte uns, sie würden in den Fabriken arbeiten.«

In dem Vierteljahrhundert nach dem Krieg haben vermutlich Millionen junge Deutsche ihren Familienmitgliedern die gleichen Fragen gestellt wie ich meinem Vater. Aber zu einer Abrechnung im großen Stil kam es nicht. Das Ausmaß der Zusammenarbeit der Menschen mit dem Regime, die Doppelmoral bei der Entnazifizierung, der Druck, Westdeutschland zu einem Gegengewicht zum Ostblock zu machen, der Wunsch eines besiegten Volks, einen Schlussstrich zu ziehen – all das trug dazu bei, dass das Land sich voll und ganz der Bewerkstelligung des Wirtschaftswunders widmete und »man eine besiegte Nation dazu verleitete, sich als Sieger zu fühlen«. Doch trotz dieses Bemühens, die Vergangenheit unter dem neuen Aktionismus der Nachkriegszeit zu begraben, blieben die offenen Fragen, die Antworten erforderten, und junge Deutsche bezahlten einen Preis dafür, dass sie sie viel zu spät bekamen. 1967 beschrieb ein dreiundzwanzigjähriger Student gegenüber Gitta Sereny, welche Bürde die Älteren der jungen Generation damit aufluden: »Wir müssen sie entweder als Lügner brandmarken oder unser Leben auf einem Vakuum aufbauen.«

Ich glaubte, ich hätte etwas Solidereres als ein Vakuum als Grundlage meines Lebens. Ich hatte das Amerika meines amerikanischen Vaters. Er düngte unseren Rasen mit »Scotts Turf Builder«. Er kaufte uns geeiste Cola auf der Promenade in Rehoboth Beach. Er brachte das neueste Ford-Mustang-Modell als Stallgefährten für den Ford Fairlane nach Hause und ließ beiden eine liebevolle Pflege angedeihen. Am Memorial Day und am vierten Juli, dem Unabhängigkeitstag, präsentierte er sich als stolzer Patriot und stellte seine Staatsbürgerschaft so begeistert zur Schau, dass mir bei ihm nie ein Akzent auffiel, auch wenn Freunde das behaupteten. Die Fünfzigerjahre boten Niko den perfekten Hintergrund, um völlig darin aufzugehen, das tarnende Rot, Weiß und Blau anzunehmen und in einem narkotisierenden Prozess in der »einsamen Masse« aufzugehen – so bezeichnet der amerikanische Soziologe David Riesman die Mittelschicht der Dienstleistungsgesellschaft. Ab Mitte der Sechziger war er damit beschäftigt, drei Kinder großzuziehen. Im Fernsehen liefen Sitcoms wie *Ein Käfig voller Helden*, die trottelige Nazis auf die Schippe nahmen und ansonsten allenfalls das Zwerchfell strapazierten. Ich sah zu, wie sich mein Vater mit einem Panzer umgab und den Kopf einzog wie eine Schildkröte.

Ein paar Anlegeorte weiter flussaufwärts hatte Niko gesagt, sein Leben wäre einfacher und bequemer verlaufen, wäre er in Deutschland geblieben. Aber mein Vater hatte auch eingeräumt, dass dieser Weg psychisch und emotional belastend gewesen wäre. Was im Wege stand, so Günter Grass, war »die Geröllmasse deutscher und damit meiner Vergangenheit … Aber sie lag im Weg. Sie brachte mich ins Stolpern. Nichts führte an ihr vorbei. Mir wie vorgeschrieben, blieb sie dennoch unübersichtlich, war hier jüngst erkaltetes Lavafeld, dort längst erstarrter Basalt, der auf noch älteren Ablagerungen seßhaft geworden war. Und wollte doch Schicht nach Schicht abgetragen, sortiert, benannt werden, verlangte nach Wörtern. Noch fehlte ein erster Satz.«

Die deutsche Geschichte verlangt von jedem, der mit ihr zu tun hat, sich ein Elefantengedächtnis zuzulegen. Auch wenn die eigene Geburt weit nach der NS-Zeit liegt, ist das nur eine halbe Entlastung. Wie mein Cousin Charlie mir erklärte, gibt es dafür einen Begriff: die »Gnade der späten Geburt«. Die Behauptung, man hätte sich edler verhalten, wäre man vor den gleichen moralischen Herausforderungen gestanden wie die Generationen der Eltern und Großeltern, ist wohlfeiles Maulheldentum. Gleichzeitig mutet es wie »Fishing for compliments« an, wenn man noch weit bis ins 21. Jahrhundert hinein die europäischen Nachbarn um Vergebung bittet, wie manche Deutsche es weiterhin tun. Folglich fühlt man sich, so Charlie, »in einem Teufelskreis gefangen«. Kein Wunder, dass Grass zu Bildern aus der Geologie griff, als er sich diesem Thema zuwandte. Er suchte verzweifelt nach festem Boden unter den Füßen, um sich damit zu befassen.

Es entwickelte sich zu einem Running Gag, als unsere Reiseleiterin, die Holländerin Marlies, jeden Morgen beim Frühstück zu uns sagte: »So, heute ändert sich das Wetter.« Ein nasskalter Tag folgte auf den nächsten, und dabei blieb es. Bis wir in Budapest von Bord gingen, saßen wir und streckten nur hin und wieder wie Schildkröten den Kopf hinaus, während wir in die immer gleiche Richtung getragen wurden, in die zu fließen auch historische Ereignisse verdammt sind.

Vom Schiffsanleger am Flussufer brachte uns ein Taxi zum Flughafen. Bevor wir das Flugzeug nach München bestiegen, hörten wir, wie ein vertrauter Name aufgerufen wurde. Nein, das konnte nicht er sein, denn Kurts Kriegskamerad, Tante Annemaries Witwer, die große Liebe Elisabeths war ein Vierteljahrhundert zuvor gestorben. Aber die Geschichte hat ein langes Gedächtnis. Der Mann, der ausgerufen wurde, war ein gewisser Jesko von Puttkamer.

Zweiundzwanzig Jahre später unternehme ich eine andere Reise, diesmal allein. Und mit dem Unterschied, dass ich mir durch das viele Umsteigen wie eine Figur aus einem Wimmelbuch von Richard Scarry vorkomme.

Zwei verschiedene U-Bahnen und eine S-Bahn bringen mich von Kreuzberg zum Hauptbahnhof. Dann mit dem Intercity Express nach Hamburg. Von dort aus mit einem Zug der *Danske Statsbaner* durch die flache Landschaft Schleswig-Holsteins mit ihren grasenden Pferden, die uns mit Nonchalance betrachten, in Richtung Norden. In Puttgarden rollt der Zug auf eine Fähre; nachdem sie im dänischen Hafen Rødby angelegt hat, geht es auf Schienen weiter. Eine Stunde später steige ich in Roskilde südwestlich von Kopenhagen aus. Von dort aus dauert es mit dem

Taxi zehn Minuten bis zu einem kleinen Flugplatz, wo ich mich in ein propellergetriebenes Lufttaxi quetsche, um mich nach Læsø fliegen zu lassen, eine flache Insel vor der nordöstlichen Küste Dänemarks.

Beim Aussteigen empfängt mich meine Cousine Annemarie, Enoch Cromes Tochter, der ich nun zum ersten Mal begegne. Sie ist inzwischen dreiundsechzig. Aufgerieben von dem Stress und den hohen Lebenshaltungskosten in Kopenhagen, ist sie auf diese Insel gezogen, wo sie sich geerdet fühlt. Ein paar Wochen zuvor hatte ich sie ohne Vorwarnung angerufen, nachdem ich ihre Handynummer im Netz aufgestöbert hatte. Sie hatte ein paar Sekunden gebraucht, um ihre Verblüffung darüber, dass ein Fremder mit ihr über persönliche Dinge sprechen wollte, zu verarbeiten. Doch dann sagte sie, sie sei dankbar für meinen Anruf. Das Schicksal müsse die Finger im Spiel gehabt haben: Vor vier Monaten sei ihr Vater mit einundneunzig gestorben, und während sie auf die Erlaubnis des Nachlassgerichts gewartet habe, Enochs Wohnung in einem Kopenhagener Vorort auszuräumen, habe sie das eine oder andere über unseren gemeinsamen Großvater gelesen.

Wir gehen zum Abendessen in eine Kneipe in Vesterø Havn, wo norwegische Jachten, finanziert mit Öldividenden, vor Anker liegen. Dort schildert sie den Lebensweg des unehelichen Kindes, das Kurt Wolff vor langer Zeit gezeugt hatte.

Als Annemarie von Puttkamer erfuhr, dass sie von Kurt schwanger war, geriet sie in Panik. »Sie stammte ja aus einer sehr konservativen und religiösen Familie aus Pommern«, erzählt ihre Enkelin. »Nie hätten sie sich damit abgefunden, dass sie ein uneheliches Kind von einem Juden hat.« Durch ihren Bruder Jesko kannte

Enochs künftige Mutter den dänischen Pianisten und Komponisten Fritz Crome, auf dem vorigen Foto als junger Mann zu sehen, der in Berlin studiert und unterrichtet hatte. Annemarie wusste auch, dass Gerüchte über Fritz Cromes Homosexualität seiner Karriere schadeten. 1925 schrieb sie ihm. »Ich habe ein Problem«, hieß es in ihrem Brief sinngemäß. »Und Sie haben auch ein Problem. Lassen Sie es uns gemeinsam lösen.« Sie heirateten im November, und im folgenden Juli wurde ihr Sohn Enoch Karl Gerd Crome geboren.

Aus Kurts Tagebüchern geht hervor, dass er seinen Sohn von Zeit zu Zeit sah und dessen Kosename »Pflaume« war. Aber nachdem mein Großvater 1933 aus Deutschland geflohen war, zog Annemarie von Puttkamer Crome Enoch mehr oder weniger allein groß, während sie sich in München als Romanautorin, Biografin und Übersetzerin über Wasser hielt. Für eine gewisse Zeit schickte sie ihn zu ihren begüterten Eltern nach Pommern. In der Dorfschule wurde Enoch von den anderen Kindern als Junkersprössling gehänselt. Doch sein Großvater Bernhard und seine Großmutter Margarethe, hier zusammen mit Enoch und seiner Mutter zu sehen, ließen den Jungen in der Küche essen – wohl auch deshalb, weil sie in ihm ein außereheliches Kind, sahen, wie Enoch später schlussfolgerte.

1939 führten die Nazis die »Jugenddienstpflicht« ein. Das hieß, dass Enoch in die Hitlerjugend hätte eintreten müssen. Alarmiert durch diesen Erlass, begab sich Annemarie eines Tages aufs dänische Konsulat in München. Auch wenn sie inzwischen geschieden war, sollte sich ihre List, Fritz Crome offiziell als seinen Vater auszugeben, jetzt auszahlen. Mit einem dänischen Pass setzte sie Enoch in einen Zug nach Kopenhagen. Der Junge erschien vor der Tür von Fritz und stellte sich ihm als »Ihr Sohn Enoch Crome« vor.

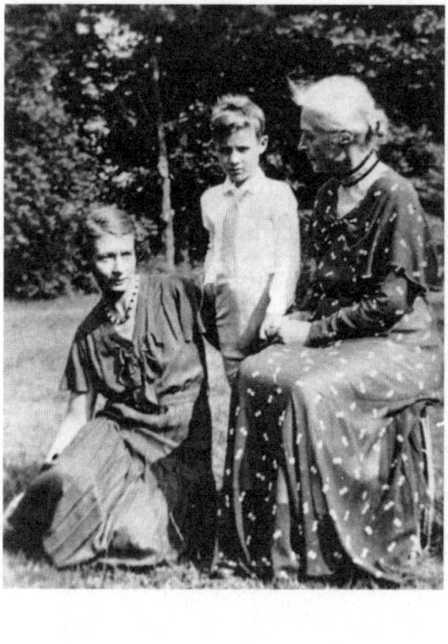

»Ich bin nicht dein Vater«, erwiderte Fritz. »Kurt Wolff ist dein Vater.«

So erfuhr Enoch die Wahrheit.

Dennoch suchte Fritz Crome eine Bleibe für Enoch. Ungefähr alle acht Tage lud er ihn zu sich zum Essen ein, gab ihm regelmäßig Taschengeld und nahm ihn von Zeit zu Zeit mit in die Oper. »Deutsche waren nicht beliebt«, erklärt mir Annemarie. »Mein Vater musste daher ganz schnell Dänisch lernen.« Und so überstand Enoch als Däne den Krieg und lernte später auf der Universität Karen Arentzen kennen, die Tochter einer Familie, die einen Milchbetrieb hatte. Laut Enochs und Karens Tochter standen in dieser Familie »Essen und Wärme und Familienfeiern« im Mittelpunkt – »all das, was mein Vater nie hatte«. Enoch studierte Anglistik und Germanistik, und als Karen ihr erstes Kind erwartete, brach sie ihr Jurastudium ab, und die beiden heirateten. Sie nannten ihren Sohn Hans. Anderthalb Jahre später kam Annemarie zur Welt.

Es war eine turbulente Ehe. Die Haushalts- und Mutterpflichten wurden Karen immer mehr zur Last. Sie unternahm mehrere Selbstmordversuche. Eine von Annemaries frühesten Erinnerungen ist, wie ihr sechsjähriger Bruder zu den Nachbarn hinüberläuft, um Hilfe zu holen, nachdem Karen eine Handvoll Tabletten geschluckt hatte. Wann immer Karen von nun an drohte, sich umzubringen, hielt Hans ihr spöttisch den Telefonhörer hin und forderte sie auf, schon mal vorsorglich die Rettungssanitäter zu rufen.

Enoch beendete zwar sein Studium, legte aber kein Examen ab. Jahre später fragte Annemarie ihn nach dem Grund. »Dann hätte ich unterrichten müssen«, antwortete er, »und das wollte ich nicht.« Stattdessen ging er ins Importgeschäft, handelte vor allem mit vorgefertigten Holzbauteilen, etwa Türen und Fenstern, ein Geschäftsbereich, der stark konjunkturabhängig war. Seine Tochter erinnert sich gut an den Stress, wenn wieder einmal Flaute auf dem Baumarkt herrschte, und an die wiederkehrende Angst davor, dass ihr Haus gepfändet wurde. Stets hing der kontrafaktische Fluch über der Familie, dass Karen zuverlässig zu den Einkünften hätte beitragen können, hätte sie ihr Jurastudium nicht abgebrochen. Mit der Zeit tröstete sich Enoch mit anderen Frauen, Affären, von denen Karen offenbar erst kurz vor ihrem Tod in den frühen 2000er-Jahren erfuhr.

Als junger Erwachsener brach Hans den Kontakt zu seinen Eltern ab und änderte seinen Namen. Nach seinem Tod im Jahr 2013 lag sein Leichnam drei Monate lang unentdeckt in seiner Wohnung. Annemarie entfremdete sich ebenfalls von ihren Eltern, traf sich jedoch mit ihrem Vater in seinem letzten Lebensjahr.

Einige Jahre nach Karens Tod lernte Enoch online eine amerikanische Witwe kennen. Joan Shepherd Meske hatte vor langer Zeit als Angestellte bei der Eisenbahn gearbeitet, ehe sie heiratete und Kinder großzog. Sie und Enoch lebten fast ein Jahrzehnt zusammen, im Sommer in Dänemark und im Winter in ihrem Haus in Lakeland, Florida, bis sie 2015 an Krebs starb.

Ich sage zu Annemarie, wie leid es mir tut, Onkel Enoch nicht mehr kennengelernt zu haben. Aber Spuren im Netz geben mir wenigstens ein paar flüchtige Eindrücke von ihm in seinen späten Lebensjahren. Auf Facebook beschrieb Enoch die wunderschönen Orangenbäume und das Treiben am Vogelfutterspender in Joans Garten. Auf Amazon postete er eine Fünf-Sterne-Rezension für den Nachdruck eines Werks von Tagore aus dem Kurt Wolff Verlag – »eine sehr persönliche und voreingenommene Einschätzung«, wie er einräumt, denn schließlich hatte seine Mutter das Buch übersetzt. Und im Juli 2013 wünschte er Joan viel Glück zum Geburtstag in der Hoffnung, dass ihnen beiden »noch viele gemeinsame Jahre« vergönnt sein würden. »Dass ich hier Teil einer Familie sein darf, ist eine ganz neue Erfahrung für mich«, teilte er Joans Tochter und Schwiegersohn auf Facebook mit. »Weder mit meiner deutschen noch meiner dänischen Familie durfte ich so etwas erleben.«

Annemarie Crome hat Joan Meske nie kennengelernt. »Aber«, sagt meine Cousine, »ich bin mir sicher, er hat mit ihr doch noch das Glück gefunden.«

Annemarie hat kein Auto, nur einen Roller, mit dem sie auf der Insel herumfährt. Also gehe ich am nächsten Morgen nach dem Frühstück zu Fuß von meinem Gasthof am Hafen zu ihrem einfachen Cottage am Stadtrand und brauche dafür vierzig Minuten.

Eine Glastür lässt die freie Natur herein, und von den Innenwänden springen einen die Farben ihrer eigenen Gemälde an. Sie zieht alte Fotos hervor: von Enoch, vom Gut der Puttkamers bei Karzin, von ihrer Namenspatin, der Mutter ihres Vaters, die sie »Amo« nannte, das Anagramm von Oma und zugleich eine Art Kürzel von Annemarie. Sie zeigt mir Fotos von Jesko und meint, für sie sei es klar, dass ihr Onkel, ungeachtet seiner beiden Ehen und zahlreichen Bewunderinnen, bisexuell gewesen sei. Und sie präsentiert mir einen Beweis dafür, dass Kurt den Mann gekannt haben muss, an den die Erziehung des heranwachsenden Enoch ausgelagert worden war: ein signiertes, datiertes und mit persönlicher Widmung versehenes Exemplar des im Kurt Wolff Verlag erschienenen *Almanach für Kunst und Dichtung* – »für Fritz Crome, mit herzlichen Grüßen 1925, Kurt Wolff«.

Im Gegenzug wische ich durch die auf meinem Handy gespeicherten Fotos, die meisten aus meinen Familienalben, darunter auch das hier abgebildete von Kurt – breite Stirn, kantiger Kopf, der Blick verführerisch gedankenverloren, Zigarette zwischen den Fingern der gespreizten Hand.

»Jeremy Irons«, sagt Annemarie und zieht hörbar die Luft ein.

Als Jugendliche hatte Annemarie ihren Vater von seinem »Onkel in Amerika« sprechen hören. Aber erst als sie mit achtzehn ihre Großmutter in München besuchte, erfuhr sie die ganze Geschichte. Wieder zurück in Dänemark, stellte sie Enoch zur Rede. Der sagte nur: »Fritz Crome war mein Vater.«

Jetzt kann sie nachempfinden, was er meinte. »Mein Vater und Kurt Wolff schrieben einander, sahen sich aber nur wenige Male«, erzählt sie. »Mein Vater hat sich daher bestimmt vernachlässigt gefühlt. Es ist nur so ein Gefühl, er hat nie mit mir darüber gesprochen, überhaupt war er sehr verschlossen. Vielleicht wollte er nicht akzeptieren, dass Kurt Wolff sein Vater war. Fritz Crome war zwar nicht sein richtiger Vater, hat diese Rolle aber wenigstens ein bisschen ausgefüllt.«

Im Lauf der Jahre lernte Annemarie Enochs komplexe Empfindungen besser verstehen.

1980 wurde sie nach einem feuchtfröhlichen Abend schwanger und rang mit sich, ob sie das Kind behalten sollte oder nicht. Erst als der Vater versprach, ihr beim Aufziehen des Kindes zu helfen – und nicht nur einmal im Jahr Geburtstagsgrüße zu übermitteln –, entschied sie sich dafür. Doch er kümmerte sich kaum um sie und ihren Sohn, und sie musste erleben, wie Mikkel, inzwischen achtunddreißig, die gleichen Fragen quälten, die auch Enoch bedrückt hatten. »Das kann zu Identitätsproblemen führen«, sagt sie. »Warum ist mein Vater nicht präsent in meinem Leben? Habe ich etwas falsch gemacht? Das trifft einen tief im Innern.«

Ich zeige Annemarie ein paar Briefe, die Kurt und Enoch gewechselt haben. In den Fünfzigern, als Fritz Crome gestorben war und Enoch an der Schwelle zum Erwachsensein stand, schrieben sie einander öfter. Enoch berichtet von den Romanen, die er liest, und bietet dem Vater an, eine Porträtfotografie von sich machen zu lassen und sie ihm nach New York zu schicken. Kurt wiederum bezahlt jetzt regelmäßig Unterhalt, bis Enoch die Schule beendet hat. Später gibt er ihm Ratschläge in Bezug auf die bereits zutage tretenden Eheprobleme mit Karen und ermuntert ihn, sich einen Kreis männlicher Freunde zuzulegen, denen er sich anvertrauen kann. Er schickt ihm Bücher aus dem Pantheon-Verlagsprogramm und fragt, ob Enoch sich vielleicht vorstellen könne, *Gift from the Sea* ins Dänische zu übersetzen. Angesichts der guten Wirtschaftslage in Deutschland bietet er ihm an, einen Kontakt zu Helens Schwager herzustellen, der in Bayern eine Papierfabrik betreibt; vielleicht ergebe sich dort ja eine berufliche Möglichkeit, wer weiß.

Kaum vorstellbar, dass Kurt das Datum von Enochs Geburtstag nicht kennt, ist es doch das gleiche wie bei Niko. Aber so ist es: »Bitte schreib mir doch in deinem nächsten Brief, wann Du Geburtstag hast.«

Irgendwann in den frühen Fünfzigern trafen sich die beiden offensichtlich in Hamburg. Und Christian erinnert sich, dass Enoch und seine Mutter einmal in Manhattan zu Besuch waren, wo die beiden Halbbrüder ihre gemeinsame Jazzleidenschaft entdeckten. Doch trotz des vertraulichen Du, mit denen sie sich ansprachen, haben die Briefe zwischen Vater und Sohn etwas unbeholfen Förmliches. Ein Kind aufzuziehen lässt sich nicht durch Briefeschreiben erledigen, das ist etwas anderes, als einem Autor zu schmeicheln, einen Kritiker günstig zu stimmen oder einen Nachdruck in Auftrag zu geben.

Auch wenn Enoch mehr oder weniger vaterlos aufwuchs, hatten sich die Scheinehe seiner Mutter und die Güte, die Fritz Crome ihm entgegenbrachte, doch als Glück erwiesen. Als Hitler Millionen junge Männer an zwei Fronten in den Kampf warf, war ein 1926 geborener Junge in den letzten Tagen eines sinnlosen Kriegs zum Kanonenfutter verdammt – wie Eduard Grafe, der Sohn von Kurts Schwester Else, der 1944 mit neunzehn fiel. Annemarie von Puttkamers verzweifelter Gang zum dänischen Konsulat in München an jenem Tag in den späten Dreißigern hat Onkel Enoch womöglich das Leben gerettet.

Als ich nach Berlin zurückkehre, suche ich Kurts Letzten Willen heraus. Er ist auf Französisch geschrieben und wurde in Genf notariell beglaubigt. Als sein offizieller Wohnsitz ist ein dortiges Hotel angegeben. In einem Nachtrag, der vier Monate vor seinem Tod hinzugefügt wurde, vermachte Kurt Niko, Christian und Enoch je 10 000 Dollar. Aber das »Kleingedruckte« hält Letzteren auf Abstand zu den ersten beiden. Diese nennt er *mes deux fils* – »meine beiden Söhne«. Enoch dagegen ist einfach nur *Enoch Crome à Copenhague*.

Spiele auf den Knochen der Toten

Niko und Alex, 2002

Hätte er sich voll und ganz assimilieren wollen, hätte mein Vater die schulterklopfende, fremdbestimmte Art des typischen leitenden Angestellten der amerikanischen Nachkriegszeit übernommen. Aber das entsprach nicht Nikos Wesen. Er fuhr fort, seine »heimliche Unendlichkeit« zu kultivieren, die Helen vor langer Zeit an ihm ausgemacht hatte. Selbst noch Jahrzehnte nachdem er amerikanischer Staatsbürger geworden war, legte er nicht seine Reserviertheit ab, weshalb er sich im Kreis von Männern, die um einen Grill herumstanden und über Sport witzelten, ein wenig unwohl fühlte – und erst recht, wenn sie Kriegsanekdoten austauschten. Mich hingegen faszinierte Sport, denn er vermittelte mir auf spielerische Art Arithmetik und die Kunst, Geschichten zu erzählen, und brachte die amerikanische Mentalität mit einer Selbstverständlichkeit zum Ausdruck, die meinem Vater stets fremd bleiben sollte. Er war ein Teenager, als die Olympischen Spiele in Berlin und der Boxkampf zwischen Max Schmeling und Joe Louis Deutschland elektrisierten, doch Niko erinnerte sich an nichts – nur an das Trauma des Feldhockey-Trainings im Internat, bei dem er sich mehrmals die Nase gebrochen hatte, während er doch viel lieber

Theaterkulissen gebaut hätte. Die Abneigung seines Vaters gegenüber Sport hatte sich über die Jahre und sogar über den Ozean hinweg auf ihn übertragen; als sich Christian an seiner Quäker-Schule für Basketball entschied, runzelte Niko die Stirn und nannte diesen Sport »ungesund und gefährlich«.

Ich dagegen war völlig anders gestrickt. Sport zu treiben oder auch nur dabei zuzuschauen oder darüber zu reden, war für mich eine Möglichkeit, das Unbehagen meiner eingewanderten Angehörigen hinter mir zu lassen. Sport konnte dabei helfen, die Assimilation zu bewerkstelligen, die mein Großvater ab einem gewissen Punkt aufgegeben und mein Vater nie ganz abgeschlossen hatte, und auf diese Weise für alle kommenden Wolffs Flagge zu zeigen. Meine Mutter hatte mir eine gewisse athletische Begabung vererbt, die ich zuerst in unserer Hauseinfahrt, dann auf dem Spielplatz und schließlich in etwas weiter entfernten Turnhallen erprobte. Basketball bot mir Gemeinschaft und wies mir den Weg in eine Welt, die ganz anders war als die, die meine Eltern hervorgebracht hatte. Dieses zwanglose Spiel, das so sehr mit der afroamerikanischen Erfahrungswelt verknüpft war, bot mir die ideale Distanz zu Nikos deutschen Wurzeln (bis die NBA-Stars Detlef Schrempf und Dirk Nowitzki auftauchten, sollten noch Jahrzehnte ins Land gehen) und zu dem sklavenhalterischen Südstaatenvermächtnis der WASP-Familie meiner Mutter.

Als ich mich an der Highschool für Journalismus zu interessieren begann, hegten meine Eltern die zaghafte Hoffnung, ich würde eines Tages bei *National Geographic* landen. Doch stattdessen landete ich dort, wo man der »Sportlerseele schmeichelt«. Niko und Mary zeigten ihre Abneigung nie so unumwunden wie die Snobs im Bonn der Jahrhundertwende. Bei ihnen war die erhobene Augenbraue ein unwillkürliches Muskelzucken.

Erst als ich Jahrzehnte später Sebastian Haffner las, wurde mir klar, dass der Argwohn meiner Angehörigen gegenüber Sport von etwas Dunklerem herrührte als nur einer mehrfach gebrochenen Nase. In Nikos Jugend und während Kurts europäischem Exil war Zuschauersport in Deutschland fest mit dem Nazitum verknüpft.

> *Die Naziführer haben zu Deutschland genauso ein Verhältnis wie ein rücksichtsloser Rennpferdbesitzer zu seinem Pferd; er möchte das Rennen gewinnen, und sonst gar nichts. Zu diesem Zweck hat er es so hart wie möglich trainiert und es so rücksichtslos wie möglich geritten. Ob das Pferd seinen Wunsch nach Ruhm teilt und ein Rennpferd sein möchte, ob es zu Schaden kommt und danach sein Leben lang lahmt, sind Fragen, die nicht interessieren. Aber Nationen sind nicht dazu da, Sportmannschaften zu sein. Dieses Schicksal haben die Nazis dem deutschen Volk zugedacht. Die Naziführer beabsichtigen, Deutschland in einen gigantischen Sportclub zu verwandeln, der immer »siegt« – und dadurch sein Glück, seinen Charakter und seine nationale Identität verliert.*

Ich zückte bereits seit mehr als zwei Jahrzehnten für *Sports Illustrated* mein Notizbuch, als mich mein Job an den Geburtsort meines Vaters katapultierte. 2004 sollten in Athen die ersten Olympischen Spiele nach den Terroranschlägen vom 11. September stattfinden. Und zwei Jahre davor bat man mich, noch einmal über die Spiele von 1972 in München zu schreiben, wo elf israelische Sportler einem Anschlag der palästinensischen Terrororganisation Schwarzer September zum Opfer gefallen waren.

Aus New York kam der Aufhänger zur Story, mit denen gute

Redakteure ihre Autoren ausstatten: Es ist vor genau dreißig Jahre passiert; der palästinensische Drahtzieher des Attentats hat kürzlich seine Erinnerungen veröffentlicht; in Athen scheint es gewisse Security-Defizite zu geben, und die Spiele von 1972 dienen als ständige Mahnung, welche Gefahren das birgt. Aber das Wort »München« genügte mir völlig. Als Fünfzehnjähriger hatte ich die damaligen Ereignisse live im Fernsehen verfolgt – zuerst die schockierende Nachricht von der Geiselnahme, dann die trügerischen Hoffnungen auf ein gutes Ende und schließlich den schrecklichen Ausgang des Dramas auf dem Militärflugplatz Fürstenfeldbruck. Die Olympischen Spiele in München sollten – so die Vision der Bundesrepublik – als rundum gelungene Großveranstaltung die Katastrophe überlagern, die den Olympischen Spielen von 1936 gefolgt war. Stattdessen kam es zu einer weiteren Katastrophe.

Ich verfolgte damals die Übertragung im Fernsehen in dem Bewusstsein, dass die Athleten aus der ganzen Welt in der Stadt zusammengekommen waren, in der meine Tante und mein Onkel und meine Cousins und Cousinen noch immer lebten. Der Olympiaberg bestand aus Trümmerschutt des Zweiten Weltkriegs; »also spielen die Jungen auf den Knochen der Toten«, hatte damals Marias Mann, Onkel Peter, zu mir gesagt. Doch dann – welch bittere Ironie – hatten die Spiele von 1972 zu weiteren Toten geführt.

Im Laufe der Jahre kamen immer neue Hintergrunddetails des Attentats ans Licht, und als ich mich nun anschickte, so viel wie möglich darüber herauszufinden, sprangen mir ein paar Absätze eines alten Zeitungsausschnitts ins Auge. Ich las sie mehrmals und fragte mich, ob mein eingerostetes Deutsch mich narrte. Offenbar gab es da einen Mann, einen Sicherheitsexperten, der verschiedene Krisenszenarien im Vorfeld der Spiele aufgezeigt hatte.

Und er hatte den Terrorangriff mit erschreckender Präzision vorausgesagt. Doch die Organisatoren hatten nicht auf ihn hören wollen.

Ein paar Wochen bevor ich nach Europa aufbrach, bat ich meinen Vater, diesen Artikel für mich zu übersetzen und die wesentlichen Punkte in den Berichten zu markieren, die ich aus deutschen Zeitungen und Zeitschriften herausgesucht hatte. Er war inzwischen einundachtzig und bereits vom Krebs gezeichnet, dem er schließlich erliegen sollte. Aber Niko versicherte mir, dass ich den Bericht über den hellsichtigen Sicherheitsexperten, Dr. Georg Sieber, sehr wohl richtig verstanden hätte. Seit den denkwürdigen gemeinsamen Watergate-Fernsehabenden auf der Couch hatten die Interessen meines Vaters und meine nicht mehr so korrespondiert wie jetzt. Was ihn betraf, so war es die Verbindung von Geschichte mit seiner Heimatstadt, die Parallelität schicksalhafter Ereignisse, von denen der Sport überrollt worden war, statt sie zu überdecken. Gewiss vernahm er genau wie ich das Geflüster des Teufels in der Prämisse meines Auftrags – »verdammt zur Wiederholung«. Als ich in München landete, um mich auf den Weg zu Georg Sieber zu machen, hatte ich das Gefühl, Niko wäre neben mir.

Zwei Monate später reichte ich eine Reportage ein, die siebzehn Seiten in der Zeitschrift einnehmen sollte. Sie begann so:

Für einen Bürger eines Landes, das an seine Vergangenheit gefesselt ist, besitzt Dr. Georg Sieber eine bemerkenswerte Begabung – in die Zukunft zu blicken. In den Monaten vor den Olympischen Spielen 1972 in München baten die Organisatoren den Polizeipsychologen Sieber, damals 39, ein Worst-Case-Szenario zu entwerfen. Sieber sieht ein bisschen dem Autor Tom

Clancy ähnlich, und das Szenario, das er aufzeigte, hat so ziemlich alle Ingredienzen, die aus einem von Clancys Politthrillern stammen könnten: Kidnapper und Geiseln, hochkalibrige Patronen und geschmuggelte Waffen, entführte Flugzeuge und ferngesteuerte Bomben. Sieber nahm die skrupellosesten Terrororganisationen der damaligen Zeit unter die Lupe, von der IRA und der PLO über die baskische Separatistengruppe ETA bis zur westdeutschen Baader-Meinhof-Gruppe, analysierte ihre Methoden und präsentierte dann sechsundzwanzig Fallbeispiele, jedes in apokalyptischer Detailgenauigkeit. Die meisten von Siebers Szenarios konzentrierten sich auf das Olympiadorf; nur eines fiel aus der Reihe – ein Flugzeug einer rechtsradikalen schwedischen Gruppe stürzt ins bis auf den letzten Platz gefüllte Olympiastadion – und warf seinen Schatten auf einen Septembertag etliche Jahre später in einer anderen Stadt voraus.

Am 5. September 1972, bei den Olympischen Spielen in München, wartete die Geschichte nicht länger. Sie warf sich auf eines von Siebers Szenarios und spulte sämtliche Schreckenselemente daraus ab. Der Psychologe hatte den Organisatoren die »Situation 21« geschildert, die aus folgenden wesentlichen Punkten bestand: Eines Morgens um fünf Uhr würde ein Dutzend bewaffnete Palästinenser über den Zaun um das Olympiadorf klettern. Sie würden das Gebäude, das die israelische Delegation beherbergte, erstürmen, ein, zwei Geiseln ermorden (»um für Disziplin zu sorgen!«, sagt Sieber heute), dann von Israel die Freilassung palästinensischer Gefangener fordern und ein Flugzeug verlangen, um irgendeine arabische Hauptstadt anzufliegen. Selbst wenn es den Palästinensern nicht gelingen sollte, ihre in israelischen Gefängnissen einsit-

zenden Kameraden zu befreien, würden sie laut Siebers Vorhersage »aus den Spielen eine politische Demonstration machen« und »wären bereit zu sterben ... Auf keinen Fall würden sie sich ergeben.«

Georg Siebers Haus in Nymphenburg lag nur wenige Querstraßen von dem entfernt, in das mein Vater 1945 heimgekehrt war. Er arbeitete inzwischen als Berater für Versicherungen, die bestrebt waren, Risiken so gut wie möglich zurückzuschrauben. Aber seine Zeit bei der Münchner Polizei und die Ereignisse von 1972 hatte er immer noch nicht ganz verarbeitet. Mehrere Stunden lang breitete er seine Geschichte vor mir aus, und zwar mit erstaunlicher Sachlichkeit und Detailgenauigkeit. Es war, als hätte er vierzig Jahre lang gewartet, bis jemand bei ihm auftauchte, der ihn ausreden ließ.

Um sich gegen die von Sieber aufgezeichneten »Szenarien« zu wappnen, hätten die Münchner Organisatoren die Spiele, die sie in jahrelanger Vorbereitung entworfen hatten, völlig verwerfen müssen. Die »heiteren Spiele« sollten ein ganz besonderes Sportfest werden, frei von Stacheldraht und einer Vielzahl bewaffneter Polizisten. Waren Hitlers Olympische Spiele mit einem Meer aus Hakenkreuzen ausgeschmückt und mit Salutschüssen eröffnet worden, sollte bei den Münchner Spielen nur das ein strahlendes München signalisierende neu entworfene Logo und die fünf Ringe zu sehen sein und statt bewaffneter Polizisten sportliche Blazer tragende »Olys«, die allenfalls auf Eintrittskartenbetrug und den Umgang mit Betrunkenen vorbereitet waren. Die Organisatoren verlangten von Sieber, ihnen weniger furchterregende Szenarien aufzuzeigen – Bedrohungen, die besser zu den Spielen passten, wie sie sie aufführen wollten.

Und so begannen die Münchner Spiele wie eine Art vorgezogenes Oktoberfest. Pantomimen und Musikgruppen tanzten neben Dackel Waldi, dem Maskottchen, durchs Olympiadorf. Wenn die jungen Athleten abends noch im Hofbräuhaus waren, machten sie sich nicht die Mühe, den Haupteingang zu nehmen, wenn man doch ebenso gut über den zwei Meter hohen Maschendrahtzaun klettern konnte, während die Sicherheitsleute zwei Augen zudrückten. Ein Polizeibeamter, der für die Sicherheit im Olympiadorf zuständig war, schränkte die Patrouillen ein, weil, wie er sagte, »nachts sowieso nichts passiert«.

Bis das passierte, was Sieber vorausgesagt hatte. Wobei er, um der Wahrheit Genüge zu tun, ein ganz klein wenig danebenlag. Die palästinensischen Terroristen kletterten etwa fünfzig Minuten früher über den Zaun, als es in »Szenario 21« beschrieben war. Um sich Zugang zu der Erdgeschosswohnung der israelischen Sportler zu verschaffen, mussten sie keinen Sprengstoff benutzen, wie Sieber es in seinem Szenario vermutet hatte, denn sie konnten die Tür einfach aufhebeln. Aber alles andere – von der Forderung nach einem Gefangenenaustausch und einer Passagiermaschine über die Verlagerung des Geschehens vom Olympiadorf weg an einen anderen Schauplatz, ja selbst bis zur Ermordung zweier Israelis in den ersten Sekunden der Geiselnahme – spielte sich genauso ab, wie Sieber es vorausgesehen hatte. In der folgenden Nacht starben bei einem verpfuschten Rettungsversuch neun weitere Israelis, ebenso wie fünf der Terroristen und ein Münchner Polizist.

Sieber erzählte all das ohne jede Verbitterung oder augenscheinliche Genugtuung. Stattdessen legte er eine klinische Distanz an den Tag, die typisch für seinen Berufsstand ist. »Der amerikanische Psychologe Leon Festinger hat die Theorie der kognitiven Dissonanz entwickelt«, sagte er zu mir. »Wenn man zwei dissonante Kognitionen hat, liegt es in der menschlichen Natur, eine von ihnen zu verwerfen.«

Am Tag nach der Geiselname erhielt Sieber einen Anruf von seinem Chef. Seine Dienste würden nicht länger gebraucht, erklärte der Münchner Polizeipräsident Manfred Schreiber. »[Die israelische Premierministerin] Golda Meir hat sich eingeschaltet«, sagte Schreiber. »Jetzt ist es nicht länger eine psychologische Angelegenheit, sondern eine politische.«

Sieber ging nach Hause, schaltete den Fernseher ein und schenkte sich eine Tasse Kaffee ein.

Zehn Olympische Sommerspiele später: Im Vorfeld der Spiele von 2012 verbrachte ich ein paar Monate mit meiner Familie in London. Anfang des Sommers hatten unsere Kinder – damals zehn und neun – den Deutschen bei der Fußballeuropameisterschaft die Daumen gedrückt. Sie dachten sich nichts dabei, als sie die Trikots mit den Nummern und Namen der Nationalspieler Bastian Schweinsteiger und Mesut Özil trugen, Geschenke von Verwandten aus Bayern. Aber Vanessa und ich konnten den Kindern unmöglich die Stadt zeigen, ohne über »The Blitz« zu sprechen – ob beim Besuch der Cabinet War Rooms oder der Saint Paul's Cathedral oder auf unseren Fahrten mit der Untergrundbahn. Und als wir ihnen von den Luftangriffen der Deutschen erzählten, mussten wir auch die NS-Zeit und die wichtigsten historischen Details erwähnen und erläutern, wie diese Ereignisse mit unserer Familie zusammenhingen. Es ist noch gar nicht so lange her, sagten wir, als die Nazis, die damals in Deutschland herrschten, Millionen von Menschen umbringen ließen, und zwar nur, weil sie jüdisch waren. Damals hätte Deutschland für einen Sportler wie Schweinsteiger Verwendung gehabt, aber jemand wie Özil wäre vielleicht in eines der Lager geschickt worden. Und all das veranlasste Clara zu besagter Frage: »Könnte es nicht sein, dass Opa vielleicht ein Spion war?«

Über die Jahre hinweg habe auch ich derartige Fragen gestellt. Zum ersten Mal als Teenager in unserem Vorort von Rochester, als ich alte Männer mit eintätowierten KZ-Häftlingsnummern in der Umkleide des Jewish Community Center sah. Damals fragte ich mich, was sie wohl denken würden, wenn sie von unserer Mitgliedschaft in dem Club wüssten.

Solche Fragen kommen mir auch in den Sinn, wenn ich Vanessa auf der Geige spielen höre, die mein Vater von seinem Stiefvater Dr. Albrecht geerbt hatte, einem Mann, von dem ich inzwischen weiß, dass er förderndes Mitglied der SS war. Mit seinem wunderbaren Klang und seiner befleckten Herkunft symbolisiert das Instrument, welch atemberaubende Spuren Deutschland in der Welt hinterlassen hat, sowohl im Schönen als auch im Bösen.

Diese Fragen, die mich von Zeit zu Zeit überkommen, sind Teil eines wiederkehrenden Gedankenspiels: Wird die Tatsache, dass mein Vater bei der Wehrmacht war, durch den Umstand abgemildert, dass die Nazis so viele Bücher aus dem Verlagsprogramm meines Großvaters verbrannten? Wäre meine moralische Erblast reiner, wenn nicht nur achtzig, sondern hundert Prozent der im Kurt Wolff Verlag erschienenen Titel als Gefahr für die deutsche Rasse und Nation erachtet worden wären?

Gibt es überhaupt so etwas wie eine »moralische Erblast«?

Wenn mir von väterlicher Seite irgendeine Art Unbescholtenheitsdefizit vererbt wurde, haben es dann die Anstrengungen von Caroline Ferriday, der Cousine meiner Mutter, nicht mehr oder weniger wettgemacht? Wie viele gute Taten musste Caroline vollbringen, um die von ihren Sklavenhaltervorfahren vererbte moralische Last auszugleichen?

Und hier endet dann dieses Gedankenspiel. Es gibt gute Gründe für das Erstellen einer moralischen Bilanz, aber wenn dem so ist, dann verdient es jedes Kind, dass das Konto am Tag seiner Geburt leer ist. Dafür könnte man jedoch ein Hauptbuch für die Familienschuld führen. Und die Reihen dieses Hauptbuchs füllen die ausschlaggebenden Zahlen für die Scham – klärende, zum Handeln bewegende Scham –, die uns helfen, die »vor uns liegenden Aufgaben« zu prägen.

Die Geschichte neigt dazu, die Individuen zu überrollen, die versuchen, sich ihr in den Weg zu stellen. Nur eine kritische Masse von Menschen kann ihren Lauf verändern. Georg Sieber ist zu dieser Erkenntnis gelangt und mein Vater auf seine Weise auch. Natürlich wollten die Organisatoren der Olympischen Spiele in München eine neue Seite aufschlagen und alles, was irgendwie an die vom Nationalsozialismus befleckten Berliner Spiele erinnert hätte, verbannen. Aber nimmt man die Geschichte ernst, darf man nicht auf »weniger furchterregende Szenarios« pochen, die mehr in Einklang mit den vom modernen Deutschland geplanten »heiteren Spielen« stehen.

Bei all der Wahrheit, die in George Santayanas bekanntem Satz steckt, dass jene, die sich nicht an die Vergangenheit erinnern können, dazu verdammt sind, sie zu wiederholen – auf die Organisatoren der Olympischen Spiele von 1972 lässt er sich nicht anwenden, wurden sie doch von einem Paradoxon überrascht, für das elf Israelis schließlich mit dem Leben bezahlten. Wenn man sich mit den Details befasst, erkennt man: Die Tragödie der Münchner Spiele besteht nicht darin, dass man sich nicht an die Vergangenheit erinnert hätte, sondern darin, dass sich die Deutschen, gefangen in ihrem Teufelskreis, nur allzu gut daran erinnerten.

Mit Vanessa und den Kindern bin ich per Zug und einem Firmenwagen nach Darmstadt gereist, dem langjährigen Sitz der Firma Merck. Dreihundertfünfzig Jahre nachdem am Schlossgraben im Stadtzentrum ein Vorfahre die Keimzelle des Unternehmens, eine Apotheke, eröffnet hat, wollen wir an diesem Maitag 2018 gemeinsam mit unseren Verwandten das Jubiläum von Merck feiern, der Grande Dame unter den weltweiten Pharmaunternehmen. Auch wenn sich mein Vater vor langer Zeit als stiller Teilhaber aus der Firma zurückgezogen hat, spielen Blutsbande für die Unternehmensleitung immer noch eine wichtige Rolle. Daher werde ich regelmäßig mit Mailings und dem jeweils auf den neuesten Stand gebrachten Stammbaum versorgt, dessen Äste mittlerweile mit den Früchten von dreizehn Generationen beladen sind. Der Vorstand hat uns ins M-Sphere eingeladen, ein geodätisches Kuppelzelt, das eigens für diese Festivität errichtet wurde, die ein Abendessen, Ansprachen und ein Konzert der Deutschen Philharmonie Merck umfasst.

Im Zeitalter der Aufklärung hat die Familie Merck klug und umsichtig ihren Wohlstand gemehrt, und zwar nicht nur durch den Verkauf von Pülverchen und Tinkturen, sondern auch durch die Vergabe von Krediten in der Landgrafschaft Hessen-Darmstadt. Als Emanuel Merck dann in den 1820er-Jahren seinen Durchbruch mit Alkaloiden feierte, verfügte die Familie über hinreichend Kapital, um eine industrielle Pharmaproduktion aufzubauen. Der instinktive Kosmopolitismus meiner Vorfahren führte dazu, dass sie sich weltweit Märkte erschlossen, was wiederum nach den beiden Weltkriegen riesige Verluste nach sich zog, als Deutschlands Industrie isoliert am Boden lag. Doch genau diese globale Vision bedingte in der Zeit des Wirtschaftswunders eine tiefgreifende Erneuerung. Seit Kriegsende erfreut sich die Merck KGaA eines fast ununterbrochenen Wachstums, einerseits durch Zukäufe und andererseits durch die Geschäftserweiterung auf die Bereiche Biotechnologie, Halbleiter und Materialien wie Pigmente und Flüssigkristalle.

Heute ist das Firmengelände sowohl Forschungszentrum als auch Produktionsstätte, und die ethnisch diverse und multilinguale Belegschaft erinnert in ihrer bunten Mischung und vom Lebensgefühl her ein wenig an die Studierenden auf einem Campus in Kalifornien. Immer wieder ist man bei Merck bemüht, positive Akzente zu setzen. So beteiligt sich das Unternehmen an der »Access Accelerated Open Platform«, einer Initiative, die sich weltweit auf behandelbare, vermeidbare und nicht übertragbare Krankheiten konzentriert. Außerdem fördert das Unternehmen kulturelle Projekte wie etwa das Orchester, das seinen Namen trägt, oder die jährliche Verleihung des »Tagore Award« in Indien, ein Literaturpreis, der an Kurts Verbindung zu dem bengalischen Nobelpreisträger erinnert. Ein großer Teil dieses gesellschaftlichen Engagements des Unternehmens begann bereits unter Marias Sohn Jon, der zwölf Jahre lang Vorstandsvorsitzender der Hauptanteilseignerin E. Merck KG war und heute ebenfalls im M-Sphere sein wird.

»Always Curious« ist einer der Jubiläumsslogans, ein Anglizismus, für den Angela Merkel ihre Gastgeber bei ihrem kürzlichen Besuch rügte. »Always Curious« war auch das ganz letzte Jahr über mein Mantra. Während des Kriegs wurde Darmstadt genauso gründlich zerstört wie jede andere größere deutsche Stadt. Doch mein Vater hatte mir nie erzählt, wie die Royal Air Force sie eines Nachts im September 1944 – einem 11. September – zu ihrem Ziel machte. In der Nacht der Bombardierung des fünfzehn Kilometer entfernten Darmstadt stand der Prinz von Hessen am Rand seines Parks. »Der Lichtschein wuchs und wuchs«, schrieb er, »bis der ganze südliche Himmel rot und gelb durchblitzt erglühte.« Der Luftangriff forderte elf- bis zwölftausend Menschenleben, zwang fast die Hälfte der Bevölkerung, irgendwo auf dem Land Zuflucht zu suchen, und Nikos Onkel Wilhelm zum Umzug in besagten Gartenschuppen. Es hatte Jahrhunderte gebraucht, um zu erbauen, was die Flugzeuge in weniger als einer Stunde zerstörten. Drei Monate später sollten die B-17 noch einmal gezielt das Werksgelände von Merck ins Visier nehmen, der zweite Hieb eines Doppelschlags.

»Wenn ich an Deutschland denke«, sagt einer von W. G. Sebalds *Ausgewanderten*, »kommt es mir vor wie etwas Wahnsinniges in meinem Kopf.« Ein vergleichbares Gefühl hat Deutschland bei mir nie ausgelöst. Das Land, das ich als Jugendlicher durch diverse Besuche kennenlernte, war die Heimat liebenswürdiger Tanten und Onkels und gleichaltriger Cousins und Cousinen, die meine Interessen teilten, und üppiger Hausmannskost. Die Stunde null ist ein problematisches Konzept, denn wenn man versucht, die Vergangenheit einfach zu kappen, unterbricht man die Kontinuität, die für das Erinnern und das Ablegen von Rechenschaft unabdingbar ist. Die Merk'schen Cousins und Cousinen, die ich näher kennenlernen durfte, tun das genaue Gegenteil. Zu ihnen gehört auch Harald Binder, ein freiberuflicher Historiker, der mit einem Teil seines von Merck stammenden Vermögens das Center for Urban History of East Central Europe unterstützt, das er in der westukrainischen Stadt Lwiw gegründet hat. Haralds Institut ist eine unverblümte Absage an seine Urgroßmutter Mathilde Merck in ihrer Funktion als »Ahnenerbe«-Schirmherrin.

Natürlich sind in einem Land, in dem regelmäßig Stolpersteine geschändet werden, auch jüngere Deutsche nicht völlig gefeit vor den Viren, die noch immer durch den politischen Blutkreislauf fließen. An diesem Wochenende ist zum Beispiel ein Merck-Gesellschafter anwesend, der 2017 für Schlagzeilen sorgte. Damals berichtete ein Dokumentarfilm des WDR über seine Mitgliedschaft im »Deutschen Kolleg«, einer neonazistischen Vereinigung, die die Bundesrepublik ablehnt und die Wiederherstellung eines von Migranten »gesäuberten« Deutschlands innerhalb der Grenzen des Dritten Reichs fordert. Das Filmteam hat das Familienmitglied bei einem geheimen Treffen dieser Organisation im Juli 2016 ausgemacht. Weitere Aufnahmen zeigen ihn zusammen mit dem amerikanischen Ku-Klux-Klan-Aktivisten David Duke bei zwei Neonazi-Veranstaltungen Mitte der 2000er-Jahre – einer Konferenz von Holocaustleugnern in Teheran und einer von Duke veranstalteten »European-American Conference« in New Orleans.

Andere Familienmitglieder haben mir versichert, der betreffende Mitgesellschafter werde von allen gemieden, doch das ist ein schwacher Trost. Das weltweit tätige Unternehmen mit Sitz im modernen Deutschland musste erkennen, dass seine erste Reaktion auf diesen Dokumentarfilm – der blutleere Kommentar eines Konzernsprechers, man kommentiere generell keine privaten Aktivitäten einzelner Aktionäre – nicht gut ankam. »Wir bei Merck«, heißt es ein paar Wochen später in einer weiteren Presseerklärung,

»distanzieren uns von jeder Form politischen Extremismus ... Für private Ansichten von Aktionären oder von Gesellschaftern, die dem entgegen laufen, tragen wir keine Verantwortung.«

Ein weiterer englischer Jubiläumsslogan lautet: »Imagine the next 350 years.« Doch dazu bin ich noch nicht vollständig bereit. Ein paar Wochen später kehre ich nach Darmstadt zurück, um mich in die Abteilung »Corporate History« zu begeben und erst einmal mit den ersten 350 Jahren abzuschließen.

Das Merck-Archiv blickt auf eine ähnlich moralisch beschädigte Vergangenheit zurück wie das Deutschland des 20. Jahrhunderts. In den frühen Sechzigern wurde es drei Jahre lang von Friedrich Wilhelm Euler geleitet, der schon vor der Machtübernahme der Nazis ein Anhänger der »Rassenhygiene« war und antisemitische Genealogie betrieb. Bei den Feierlichkeiten zum 300. Firmenjubiläum fanden die Verbindungen des Unternehmens mit den Machthabern des Dritten Reichs keinerlei Erwähnung. Aber in den späten Neunzigern begann Merck, sich mit seiner Vergangenheit auseinanderzusetzen. Das Unternehmen beteiligt sich an der Stiftung »Erinnerung, Verantwortung und Zukunft«, die es sich zum Ziel gemacht hat, Menschen ausfindig zu machen und zu entschädigen, die während des Kriegs Zwangsarbeit verrichten mussten. Im Vorfeld des 350. Jubiläums betraute das Unternehmen vier unabhängige Wissenschaftler damit, eine Firmengeschichte mit Schwerpunkt NS-Zeit zu verfassen. Das Archiv, das ich jetzt aufsuche, beschäftigt inzwischen sieben Wissenschaftler und Wissenschaftlerinnen, die sich in erster Linie der historischen Wahrheit verpflichtet fühlen und nicht dem Ziel, irgendwelche Familienmitglieder zu schützen. Das Büro der gegenwärtigen Leiterin Sabine Bernschneider-Reif beherbergt Dutzende Bände der berüchtigten Tagebücher von Mathilde Merck, die sie 2015 im Rahmen eines Lehrforschungsprojekts Geschichtsstudierenden der Technischen Universität Darmstadt zugänglich machte. Geschichte ist nun einmal Geschichte. Und so setze ich mich an einen Tisch im Stockwerk über dem Raum mit den lebensgroßen Abbildungen von Familienmitgliedern, darunter auch Kurt und Tante Tilla, und begebe mich auf diesen papiernen Pfad, fest entschlossen, ihm zu folgen, wohin er mich auch führen mag.

Walter Brügmann, der glühende Nationalsozialist, der bis zum Kriegsende Personalchef war, vernichtete vor dem Eintreffen der US-Armee gezielt belastende Akten. Gleichzeitig erfahre ich, dass Zwangsarbeiterinnen aus dem Osten nur ungefähr fünfundsiebzig Prozent des Standardlohns bekamen und ihnen nach Abzug für Kost und Logis nicht mehr als vierzig Reichsmark im Monat blieben – heute rund dreieinhalb Euro. Außerdem wurde ihnen, noch grausamer, der Zugang zum Luftschutzkeller verwehrt. Dies erklärt, warum so viele von ihnen im Dezember 1944 bei der Bombardierung des Werks ums Leben kamen, bei der bis auf eine alle Barracken der Zwangsarbeiter zerstört wurden.

Jahrelang hatte Merck Wasserstoffperoxid als Desinfektions- oder Bleichmittel hergestellt. In den Dreißigerjahren gründete das Unternehmen verschiedene »Geheimgesellschaften« und verschaffte sich so Zugang zur Rüstungsindustrie. Im Zweiten Weltkrieg wurde diese Substanz dann als Antriebsstoff für Torpedos, Raketen und Strahlflugzeuge eingesetzt. »Hätten die Alliierten diese der bisherigen Ausrichtung der Firma widersprechende Geschäftstätigkeit Mercks nach 1945 etwas intensiver untersucht, wäre der Fortbestand der Firma wahrscheinlich gefährdet gewesen, denn in diesem Fall hätten vor allem die amerikanischen Behörden Argumente finden können, die Mercks in die Gruppe derjenigen einzureihen, die sie als ›Kriegstreiber‹ klassifizierten«, schlussfolgern die Autoren der Unternehmensgeschichte.

Karl Merck, der »Primus inter Pares« unter den offenen Teilhabern (den Teilhabern der offenen Handelsgesellschaft E. Merck), war Mitglied der NSDAP und bekleidete hochrangige Ämter im Nationalsozialistischen Kraftfahrkorps, dem Nationalsozialistischen Bund Deutscher Techniker und in der Deutschen Chemischen Gesellschaft, die sich selbst »gleichgeschaltet« hatte. Am 1. Mai 1933 – dem Tag, an dem er, sein Cousin Fritz und mein Großonkel Wilhelm in die Partei eintraten – hielt die Firma unter Karls Vorsitz eine Feier zum »Tag der nationalen Arbeit« ab, bei der auch das Horst-Wessel-Lied gesungen wurde. Nachdem er 1936 vom Nürnberger Reichsparteitag nach Darmstadt zurückgekehrt war, nutzte er einen Betriebsappell, um von der »ungeheure[n] Verehrung und Liebe, die alle dem *Führer* entgegenbringen« zu berichten. 1939 rühmte sich der von Nazis dominierte »Vertrauensrat« damit, dass die Firma »auch Vierteljuden grundsätzlich nicht mehr einstellt« – also jemanden wie meinen Vater.

Doch auch wenn mein entfernter Cousin Karl das aktivste Mitglied der Firmenleitung im Dritten Reich war, beschäftigt mich Wilhelms Geschichte am meisten – wegen seines Verhältnisses zu Karl, dem er unterstand, sowie zu dem mächtigsten Mann in der jüngeren Geschichte Mercks. Um diese Geschichte zu erzählen, müssen wir zum Ersten Weltkrieg und dessen Nachwirkungen zurückkehren.

Wilhelm Merck hatte an der Universität Dresden ein Ingenieurstudium begonnen, ehe er im Mai 1915 eingezogen wurde. Nach Kriegsende trat er in die Firma ein, und 1921 wurde er offener Teilhaber. Aber Wilhelm und seine drei Cousins – die anderen offenen Teilhaber aus dieser neunten Generation waren Karl, Fritz und Louis Merck – merkten schnell, wie schlecht sie auf ihre Führungsrollen vorbereitet waren. Ein Unternehmen wie Merck litt unter dem Friedensvertrag von Versailles weitaus mehr als etwa ein Buchverlag wie der von Kurt Wolff; jedes deutsche Pharmaunternehmen war verpflichtet, die Hälfte seiner Vorräte als Reparationsleistungen und noch etliche weitere Jahre lang fünfundzwanzig Prozent der Produkte zu einem festen Preis an die Alliierten abzugeben. Während der Ruhrkrise von 1923, als französische und belgische Truppen das Kerngebiet der deutschen Schwerindustrie besetzten und die Wirtschaftskrise, die zur Hyperinflation führte, noch verschärften, fürchtete die Firmenleitung von Merck, ausländische Streitkräfte könnten Darmstadt besetzen und die Kontrolle über das Werk übernehmen.

Um sich dagegen zu wappnen, sah sich die Geschäftsleitung zum ersten Mal in der Unternehmensgeschichte dazu gezwungen, sich familienfremde »Manager« ins Haus zu holen. 1923 besetzte Merck das Direktorium neu. Und um die Unterstützung dringend benötigter Geldgeber zu erlangen, traf man im Januar 1924 eine schicksalhafte Entscheidung: Nach langen Verhandlungen und trotz interner Meinungsverschiedenheiten stellte man Bernhard Pfotenhauer, bislang Direktor der Darmstädter Nationalbank und hochdekorierter Offizier aus dem Ersten Weltkrieg, ein und übertrug ihm weitreichende Befugnisse. Auf dem folgenden Foto ist er in der Mitte der ersten Reihe zu sehen, Wilhelm zu seiner Rechten. Während der Neuling die Rolle des Direktoriums umkrempelte und das Management rationalisierte, wurde die Familie »weitgehend auf die Funktion von ›konstitutionellen Monarchen‹ reduziert«. Pfotenhauers Führungsposition sollte erst mit dem Untergang des Dritten Reichs enden.

Wenn man sich mit der Ära Pfotenhauer bei Merck befasst, erfährt man, wie ein Opportunist eine Krise ausnutzte, um die Kontrolle über eine Firma zu erlangen, und wie dieser, durchdrun-

gen von einer Ideologie, die autokratisches Verhalten förderte und ihre Anhänger diesbezüglich ermächtigte, sowohl auf dem Papier als auch praktisch zu einem »Wehrwirtschaftsführer« wurde – ein Titel, der Führungskräften in Unternehmen verliehen wurde, die die kriegerischen Unternehmungen des NS-Regimes maßgeblich unterstützten. Aber die Teilhaber schlossen willentlich diesen Pakt mit dem Teufel, um zu vermeiden, an der Börse Anteilsscheine ausgeben zu müssen, denn das hätte ihren Reichtum und ihre Macht gemindert. »Ich bin wirklich von Herzen froh, dass wir diesen Pf[otenhauer] gewonnen haben«, schrieb Wilhelm an Karl und Louis, nachdem die Sache unter Dach und Fach war. »Wenn man bedenkt, dass er erst 38 Jahre alt ist und finanztechnisch eine aller allererste Kraft, so glaube ich, dass wir viel von ihm haben werden.«

Allerdings sollten sich die anfänglichen Bedenken anderer bald bestätigen. Pfotenhauer hielt einige Familienmitglieder in der Firmenleitung für Schwächlinge, die dieser Verantwortung unwürdig seien. Ab 1933 hofierte er lokale Nazibonzen wie Jakob Sprenger, den »Gauleiter« von Hessen-Nassau. Nachdem er in Berlin Hitler zum ersten Mal erlebt hatte, begann er, ihn nachzuahmen. Er habe den »Diktatorenwahn« bekommen, wie ein leitender Angestellter nach dem Krieg meinte. Im Herbst 1945 kamen US-amerikanische Ermittler zu dem Schluss, Pfotenhauer habe sich häufig über die Entscheidungen der offenen und stillen Teilhaber hinweggesetzt, seine ganz eigene Unternehmenspolitik verfolgt und die Firma nach eigenem Gutdünken geführt. Oder wie ein Beobachter 1948 unter Eid versicherte: »Wie ein Lassowerfer in wenigen Sekunden einen Mann von Kopf bis Fuß zu fesseln versteht, so besaß Pfotenhauer die unheimliche Kraft und Fähigkeit, viele seiner Mitmenschen fast augenblicklich zu lähmen, dass sie willenlos und weiches Wachs in seinen Händen waren.«

Irgendwann begann Wilhelm, mit Pfotenhauer und dessen selbstherrlichen Gebaren zu hadern. Als Pfotenhauer während einer Besprechung im Dezember 1941 mit Wilhelm und Louis Merck heftig aneinandergeriet, spitzte sich die Situation zu. Vier

Monate später setzte sich Karl Merck gegen seine aufsässigen Cousins durch und zwang sie, sich mit dem Status von stillen Teilhabern zu begnügen. Doch als Karl obendrein verlangte, dass Wilhelm und Louis dauerhaft auf ihr Recht verzichten sollten, wieder offene Teilhaber zu werden, weigerten sich die beiden, darauf einzugehen.

Da sich Karl und Fritz Merck auf die Seite Pfotenhauers stellten, waren Wilhelm und Louis überstimmt. Am 29. Mai 1942 wurde Wilhelm ins »Gauhaus« in Frankfurt bestellt, wo Karl und Pfotenhauer ihn erwarteten. Nach dem Krieg erklärte Wilhelm, der ebenfalls anwesende Gau-Wirtschaftsberater habe zu ihm gesagt, er, Wilhelm, »wisse, was er zu erwarten habe, wenn er nicht unterschreibe«. Also habe er die Verzichtserklärung – wenn auch »nur unter Protest« – unterschrieben. Tags darauf folgte Louis seinem Beispiel.

Anschließend begann Pfotenhauer mit den Säuberungen. Er feuerte einen langjährigen leitenden Angestellten, der sich bei Karl in einer ausführlichen Aktennotiz über Pfotenhauers Eigenmächtigkeiten beschwert hatte. (Als der Mann vor das lokale Arbeitsgericht zog, stand plötzlich die Gestapo vor seiner Haustür.) Pfotenhauer beschnitt auch die Macht der beiden verbliebenen offenen Teilhaber Karl und Fritz, die ihn als Verbündeten betrachtet hatten.

Doch Pfotenhauers Schicksal war unwiderruflich an das des Regimes geknüpft, und bald schon sollte das Dritte Reich auf den Abgrund zusteuern. Pfotenhauers Tochter Ursula gab nach dem Krieg zu Protokoll, ihr Vater sei bereits im September 1944 ein »zerbrochener Mann« gewesen. Am 23. März 1945 – nachdem er sich im Lager am Luminal, einem Barbiturat, bedient hatte – vergiftete Pfotenhauer seine Frau, zwei seiner Töchter und vier seiner

Enkel, ehe er sich selbst erschoss. Zuvor hatte er verkündet, ihm sei die Vorstellung unerträglich, »einem amerikanischen Juden die Schuhe putzen zu müssen«.

Zwei Tage später besetzten US-Truppen das Werk, und bald darauf wurde Merck einem von den Amerikanern bestellten Treuhänder übergeben.

Erstaunt entdecke ich in einem Stapel vergilbter Seiten, wer in das Nachkriegsgerangel um die Firma involviert war. Anfang August 1947, nach der Rückkehr von seiner Reise nach Europa, bei der er auch Niko und Maria an der Schweizer Grenze getroffen hatte, wandte sich mein Großvater an Georg W. Merck, den CEO von Merck & Co. und Gründungsinvestor von Pantheon.

> *Wie Sie wissen, verkehre ich nach wie vor freundschaftlich mit meiner ersten Frau – Ihrer Cousine ersten Grades, Elisabeth Albrecht Merck [sic] –, und da mein ältester Sohn bei seiner Mutter lebt, wird es Sie nicht weiter überraschen, dass ich während meiner Reise Elisabeths Gastfreundschaft in München genießen durfte … Am 30. Juni kamen mich Wilhelm Merck und seine Cousine Lisbet Merck Pfarr besuchen. Herr Günther John, die rechte Hand von Dr. [Karl] Merlau, dem Treuhänder von Merck Darmstadt, fuhr sie in seinem Wagen von Darmstadt nach München. Die Gespräche, die ich mit Ihren Verwandten und Herrn John führte, waren sehr interessant, und ich habe das Gefühl, Ihnen davon berichten zu müssen.*

Kurt hatte erfahren, dass hessische Sozialdemokraten und Kommunisten die Firma ins Visier genommen hatten. Die deutschen

Mercks und der von den Amerikanern bestellte Treuhänder hofften, dass Georg W., der ein paar Jahre später auf der Titelseite der *Time* abgebildet und in einem Artikel als mustergültiger amerikanischer CEO porträtiert wurde, bei den amerikanischen Besatzern ein gutes Wort einlegen würde. »[Die politische Linke] versucht mit allen Mitteln, die Firma zu enteignen und im Rahmen eines aufsehenerregenden Prozesses zu beweisen, dass es den Mercks aus politischen oder anderen Gründen nicht mehr erlaubt sein sollte, die Firma zu besitzen«, schrieb Kurt weiter. »Es sollte alles unternommen werden, um sie als privates Unternehmen zu erhalten ... Sie bitten um keinerlei materielle Unterstützung, sondern lediglich um ideellen Beistand.«

Im selben Brief erwähnte Kurt auch den Streit vom März 1942, der zu Wilhelms und Louis' Rauswurf und zur Festigung von Pfotenhauers Macht geführt hatte. »Herr John hat bekräftigt, dass es unmöglich gewesen wäre, Pfotenhauer zu entlassen«, berichtete er. »Er bezeichnete Pfotenhauer eine Art ›Himmler von Hessen‹ und als jemanden mit einer so starken Stellung in der NSDAP, dass er ohne Weiteres die ganze Familie Merck hätte hinausdrängen und die Firma kurzerhand enteignen lassen können, um sich dann selbst als Diktator einzusetzen.«

Ein knappes Jahr später, am 1. September 1948, gab der Treuhänder das Firmenvermögen wieder frei und der Familie Merck die volle Kontrolle über das Unternehmen zurück. Der Sieg der Alliierten machte die »Gauhaus-Vereinbarung« von 1942 hinfällig und ebnete Wilhelm somit den Weg, wieder in den Kreis der offenen Teilhaber neben Karl und Fritz zurückzukehren, nachdem alle der Entnazifizierung unterzogen worden waren und ihre Differenzen zumindest oberflächlich beigelegt hatten. Louis war 1945 verstorben.

Während ich all das lese, begreife ich, dass die Angst vor der roten Gefahr den Beteiligten half, den Entnazifizierungsprozess möglichst schnell hinter sich zu bringen, und dafür sorgte, dass die Firma nach dem Krieg rasch wieder in die Hände der Familie gelangte. Außerdem wird mir klar, dass Bernhard Pfotenhauer in den frühen Zwanzigern das Darmstädter Unternehmen vor dem Untergang bewahrt hatte, dass die Einigung mit dem Mann, den mein Großvater den »Himmler aus Hessen« nannte, dafür sorgte, dass die Firma florierte und während des Dritten Reichs im Besitz der Familie blieb, und dass aufgrund dieser Kompromisse mein Vater 1977 ein Aktienpaket besaß, das er veräußern konnte. Auch ich besitze, jetzt, in dem Moment, da ich dies schreibe, einen gewissen Anteil an diesem Vermögen.

Einen Tag später, wieder im Archiv, entdecke ich eine undatierte, maschinengetippte Erklärung von Wilhelm Merck, die er ganz offensichtlich für seine Entnazifizierung eingereicht hatte. Als ich sie lese, meine ich buchstäblich zu hören, was Onkel Wilhelm zu seiner Verteidigung zu sagen hatte.

> *Ich möchte vorausschicken, daß ich bis zum Jahre 1933 niemals politisch gewesen bin, auch keiner Partei angehört habe. Die damalige Lage Deutschlands hat mich vielleicht wie viele andere Menschen dazu bewogen, nunmehr mich doch für eine politische Richtung zu entscheiden. Ich bin deshalb in dem Glauben, daß die NSDAP uns einer besseren Zukunft zuführen könnte, dieser Organisation als Mitglied beigetreten. Durch allerhand Zureden von Bekannten, bin ich dann im September 1934 der damaligen SS beigetreten. Bedingt war dieser Beitritt durch die Auflage, daß ich einer Organisation*

angehören mußte, um weiterhin meine Tätigkeit in dem damaligen Motorflugsport-Klub, der dann vom DLV übernommen wurde, weiterzuführen. Bei dieser Gelegenheit muß ich bemerken, daß ich schon 1911 mich mit der Segelfliegerei beschäftigt habe und aus Liebe zu allem Maschinensport und der Fliegerei habe ich seinerzeit den Motorflugsport hier in Darmstadt aufgezogen …

Meine Beobachtungen … haben mir sehr bald gezeigt, was diese Formation [die SS] zu bedeuten hatte. Ich habe deshalb probiert, wieder aus diesem Verband auszuscheiden, was bekanntlich unmöglich war, wenn man nicht wegen irgendwelcher Delikte ausgestoßen wurde.

Im Jahr 1937 wurde der Deutsche Luftsportverband (DLV) durch das Nationalsozialistische Fliegerkorps (NSFK) ersetzt. Danach, so deutet Wilhelm an, habe er versucht, die SS zu verlassen. »Meine Tätigkeit im NSFK bestand lediglich darin, jungen begeisterten Segelfliegern die Möglichkeit zu verschaffen, sich ihrem Sport zu widmen. An irgendwelchen politischen und weltanschaulichen Schulungen habe ich weder aktiv noch passiv teilgenommen.«

Aber das NSFK und davor der DLV waren keine Freizeitsportklubs. Sie dienten NS-Deutschland als Vorwand, um unter Verletzung des Versailler Vertrags Wiederaufrüstung zu betreiben. Wilhelm räumt im Folgenden ein, er habe kurz nach Kriegsbeginn erfahren, dass er nicht wirklich aus der SS ausgeschieden sei, denn sein Status im NSFK habe zu seiner Beförderung zum SS-Hauptsturmführer geführt. »Ich wurde aber niemals weder in der Partei noch in der SS vereidigt, auch niemals zur einer solchen Vereidigung bestellt … Ich bin sehr bald nach der Machtübernahme auf das wesentliche Ziel der NSDAP gekommen, mit dem ich innerlich niemals einverstanden war ... Ich habe mich aber bemüht, auf keinen Fall aufzufallen und habe auch vermieden, irgendwie öffentlich hier in Erscheinung zu treten ... Ich glaube, mit gutem Gewissen behaupten zu können, daß ich niemals – außer bei Jubiläen der Angestellten oder Arbeiter – zu der gesammelten Belegschaft im nationalsozialistischen Sinne gesprochen habe oder an den uns Betriebsführern auferlegten Schulungsabenden – außer einem einzigen – teilgenommen habe.«

Doch eine Lappalie ist das nicht. Und 1939 sprach er vom »Vertrauen auf unseren Führer«, von der »unüberwindliche[n] Armee« und »vorbildlicher Pflichterfüllung« und fügte hinzu: »Wir wollen in der Heimat zeigen, daß auch wir kämpfen wollen und können, wenn der Führer ruft. Nur ein geeignetes Volk unter den Waffen, wie am Schraubstock, nur ein geschlossener Wille führt zum Sieg.« Die Historiker, die den Auftrag hatten, anlässlich des 350. Jubiläums die Unternehmensgeschichte zu verfassen, kommen zu dem Schluss, dass er sich »nach 1945 als unpolitischer Schöngeist darzustellen« versuchte, aber nach Einschätzung des Betriebsrats trotz seiner »Herkunft und sozialen Stellung nicht fähig gewesen [sei], Abstand zum Nationalsozialismus zu halten«. Weiter heißt es in der Zeugenaussage, die der Betriebsrat an die Spruchkammer schickte, er sei »ein schlechtes Vorbild für die Mitarbeiter gewesen und habe »mitgeholfen, das Nazireich aufzubauen«.

Wilhelm behauptete, er habe noch versucht, die Entlassung des »nichtarischen« Ingenieurs Rudolf Engelmann sowie des Personalchefs Otto Henkel zu verhindern. Dieser war wegen seiner jüdischen Frau Emmy vom NSDAP-Kreisleiter Karl Schilling »unter Androhung von Gewaltmaßnahmen zum Ausscheiden gezwungen« worden. »Ich habe es sehr bedauert, daß die beiden Herren, insbesondere Dr. Henkel, der jetzt wieder im Werk als

Personalchef tätig ist, aufgrund ihrer politischen Einstellung ausgebootet wurden, war aber persönlich machtlos dagegen«, heißt es in seiner Erklärung.

Zwei Stolpersteine in Darmstädter Gehsteigen zeugen von der Vergeblichkeit seiner Bemühungen. Einer erinnert an Rudolf Engelmann. Der andere an Emmy Henkel. Beide wurden in einem Konzentrationslager ermordet.

Zu seiner Verteidigung führt Wilhelm auch seine Niederlage bei der »Palastrevolution« an, wie man in meiner Familie die Pfotenhauer-Ära nennt. »Ich habe mich 1942 von dem mir liebgewordenen Fabrikbetrieb, in welchem ich beinahe 25 Jahre Chef und Teilhaber gewesen bin, gelöst«, schreibt er. »Mein Ausscheiden ist, wie aus den anliegenden Akten ersichtlich, auch in einer Weise erfolgt, die mir fast noch verhängnisvoll geworden wäre und mich ins KZ hätte bringen können.«

Doch dass Pfotenhauers Verbindungen zu den Nazis ihm hätten gefährlich werden können, war nicht der ausschlaggebende Punkt. Bei diesem Machtkampf stand nicht weniger als die Beteiligung der Familie an dem Unternehmen auf dem Spiel. Alle Familienmitglieder drohten ihre Anteile einzubüßen, wenn ein erboster Pfotenhauer die Nazis dazu ermuntert hätte, die Firma zu verstaatlichen. Wilhelm hatte gegenüber Karl, Fritz und dem »Himmler von Hessen« aus verschiedenen Gründen den Kürzeren gezogen. Meinungsverschiedenheiten hinsichtlich des Nationalsozialismus zählten nicht dazu.

Im letzten Absatz seiner Erklärung führt Wilhelm ein weiteres Argument zu seiner Entlastung an: »Mein Schwager Kurt Wolff, welcher Halbjude war, ist sehr eifrig in meinem Hause verkehrt.«

Zum Schluss musste also noch diese abgedroschene Verteidigungsstrategie herhalten.

Wilhelm, hier zu sehen, wie er meine Großeltern in den frühen Zwanzigern herumchauffiert, wurde im Juni 1948 in die Belastungsgruppe IV, »Mitläufer«, eingestuft und mit einer Geldstrafe von 2000 Reichsmark, heute etwa 170 Euro, belegt. Die Spruchkammer zitierte mehrere Zeugen, die zu seinen Gunsten ausgesagt hatten. Einer, Dr. Hammer, sagte, Wilhelm habe einmal beim Anblick der antisemitischen Wochenzeitung *Der Stürmer* ihm gegenüber seinen »Abscheu über die Judenverfolgungen« geäußert, und zwar »so stark und nachdrücklich«, dass »das Bekanntwerden seiner Meinung ihn ins KZ geführt hätte«. Ein anderer, Herr Weigand, der Musiklehrer von einem von Wilhelms Söhnen, sagte aus, Wilhelm habe ihn finanziell unterstützt, nachdem Nazischlägertrupps ihn in der »Kristallnacht« aus seiner Wohnung vertrieben hätten.

In Berlin wuschen wir unsere Wäsche mit Persil. Nach dem Krieg kam für die Unbedenklichkeitsbestätigung durch die Spruchkammern die zynische Bezeichnung »Persilschein« auf. Für jemanden mit Wilhelms gesellschaftlicher Stellung und seinen Beziehungen war es bestimmt nicht schwer, einen Persilschein zu bekommen. Doch mag seine Verteidigungsrede auch noch so eigennützig klingen, das Bild, das sich aus der Spruchkammerakte ergibt, ist weniger das eines Monsters als eines Menschen ohne Rückgrat. Wilhelm war nicht so tief verstrickt wie sein Cousin Karl. Aber er war fatalerweise ein typischer Mitläufer. Geblendet von Uniformen und Rangabzeichen, zu leisen Segelflugzeugen ebenso hingezogen wie zu drehfreudigen Motoren, scheute er nicht davor zurück, sich vom »gigantischen Sportclub« instrumentalisieren zu lassen, um hier Sebastian Haffner zu zitieren. Der Nationalsozialismus riss das deutsche Volk mit sich, weil zahllose Wilhelms und Millionen von Möchtegern-Wilhelms nur allzu bereit dazu waren.

Am Beispiel von Karl Merck kann man sehen, welche Farce die Entnazifizierung war: Nachdem er vor der Ankunft der amerikanischen Truppen in Darmstadt untergetaucht war, wurde er entgegen dem Votum des Anklägers in seinem Spruchkammerverfahren nicht als »Aktivist« oder »Belasteter« eingestuft, sondern genau wie sein Bruder Wilhelm als »Mitläufer«, verbunden mit einer Geldstrafe von 2000 Reichsmark. Bald darauf durfte er wieder an die Unternehmensspitze zurückkehren.

Das Ende, ganz von selbst gekommen

Niko, 2003 bis 2007

Als Niko im Deutschland der Nazizeit aufwuchs, hatte er engen Kontakt zu einem gleichaltrigen Verwandten in den Vereinigten Staaten – seinem Cousin Albert (Albie) Merck, dem Sohn von George W. in New Jersey. 2004, Albie war inzwischen dreiundachtzig und lebte in der Nähe von Boston, sandte er meinem Vater die ersten Briefe, die die beiden nach dem Krieg gewechselt hatten.

Ein Jahr nach dem Ende des Zweiten Weltkriegs in Europa, dem 8. Mai 1945, hatte Albie in seinem Studentenzimmer in Harvard Niko nach München geschrieben, um ihm von seiner bevorstehenden Hochzeit zu erzählen. Mein Vater antwortete in seinem unbeholfenen Englisch und legte ein Foto bei, das er 1938 beim Wandern in Österreich von seinem Cousin in Lederhose gemacht hatte. Nikos Antwort musste die amerikanische Zensur passieren, ehe sie in Cambridge ankam:

> *Zuerst will ich Dir sagen, wie ich mir freue, und ich wünsche Dir viel Glück für Deine Verlobung. Gratulation zu diesem hübschen Mädchen auf dem Foto. Erinnerst Du Dich an die Zeit, als wir noch junge Kerle waren und in Österreich wanderten, ruderten und Fotos und Filme aufnahmen? Heute habe ich ein bisschen in den alten Sachen gestöbert und ein*

paar Farbfotos rausgesucht, eins von Dir als richtigem »Bayern« und eins von Schloss Mirabell in Salzburg. Erinnerst Du Dich? Oft wünsche ich mir, diese Zeit würde zurückkommen, aber das ist leider nicht möglich.

Ich hoffe, daß ich eines Tages in die Staaten zu meinem Vater ziehen kann, dann wäre ich nicht dazu verdammt, mein restliches Leben in diesem zerstörten Land zu verbringen, wo man nicht einmal richtig studieren kann. Durch den Krieg habe ich fast fünf Jahre verloren und jetzt scheint es, als würde ich noch mehr Zeit verlieren …

Ich hoffe, Du hast Deinen Cousin nicht vergessen, aber ich lege auch ein Foto von mir in den Brief, damit Du siehst, wie ich jetzt aussehe.

Entschuldige bitte mein schlechtes Englisch, aber ich werde es in den USA bestimmt besser lernen.

»Was für ein trostloser Ort Deutschland gewesen sein muss«, kommentierte Albie. »Aber Du hast es tatsächlich geschafft, in die USA zu gelangen. Und der Rest ist Geschichte.«

Ich stelle mir vor, wie mein Vater genickt hat, als er das las. Je älter er wurde, desto stärker schien Niko bewusst zu werden, welch weite Wegstrecke er zurückgelegt hatte. Trotz der Krebserkrankung waren seine letzten Jahre von einem Selbstbehauptungswillen geprägt. Er sagte seinem Finanzberater, welche Aktien er kaufen solle. Seinem Onkologen beschrieb er die molekulare Struktur der Medikamente, die er einnehmen musste. Und nichts liebte er mehr, als aus dem Alltag alles zu verbannen, was ihn vom Wichtigsten abhielt, den gemeinsamen Stunden mit meiner Mutter und seinen Enkeln. Hinzu kamen noch die wenigen Highlights, die es wert waren, einen Abend vor dem »Glotzofon« zu verbringen. Was den

Rest betraf, lautete sein Kommentar: »Wer braucht das schon?«, eine magische Formel, die etwas Tröstliches hatte und zu einem oft zitierten Bonmot in unserer Familie wurde. Einmal schenkte der Mann meiner Schwester Kathy seinem Schwiegervater, der das Internet verabscheute, den für ihn gesicherten Domain-Namen »WhoNeedsIt.org«. Niko gefiel dieses Paradoxon: Rechte, die er nie ausüben würde – an etwas, das er nie nutzen würde.

Dieses »Wer braucht das schon?« hatte auch eine Kehrseite: Von den Dingen, die er liebte – die Gesellschaft meiner Mutter, Pasta, Hercule-Poirot-Krimis – konnte er nicht genug bekommen. Als er in einem Konzert ein paar Jahre vor seinem Tod dem Streichquintett in C-Dur von seinem geliebten Schubert lauschte, flüsterte er Vanessa zu: »Das ist jetzt die Reprise!« Falls Niko tatsächlich unter einer schleichenden posttraumatischen Belastungsstörung litt, so hatte Kurt vorgelebt, was man dagegen tun konnte: sich irgendwie sinnlich abzulenken, je nachdem, was sich gerade anbot.

Mein unreligiöser Vater behauptete von sich, ein spiritueller Mensch zu sein. Er war überzeugt, dass ein Laborwissenschaftler wie er zwangsläufig die Göttlichkeit in dem, womit er sich beschäftigt, erkennt. Aber mit der Institution Kirche hatte er nichts am Hut, hatte sie doch in dem Land, in dem er aufgewachsen war, bei der wichtigsten Prüfung in ihrer Geschichte kläglich versagt. Unter allen Äußerungen Nikos hatte die folgende am ehesten einen religiösen Charakter: Nehmen wir an, die Geschichte des Universums wäre ein Kalenderjahr und der Urknall hätte am 1. Januar stattgefunden, dann hätte das Leben auf der Erde genau vier Sekunden vor dem darauffolgenden 31. Dezember begonnen. Wir Menschen haben unseren Platz im Universum – einen gesegneten und glorreichen, sicher –, aber wir bleiben dennoch Emporkömmlinge. Entsprechend demütig sollten wir sein.

Er hatte einen gesunden Sinn für einen größeren zeitlichen Horizont, dafür, dass wir uns nicht in der täglichen Plackerei verlieren dürfen, weder bei unserem staatsbürgerlichen Engagement noch in unserem endlichen privaten Leben. Tagebucheinträge meiner Mutter bestätigen das. »Von Niko, Februar 2002. Demokratie – etwas, worum man kämpfen muss ..., aber ohne die Welt an einem Tag verändern zu wollen.« Zwei Jahre später, im Mai: »Niko an einem schlechten Tag: ›Man muss sich immer wieder in Erinnerung rufen, dass kein Tag wie der andere ist.‹« Und im Oktober 2006: »Nick spricht von der Gnade, die uns hilft, das Geheimnis der Existenz, des Todes und der Lebensmühen zu akzeptieren. Er meint, seine zahlreichen Nahtoderfahrungen und sein rationales Denken haben ihm geholfen, mit diesem ›Nicht wissen‹, um das eigene Ende zu leben. ›Man muss nichts dazu tun. Das Ende kommt ganz von allein.‹«

In dem Bewusstsein, dass unsere Zellen hauptsächlich aus Kohlenstoff bestehen, vertraute er der Natur, wie es nur einem Chemiker möglich ist. Als er eines Nachts wach dalag und durchs Fenster einen Blick auf den Mond am sternenklaren Himmel erhaschte, flüsterte er meiner Mutter zu, was er sah: »Die Natur, wie sie ihre kleinen Runden dreht.«

Maria erzählte mir einmal, wie ihr kleiner Bruder auf Familienausflügen mit dem Auto immer die gleiche stoische Reaktion gezeigt habe, wenn man ihn fragte, wie es ihm gehe. »Ich sag's lieber nicht«, pflegte er zu antworten. Denn beim Autofahren wurde ihm regelmäßig schlecht.

Vor ihrem eigenen Tod schilderte mir Maria das Telefongespräch, in dem Niko seinen schlechten Gesundheitszustand ansprach. Als sie Näheres wissen wollte, erwiderte er: ›Ich sag's lieber nicht.‹

»Da wusste ich Bescheid«, sagte Maria.

Der Krebs befiel seine Gallenblase, einen Teil des Dünndarms und schließlich die Lunge. Wann immer er sich anschickte, alles aufzuzählen, rang sich Niko ein schmales Lächeln ab und erklärte: »Kleine Organkunde.« Einige Monate vor seinem Tod erhielt er Palliativpflege.

Die letzten Worte, die ich zu ihm sagte, lauteten: »Dein Leben war ein Wunder.« Er erwiderte nichts. Aber der Blick, den er mir zuwarf, bestätigte mir, dass er sich dessen bewusst war. Und dass es ihm wichtig war, dass auch ich es wusste.

Niko mochte recht gehabt haben, als er sagte, dass das Ende von ganz allein kommt. Aber es fiel schon schwer, daraus nicht den Schluss zu ziehen, dass sein Tod schließlich doch eine Entscheidung war, die er selbst getroffen hatte, als wollte er dem Schicksal zum Schluss ein Schnippchen schlagen – für die vielen Male in seinem ersten Lebensdrittel, als ihm selbstbestimmtes Handeln verweigert worden war.

Am letzten Morgen seines Lebens ließ die Krankenschwester ein Pflegebett im Wohnzimmer aufstellen. Auch wenn Niko es nicht aussprechen konnte, wussten wir alle, dass er nicht den geringsten Wunsch verspürte, auch nur eine Nacht außerhalb des Ehebettes zu verbringen.

Das Kreuzworträtsel der *New York Times* von vor drei Tagen lag halb ausgefüllt auf einem Beistelltisch. Er hatte »JESUS« eingetragen als Lösung für ____ *bleibet meine Freude von Bach* und »ESSEX« für *Englische Grafschaft an der Nordsee.* Ich warf einen kurzen Blick darauf und steuerte die Lösung für *Song und Album von Prince, 1987* bei: »SIGNOTHETIMES«.

Christian und ich saßen in der Abenddämmerung neben dem

Bettungetüm, in dem mein Vater lag, und sahen zu, wie er seinen letzten Atemzug tat.

Auf die Frage, wie viele Tabletten er brauche, hatte er auf Deutsch erwidert: »Drei«. Es war das letzte Wort, das er sprach.

Mein Vater trug einen Goldring, der davor seinem Vater gehört hatte und in den das Verlagszeichen des Kurt Wolff Verlags eingraviert war – Romulus und Remus, die von der römischen Wölfin gesäugt werden. Kurz nachem Niko seinen letzten Atemzug getan hatte, zog ihm meine Mutter den Ring vom Finger und reichte ihn mir.

Bei unserer Rückkehr nach Amerika im Sommer 2018 stellten wir fest, dass mehrere Kartons mit Büchern, die wir ein paar Wochen zuvor verschickt hatten, um Übergepäckkosten zu vermeiden, nicht angekommen waren. Als schließlich einer der Kartons eintraf, klebte zwar das in meiner Handschrift ausgefüllte Versandetikett darauf, aber keines der zwölf Bücher, die sich darin befanden, gehörte uns. Der Karton musste irgendwo zwischen Berlin und Vermont beim Verladen aufgegangen sein und sich entleert haben, worauf ein Mitarbeiter des Paketdiensts ihn wahllos mit irgendwelchen anderen Büchern gefüllt hatte. Darunter befanden sich Jean-Paul Sartres *No Exit* und Thích Nhất Hạnhs *Your True Home*.

Der Paketdienst habe mir einfach noch mal vor Augen führen wollen, mit welchen Mühen ein transatlantischer Umzug verbunden sei, meinte Vanessa lakonisch.

Dieses Jahr hat einige Nachbilder auf meiner Netzhaut hinterlassen.

Eine Violine. Mein Vater nahm eine mit in den Krieg. Was war das für eine Welt, die einen jungen Mann hervorgebracht hatte, der so etwas tat? Gewiss gebührt meinem Großvater Anerkennung für seine Gabe, wichtige Werke zu entdecken und sie einer Leserschaft zugänglich zu machen. Aber ich frage mich, ob meine Vorfahren mit all ihrer Bildungsversessenheit nicht dazu beigetragen hatten, die Deutschen blind zu machen gegenüber ihrer staatsbürgerlichen Verantwortung, die nicht zuletzt darin bestanden hätte, sich aus dem eigenen Wohnzimmer auf die Straße zu begeben und für seine Nachbarn einzutreten. Hatte das Bildungsbürgertum den deutschen Juden nicht eine Illusion von Sicherheit vermittelt, weswegen viele einfach nicht glauben konnten, dass sich das Land, das sie liebten, das Land Beethovens und Goethes und Kants, gegen jene richten würde, die seine Kultur am meisten zu würdigen wussten, mehr noch, die sie mit erschaffen und verfeinert hatten?

Emil Krämer, in der »Reichskristallnacht« leblos unter dem Fenster seines Hauses. Hinter dem Fenster seine tote Frau Elisabeth, vergiftet mit Zyankali. Wie viel ehrenhafter wäre es gewesen, rechtzeitig seine staatsbürgerliche Pflicht zu tun, damit später die Freundschaft nicht auf die Probe gestellt worden wäre. Nicht einfacher, aber ehrenhafter. Und mit diesem Handeln die Grundlage für eine widerstandsfähigere und gerechtere Zivilgesellschaft zu legen.

Die Kuppel des Reichstags, transparent und unüberwindbar. In meinem Jahr in Berlin konnte ich aus nächster Nähe die Ehrbezeugung des modernen Deutschlands gegenüber der eigenen Geschichte im öffentlichen Raum beobachten, die staatsbürgerliche Achtsamkeit und, ja, Demut – und wie alles Militärische aus einer Gesellschaft verbannt wurde, in der es noch vor einigen Jahrzehnten üblich war, dass Männer ihren Reservistenoffiziersrang auf der Visitenkarte abdrucken ließen. Im Verlauf zweier Generationen ist die Bundesrepublik zu dem Konsens gelangt, dass die Alliierten besser wussten als die Deutschen selbst, was richtig für sie war. Wegen alledem bin ich mit großem Respekt vor der heutigen Version von Kurts und Nikos Heimat in die Vereinigten Staaten zurückgekehrt und glaube, dass die Amerikaner viel daraus lernen könnten.

Ein weiteres Bild: ein Kartenhaus auf einem Tisch. Kurt liebte eine Parabel, die Franz Kafka 1923 auf eine Postkarte an Max Brod geschrieben hatte. Mich erinnert sie unwillkürlich an die Weimarer Republik, auch wenn der Autor nicht lang genug lebte, um zu verfolgen, wie Deutschlands erste Gehversuche in Sachen Demokratie scheiterten. »Wut hat ein Kind, wenn sein Kartenhaus einstürzt, weil ein Erwachsener den Tisch rückt«, schrieb Kafka. »Aber das Kartenhaus ist doch nicht eingestürzt, weil der Tisch gerückt wurde, sondern weil es ein Kartenhaus war. Ein wirkliches Haus stürzt nicht ein, selbst wenn der Tisch zu Brennholz zerhackt wird, es braucht überhaupt kein fremdes Fundament.« In Frankreich und den Vereinigten Staaten entstand die Demokratie aus den Nachwirkungen einer Revolution heraus. In Deutschland hingegen wurde die erste demokratische Regierung einem Volk mehr oder weniger aufgezwungen, das durch den verlorenen Krieg maximal gedemütigt worden war und nur Untertan, aber nicht Staatsbürger zu sein kannte. Dies unterstreicht, wie zerbrechlich und wie abhängig von dem jeweiligen Kontext Demokratie ist.

Mein Vater, beim Abschied von seinem Vater. Ein immer wiederkehrendes Bild. Wie oft sagte Niko Kurt auf Wiedersehen und fragte sich, ob er ihn tatsächlich jemals wiedersehen würde? 1930 in München, an Elisabeths »schwerstem Tag«. In den Dreißigern in Frankreich und Italien, dann erst wieder 1947 in Freiburg und Weil am Rhein, auf »grauenvollen, qualvollen Bahnhöfen«. 1959 auf dem Idlewild Airport in New York, als Kurt zum »Flugzeug schlurfte«, mit dem Helen und er in die Schweiz flogen.

Ich empfinde Mitgefühl für meinen Großvater, der von beiden Ländern, deren Staatsbürger er war, verraten oder im Stich gelassen wurde. Aber ich habe auch Mitgefühl für meinen Vater. Er war dazu verdammt, einen in moralischer Hinsicht unklareren Weg zu gehen, auch wenn sein Vater auf gewisse Weise der moralisch unklarere Mensch war.

Und so ist es an der Zeit, Inventur zu machen in Bezug auf das, was mein Vater mir nie erzählte und ich inzwischen weiß.

Zwei Vorfahren, Vater und Sohn, die im 19. Jahrhundert im Abstand von vierundzwanzig Jahren bei antisemitischen Ausschreitungen aus demselben Haus, dem Familiensitz, vertrieben wurden.

Das jüngste Geschwisterchen meines Vaters, ein tot geborener Junge.

Enoch, der Halbbruder meines Vaters, gerettet dank des dänischen Passes, den seine verzweifelte Mutter für ihn ertrotzte.

Mein Vater, ein »Mischling« mit »Ariernachweis«, ein Beteiligter am Genozid, wenngleich nur aufgrund der Tatsache, dass er die ihm zugeteilten großzügigen Essensrationen nicht zurückwies.

Sein Lieblingsonkel bei der SS; die herrische »Tante«, Himmlers Brieffreundin; sein geliebter Stiefvater, Hobbyzauberer und förderndes Mitglied der SS – mit Beziehungen zur Partei, die möglicherweise dazu beitrugen, dass Niko in der Nazizeit unbehelligt blieb.

Seine Tante, die sich an ihrem zweiundzwanzigsten Geburtstag eine Kugel in den Kopf jagte.

Die Firma Merck im Dritten Reich, die Zwangsarbeiter und Zwangsarbeiterinnen beschäftigte, die Hitler mit Drogen versorgte, welche vermutlich sein Urteilsvermögen trübten, die im Geheimen die Rüstungsindustrie belieferte, die sich dem »Himmler von Hessen« unterwarf, deren Teilhaber tatenlos zusahen, wie Nazischergen einen Angestellten zum Witwer machten und einen anderen umbrachten.

Jesko von Puttkamer, der Onkel meines Vaters und, fast ein halbes Jahrhundert später, quasi sein Stiefvater.

Das Haus, in dem meine Großmutter aufgewachsen war und ihr Bruder später noch immer wohnte, während des Bombenangriffs der Alliierten in Schutt und Asche gelegt.

Das schwere Erbe des Patensohns meines Vaters, meines entfernten Cousins Niko, dessen Großmutter Opfer und dessen Großvater Täter war.

Ein Kamerad meines Vaters, der in den letzten Kriegstagen den ranghöchsten Offizier ihrer Einheit umbrachte.

Gut möglich, dass Niko nicht all diese Einzelheiten kannte. Und natürlich konnte ich ihn schlechterdings nicht nach etwas fragen, wovon ich nicht die geringste Ahnung hatte. Aber ich scheute generell davor zurück, Fragen zu stellen. Warum? Vielleicht hatte ich Angst, er würde mir eine schmerzhafte Antwort geben. Vielleicht hatte ich Angst, er würde mir nicht die Wahrheit sagen, weil er mich schonen wollte oder aber fürchtete, dass ich ihn dann weniger achten würde, ihn für einen Feigling oder noch Schlimmeres hielte, und da ich das spürte, hielt ich mich mit Fragen zurück.

Oder aber ich tat es meinem Vater gleich, der Amerika als Ort für einen glatten Schnitt und Neustart nutzte, und behielt, genau wie es die Deutschen einst taten, meine Meinung für mich.

Es ist schwer zu sagen, genauso wie es schwer war, dies alles zu erzählen. »Dinge, über die wir keine Theorien anstellen können«, hat Umberto Eco gesagt, »müssen wir erzählen.« Und das habe ich versucht. Aber es ist schon seltsam, so zwischen den Stühlen zu sitzen, zwischen Wissenwollen und Nicht-wissen-Wollen. Was vermutlich der Grund dafür ist, dass ich mir nun, wieder zu Hause, noch immer über so vieles im Unklaren bin.

Epilog

Auch wenn wir bereits Ende Juli 2018 in die Vereinigten Staaten zurückkehrten, hielten wir während unseres gesamten Aufenthalts in Europa die Augen fest auf ein Datum gerichtet, das mehrere Monate nach unserer Rückkehr lag. Die Zwischenwahlen am 6. November sollten den Amerikanern zum ersten Mal nach Donald Trumps Amtseinführung die Möglichkeit geben, zur Urne zu gehen.

»Es gibt keine Zwangsläufigkeiten in der Geschichte«, schrieb Fritz Stern. »Man muß darüber nachdenken, was hätte geschehen können, wenn man verstehen will, was tatsächlich geschehen ist … In einer freien Gesellschaft halten wir die Zukunft, so sehr sie auch durch Vorbedingungen eingeengt sein mag, für offen, und wenn das so ist, dann wird das bürgerliche Engagement zu einem moralischen und politischen Imperativ.«

Im Zusammenhang mit Sterns Betrachtung berühren mich die Worte, die Helen im August 1946 an Maria schrieb, kurz nachdem sie und Kurt amerikanische Staatsbürger geworden waren.

Es ist ein sehr komisches Gefühl, wieder einen Status in der Welt zu besitzen, irgendwohin zu gehören und Schutz zu genießen, nachdem man so lange ein Exilierter und Fremder war.

Wenn man lange genug lebt, hat das Rad der Fortuna genug Zeit, um sich zu drehen, und Glück und Unglück sich zu verkehren. Es scheint, dass wir erst gestern noch in Frankreich gelebt haben und um unser Leben fürchteten und vollkommen der Gnade unserer Gastgeber ausgeliefert waren. Und jetzt Bürger zu sein, der, wie der Richter, der uns den Eid abnahm, sagte, »stärksten Nation der Welt«, die sogar ein, zwei Atombomben besitzt, um einen zu beschützen – ich kann mich irgendwie immer noch nicht an dieses »die Letzten werden die Ersten sein« gewöhnen. Dieses große, merkwürdige Land, das immer noch im Werden begriffen ist, zeigte sich von seiner besten Seite an dem Tag, an dem ich meinen Eid ablegte.

Aber auch der Teufel kann am Glücksrad drehen. Und das gilt es zu verhindern. In diesem Sinn – bestärkt durch die Lebensläufe von Kurt und Niko und durch die harmonisierenden Stimmen Helens und Marias und Elisabeths positiv gestimmt – begab ich mich gleich am Morgen des Wahltags zu dem weißen Rathaus in unserem Dorf in Vermont. Um Staatsbürger zu sein. Um meinen Beitrag in diesem Land zu leisten, »in dem noch so viel im Entstehen ist«. Um bei der vor uns liegenden Aufgabe mit anzupacken.

Meine Stimme sorgte mit dafür, dass die Demokraten im Repräsentantenhaus vierzig Sitze hinzugewannen und ein Präsident eine Abfuhr erteilt bekam, der die Halbzeitwahlen zu einem Referendum über Immigration und Asylsuchende gemacht hatte. Rund vierundfünfzig Prozent der Wähler, die an diesem Tag dazu ihr Votum abgegeben hatten, fanden, dass »Zuwanderer unser Land stärken«. Diese Zahl war bei Weitem nicht hoch genug, überstieg jedoch um zwanzig Prozentpunkte jene, die dies verneinten, und zwar trotz der seit zwei Jahren anhaltenden Anti-Immigrationshysterie und den Lügen, die das Weiße Haus und seine Propagandisten verbreiteten.

Unter uns Amerikanern herrscht seit Langem Konsens darüber, dass wir uns keiner Nazivergleiche bedienen, um unsere inneren Verhältnisse zu beschreiben. Denn das zu tun, hieße, die einzigartigen Gräuel des Dritten Reichs zu relativieren. Außerdem gibt es gute Gründe dafür, unsere Institutionen für robuster zu erachten als die der Weimarer Republik. Natürlich waren Nixon und seine Watergate-Handlanger nicht mit der Gestapo vergleichbar. Aber mein Vater legte höhere Maßstäbe an Amerika an. Und daher erschien ihm das »Saturday Night Massacre«, das Niko und ich an jenem denkwürdigen Abend des 20. Oktober 1973 gebannt im Fernsehen verfolgten, als brandgefährlicher Moment für seine Wahlheimat.

Von der anderen Seite des Ozeans aus hatte ich die Parallelen erkannt, und meinem Vater wären sie garantiert ebenfalls aufgefallen. In unserer Anfangszeit in Berlin sahen wir in den »White Supremacists«, die Fackeln schwenkend durch Charlottesville zogen, keine amerikanische Version der Sturmabteilung, die offiziell dem Weißen Haus unterstellt war. Und Flüchtlinge, die auf legale Weise an der mexikanischen Grenze um Asyl ersuchten, wurden lediglich interniert und wieder zurückverfrachtet, nicht jedoch in ein KZ deportiert. Aber bald darauf zwinkerte Trump wohlwollend jenen Kräften zu, die eine härtere Gangart befürworteten. Grenzschutzbeamte gingen dazu über, Asylbewerber, die vor Gewalt geflohen waren, in Lager zu stecken und Kinder von ihren Eltern zu trennen. Um dabei auf weniger Widerstand zu stoßen, behaupteten manche, die Kinder benötigten dringend eine Dusche. Sicher, auch das war nicht so schlimm wie die Taten der Nazis seit 1933. Aber gemessen an amerikanischen Normen waren diese Praktiken beispiellos, und sie wurden flankiert von falschen Behauptungen, Beleidigungen, Tricksereien und psychischem Missbrauch. Kafka starb, bevor die Nazis an die Macht kamen, doch er war sehr hellsichtig. »Böse ist, was ablenkt«, schrieb er.

Ein paar Wochen nach den Midterms hatte ich einen Termin beim deutschen Konsulat in Boston. Ich sprach dort vor, um mich auf Artikel 116 des Grundgesetzes zu berufen. Er regelt das Recht auf Wiedereinbürgerung früherer deutscher Staatsangehöriger und ihrer Abkömmlinge, denen das Dritte Reich aus politischen, rassischen oder religiösen Gründen die deutsche Volkszugehörigkeit entzogen hatte.

Ein Herr Brosse winkte mich an seinen Schalter heran, wo ich Unterlagen vorzeigte, die einiges von dem hier Erzählten darlegen, darunter eine wissenschaftliche Expertise zur Akte Kurt Wolff aus dem Archiv des Emergency Rescue Committee; Kurts Brief an Varian Fry, worin er ihn um Visa ersucht, sein Tagebucheintrag vom Tag des Reichstagsbrands und die Briefe, die er in den späten Dreißigern aus der Toskana an verschiedene Ämter des Dritten Reichs schickte, um seinen Reisepass verlängern zu lassen. Vergeblich.

Herr Brosse sah alles durch, zeigte sich aber nicht sonderlich beeindruckt. »Der Antrag auf Staatsangehörigkeit hätte zunächst über Ihren Vater laufen müssen«, sagte er.

Doch meinem Vater war die deutsche Staatsangehörigkeit nie entzogen – bis in die späten Fünfziger besaß Niko einen gültigen Reisepass der Bundesrepublik. Daher, so Herr Brosse, fand Artikel 116 auf mich keine Anwendung.

Doch plötzlich sah ich durch das Plexiglas hindurch, dass irgendetwas seine Aufmerksamkeit erregt hatte.

Er nahm meine Geburtsurkunde zur Hand, die den Stempel vom 3. Februar 1957 trägt.

Er legte sie neben die amerikanische Einbürgerungsurkunde meines Vaters, die am 16. Dezember 1957 ausgestellt wurde.

»Sie sind Deutscher«, sagte er und sah mich an.

Mir war bislang nicht bewusst gewesen, was diese beiden Daten bedeuteten.

»Und meine Kinder?«, fragte ich.

»Sie haben Kinder?«

»Ja, zwei.«

»Als sie geboren wurde, besaß ihr Vater die deutsche Staatsbürgerschaft, also sind sie ebenfalls Deutsche.«

»Und das beeinträchtigt in keiner Weise meine amerikanische Staatsbürgerschaft oder die meiner Kinder?«

»Nicht, wenn Sie alle in den Vereinigten Staaten geboren wurden.«

Es würde vermutlich mehr als ein Jahr dauern, bis es die Unterlagen von Boston endlich ans obere Ende des Stapels im Bundesverwaltungsamt Köln schaffen würden, und bestimmt würde irgendein Beamter irgendeine Kleinigkeit finden, um an Herrn Brosses Interpretation herummäkeln zu können. Dennoch trat ich an diesem Morgen bei strahlendem Sonnenschein beschwingten Schritts auf die Copley Plaza hinaus. Diese Entwicklung würde die Uhr nicht zurückdrehen zum 27. Februar 1933, dem Tag vor dem Reichstagsbrand und Kurts Flucht. Aber dass mir die Lebensumstände meines Vaters zu einem deutschen Pass verhelfen konnten, erschien mir wie eine Wiedergutmachung für Nikos gestohlene Jugend im Dritten Reich. Es war, als ob ein unsichtbares Band immer fester gezogen worden wäre, sodass es sich mit einem Mal ganz real anfühlte.

Mich zu meinen deutschen Wurzeln zu bekennen, hieß zugleich, einzuräumen, dass es Deutschland zurzeit besser gelingt, amerikanisch zu sein, als Amerika selbst. Jeweils einen Pass von beiden Ländern zu besitzen, wäre, als könnte ich auf diese Weise beide beschwören, das Beste zu geben, damit das andere sich ein Beispiel nähme. Als Abkömmling beider Länder, aufmerksamem Beobachter beider Länder und jemandem, dem an beiden gleichermaßen etwas liegt, ist mir klar, dass nicht nur Deutsche und Amerikaner vor ähnlich hohen Herausforderungen stehen oder, um es mit Kurt zu sagen, »die gleiche Aufgabe vor uns« liegt. Die grausame Geschichte des 20. Jahrhunderts hinter uns zu lassen, ist eine Aufgabe, die zu bewältigen alle Bürger auf der ganzen Welt aufgerufen sind.

Dank

Seit vielen Jahren hatte ich wahllos Geschichten und Anekdoten notiert, die mir Familienmitglieder erzählten. Mitte der Neunziger begann ich dann ernsthaft, Notizen zu machen, bis ich mich zwischen 2017 und 2020 an verschiedene Verwandte in Europa und den Vereinigten Staaten wandte und sie bat, die jeweiligen Ereignisse zu datieren, weitere Einzelheiten beizusteuern und mir zu helfen, entsprechende Unterlagen zu finden. Wieder und wieder dankte ich dem Himmel dafür, dass ich auf eine lange Reihe von schriftstellerisch tätigen und sammelwütigen Vorfahren zurückblicken kann – Menschen, die Tagebuch führten, Erinnerungen festhielten, Unterlagen horteten und Briefe aufhoben – und dass so vieles politische Umwälzungen und Umzüge überdauert hatte. Auch den Autoren der Dutzenden von Büchern, die den entsprechenden Kontext beisteuerten, bin ich dankbar, ebenso wie den zahlreichen Gedenkstätten und Forschungszentren zur NS-Zeit und den Wissenschaftlern, Archivaren und Gelehrten, die sich bereitwillig mit mir unterhielten. Die Merck KGaA, das alte Familienunternehmen in Darmstadt, beschäftigt einen Stab von Historikern, die ihr Archiv für mich öffneten und unbeirrt meine Fragen beantworteten. Neigten die Deutschen in den ersten Nachkriegsjahrzehnten noch reflexartig dazu, vieles, was die Nazivergangenheit betraf, unter den Teppich zu kehren, ist es im Deutschland des 21. Jahrhunderts üblich geworden, alles ungeschönt ans Licht kommen zu lassen.

Mein Halbonkel, Kurts und Helens Sohn Christian Wolff, ließ mich in den mit Familiendokumenten gefüllten Kartons wühlen, beantwortete geduldig meine Fragen und durchlebte so erneut Stationen seiner gebrochenen Kindheit. Mein Cousin, Marias Sohn Jon Baumhauer, pflegt das Archiv der Familie mit einer Akkuratesse und Gewissenhaftigkeit, dass wir anderen nur ehrfürchtig staunen können. Helen Wolffs Großnichte Marion Detjen legt als Historikerin und Publizistin bei allem, was sie tut, größte Sorgfalt an den Tag, nicht zuletzt bei ihrer literarischen Beschäftigung mit Geschichte. Sie alle haben mehr Details und Hintergrund beigesteuert, als ich zu hoffen wagte.

Außer von diesen dreien erfuhr ich auch von anderen Verwandten wertvollen Beistand. Es ist am einfachsten, eine Familiengeschichte mit familiärer Unterstützung zu erzählen, und in Europa bestand diese in Gastfreundschaft, geliehenen Wagen und dem ausgezeichneten Gedächtnis aller Beteiligten. Insbesondere danke ich Marias Töchtern Christiane Clemm und Sibylla Schliep sowie Adelheid Baumhauer, Niko Merck und Ute Frings-Merck, die mir immer wieder ihre Herzen und Heime öffneten. Dankbar bin ich auch weiteren Baumhauers (Philipp, Luise, Elisabeth, Johannes, Caroline, Matthias und Laura), Clemms (Christoph, Emanuel und Raphael), Mercks (Jonja und Lilly), Millers (Norbert und Gabi), Schlieps (Gregor, Charlie, Niko und dem inzwischen verstorbenen Peter) sowie Harald Binder, Annemarie Crome, Stephan Detjen, Martin Gillan und Hanne Helfrich – für die *Gemütlichkeit*, die ich bei ihnen erfuhr, und vieles mehr.

In den Archiven diesseits und jenseits des Atlantiks konnte ich mich auf Spezialisten verlassen, die ihre Sammlungen bis ins letzte Detail kennen. In Deutschland zählten dazu Nikola Herweg und Dörthe Perlenfein vom Deutschen Literaturarchiv in Marbach, Sabine Gresens vom Bundesarchiv in Berlin-Lichterfelde, Monika Haidt-Nass und Katja Schmalholz vom Stadtarchiv Karlsruhe, Sabine Bernschneider-Rief und Peter Conradi vom Archiv der Merck Corporate History in Darmstadt, Lupold von Lehsten und Volkhard Huth vom Institut für Personengeschichte in Bensheim sowie Claudia Heinreich von der Deutschen Dienststelle (der ehemaligen Wehrmachtauskunftstelle) in Berlin-Reinickendorf. In den Vereinigten Staaten wurde ich freundlich empfangen von Erin Farley, dem Kurator der Connecticut Landmarks, und Peg Shimer, der Leiterin des Bellamy-Ferriday House in Bethlehem, von Jessica Aldi, Ellen Doon, John Monahan und Adrienne Sharpe von der Beinecke Rare Book and Manuscript Library der Yale University und den Verantwortlichen für die Sammlungen in der Rare Book and Manuscript Library der Columbia University.

Meine Begegnung mit David Meola, Geschichtsprofessor und Leiter des Jewish and Holocaust Studies Program an der University of South Alabama, war in doppelter Hinsicht eine glückliche Fügung: Erstens ist die Familie von Haber aus Baden sein Spezialforschungsgebiet, und zweitens führte ihn just in dem Jahr, das ich in Deutschland verbrachte, eine Forschungsreise nach Karlsruhe. Für die Zeit, die er mir widmete, und die durch ihn gewonnenen Erkenntnisse bin ich ihm außerordentlich dankbar.

In den meisten Fällen habe ich bei mündlich überlieferten Informationen sowie bei Material aus unveröffentlichten oder Privatbriefen, Tagebüchern, Terminkalendern, Essays, Erzählungen, Reden, Monografien, genealogischen Aufzeichnungen und schriftlichen Erinnerungen auf eine Quellenangabe verzichtet. Zu allem anderen gibt es eine entsprechende Endnote.

Der israelische Schriftsteller Etgar Keret sagte einmal, Übersetzer seien die Ninjas der literarischen Welt: Wenn man sie bemerkt, haben sie einen lausigen Job gemacht. Die Bibliografie der englischen Ausgabe führt nicht weniger als acht Gewinner des »Helen and Kurt Wolff Translator's Prize« auf, den das Goethe-Institut kurz nach Helens Tod ins Leben rief, um herausragende Übersetzer und Übersetzerinnen aus dem Deutschen ins Englische zu würdigen.

Was Unterstützung bei meiner eigenen Übersetzungsarbeit angeht, bin ich Deborah Cohen vom Sprachwerk in Berlin-Kreuzberg für ihre Geduld und ihren Ideenreichtum dankbar. Ich danke auch Christin Ilgner von der School of German am Middlebury College für ihre Hartnäckigkeit bei der Entzifferung der Handschrift einiger meiner Vorfahren und ihrer Briefpartner. Ein besonderer Dank geht an Bettina Matthias, die Rektorin der Middlebury's School of German, sowie an Stephen Snyder und Beth Karnes Keefe, die Leiter der Middlebury Language Schools, die es mir im Sommer 2017 vor unserem Umzug nach Berlin ermöglichten, mich als Tagesschüler einzuschreiben. Isabel Meusen, Alexis Smith, Sören Steding und Friederike Tebben halfen mir, den Rost von meinem Deutsch abzukratzen.

Bei meinem amerikanischen Verlag Grove Atlantic gilt mein besonderer Dank meinem Lektor Peter Blackstock und Morgan Entrekin, der eine Art heutiger Kurt Wolff von Manhattan ist. Jedes Manuskript, sagte mein Großvater einmal, »ist, wenn es eintrifft, ein einziges Abenteuer und lässt mein Herz höher schlagen«. Nachdem Peter und Morgan das Herzklopfen beim Eintreffen meines Manuskripts überlebt hatten, versahen sie es mit den Anmerkungen, die es schließlich zu einem besseren Buch machten. Tanja Rauch vom DuMont Buchverlag hat eine deutsche Ausgabe vor ihrem inneren Auge aufscheinen sehen, und Monika Köpfer hat diese Vision mit ihrer Übersetzung lebendig werden lassen. Der Lektor Boris Heczko hat diese gekonnt für die Veröffentlichung bearbeitet.

Mein Dank gilt weiterhin Frank Stangenberg-Haverkamp und Cornelia Nitsch von der Merck KGaA, die dafür sorgen, dass ich mit dem Familienunternehmen verbunden bleibe. Danke auch an eine Reihe hilfsbereiter Freunde in Berlin, darunter Joshua Hammer und Cordula Krämer, Bill und Laurel Martin, die Leute von der Berlin Brandenburg International School, Vanessas Team bei Give Something Back to Berlin's Open Art Shelter, Christine Gerkrath, die uns half, im Bergmannkiez heimisch zu werden, und all den gastfreundlichen »Co-Workern« in der AHA Factory in Kreuzberg. Von Anfang an unterstützten Craig Neff, Thomas Powers und Carol Rigolot meine Bemühungen, für eine gewisse Zeit nach Deutschland zu ziehen. Zu jenen, die abgesehen von meinen Verwandten erste Entwürfe lasen und mir unschätzbare Ratschläge gaben, gehören Robert Cohen, Andreas Kossert und Amy Trubek.

Meine verstorbenen Eltern, Nikolaus und Mary Wolff, legten großen Wert auf ihr Privatleben. Doch ebenso sehr lag ihnen das Gemeinwohl am Herzen, und sie erzogen mich nicht nur dazu, ein verantwortungsbewusster Staatsbürger zu sein, sondern auch dazu, unermüdlich andere dafür zu gewinnen. Diese Geschichte zu erzählen war, als würde ich die unterschiedlichen Triebfedern, die meine Eltern bewegten, gegeneinander in Stellung bringen. Welche dabei letztlich die Oberhand gewann, hatte ich allein mit mir selbst ausmachen.

Frank und Clara – durch euch ist Vaterschaft für mich Wirklichkeit geworden, und ihr habt dazu beigetragen, diese Geschichte mit Bedeutung zu füllen.

Und schließlich Vanessa. Meine allererste Unterstützerin bei diesem Vorhaben. Die Allererste, die mein Buch las. Immer die Erste, wenn es um unser Wohl geht, und die Erste in meinem Herzen, für immer. *Budějovice.*

Anmerkungen

EINLEITUNG: IN KURTS UND NIKOS FUSSSTAPFEN

Kurt Wolffs Mutter hatte jüdische Wurzeln Um mich nicht der Nazi-Rhetorik zu bedienen, habe ich Begriffe wie »arisch«, »halb jüdisch« oder »Mischling« vermieden oder aber in Anführung verwendet, um mich davon zu distanzieren. Dennoch sei hier erwähnt, dass »jüdisch« während der ganzen Zeit, von der hier die Rede ist, sowohl als rasseideologische wie auch als religiöse Bezeichnung verwendet wurde. Mein Großvater war getauft, ebenso wie seine Mutter und deren Eltern. Aber die Rassenideologie der Nazis beruhte auf Blutsverwandtschaft und scherte sich nicht darum, ob jemand zum Christentum konvertiert war.

»Reinigungsritual in Bezug« Dieses dem Soziologen Norbert Elias zugeschriebene Zitat bezieht sich auf die 1968er-Bewegung.

Kurt Wolff verließ Deutschland für immer, als er Vier Wochen nachdem Hitler als neuer Reichskanzler vereidigt worden war, ging der Berliner Reichstag in Flammen auf. Die Nazis machten Funktionäre der Kommunistischen Partei dafür verantwortlich und nutzten die Brandstiftung als Vorwand, um de facto die Grundrechte der Weimarer Verfassung außer Kraft zu setzen. Der Niederländer Marius van der Lubbe, der schuldig gesprochen wurde, den Brand gelegt zu haben, beharrte darauf, allein gehandelt zu haben, was später auch von einem Gericht bestätigt wurde.

»Lieber Dr. Kafka« Brief von Kurt Wolff an Franz Kafka, Kurt Wolff: *Brief-*

wechsel eines Verlegers, 1911–1963, hrsg. von Bernhard Zeller und Ellen Otten. Frankfurt: Heinrich Scheffler, 1966. S. 28.

Kurt selbst hatte sich geschworen Brief an Hiram Haydn, 14. Juni 1959. H&KW Papers, box 16, folder 508. 1959 hatte der Cheflektor von Random House bei Kurt vorgefühlt, ob er vielleicht etwas Autobiografisches schreiben wollte. Aber abgesehen von einer Reihe Radio-Essays, die in den frühen Sechzigern von deutschen Rundfunksendern ausgestrahlt wurden, verfolgte mein Großvater den Vorschlag nicht weiter. Doch finden sich in seinen Unterlagen Titelvorschläge für eine mögliche Autobiografie. Einer lautet: »Die Leidenschaften eines Süchtigen: Das Leben eines Verlegers – von Kafka bis Pasternak«. Das andere ist eine Art Wortspiel: »Vom Verleger, vom Verlegen – und was damit zusammenhängt«.

»einen schwierigen Menschen« D. J. R. Bruckner, »The Prince of Publishers«, *New York Times Book Review*, 5. Januar 1992.

Ich nahm Unmengen von Briefen Unter anderem beherbergen die Beineke Rare Book and Manuscript Library in Yale und das Deutsche Literaturarchiv in Marbach einige Zehntausend von Kurts und auch Helens Briefen. 1966 veröffentlichte der Frankfurter Heinrich Scheffler Verlag eine Auswahl: *Kurt Wolff: Briefwechsel eines Verlegers, 1911–1963* (1980 als Fischer-TB erschienen). Als Scheffler selbst meinen Großvater wenige Wochen vor dem Reichstagsbrand in dessen Berliner Pension besuchte, sagte er zu Kurt, er würde gern in dessen Fußstapfen treten und ebenfalls Verleger werden. Scheffler erinnert sich an seine Antwort: »Er lächelte behutsam, sah durchs Fenster und sprach: ›Dazu werden Sie Gottes Schutz nötig haben.‹« Heinrich Scheffler, »Kurt-Wolff-Marginalien«, in *Börsenblatt für den Deutschen Buchhandel* 95, 26. November 1963.

Bei anderen Autoren *Briefwechsel*, S. 122.

»Das ist wie Zauberei« *Briefwechsel*, S. 272.

Wir Verleger bleiben *Briefwechsel*, S. 148.

Selbst Beleidigungen Ebd., S. 6

»Wer interessiert sich schon« Kurt Wolff: *A Portrait* S. 137.

Wie keine andere Stätte erlebt Richard von Weizsäcker, »Berlin ist Treuhänderin der deutschen Geschichte«, Ansprache im Berliner Reichstagsgebäude, 16. September 1982, in: Richard von Weizsäcker, *Die deutsche Geschichte geht weiter* (Berlin: Siedler, 1983), S. 303.

BILDUNG UND BÜCHER

Hermann war ein früher Kurt Wolff, »Erinnerungen an Bonn und Musik« in *Kurt Wolff: Ein Literat und Gentleman*, hrsg. von Barbara Weidle (Bonn: Weidle, 2007), S. 202 f.

»Ich selbst erinnere« *Kurt Wolff: Ein Literat und Gentleman*, S. 204. »Brahms war nach einer vierzigstündigen Irrfahrt von Ischl aus um fünf Uhr morgens in der Wohnung des Professors Wolff erschienen und nach dem Frühstück fassungslos weggestürzt.« Theodor Henseler, *Bonner Geschichtsblätter: Das musikalische Bonn im 19. Jahrhundert*, Band 13 (Bonn: Bonner Heimat- und Geschichtsverein und Stadtarchiv Bonn, 1959), S. 286.

»Falls gelegentlich« *Kurt Wolff: Ein Literat und Gentleman*, S. 198.

Umzingelt von »Snobs und Bürgern« Ebd.

»was immer ich mir«, *Ebd.*, S. 203.

»Fein, hübsch, beflissen« Kurt Pinthus, »Wie Literatur gemacht wurde: Zur Erinnerung an meiner Freund Kurt Wolff«, *Die Zeit*, 1. November 1963.

Mit den 100 000 Goldmark »Falko Hennig, »Investieren in verlegerischen Gewinn«, *Die Tageszeitung*, 24. Juli 2007.

1908, mit einundzwanzig Laut Albert Köster, der Literaturprofessor der Universität Leipzig und Kurts Doktorvater war, hatte mein Großvater seine Doktorarbeit fertiggestellt. Darin ging es um die Rezeption der Werke des jungen Goethe durch seine Zeitgenossen. Doch Köster, ein regelmäßiger Gast im Leipziger Salon des Doktoranden und seiner Frau, hatte sie abgelehnt. Sein Urteil lautete: »[Der Verfasser] hat mit Fleiß Material zu dieser Arbeit gesammelt, das ist aber auch Alles, was zu ihrer und seinem Lobe gesagt werden kann. Verarbeitet ist nichts. Schon der monotone Vortrag und der wenig gepflegte Stil wirken verstimmend. ... Selten ist ein interessantes Problem langweiliger behandelt worden. Was der Kandidat vorlegt, sind bloß Lesefrüchte.«

»Ich liebte Bücher« Kurt Wolff, 1962 im Gespräch mit Herbert G. Göpfert, zitiert nach Thomas Rietzschel, »Der Literat als Verleger«, in: *Kurt Wolff zum Hundertsten* (Hamburg: Michael Kellner Verlag, 1987).

Nachdem er im Juni 1912 Reiner Stach, *Kafka: Die Jahre der Entscheidungen* (Frankfurt a. M.: S. Fischer, 2002), S. 69.

Ich habe im ersten Augenblick Kurt Wolff: *Autoren, Bücher, Abenteuer. Betrachtungen und Erinnerungen eines Verlegers* (Berlin: Wagenbach, 2004), S. 79-80.

Eine Bemerkung Kafkas Kurt Wolff, *Autoren, Bücher, Abenteuer,* S. 80.

Ein paar Monate später Peter Stephan Jungk, *Franz Werfel: Eine Lebensgeschichte* (Frankfurt: S. Fischer, 1988), S. 51.

»Ich dagegen denke mir« Brief Kurt Wolffs an Karl Kraus, 14. Dezember 1913, in Kurt Wolff: *Briefwechsel,* S. 128.

»Wenn er Sie nachts« Kurt Wolff: *Autoren, Bücher, Abenteuer,* S. 94.

Die Verse durchdrangen die Wand Archiv Kurt Wolf in Yale/DLA Marbach.

Verschon uns Gott Matthias Claudius, *Abendlied.*

»Er sah mich fassungslos an Kurt Wolff, *Portrait,* S. 86 f.

Die Gedichte konnten kaum Archiv Kurt Wolf in Yale/DLA Marbach.

Die Liebe zur Literatur Kurt hat einen ausgiebigen Fundus von Erinnerungen an die musikalischen Vorfahren seines Vaters hinterlassen, aber nur relativ wenige Hinweise auf die wohlhabenden und kultivierten jüdischen Vorfahren mütterlicherseits. Erst meine Tante Hope (Holly) Nash Wolff, die in Vermont geborene Schwiegertochter, die Kurt nie kennenlernte, verlieh dem Leben von Maria Marx und deren Familie Konturen, und zwar in einem unveröffentlichten, nur innerhalb der Familie zirkulierenden Essay, worin sie den Stammbaum skizzierte. Inspiriert von *Fünf Deutschland und ein Leben,* den Erinnerungen des Historikers Fritz Stern, (München: C. H. Beck, 2007, aus dem Englischen von Friedrich Griese), stellt sie eine Vermutung an, warum sich Kurt in Bezug auf seine jüdischen Wurzeln so bedeckt hielt. Sie teilt die Einschätzung Sterns, ebenfalls ein exilierter Spross des Bildungsbürgertums, dass diese Menschen sich ihrer jüdischen Identität stets bewusst geblieben seien, aber lange darüber geschwiegen hätten, während sie sich an die deutsche Lebensweise akkulturierten. Und sie verweist auf »das undenkbare Ende, ihre Vernichtung durch ihre Landsleute ... [und] in welchem Ausmaß dem Undenkbaren das Unsagbare vorausging«. Am Beispiel der jüdischen Autoren, die Kurt verlegte (Brod, Hasenclever, Kafka, Werfel), und der Bilderstürmerei, die die meisten von ihnen betrieben (Avantgarde, Expressionismus oder andere Strömungen jenseits des Mainstreams), legt sie dar, dass jüdisch zu sein, zwangsläufig isoliert zu sein bedeutete – gezeichnet sowohl von »Stigma als auch Distinktion«, wie Stern es ausdrückt. Holly und ihr Mann Christian haben im Wohnzimmer ihres Farmhauses in Vermont ein Porträt von Jacob Marx hängen, dem Großvater von Kurts Mutter, unserem modernsten jüdischen Vorfahren, der nicht konvertierte. Für mich ist das eine Art Protestakt gegen die Tatsache, dass unsere jüdischen Wurzeln in der Geschichte unserer Familie so lange und so hartnäckig übersehen wurden.

Da sich Großherzog Ludwig I. Heinrich Schnee, »Hofbankier Salomon von Haber als badischer Finanzier«, *Zeitung für die Geschichte des Oberrheins* 109, Nr. 2 (1961); und Jürgen Schuhladen-Krämer, »Salomon von Haber«, *Stadtlexikon Karlsruhe*, 2013, https://stadtlexikon.karlsruhe.de/index.php/De:Lexikon:bio-1013.

Ein Mob aus Jürgen Schuhladen-Krämer, »Hepp!-Hepp!-Unruhen 1819«, *Stadtlexikon Karlsruhe*, 2012, https://stadtlexikon.karlsruhe.de/index.php/ De:Lexikon:ereig-0216. Die Historiker sind sich uneins, warum die Randalierer »Hep!« riefen – ob in Anlehnung an die Rufe, mit denen Schäfer ihre Herde antrieben, oder ob es sich um ein Akronym für die mittelalterliche Kreuzfahrerparole *Hierosolyma est perdita* (Jerusalem ist verloren) handelt.

Eskortiert von einer Leibwache Ebd.

»Wie verderbt die Menschen« zitiert nach Amos Elon, *Zu einer anderen Zeit: Porträt der jüdisch-deutschen Epoche (1743–1933)* (übersetzt von Matthias Fienbork, München: Hanser, 2002), S. 111. Die Schwester, an die Ludwig Robert schrieb, war übrigens die Salonière und Schriftstellerin Rahel Varnhagen. Hannah Arendt, ihre Biografin, bezeichnet sie als ihre »wirklich beste Freundin, die nur leider schon seit 100 Jahren tot ist«. Hannah Arendt: *Rahel Varnhagen – Lebensgeschichte einer deutschen Jüdin* (Göttingen: Wallstein, 2021), S. 904.

Neue Plakate wurden über Elon, *Zu einer anderen Zeit*, S. 111.

In einer sechsspännigen Kutsche Wolfgang Behringer, »Climate and History: Hunger, Anti-Semitism, and Reform During the Tambora Crisis of 1815–1820«, in *German History in Global and Transnational Perspective*, hrsg. von David Lederer (London: Palgrave Macmillan, 2017), S. 19.

In den späten 1830er-Jahren Die Darstellung der Affäre Haber basiert zum Teil auf Annette Borchardt-Wenzel, »Das Duell – Seltsamer Ehrbegriff fordert viele Opfer«, *Badische Neueste Nachrichten*, 3. September 2016; sowie Jürgen Schuhladen-Krämer, »Moritz von Haber«, *Stadtlexikon Karlsruhe*, 2013, https://stadtlexikon.karlsruhe.de/index.php/De:Lexikon:bio-0802; und »Haber-Skandal«, *Stadtlexikon Karlsruhe*, 2012, https://stadtlexikon.karlsruhe.de/index.php/De:Lexikon:ereig-0279. Vor allem aber auf Gesprächen mit David Meola, Professor für Geschichte und Direktor des Jewish and Holocaust Studies Program der University of South Alabama, sowie auf dessen Aufsatz »Mirror of Competing Claims: Antisemitism and Citizenship in *Vormärz* Germany«, *Antisemitism Studies* 4, Nr. 1 (Frühling 2020).

Dank der Ehen Ute Frevert, »Bourgeois Honour: Middle-Class Duellists in Germany from the Late Eighteenth to the Early Twentieth Century«, in *The German Bourgeoisie: Essays on the Social History of the German Middle Class from the Late Eighteenth to the Early Twentieth Century*, hrsg. von David Blackbourn and Richard J. Evans (Abingdon, Oxon, UK: Routledge Revivals, 2014), S. 273.

Bald kursierten Gerüchte Eine mutmaßlich völlig unschuldige großzügige Geste befeuerte die Gerüchte noch. Als Cäcilie geboren wurde, spendete Moritz in ihrem Namen 100 000 Gulden, heute etwa zwei Millionen Dollar, für die Armen der Stadt Karlsruhe. 1857 ehelichte Cäcilie den russischen Großfürsten Michail Nikolajewitsch, den Sohn von Zar Nikolaus I.

Für Juden war es indes komplizierter Amos Elon, *Zu einer anderen Zeit*, S. 242.

Sobald er diese abgebüßt hatte Gegen fast alle der sechsunddreißig an den Ausschreitungen beteiligten Personen wurde Anklage erhoben, doch die meisten wurden freigesprochen oder nur kurz inhaftiert. Sarachaga Uria wurde zu vier Wochen Hausarrest verurteilt, die der Großherzog in sechzehn Tage umwandelte. Der Karlsruher Bankier und Politiker Eduard Kölle, ein Augenzeuge der Ausschreitungen, hatte in seinem Tagebuch vermerkt: »Die Offiziere riefen den Tumultanten zu: fürchtet euch nicht! Es geschieht euch nichts, und ließen den Raum, daß der Pöbel immer wieder durchgehen konnte.« Eduard Kölle, »Aus meinem Leben« aus: Die Handschriften 67/715, in Generallandesarchiv Karlsruhe, zitiert nach Rainer Wirtz, *»Widersetzlichkeiten, Excesse, Crawalle, Tumulte und Skandale«: Soziale Bewegung und gewalthafter sozialer Protest in Baden, 1815–1848* (Frankfurt: Ullstein, 1981), S. 135.

All dieses Unrecht Mitte des 19. Jahrhunderts waren die in Baden ansässigen Juden relativ wohlhabend. Für den christlichen Durchschnittsbürger, der sich zwischen den Eliten erdrückt fühlte, war die Politik inzwischen nichts anderes als ein Nullsummenspiel. Nach Ansicht von David Meola war Moritz somit der ideale Sündenbock. »Er war ein Grenzgänger, ein jüdischer Parvenü, der sich in elitären Kreisen bewegte. Moritz wollte lediglich Genugtuung erhalten, seine Ehre wiederherstellen und als ein wertvolles Mitglied der Oberschicht behandelt werden. Er war ein großzügiger Wohltäter. Er war Investor bei einer überregionalen liberalen Tageszeitung, der *Oberdeutschen Zeitung*. Seine Schwester Leonie war konvertiert und mit einem bekannten christlichen Offizier verheiratet. Seine Familie hatte sich als Hauptfinanzier der drei Fabriken betätigt, dem wirtschaftlichen Herzstück des Großherzogtums, und maßgeblich zu deren Erfolg beigetragen.« Meola vergleicht Salomon und dessen Söhne mit den Amerikanern Ludwig Brandeis und Henry Morgenthau, jüdischen Pionieren, die ihrer Regierung auf höchster Ebene treu dienten.

Willy Model Zur eidesstattlichen Erklärung von Willy Model siehe *Der Fall Moritz von Haber: Eine Episode aus der Geschichte von Karlsruhe*, New York, 1947, Stadtarchiv Karlsruhe, 7/N/ Model, 61. Model legte die eidesstattliche Erklärung in New York ab, wohin er emigriert war. *König Haber* war 1930 auf Englisch in den Vereinigten Staaten erschienen. Der Autor der Erzählung, Alfred Neumann, war selbst Jude. Er und Kurt schlossen zwischen Ende 1940 und Anfang 1941 in Nizza Freundschaft, während beide für die Schiffspassage sparten und die Konsulate wegen eines Visums abklapperten. »Ich habe ihn sehr gerne, weil er eine erfreuliche Art des Gentleman ist« und weil er das nötige Selbstbewusstsein und die »unumgängliche Angstlosigkeit« besitze, notierte Neumann in seinem Tagebuch, nachdem er Kurt am 4. November 1940 im Reisebüro Kuoni in Nizza begegnet war. Doch ein Eintrag einen Monat später zeigt, dass dieses Selbstvertrauen einen Riss bekommen hat. »Kurt Wolff kommt und gesteht mir etliche Befürchtungen hinsichtlich seiner und seiner Familie Existenz in USA, ich kann sie umso überzeugender widerlegen, als ich gerade für ihn wenig Sorge habe.« Alfred Neumann, »Tagebücher«, in: *Exil am Mittelmeer: Deutsche Schriftsteller in Südfrankreich von 1933–1941*, hrsg. von Ulrike Voswinckel und Frank Berninger (München: Allitera 2005), S. 222–64. Ich habe keine Ahnung, ob Neumann wusste, dass sein neuer Freund Kurt ein Nachfahre von Moritz von Haber war, oder warum Neumann seinen Titelhelden mit dem Namen von Kurts Vorfahr am Anfang der Erzählung in einem so unschönen Licht darstellte: »ein harter, zielbewußter, in seinen Mitteln unbedenklicher Mann«. Alfred Neumann, *König Haber* (München: Langen Müller, 1955), S. 5.

»Religion und Ehre« Georg von Sarachaga Uria, *Vermächtnis oder neue Folgen in der Göler-Haber'schen Sache*, zitiert nach David Meola, »Mirror of Competing Claims: Antisemitism and Citizenship in *Vormärz* Germany«, *Antisemitism Studies* 4, Nr. 1 (Spring 2020).

In der Streitschrift Georg von Sarachaga Uria, *Vermächtnis oder neue Folgen in der Göler-Haber'schen Sache*, zitiert nach Meola, »Mirror of Competing Claims«.

Der oberste Lenker menschlicher Schicksale Beilage, *Augsburger Allgemeine Zeitung*, 11. Januar 1844, zitiert nach Meola, »Mirror of Competing Claims«.

»In der damaligen Logik« Meola, »Mirror of Competing Claims«.

Doch mein Vater Holly Nash Wolff berichtet, mein Vater habe ihr von verschiedenen Reisen nach Frankfurt in seiner Kindheit erzählt, wo man sich zum Tee mit seiner Großtante Mathilde traf, die Ludwig von Habers Tochter war. Der vollständige Name dieser Nichte von Moritz lautete Mathilde Auguste, Freiin Haber von Linsberg.

Sie erwähnt darin lediglich Moritz lebte noch weitere dreißig Jahre, ehe er eines natürlichen Todes starb. Auch wenn er Baden verlassen musste und einige der Banken- und Firmenbeteiligungen der Familie während der Finanzkrise von 1847/48 fehlschlugen, landete er wieder auf den Füßen. 1853 war er Mitgründer der Bank für Handel und Industrie Darmstadt, die 1931 in die Dresdner Bank fusionierte; 1855 half er zusammen mit seinem Bruder Ludwig, die österreichische Credit-Anstalt ins Leben zu rufen, die heute Teil der italienischen Holding Unicredit ist. Schuhladen-Krämer, »Moritz von Haber«.

Der Kontrast erscheint Trotz der zahlreichen Verwerfungen und der Teilung der Stadt im 20. Jahrhundert hat sich Berlin immer wieder neu erfunden und stets den Blick nach vorn gerichtet. Um 1900 machten Einwanderer oder deren Abkömmlinge mehr als sechzig Prozent der Bevölkerung Berlins aus. Nach dem Ersten Weltkrieg kamen polnische, russische und ungarische Vertriebene in die Stadt; nach dem Zweiten Weltkrieg strömten Nachfahren deutscher Aussiedler aus Schlesien, Pommern und Ostpreußen nach Berlin. In den drei Jahrzehnten nach dem Mauerfall schwemmte es unzählige Rastlose oder aus ihrer Heimat Geflohene an die Ufer der Spree: Bosnier, die vor dem Balkankrieg geflohen waren, Palästinenser, die es in den Stadtteil Neukölln zog, der im Volksmund »Gazastreifen« heißt, 200 000 Russen, 40 000 davon Juden, die nach der Wiedervereinigung in die Stadt strömten, und linksliberal eingestellte Menschen und LGBTS aus Israel, die der Rechtsschwenk des von ihren Vorfahren gegründeten zionistischen Staates so sehr empört, dass sie selbst den Ort vorziehen, den Hitler zur Welthauptstadt »Germania« hatte machen wollen.

»[Berlin] war – wir« Sebastian Haffner, *Germany: Jekyll & Hyde. 1939 – Deutschland von innen betrachtet.* Aus dem Englischen von Kurt Baudisch. Erste ungekürzte deutschsprachige Ausgabe. Frankfurt a. M.: Edition Büchergilde, 1996, S. 340.

GENUG VOM KRIEG

Außerdem rief er die expressionistische Broschürenreihe Kurt Wolff: *A Portrait*, S. 192. Als sie 1913 eines Abends in einer Leipziger Bar saßen und darüber brüteten, wie sie die neue Reihe nennen sollten, wollte Kurt, Walter Hasenclever, Franz Werfel und Kurt Pinthus, einem weiteren Lektor, einfach nichts einfallen – bis jemand auf die Idee kam, mit der Bleistiftspitze wahllos auf eine Stelle in den Fahnen von Werfels jüngstem Werk zu deuten, das auf dem Tisch lag. Die Bleistiftspitze traf auf eine Zeile, die mit den Worten »O jüngster Tag« begann. Gert Ueding, »Mit Hirn und Herz«, *Frankfurter Allgemeine Zeitung*, 3. März 1987.

»alles Notwendige zu sammeln« Laudatio von Lambert Schneider in einer Monografie, die anlässlich Kurts Tod im Jahr 1963 in Frankfurt a. M. veröffentlicht wurde.

»Wolff: Groß. Schlank. Blond …« Robert Musil, *Tagebücher: Hauptband*, hrsg. von Adolf Frisé (Reinbek: Rowohlt, 1976), S. 293.

Der Verlag arbeitete oft Willy Haas, »Kurt Wolff: 3 März 1887 – 22. Oktober 1963«, *Die Welt*, 28. Dezember 1963.

Kurt wollte keine Bücher *Kurt Wolff: A Portrait*, S. 10.

»Ich möchte nur Bücher verlegen« Undatierter Vermerk in einem Dokument aus dem Fundus der Familie, zitiert nach Marion Detjen, »Kurt and Helen Wolff«, in: *Immigrant Entrepreneurship: German-American Business Biographies, 1720 to the Present*, Bd. 5, hrsg. von R. Daniel Wadhwani (German Historical Institute), 2012, ImmigrantEntrepreneurship.org/ entry.php?rec=83.

An seine Verlobte Felice Bauer Kurz nach dem Mauerfall eröffnete ein Café mit dem Namen »Briefe an Felice« in der Immanuelkirchstraße in Prenzlauer Berg. Dort hatte Kafka die berühmten Briefe an seine Verlobte geschrieben, die er nie heiraten sollte. Paul Hockenos, *Berlin*

Calling: A Story of Anarchy, Music, the Wall, and the Birth of the New Berlin (New York: New Press, 2017), S. 285.

»Er ist ein wunderschöner« Stach, Kafka: *Die Jahre der Entscheidungen*, S. 377 f.

»Am Anfang war das Wort« Kurt Wolffs Dankesrede anlässlich der Verleihung der Ehrenmedaille des deutschen Buchhandels, zitiert nach *Portrait,* S. 197.

Auch wenn mein Großvater »Wir müssen gegenüber der Gegenwart genauso offen sein wie gegenüber der Vergangenheit«, pflegte Kurt zu sagen. Alfred Kazin, »A Legend among Publishers«, *New York Newsday*, 20. Oktober 1991.

Und für die Buchbranche war es Amos Elon, *Zu einer anderen Zeit,* S. 268.

Zehn der zwölf Angestellten Reiner Stach, *Kafka: Die Jahre der Erkenntnis* (Frankfurt: S. Fischer, 2008) S. 48.

»Von Artilleriedienst« Kurt Wolff, *Tagebücher, 23. Oktober 1914 bis 28. Juni 1915*, DLA Marbach.

»Die Toten liegen« Ebd.

die die ganzen Tage und Nächte Ebd.

ein vehementer Kritiker dieses Kriegs Amos Elon, *Zu einer anderen Zeit,* S. 318.

»großes vernichtendes Nichts«, Joseph Roth, zitiert nach Geert Mak, *In Europa: Eine Reise durch das 20. Jahrhundert* (aus dem Niederländischen von Andreas Ecke und Gregor Steffens. München: Pantheon, 2004), S. 135.

Der Kurt Wolff Verlag Stach, *Kafka: Die Jahre der Erkenntnis,* S. 49.

»Ich fahre in's Dunkel« *Kurt Wolff, Tagebücher,* DLA Marbach.

»die Engländer [würden]« Ebd.

»Ich weiß nicht, ob das Wetter« Ebd.

»Ich will keinen literarischen Exkurs« Ebd.

»Ich muss hier, um mich davon« Ebd.

Wenn ich bei solchen Ebd.

Wir kletterten auf die Ebd.

Der Erste Weltkrieg Mak, *In Europa*, S. 87.

Staub, Kolonnen, Trains Ebd.

»Verzeih, aber was« Ebd.

So lange dauert der Krieg Ebd.

Durch die Verlegung meines Großvaters Stach, Kafka: *Die Jahre der Erkenntnis,* S. 49.

Zunächst erlaube ich mir *Briefwechsel,* S. 40

»Ich bin hingerissen« *Briefwechsel,* S. XXXI.

Auch wenn Wilhelm II. Heinrich Mann wurde zu diesem Roman von einem Vorfall inspiriert, der sich in seinem Beisein ereignete. Der Kaiser war zufällig an dem Berliner Café vorbeigekommen, in dem der Autor saß: »Fast wie ein Mann stürzten sich die Café-Besucher hinaus, um dem Kaiser zuzujubeln; und als sie zurückkamen, bemerkten sie einen ziemlich schäbig gekleideten Gast in der Ecke, der unbeeindruckt auf dem Stuhl sitzen geblieben war. Sofort wurde der Café-Inhaber herbeigerufen und der Unglückliche unverzüglich des Lokals verwiesen; er war, wie die anderen Gäste fanden, unwürdig, im selben Café zu sitzen wie Männer, die soeben Seiner kaiserlichen Majestät die Ehre bezeigt hatten. Der Vorfall mag unbedeutend erscheinen; aber für Heinrich Mann spiegelte er einen zunehmend beunruhigenden Geist wider: den Geist fanatischen Gehorsams, Unterwürfigkeit, gefolgt von abstoßender Brutalität.« Nigel Hamilton, »Heinrich Mann and the Underdog«, *Times* (London), 24. Juni 1972.

Tatsächlich wusste Kurt Stach, Kafka: *Die Jahre der Erkenntnis,* S. 152.

»Ihr Aussetzen des Peinlichen« Brief Franz Kafkas an Kurt Wolff vom 11. Oktober 1916, in: *Briefwechsel,* S. 40.

In seinem Katalog von 1918 Kaus Wagenbach, »Kurt Wolff«, in: *Kurt Wolff zum Hundertsten.*

»Man wird vergessen haben« Karl Kraus, *Die letzten Tage der Menschheit,* 49. Szene.

Trotz der katastrophalen Versorgungslage Stach, Kafka: *Jahre der Erkenntnis,* S. 342.

Aber Kurt Wolff ist Brief von Kurt Wolff an Walter Hasenclever, 9. November 1920, in *Briefwechsel,* S. 265.

dass dessen »Generation *Briefwechsel,* S. 344.

»Wer ist dieser närrische Herr Professor Kurt Wolff, *Autoren, Bücher, Abenteuer*, S. 59.

hätte der Kurt Wolff Verlag ein frühes Joyce-Buch gebracht Ebd., S. 59 f.

Auf dem Höhepunkt der Hyperinflation Wolff, *Autoren, Bücher, Abenteuer*, S. 46.

Berlin sei »dazu verdammt …« Schlusssatz in Karl Scheffler: *Berlin – ein Stadtschicksal* (1910), S. 267. Neuausgabe bei Suhrkamp (2015).

Und doch ist Mak, *In Europa*, S. 51.

Die Deutschen sind unermüdlich George Packer, »The Quiet German«, The *New Yorker*, 24. November 2014.

Im Süden ist das Denkmal Ein feierlich-ernstes Denkmal im Herzen eines beliebten Touristenziels zu platzieren, ist eine zweischneidige Sache. Als der israelische Künstler Shahak Shapir 2017 sah, wie junge Berlin-Besucher in dem Stelenlabyrinth der Gedenkstätte Selfies machten und Verstecken spielten, regte ihn das dazu an, diesbezüglichen Posts aus den sozialen Netzwerken Bildmaterial aus Konzentrationslagern gegenüberzustellen. Er nannte seine Ausstellung *Yolocaust*; siehe Yolocaust.de.

die Deutschen »das einzige Volk Björn Höcke, »Die Höcke-Rede von Dresden in Wortlaut-Auszügen«, https://www.sueddeutsche.de/politik/parteien-die-hoecke-rede-von-dresden-in-wortlaut-auszuegen-dpa.urn-newsml-dpa-com-20090101-170118-99-928143.

Man kann sein Gewissen »A Tale of Two Germanys: Gunter Grass on His New Book and His ›Strenuous Homeland‹«, Alan Riding, *New York Times*, 14. Dezember 2000.

Ende 1944 Die rund 900 000 Mitglieder der Waffen-SS leisteten einen Eid auf Hitler, in dem sie dem »Führer« Treue und Tapferkeit schworen. Ungefähr ein Drittel der Angehörigen bestand aus Eingezogenen wie Grass sowie aus ausländischen Freiwilligen.

Es ist eine ernüchternde Tatsache Timothy Snyder, *Bloodlands – Europa zwischen Hitler und Stalin* (aus dem Englischen von Martin Richter. München: C. H. Beck, 2001*)*, S. 409.

einer bestimmten Person In die Stolpersteine selbst sind nur die Lebensdaten eingraviert, aber Forscher haben die Biografien vieler der NS-

Opfer, denen auf diese Weise gedacht wird, recherchiert und die Ergebnisse auf der Webseite Stolpersteine-Berlin.de zusammengefasst.

Und ich weiß es tatsächlich nicht Während der Arbeit für ihr 2019 erschienenes Buch reiste die in Berlin wohnende US-amerikanische Philosophin Susan Neiman nach Jackson, Mississippi, zu einem Gespräch mit James Meredith, dem es 1962 als erstem Afroamerikaner gelungen war, an der University of Mississippi zu studieren, und dessen Frau Judy. Die Merediths hörten aufmerksam zu, als Susan Neiman ihnen die Stolpersteine beschrieb. »Wie die Sterne in Hollywood?«, fragte er. »Mitten auf dem Bürgersteig?« Und Judith fragte ungläubig: »Im Ernst?« Susan Neiman, *Von den Deutschen lernen* (aus dem Englischen von Christiana Goldmann. Berlin: Hanser Berlin, 2020), S. 497 f.

»Ich bin hinter einer Mauer« Angela Merkel, zitiert nach *The Economist*, »Special Report: The New Germans,« 14. April, 2018. Ähnlich hat sie sich bei zahlreichen anderen Gelegenheiten geäußert.

Ihre Flüchtlingspolitik In seiner Ansprache vom Mai 1985 zum vierzigsten Jahrestag des Kriegsendes ermunterte Bundespräsident Richard von Weizsäcker die Deutschen, die Erinnerung wachzuzuhalten, sonst werde man blind für die Gegenwart. Fast war es, als raune Weizsäcker auf dem Höhepunkt der Flüchtlingskrise von 2015 der Kanzlerin vom Grab aus zu: »Wenn wir uns erinnern, wie rassisch, religiös und politisch Verfolgte, die vom sicheren Tod bedroht waren, oft vor geschlossenen Grenzen anderer Staaten standen, werden wir vor denen, die heute wirklich verfolgt sind und bei uns Schutz suchen, die Tür nicht verschließen.« *Rede von Bundespräsident Richard von Weizsäcker während der Gedenkveranstaltung im Plenarsaal des Deutschen Bundestages zum 40. Jahrestag des Endes des Zweiten Weltkriegs in Europa*, Bundespräsidialamt, https://www.bundespraesident.de/SharedDocs/Reden/DE/Richard-von-Weizsaecker/Reden/1985/05/19850508_Rede.html.

»Wenn die Franzosen zu Recht«, Alexander Gauland, *Rede am Kyffhäuser-Denkmal*, 2. September 2017. Siehe z. B. https://www.welt.de/politik/deutschland/article168663338/Gauland-fordert-Recht-stolz-zu-sein-auf-Leistungen-in-beiden-Weltkriegen.html.

Und ein anderer AFD-Politiker, zitiert nach »Jens Maier, ein unerträglicher

Richter, *Frankfurter Rundschau*, 28. Januar 2017, https://www.fr.de/meinung/jens-maier-unertraeglicher-richter-11000031.html.

»aus Verzweiflung heraus« Jens Maier, siehe z.B. https://www.tagesspiegel.de/politik/jens-maier-aus-sachsen-afd-politiker-aeussert-verstaendnis-fuer-rechtsterrorist-anders-breivik/19698996.html.

»Natürlich«, sagte Gauland siehe z.B. »Gauland beleidigt Boateng«, *FAZ* vom 29. Mai 2016, https://www.faz.net/aktuell/politik/inland/afd-vize-gauland-beleidigt-jerome-boateng-14257743.html.

Ungefähr 80 Prozent *Economist,* »Special Report: The New Germans«, 14. April, 2018.

Der Historiker Konrad Jarausch, *Zerrissene Leben – Das Jahrhundert unserer Mütter und Väter* (aus dem Englischen von Thomas Bertram. Darmstadt: wbg Theiss in Wissenschaftliche Buchgesellschaft, 2018), S. 8 f.

Ironie der Geschichte Timothy Garton-Ash, zitiert nach Jarausch, *Zerrissene Leben,* S. 406.

TECHNISCH BEGABTER JUNGE UND ABGESETZTER SOUVERÄN

Mit seinem langen grauweißen Bart *Kurt Wolff: A Portrait*, S. 119.

Fletcherismus Das Motto des Erfinders und Namensgebers des Fletcherismus, Horace Fletcher, lautete: »Nature will castigate those who don't masticate.« (»Wer nicht kaut, den kasteit die Natur.«)

Nikos Teddybär Zoschl Als mein Vater in den Krieg musste, setzte seine Mutter Zoschl in die Ecke eines Regals im Salon ihres Hauses. Dort blieb der Teddybär bis in die Fünfzigerjahre, als er aus Hannes Rosenow, einem zu Besuch weilenden jungen Künstler, ins Auge fiel. »Das ist ein Objekt, das zu Tode geliebt wurde«, verkündete er. »Ich muss es unbedingt malen.« Sein Porträt von Zoschl wurde 1962 im Münchner Haus der Kunst ausgestellt.

1925 verbrachten meine Großeltern Felice Casorati (1883–1963) gehörte der *Retour-à-l'ordre*-Bewegung an, die sich nach dem Ersten Weltkrieg gebildet hatte. In ihren Memoiren *Familienlexikon* (Wagenbach: Berlin

2016, 4. Aufl., S.47) beschreibt Natalia Ginzburg, wie beliebt die im Stil der *pittura metafisica* gemalten Werke Casoratis beim wohlhabenden Turiner Bürgertum waren, dem sowohl ihre Familie als auch der Künstler angehörten.

Der Verkaufserlös belief sich Jos. Baer & Co., *Ergebnisse der Versteigerung Kurt Wolff*, Frankfurt, 5.–6. Oktober 1926. H&KW Papers, box 80, folder 2384.

Diese Sorgen waren vermutlich In diesem Jahr veröffentlichte der Kurt Wolff Verlag nur zehn Titel: einen Roman von Joseph Roth und neun Bände zu Kunst- und Kulinarik.

In den folgenden beiden Jahrzehnten Wolfram Göbel, »Ernst Rowohlt und Kurt Wolff«, in: *Kurt Wolff zum Hundertsten*. Der Literaturwissenschaftler Göbel vermutet, dass Clara Merck für den jungen Mann eine mütterliche Rolle spielte, hatte er seine eigene Mutter doch schon als Jugendlicher verloren. Clara wiederum betete ihren Schwiegersohn an, der seine ersten verlegerischen Experimente zum Teil mit Geld der Familie Merck realisiert hatte.

»Gegen große Vorzüge« Ein Foto dieser in Kurts Handschrift notierten Zeile findet sich in *Kurt Wolff: A Portrait*, S. XXVIII.

Dennoch, wenn jemand laut Definition der Nazis Mehr zu der Frage, wen die Nazis als Juden betrachteten, und zu den rund 150 000 deutschen Männern mit jüdischen Wurzeln, die wie mein Vater in der Wehrmacht waren, siehe Rigg, *Hitlers jüdische Soldaten* (Paderborn: Schöningh, 2003, übersetzt von Karl Nicolai), vor allem S. 34: »Der Übertritt zum Christentum zu einem späteren Zeitpunkt als in der Generation der Urgroßeltern konnte den Makel ›jüdischen Blutes‹ nicht beseitigen.« Kurts Großeltern mütterlicherseits waren beide getauft; von deren Eltern war jedoch nur Kurts Urgroßmutter Henriette von Haber Marx getauft. Peter Gaupp, ein Wehrmachtssoldat mit einem jüdischen Elternteil, schilderte gegenüber Bryan Mark Rigg seine Erleichterung nach der Lektüre der Nürnberger Gesetze von 1935: »Jetzt wusste man zum ersten Mal, wo man rechtlich stand … Vorher gab es nur Vermutungen. Man konnte auf einer Behörde einen Nazi antreffen, der einen vernichten konnte, oder man konnte einem Nazi begegnen, der sehr menschlich war und einem half.« Rigg, *Hitler jüdische Soldaten*, S. 136

Ich kann und werde Brief von Kurt Wolff an Franz Werfel, 23. Juni 1930, in Kurt Wolf, *Briefwechsel*, S. 351 f. In den frühen Dreißigern verkaufte Kurt das, was von seinem Verlag noch übrig war, an Peter Reinhold, der mit Caroline, der Schwester seiner Exfrau, verheiratet und ein Jahr lang Finanzminister in der Weimarer Republik war – was sich ungefähr so ähnlich angefühlt haben musste, wie Kapitän auf der *Titanic* zu sein.

»Warum habe ich aufgehört?« *Kurt Wolff: A Portrait*, S. XXIII.

Er hatte seinen Lebensunterhalt Kurt war voller Begeisterung für alles Neue, allerdings hatte sie Grenzen, so etwa beim Dadaismus: »Noch bevor ich mir des völligen Schwachsinns dessen, was unter dem Namen Dada veranstaltet und verunstaltet wurde, bewußt geworden, hatte mich die Pedanterie, die Langeweile und der Stumpfsinn der empfangenen Briefe von dem Wahn geheilt, daß hier schöpferischer Spaß zu finden sei.« Wolff, *Portrait*, S. 16.

Aber nach fünf Jahren Leo Bogart, *Commercial Culture: The Media System and the Public Interest* (Piscataway, NJ: Transaction, 2000), S. 56. Zu Lebzeiten des Autors ging keines von Kafkas Werken mehr in Druck. Howard Nelson, »Speaking Volumes: The Wide World of a Publisher«, *Washington Post Book World*, 4. April 1971.

»Da so viele seiner Autoren« »The Seismographer of Expressionism«, *Times Literary Supplement*, 2. Februar 1970.

Bald darauf aber sollten die Nazis Der Börsencrash von 1929 machte Kurts letzte Hoffnung zunichte, die durch Verhandlungen mit einem wohlhabenden amerikanischen Investor über eine mögliche Finanzspritze zur Rettung seines Verlags befeuert worden waren.

»wie ein abgesetzter Souverän« *Kurt Wolff: A Portrait*, S. 193. Der Satz stammt aus der Laudatio von Lambert Schneider anlässlich der Verleihung der Ehrenmedaille im Jahr 1960 durch den Börsenverein des Deutschen Buchhandels an Kurt.

»Der Kurt Wolff Verlag« Brief von Franz Werfel an Kurt Wolff vom 25. März 1930, in: Kurt Wolff: *Briefwechsel*, S. 350. Im höheren Alter wehrte sich Kurt zusehends gegen das Etikett »Verleger des Expressionismus«. Ein paar Jahre vor seinem Tod klagte er: »Es wurde mein verfluchter, verhaßter Ruhm, Verleger des Expressionismus gewesen zu sein.« *Kurt Wolff: A Portrait*, S. 18 f. Fritz Redlich führt mögliche Gründe dafür an: die Erkenntnis, in seinem jugendlichen Enthusiasmus ein paar Werke veröffentlicht zu haben, die er, wie ihm später klar wurde, überschätzt hatte, oder dass zum Expressionismus linke oder anarchistische Werke gehörten, die nicht zu seiner bürgerlich-liberalen Einstellung passten; Fritz Redlich, »German Literary Expressionism and Its Publishers«, *Harvard Library Bulletin* 17, Nr. 2 (April 1969). Mein Onkel Christian tendiert zu der dritten von Redlichs Vermutungen: dass Kurt ganz einfach keine Etiketten mochte. »Er empfand das Label ›Expressionismus‹ als zu beschränkend«, meinte Christian. »Bewegungen schreiben nicht. Menschen schreiben.«

Als Ludwig die Familie Nachdem Ludwig Mosel in den frühen Dreißigern in die NSDAP eingetreten war und sich in Berlin niedergelassen hatte, fiel es Helen leichter, ihrem Schwur treu zu bleiben. Dort geriet er in Not, übernahm aber bald eine unbezahlte Stelle beim Reichsbund der deutschen Kapital- und Kleinrentner, einem nationalsozialistischen Lobbyverband für Rentner, die ihre Ersparnisse durch die galoppierende Inflation verloren hatten, wodurch er ein bisschen Macht und Ansehen erlangte. Die ganze Zeit über lehnte Helen jeglichen Kontakt zu ihm ab. Auch fürchtete sie, dass es ihnen in den Exilanten- und Immigrantenkreisen in New York, in denen sie und Kurt verkehrten, schaden könnte, wenn die Verbindung ihres Vaters mit den Nazis ruchbar würde.

Helen musste sich Marion Detjen, *Zum Hintergrund des* Hintergrunds – Nachwort zu *Hintergrund für Liebe* (Bonn: Weidle, 2020), S.147. Helens Vorkriegsreisen und Aufenthalte in Südfrankreich mit einem sehr viel älteren, rastlosen Schwerenöter inspirierten sie später zu ihrem Roman *Hintergrund für Liebe*, der die berauschende Unsicherheit ihrer ersten gemeinsamen Jahre einfängt. »Wer schwimmt, der schwimmt«, sagt eine der Figuren. »Und wer untergeht, geht unter. Aber man soll während des Schwimmens nicht ans Untergehen denken.« Im April 1933 hatte man ihr beim Rowohlt Verlag mündlich zugesagt, man werde den Roman veröffentlichen, um dann einen Monat später nach den Bücherverbrennungen einen Rückzieher zu machen. Auch der Ullstein Verlag verlor sein Interesse, angeblich weil der Roman in Frankreich spielte; Detjen, *Zum Hintergrund des* Hintergrunds, S. 209. Erst sechsundzwanzig Jahre nach Helens Tod erschien der Roman in Deutschland.

»es ist besser« Detjen, *Zum Hintergrund des* Hintergrunds, S. 157.

»schon trostlos und zum Kotzen« Brief von Kurt Wolff an Walter Hasenclever, 26. November 1931, zitiert nach Steven Schuyler, *Kurt Wolff and Hermann Broch: Publisher and Author in Exile«, (*PhD thesis, Harvard University, Department of Germanic Languages and Literatures), S. 1984.

»ruhe [ich] mich aus« Brief von Kurt Wolff an Franz Werfel, 23. Juni 1930, *Briefwechsel*, S. 353.

In seinen Briefen klagte er Detjen, *Zum Hintergrund des* Hintergrunds, S. 152.

So weit weg vom eigentlichen Geschehen Ebd., S. 138.

Im März 1931 gestand er Ebd., S. 164.

»Seine jungen Stämme heißen Michael Bienert (Hg.): *Joseph Roth in Berlin: Ein Lesebuch für Spaziergänger* (Köln: KiWi, 2018).

»Wir sind jetzt auch mitten im Faschismus« Detjen, *Zum Hintergrund*, S. 201.

Neun Tage später Ebd., S. 201 und S. 204.

»Die sind wahnsinnig!« Helen beschreibt diese Episode in *The Exiles*, einem Dokumentarilm aus dem Jahr 1989 von Richard Kaplan.

»Diese Nachrichten« Hermann Hesse in einem Brief an Kurt Wolff, *Briefwechsel*, S. 273.

»Damit man herausbringt« Bertolt Brecht, »Flüchtlingsgespräche« (Berlin und Frankfurt a. M.: Suhrkamp, 1961), S. 159.

In ihrem 1951 zuerst auf Englisch erschienenen Buch Hannah Arendt, *Origins of Totalitarianism* (San Diego: Harcourt, 1973), S. 474. Die Stelle findet sich nicht in der deutschen Übersetzung.

ihren ganzen Lebensinhalt Sebastian Haffner: *Geschichte eines Deutschen* (Stuttgart: DVA, 2000), S. 69

Nur eine bestimmte Bildungsschicht Ebd., S. 70 f. Es ist unheimlich, wie sehr Haffners Analyse aus den späten Dreißigern mit Helens Charakterisierung der Deutschen übereinstimmt, die sie einen Tag vor dem Reichstagsbrand in einem Brief an ihren Bruder vornimmt: Das Urproblem des deutschen Menschen sei, dass »ihn das Leben langweilt und er es deshalb wegwirft – in einem herrisch scheinenden Rausch«. (Detjen, *Zum Hintergrund des* Hintergrunds, S.204).

Der einzige Rest, der Ebd., S. 132.

Albert Einstein sprach zitiert nach Fritz Stern, *Einstein's German World* (Princeton, NJ: Princeton University Press, 2016), S. 129.

»der größte Feind der Wahrheit« Ebd., S. 91. Joseph Roth, einer der Autoren des Kurt Wolff Verlags, machte in *Deutschland im Winter*, einem im Dezember 1923 erschienenen Essay, eine ähnliche Beobachtung. Darin verglich er die Folgen der Hyperinflation mit den Symptomen eines Patienten in »der höchsten Fieberhitze. Wer jemals am Bett eines Schwerkranken gesessen hat, weiß, daß die schmerzlichen Stunden nicht aus lauter pathetischen, erschütternden Augenblicken bestehen. Der Kranke redet irren Unsinn, lächerlichen, kleinen, seiner selbst und seiner Leiden unwürdigen Schwatz. Es fehlt ihm das regulierende Bewußtsein.« Joseph Roth, »Reise durch Deutschlands Winter«, *Frankfurter Zeitung*, 9.12.1923, in Joseph Roth, *Werke 1: Das Journalistische Werk 1915–1923* (hrsg. von Klaus Westermann, Lizenzausgabe Büchergilde Gutenberg, Frankfurt und Wien, 1994), S. 1098.

Nachdem der Künstler Gunter Demnig Siehe z. B. Katja Iken, »Der Stolperstein-Erfinder Gunter Demnig – Der Mann mit dem Hammer«, *Der Spiegel* vom 19. Juli 2017, https://www.spiegel.de/geschichte/gunter-demnigs-stolpersteine-erinnerung-an-opfer-des-holocaust-a-1158433.html.

»Der wahre Heroismus« Brief Helens an Maria, Anfang 1940.

Wenn Gunter Demnig Neiman, Von den Deutschen lernen, S. 808.

Eine Scham, die, abgelöst Jan Philipp Reemtsma, »Wozu Gedenkstätten?«, *Politik und Zeitgeschichte,* 21. Juni 2010. Zitiert nach Neiman, *Von den Deutschen lernen*, S. 826.

»Sein Erbe kann man sich« Ebd., S. 956.

»... das Zusammentreffen« Sybille Bedford, *Rückkehr nach Sanary: Roman einer Jugend* (aus dem Englischen von Sigrid Ruschmeier. München: SchirmerGraf, 1989), S. 106.

Hier können wir nicht bleiben *Briefwechsel*, S. 274. Um das bäuerliche Anwesen in der Toskana zu kaufen, versteigerte Kurt erneut einen Teil seiner antiquarischen Bücher, diesmal bei einer Auktion in der Galerie Alexandre II in Cannes. Schuyler, *Kurt Wolff and Hermann Broch.*

Gab es im Dorf einen Notfall Als Kurt und Helen schließlich auf eine Warnung hin aus Italien flohen, verdankten sie diese offenbar ihrer Hilfsbereitschaft während ihres Aufenthalts in Lastra a Signa. Im Rahmen eines Mitte der 2000er-Jahre durchgeführten Lokalgeschichteprojekts wurden auch die mündlichen Erinnerungen zweier Dorfbewohner festgehalten, die in den Dreißigerjahren in der Nähe von Il Moro aufgewachsen waren: »Dass die Gemeinde die Wolffs in so guter Erinnerung hatte, liegt nicht zuletzt an der Geschichte eines dreijährigen Mädchens, das an akuter Bronchopneumonie litt, einer damals oft tödlich verlaufenden Krankheit. Ihre älteste Schwester erzählte: ›Helen und Kurt Wolff kamen, um nach ihr zu schauen. Sie hatten ebenfalls ein kleines Kind ... Sie empfahlen, ihr warme Kompressen mit Leinsamenmehl und Olivenöl über Nacht auf die Brust zu legen und sie von Zeit zu Zeit zu erneuern ... Als der Arzt am nächsten Tag erschien, hatte sich das Befinden meiner Schwester verbessert. Verwundert sagte er: *Es geht ihr sehr viel besser, was habt ihr gemacht?* Meine Schwester wurde wieder gesund.‹« Giuseppe Simoncini, »Kurt Wolff, Soggiorno a Lastra«, LastraOnline.it, 2008, LastraOnline.it/p/storia.php?idpag=374&idpag=374.

Willy Haas, einer der ersten Lektoren Haas, »Kurt Wolff: 3. März 1887 – 22. Oktober 1963«.

Eine Vielzahl von Briefen Etliche Beamte und Pfarramtsmitarbeiter antworteten auf Kurts Anfragen und schickten ihm Kopien von Geburts-, Sterbe- oder Heiratsurkunden. So etwa sandte das zuständige evangelische Pfarramt in Bonn Kurt im Dezember 1936 Dokumente nach Italien, aus denen hervorging, dass Kurts Großeltern mütterlicherseits, August Karl und Bertha Isabella Marx, 1856 evangelisch getraut wurden. Doch offenbart das Dokument auch heikle Details bezüglich Augusts Vorfahren und enthält Auszüge aus Sterbeurkunden der israelitischen Gemeinde in Mannheim. In seinem nicht abgeschickten Antrag auf einen »Nachweis der arischen Abstammung« erwähnt Kurt seine Vorfahren mütterlicherseits nur bis zu seinen Großeltern und macht keine weiter zurückreichenden Angaben – gewiss weil sein Urgroßvater Jacob Marx nicht konvertiert war.

Kurt hatte Walter Hasenclever Detjen, *Zum Hintergrund des* Hintergrunds, S. 206.

»Wer Wissenschaft und Kunst besitzt« J. W. Goethe, *Gedichte,* Nachlese, Zahme Xenien, Kap. 9.

Berthas Eltern waren Eine Heirat zwischen Cousins und Cousinen war im 19. Jahrhundert unter deutschen Juden nichts Ungewöhnliches. Das stärkte die Familienbande und festigte das Vermögen – eine weise Absicherung in einer Welt, in der sie von so vielem ausgeschlossen waren.

Doch in der Naziideologie Rigg, *Hitlers jüdische Soldaten*, S. 7.

Und dass die Bezeichnung Felix Mendelssohn-Bartholdy wurde bereits als Kind christlich getauft und feierte bekanntermaßen mit seiner Musik die Reformation, aber die Versuche der Nazis, ihn zu »rejudaisieren«, waren so erfolgreich, dass der Komponist noch heute weitestgehend als jüdischer Komponist wahrgenommen wird.

das »Entre Billet zur Europäischen Kultur« Heinrich Heine, »Prosanotizen«, *Sämtliche Werke* (Düsseldorfer Heine-Ausgabe), Bd. X, S. 313.

Aber er sollte es bitter bereuen In seinem satirischen Versepos *Deutschland. Ein Wintermärchen* zermarterte sich Heinrich Heine den Kopf über die Anziehung, die sein Heimatland auf ihn ausübte, und beklagte, dass es dort im Gegensatz zu Paris, wohin er geflohen war, viel zu wenige demokratische Strukturen gab. Heines Epos war dennoch eine Liebeserklärung an die deutsche Sprache, seine Muttersprache – »unser heiligstes Gut«, wie er es nannte, »ein Vaterland selbst demjenigen, dem Torheit und Arglist ein Vaterland verweigern«. Elon, *Zu einer anderen Zeit, S. 123*. Es gibt wohl keinen melancholischeren Blick auf das Schicksal der akkulturierten deutschen Juden als dieses Werk von Heine, der Goethe liebte, Kant bewunderte, sich zu Klassik und Aufklärung bekannte. »Daher ist es kein Wunder, daß die Identität der deutschen Juden schwankend war …, und wie Heine einmal gesagt haben soll, sind Juden wie ihre Mitmenschen, das allerdings nur noch mehr als diese.« Stern, *Fünf Deutschland und ein Leben*: *Erinnerungen* (aus dem Englischen von Friedrich Griese. München: C. H. Beck, 2007), S. 30.

Ein »Arrivist«, der »nie arrivierte« Stern, *Fünf Deutschland und ein Leben*, S. 376 f. Im 19. Jahrhundert taten sich deutsche Juden durch ihre »unbekümmerte Großmütigkeit« hervor, die sie »auf den verzweifelten und letztlich vergeblichen Versuch [richteten], den deutschen Patriotismus zu zivilisieren, auf einen durch Gesetze definierten und nicht auf Blut gegründeten Staat, auf eine Trennung von Kirche und Staat, auf die Errichtung einer Gesellschaft, wie man heute als offen, verfassungspatriotisch und multikulturell nennen würde.« Elon, *Zu einer anderen Zeit: Porträt der jüdisch-deutschen Epoche* (1743–1933), S. 16 f.

Bis zur Mitte des 20. Jahrhunderts Fritz Haber erhielt den Nobelpreis für Chemie, weil er ein Verfahren zur Synthese von Ammoniak aus Stickstoff und Luft entwickelt hatte. Er konvertierte zum Christentum, um seine Karriere zu befördern. Als Weltkriegsveteran hätte er nach der »Machtergreifung« am Kaiser-Wilhelm-Institut für physikalische Chemie bleiben können, doch dann hätte er die Entlassung aller jüdischen Mitarbeiter akzeptieren müssen. Er beschloss, die Leitung des Instituts niederzulegen, und starb im Jahr darauf an Herzversagen. Siehe Stern, »Together and Apart: Fritz Haber and Albert Einstein«, in *Einstein's German World*, S. 59–164. Haber, der eine der chemischen Waffen mitentwickelt hatte, die im Ersten Weltkrieg eingesetzt wurden, beteiligte sich auch an der Entwicklung von Zyklon B, das die Nazis in den Gaskammern einsetzen sollten. Er war Fritz Sterns Pate, und sein ältester Sohn Hermann war Sterns Onkel. Dennoch weist Stern unumwunden auf Habers paradoxe Verstrickung hin: »Die grauenhafte Tatsache, dass Haber daran beteiligt war, das Gas zu entwickeln, das später Millionen von Juden, darunter auch Freunde und entfernte Verwandte, tötete, spottet jeder Beschreibung.« Stern, »Together and Apart: Fritz Haber and Albert Einstein«, in *Einstein's German World*, S. 135. Aufgrund ihrer genealogischen Nachforschungen vermutet meine Tante Holly, dass Fritz Haber ein Abkömmling von Isaac Haber war, meines Urururururgroßvaters und des Vaters von Salomon von Haber. Wie Fritz Habers Familie kamen auch Isaac und Salomon aus Breslau.

Einer, der Oberrabbiner in Trier wurde Dieser Vorfahr, Mordechai ben Samuel ha Levi, hieß mit bürgerlichem Namen Marx Levi. Er war der Großvater von Karl Marx und meinem Urururururgroßvater Jacob Meyer Marx und damit mein Großvater sechsten Grades. Ich muss also bis zu Salomon von Haber und Jacob Meyer Marx' Sohn Jacob Marx zurückgehen, der 1830 starb, um auf Vorfahren zu treffen, die sich selbst als jüdisch betrachteten.

Im 18. Jahrhundert In einem vertraulichen Gespräch nannte Papst Benedikt XIV. Moses Wolff »den einzigen Menschen mit einem Kopf zwischen den Schultern im kurfürstlichen Schloss in Bonn«. 1768 wurde Dr. Wolff in den Vatikan bestellt, um Clemens XII. wegen eines Augenleidens zu behandeln.

AUSLIEFERUNG AUF VERLANGEN

Nach einer Warnung Da sie Hals über Kopf aus Italien flohen – und später dann aus Paris und Nizza –, mussten Kurt und Helen nicht nur die Villa Il Moro, zurücklassen, für die sie drei Jahre zuvor »all [ihre] Reserven« mobilisiert hatten, sondern auch viele andere Besitztümer. Bei einer Reise nach Florenz im Jahr 2000 fuhren meine Frau Vanessa und ich mit dem Bus nach Lastra a Signa, machten Il Moro ausfindig und klingelten an der Tür. Der Mann, der öffnete, Luciano Innocenti, wohnte jetzt in der aufgeteilten Villa mit drei Generationen seiner Familie. In den nächsten drei Monaten knüpfte mein Vater brieflich Kontakt zu ihm und seiner Tochter Laura. Ein Jahr später reisten wir erneut nach Lastra a Signa, diesmal mit meinen Eltern. Bei diesem Besuch wies Niko auf verschiedene Einrichtungsgegenstände, an die er sich von seinen Besuchen in den Dreißigerjahren erinnerte und die seinem Vater gehört hatten.

Laut Kurts Tagebuch Helens Mutter Josephine starb im Juni 1937 in Lastra a Signa. Sie ist auf dem Friedhof der Kirche Santo Stefano in Florenz unweit des Ponte Vecchio beerdigt.

»Wir können und wollen nicht« Detjen, »Kurt and Helen Wolff«, in *Immigrant Entrepreneurship*. Die Freundin, Elisabeth Mayer, war Marias Klavierlehrerin und die spätere Schwiegermutter von Wolfgang Sauerländer, der in Kurt und Helens Verlag Pantheon als Lektor arbeiten sollte.

Dort stieß Luise Marx Luise Marx Wolff, Nikos unverwüstliche Oma Lullu, starb im Juni 1947 eines natürlichen Todes in Nizza. Im September 1943, nachdem Italien mit den Alliierten einen Waffenstillstand geschlossen hatte, marschierten deutsche Truppen in die bislang von Italien kontrollierte Zone Frankreichs ein, zu der Nizza gehörte, und deportierten in den folgenden fünf Monaten 5000 Juden. Doch Oma Lullu blieb trotz ihrer jüdischen Wurzeln verschont. Indessen fürchtete in Deutschland Hermann Grafe, der nichtjüdische Mann von Kurts Schwester Else, bis zu seinem Tod im Jahr 1943, dass seine Frau als »Mischling ersten Grades« in die Fänge der Nazis geraten würde. Das geschah gottlob nicht. Sie starb 1967 in Rastatt.

Der Eintrag vom 29. September Damit bezieht sich Kurt auf das Münchner Abkommen, in dem sich Großbritannien, Frankreich und Italien mit der Abtretung des Sudetenlandes an das Deutsche Reich einverstanden erklärten. In der Absicht geschlossen, einen Krieg zu verhindern, ermutigte es im Gegenteil Hitler nur noch und wurde zum berüchtigten Paradebeispiel für eine gescheiterte Appeasement-Politik. »Als [der britische Premierminister] Chamberlain abreiste«, sagte mein Vater einmal zu mir, »wussten wir, die Chancen, dass es keinen Krieg gegeben würde, waren gleich null.«

in der »Reichskristallnacht« Am 9. November 1938 schlossen sich deutsche Bürger den Braunhemden von Hitlers Sturmabteilung (SA) an, um Juden zu attackieren und Häuser und Geschäfte von Juden zu plündern.

Habent sua fata libelli Zitiert nach Schuyler, *Kurt and Hermann Broch.*

Also beschworen Kurt und Helen zwei Freunde Herbert Mitgang, »Imprint«, *New Yorker*, 2. August 1982.

»Als sie mich sah« Helen Wolff, *My Most Unforgettable Character*, unveröffentlichte Erinnerungen, ca. 1942.

Jahrhundertealte, miteinander verwachsene Zypressen Ebd.

Gräfin Colloredo-Mannsfeld Christopher A. Brooks und Robert Sims, *Roland Hayes: The Legacy of an American Tenor* (Bloomington: Indiana University Press, 2016), S. 107.

Während langer Phasen der Trennung Ebd., S. 135.

Nach einem Wutanfall Christopher A. Brooks, Koautor der Biografie von Roland Hayes, geht näher auf die Affäre des Tenors mit Gräfin Colloredo-Mannsfeld ein, in: »Roland Hayes and the Countess«, einem Blogpost auf der Verlagswebseite, Indiana University Press News Blog, 27. Februar 2015, iupress.typepad.com/blog/2015/02/ roland-hayes-and-the-countess.html.

Und sie war der Grund Ernest Kolowrat, *Confessions of a Hapless Hedonist* (Middletown, DE: Xlibris, 2001), S. 170. Kolowrat, der Neffe der Gräfin, zeichnete in seinen Memoiren ein lebendiges Porträt seiner Tante, die er »Issten« nannte, nach ihrer Gewohnheit, immer »Was ist denn?« zu sagen.

»Würde ich im Vornhinein« Helen Wolff, *My Most Unforgettable Character*. Die Gräfin starb 1982 im Alter von einundneunzig Jahren in der Nähe ihres Schlosses. Ihre Söhne waren für ihren Unterhalt aufgekommen, gemäß dem Wunsch ihres Vaters, sie sollten sich »um Mami kümmern, weil sie es allein niemals tun wird«; Kolowrat, *Confessions*, S. 181. Dennoch war sie irgendwann gezwungen, erst Teile des Hausrats zu veräußern, dann Gemälde und Antiquitäten und schließlich auch Teile des umliegenden Landes; ebd., S. 173. Dem großen Wohlwollen, das sie in der Gegend genoss, war es zu verdanken, dass ihr eine Zwangsräumung erspart blieb. Zwei ihrer Enkel – Mayas Zwillingssöhne Igor und Grichka Bogdanoff – reisten im Hubschrauber von Paris aus zu ihrer Beerdigung an; Brooks und Sims, *Roland Hayes*, S. 319. Die Brüder Bogdanoff wurden in der Folge berühmt durch Science-Fiction-Shows und populärwissenschaftliche Sendungen, die sie im französischen Fernsehen moderieren, und sind inzwischen Kultfiguren auf YouTube.

Und so, erinnerte sich Helen später Mitgang, »Imprint«.

Aber obwohl sich auch mein Großvater Im Juli 1942 fand eine groß angelegte Razzia statt, die unter dem Namen »La grande rafle« bekannt wurde. Polizisten des Vichy-Regimes verhafteten 13 000 Juden, die meisten von ihnen Ausländer oder Staatenlose, in ihren Häusern und Wohnungen in Paris und internierten sie im Vélodrome d'Hiver, dem Radstadion, in dem auch Helen inhaftiert gewesen war, ehe man sie nach Gurs verlegte. Von dort aus wurden die Gefangenen mit Zügen in die deutschen Vernichtungslager deportiert.

»Wir mussten uns an einen Ort« Mitgang, »Imprint«.

Jetzt mussten sie noch Christian Mein Onkel erzählte mir, wie er bei einem Spaziergang durch La Rochelle einige Wehrmachtssoldaten in den Straßen sah und sie auf Deutsch »anquatschte«. »Sie wirkten ein bisschen verdutzt«, sagte Christian, der damals sechs war und erst sehr viel später begriff, wie sehr er sich selbst und auch seine Eltern in Gefahr gebracht hatte.

Am 6. September Mitgang, »Imprint«.

Unermüdlich kämpfte er gegen Da Bingham nicht anders konnte, als seinem Gewissen zu folgen, ruinierte er seine Karriere im Außenministerium. Sheila Isenberg, *A Hero of Our Own: The Story of Varian Fry* (New York: Random House, 2001), S. 193.

»Wie der erste Vogellaut« Hans Natonek, *In Search of Myself*, (New York: G. P. Putnam's, 1943), S. 180.

An selben Abend traf Andy Marino, *A Quiet American: The Secret War of Varian Fry* (New York: St. Martin's Press, 1999), S. 164 ff. Während Frey und seine Schützlinge in Port-Bou ausgelassen beim Essen saßen, »kam ein Mann an den Tisch und flüsterte Fry etwas ins Ohr. Er fragte ihn auf Englisch, ob er mit ihm kurz im Freien sprechen könne. Dort sagte er, er habe Heinrich Mann erkannt, und höchstwahrscheinlich würde der Mann, der in einer Ecke des Restaurants saß, ihn auch erkennen, handelte es sich doch um den örtlichen Chef von Francos Geheimpolizei. ›Er ist ein ziemlich unangenehmer Bursche‹, bekräftigte der britische

Konsul gegenüber Fry. Unverzüglich brach die Tischgesellschaft auf, und alle gingen nach oben in ihre Betten.« Marino, *A Quiet American*, S. 176.

Um ein von der Vichy-Regierung kontrolliertes Gebiet Ein Ausreisevisum zu beantragen, hieß, die Gestapo auf sich aufmerksam zu machen. Die Flüchtlinge mussten damit rechnen, dass die Vichy-Behörden den Nazis die Namen jedes Antragstellers weiterreichen würden – die Bürokratie entpuppte sich als gefährliche Falle. Marino, *A Quiet American*, S. 109.

»eine romantische, schmutzige« Marino, *A Quiet American*, S. 104.

Mein Verlag war Sylvia Asmus and Brita Eckert, »Emigration und Neubeginn: Die Akte ›Kurt Wolff‹ im Archiv des Emergency Rescue Committee«, in *Kurt Wolff: Ein Literat und Gentleman*, S. 139.

mit einem Klebeband Isenberg, *A Hero of Our Own*, S. 4.

Die zweite Bürgschaft »Gefürchteter noch als jedes Einreise-, Transit- oder Ausreisevisum war bei den Intellektuellen der eidesstattlich zu erbringende Nachweis, daß sie in den USA keiner finanziellen Unterstützung bedürfen würden, das Affidavit«, schrieb Anthony Heilbut. »Wer wußte besser als sie um den Wert eines Stücks Papier, das ihren potentiellen Wert als Bürger bescheinigte? Eine solche Bestätigung, die das Unwesentlichste (das Geld) über das Wesentlichste (den Charakter) stellte, entschied über ihre Existenz.« Anthony Heilbut, *Kultur ohne Heimat: Deutsche Emigranten in den USA nach 1930* (aus dem Amerikanischen von Jutta Schust. Berlin: Quadriga, 1987), S. 50.

Am 20. September Asmus und Eckert, »Emigration und Neubeginn«, in *Kurt Wolff: Ein Literat und Gentleman*, S. 140–141.

Der Gedanke dahinter war Mitgang, »Imprint«.

Fry bedankte sich Asmus und Eckert, »Emigration und Neubeginn«, in *Kurt Wolff: Ein Literat und Gentleman*, S. 142.

… [der] Berg Ararat Erich Maria Remarque: *Die Nacht von Lissabon* (Köln: Kiepenheuer & Witsch, 2017), S. 7 f.

Jahrzehnte später Nach Helens Tod im Jahr 1994 faxte Ecos Übersetzer William Weaver die englische Übersetzung dieses Textes an Harcout Brace in New York. Offenbar war er in einer in Italien veröffentlichen Hommage enthalten.

»die durch eine Tür« Anna Seghers, *Transit* (Darmstadt: Deutscher Bücherbund, 1987), S. 196.

Es ist unmöglich Benjamin Schwarz, »Hitler's Co-Conspirators«, *Atlantic*, Mai 2009.

Auch die Wehrmacht war an Haus der Wannsee-Konferenz, Ausstellungstafel 5.5, Katalog 2009.

Als Goebbels in seiner »Sportpalastrede« Ebd.

In München marschierten Neiman, *Von den Deutschen lernen,* S. 65.

»Zwar war während der Ausbildung« Günter Grass, *Beim Häuten der Zwiebel* (Göttingen: Steidl, 2006), S. 127.

IN EINEM DUNKLEN RAUM

»Braun wie die Erde ist unser Arbeitskleid ...« Grass, *Beim Häuten der Zwiebel,* S. 151.

An seinen Stiefvater Hans Albrecht Nikos Stiefvater starb 1944 an Krebs. Mein Vater erhielt Fronturlaub und fuhr mit dem Zug nach München zur Beerdigung. Er habe trotz seiner Uniform wie ein Kind geweint, schrieb Maria in einem Brief.

wäre dagegen ein »Sandkastenspiel« Zitiert nach Guido Knopp: *Die Wehrmacht. Eine Bilanz* (München: Goldmann, 3. Aufl. 2007), S. 76.

Mir ist, als ob ich Hitler bei einer Lagebesprechung, zitiert nach Joachim Fest, *Hitler. Eine Biografie* (Berlin: Propyläen-TB bei Ullstein, 1999), S. 915.

mit seiner ›heimlichen Unendlichkeit‹ Bei den Worten »heimliche Unendlichkeit« handelt es sich um ein Zitat von Nietzsche aus *Jenseits von Gut und Böse.* Der Philosoph meint damit den wahren Kern eines Individuums, der frei von religiösen, gesellschaftlichen und nationalen Zwängen ist.

Hierbei werden zweifellos *Der Prozess gegen die Hauptkriegsverbrecher vor dem Internationalen Militärgerichtshof, Nürnberg, 14. November 1945 bis 1. Oktober 1946,* Bd. 31, Nürnberg 1948, S. 84, Dok. 2718-PS, *Aktennotiz über Ergebnis der heutigen Besprechung mit den Staatssekretären über Barbarossa,* 2. Mai 1941.

Vor dem Beginn des Unternehmens Frederick Taylor: *Zwischen Krieg und Frieden: Die Besetzung und Entnazifizierung Deutschlands 1944–1946* (aus dem Englischen von Klaus-Dieter Schmidt. Berlin: Bloomsbury, 2011), S. 208.

»… durch die Kriegshandlungen« Ebd.

Davon war vor allem auch die Ukraine betroffen Ebd., S. 209

Die Ukraine würde die »Kornkammer« Snyder, *Bloodlands,* S. 175.

»waren alle Opfer einer mörderischen Politik« Ebd., S. 10.

»der Beginn einer Katastrophe« Ebd., S. 169.

»Bald nach Beginn der Invasion« Ebd., S.13.

»Wenn deutsche Soldaten« Ebd., S.183. »Der Rest traditioneller soldatischer Ideale musste im Interesse einer destruktiven Ethik aufgegeben werden …«, schreibt Snyder. »Natürlich mussten deutsche Soldaten ernährt werden, aber sie aßen, um Kraft für die Führung eines bereits verlorenen Kriegs zu gewinnen. Natürlich mussten Kalorien aus dem Land geholt werden, um sie zu ernähren, aber das erzeugte eine letztlich sinnlose Hungersnot. Als das OKW und die Feldkommandeure illegale und mörderische Maßnahmen ausführten, fanden sie keine andere Rechtfertigung als die von Hitler gebotene: Menschliche Wesen seien Behälter von Kalorien, die geleert werden müssten, und Slawen, Juden und Asiaten, die Völker der Sowjetunion, seien Untermenschen und daher überflüssig.« Ebd., S. 191.

»… es war das Ausbleiben eines Sieges Ebd., S 191.

Als am 13. Und 14. Oktober 1941 »Erinnerung an die ermordeten Juden von Dnepropetrovsk«, Stiftung Denkmal für die ermordeten Juden Europas, https://memorialmuseums.org/staettens/druck/800.

etwa zu der Zeit, als mehr als 10 000 Snyder, *Bloodlands*, S. 215.

mit meiner Cousine Marion Detjen, Geschichtsprofessorin am Bard College in Berlin, ist Helen Wolffs Großnichte – die Enkelin von Helens Schwester Elisabeth (Liesl) Mosel Steinbeis.

»Du gehörst von nun an dem Führer« Jarausch, *Zerrissene Leben*, S. 89.

Ich will keine intellektuelle Erziehung Hermann Rauschning: »Gespräche mit Hitler«, in: Walther Hofer (Hrsg.), *Der Nationalsozialismus: Dokumente 1933–1945*, Frankfurt a. M., 1957, S. 88.

»Die ersten Tage eines Europäers« Franz Kafka, *Der Verschollene* (hrsg. v. J. Schillemeit, Frankfurt a. M.: Kritische Ausgabe, 2002), S. 55 f.

dass von den amerikanischen Gästen Die erste Publikation von Pantheon mit dem Titel *Danse Macabre* sollte diese nicht gestellte Frage beantworten. Darin hatte der belgische Grafiker Frans Masereel, einst Mitarbeiter des Kurt Wolff Verlags, den Einmarsch der deutschen Truppen in Paris und die Flucht der französischen und belgischen Truppen, denen er selbst angehört hatte, auf Holzschnitten festgehalten.

»Ich habe keine Lust« Helen Wolff, zitiert in dem Film *The Exiles* (Regie: Richard Kaplan).

von der US-Regierung nachzulesen in: Carsten Burhop, Michael Kißener, Hermann Schäfer und Joachim Scholtyseck: *Merck: Von der Apotheke zum Weltkonzern* (C. H. Beck, 2018), S. 230 ff. Die Vereinigten Staaten traten im April 1917 in den Krieg ein; ein Jahr später wurde das amerikanische Tochterunternehmen Merck & Co. enteignet. Die beiden Firmen sollten nie wieder unter einem Dach vereint werden.

wo sich das nächste Polizeirevier befand Helen Wolff, zitiert im Film *The Exiles.*

Häufig besuchten sie Konzerte Detjen, »Kurt and Helen Wolff«, in *Immigrant Entrepreneurship.*

George Merck Obwohl auf zwei Kontinenten verstreut, sollten die Mitglieder der Familie Merck weiterhin eng verbunden bleiben, auch noch nachdem 1918 die in New Jersey ansässige Tochterfirma enteignet worden war. Das zeigt etwa folgende kuriose Geschichte: Adam (Harry) Happel war der uneheliche Sohn von Elise (Lieschen) Happel, dem Kindermädchen von Elisabeth Mercks Vater, meinem Urgroßvater Carl Emanuel Merck. Harry Happel wuchs als Emanuels Ziehbruder auf, ehe er in den 1870ern in die Vereinigten Staaten auswanderte. Achtzehn Jahre lang verdingte er sich als Fischer in Gloucester, Massachusetts, und lebte ein paar weitere Jahre als Selbstversorger in Oklahoma, ehe er 1898 zur Goldsuche nach Alaska aufbrach. Von Cordova aus hielt er Kontakt mit George W. Merck, dem Chef der mittlerweile unabhängigen US-amerikanischen Firma Merck & Co. Einmal lud er sogar einige Firmenangehörige auf seine Parzelle ein, um ihnen mögliche pharmazeutische Rohstoffe anzubieten. Es ist unklar, ob Merck & Co. darauf eingingen. Als Harry Happel 1946 an einer Hirnblutung starb, schickte ein Freund aus Alaska eine Todesanzeige an George, dieser gab die Nachricht an Kurt weiter, durch den sie schließlich nach Darmstadt gelangte. Diese Geschichte ist im Merck-Archiv dokumentiert, A-148.

Er wünsche sich *Kurt Wolff: A Portrait*, S. XXVI.

Um von den New Yorker literarischen Kreisen Bei einer Präsentation im Berliner Centre Marc Bloch im Juni 2018 zeigte Marion Detjen dieses Foto, um die »autobiografischen Strategien« von Einwanderern wie Kurt und Helen zu veranschaulichen, die sich bei ihrer Neuerfindung in ein möglichst vorteilhaftes Licht zu rücken versuchten. Wenn Christian heute das Foto betrachtet und sich in dieser Aufmachung als »Kleiner Lord« sieht, zuckt er zusammen. Und über den Potemkin'schen Hund kann er nur den Kopf schütteln: »Wir hatten immer nur Katzen.«

»Sie wissen ja« Brief von Thomas Mann an Kurt Wolff, 11. Januar 1946, in *Kurt Wolff: A Portrait*, S. 163.

dem russisch-jüdischen Flüchtling Jacques Schiffrin, der die angesehene Reihe *Bibliothèque de la Pléiade* ins Leben gerufen und diese später im Verlag Gallimard herausgegeben hatte, musste aus Paris fliehen, als Gallimard auf Anweisung des Vichy-Regimes alle jüdischen Mitarbeiter entließ.

und mit Wolfgang Sauerländer Detjen, »Kurt and Helen Wolff«, in *Immigrant Entrepreneurship*.

Ihr Sachbearbeiter für die Bestellabwicklung Schuyler, *Kurt Wolff and Hermann Broch*.

»So grotesk es sich anhören mag« Brief von Helen Wolff an Maria Wolff Baumhauer, 28. März 1946, zitiert in: Schuyler, *Kurt Wolff and Hermann Broch*. Dass Kurt nur wenig Englisch konnte, lag daran, dass auf den deutschen Gymnasien damals den klassischen Sprachen Vorrang vor den modernen Sprachen gegeben wurde.

Eines Tages wurde bei einer Besprechung Laura Fermi, *Illustrious Immigrants: The Intellectual Migration from Europe, 1930–41* (Chicago: University of Chicago Press, 1968), S. 280.

»Man muss dies Land wie eine andere Sprache lernen« Detjen, »Kurt and Helen Wolff«, in: *Immigrant Entrepreneurship.*

»Es war kein Geschenk des Himmels«, Helen Wolff, zitiert im Film *The Exiles.*

Die Unwägbarkeiten der Zeitläufte Schuyler, *Kurt Wolff and Hermann Broch.*

»die amerikanische Leserschaft« Ebd., S. 25.

Die Zeit war aus verschiedenen Gründen Detjen, »Kurt and Helen Wolff«, in: *Immigrant Entrepreneurship.*

»als Europa noch ein Schlachtfeld war« Helen Wolff, »Elective Affinities«, Rede im Deutschen Haus in New York, 15. Mai 1990.

Im folgenden Jahr »Verseuchen Sie diese Weihnachten Ihr Heim bloß nicht mit Grimm«, schrieb Sterling North in der Literaturbeilage der *Chicago Sun.* »Die Nachrichtensprecher im Radio werden genügend Berichte über die deutsche *Schrecklichkeit* liefern.« Zitiert nach Schuyler, *Kurt Wolff and Hermann Broch.* Siehe auch André Schiffrin, *The Business of Books: How International Conglomerates Took Over Publishing and Changed the Way We Read* (London: Verso, 2000), S. 21.

Doch glücklicherweise schrieb W. H. Auden, »In Praise of the Brothers Grimm«, *New York Times Book Review*, 12. November 1944. Die Schwiegermutter des Pantheon-Lektors Wolfgang Sauerländer war vor dem Krieg Audens private Deutschlehrerin gewesen. Schuyler, *Kurt Wolff and Hermann Broch.*

»Überhaupt [Amerika] gefällt mir« Brief Helen Wolffs an Bertha Colloredo-Mannsfeld, 29. März 1942. H&KW Papers, 2019 genm 0032, box 3. Charles Péguy, »Sur la guerre«, in: *Cahiers de la Quinzaine.*

»Ich werde zwar« Brief von Franz Kafka an Kurt Wolff, 27. Juli 1917, Kurt Wolff, *Briefwechsel*, S. 43

»Was Ihre Zukunftspläne angeht« Ebd., S.44.

»... während man für den« Reiner Stach, *Kafka: Die Jahre der Erkenntnis*, S. 203. »Solange der Expressionismus dauerte, war [Kurt Wolf] dessen Verleger und zu einem großen Teil auch Zahlmeister – und wenn man bedenkt, wie miserabel die Bezahlung häufig war ... Kafka erhielt 1918 25 Mark an Tantiemen; 1923, auf dem Höhepunkt der Hyperinflation, ließ er sich die Summe in Büchern ausbezahlen«; »Expressionism Today«, *Times Literary Supplement*, 6. November 1970. Es wäre dennoch unfair, Kurt vorzuwerfen, er hätte Kafka im Stich gelassen oder ihn unrecht behandelt. Im November 1921 ermutigte ihn Kurt dazu, ein oder zwei Manuskripte mit Romanlänge einzureichen: »Sie und wir wissen, dass es gemeinhin gerade die besten und wertvollsten Dinge sind, die ihr Echo nicht sofort, sondern erst später finden, und wir haben noch den Glauben an die deutschen Leserschichten, daß sie einmal die Aufnahmefähigkeit haben werden, die diese Bücher verdienen.« Stach, *Kafka: Jahre der Erkenntnis*, S. 447. Wenige Jahre vor Kafkas Tod im Jahr 1924 veröffentlichte Kurt *Der Verschollene* (*Amerika*) und *Das Schloss*. »Für Kafka war er der ideale Verleger, und es schmerzt, ihn sich in weniger sensiblen Händen vorzustellen.« *Times Literary Supplement*, 2. Februar 1970.

»... irgendwie muss man aufschreien« Brief an Josef Körner, 16. Dezember 1918, zitiert nach Stach, *Kafka: Jahre der Erkenntnis*, S. 203.

EIN ENDE MIT SCHRECKEN

Nach der geglückten Landung Ian Kershaw, *Das Ende: Kampf bis in den Untergang. NS-Deutschland 1944/45* (aus dem Englischen von Klaus Binder, Bern Leineweber und Martin Pfeiffer. München: Pantheon, 2013), S. 358.

Niko wanderte mit einem Kameraden Nikos Freund Schubi wurde in der Nähe von Hamburg von den Briten aufgegriffen, aber nach Kriegsende wieder freigelassen. Doch er besaß keine gültigen Papiere für die französische Besatzungszone, wo das elterliche Weingut lag. »Es gelang mir, einen englischen Major zu finden, der scharf auf Wein war und mich dann in einem britischen Auto nach Grünhaus fuhr, wo Gott sei Dank alles erhalten geblieben war«, schrieb er ins Gästebuch zum fünfzigjährigen Klassentreffen ihres Schondorfer Jahrgangs.

Als den Deutschen Anfang 1945 dämmerte Kershaw, *Das Ende*, S. 273.

»Wer nicht für sein Volk« zitiert nach Kershaw, *Das Ende*, S. 299.

»Wisst ihr, was wir tun werden?« Je mehr ich über die »Rassenpolitik« der Nazis erfahre, desto plausibler erscheint es mir, dass mein Vater an diesem Tag einem Akt des Widerstandes gegen das Regime beiwohnte, wodurch er ins Visier der Nazis hätte geraten können. Zwar mochte er einen »Nachweis der arischen Abstammung« bei sich geführt haben, doch die »NS-Politik gegenüber den ›Mischlingen‹ war ein verwirrendes Labyrinth von Widersprüchen« (Rigg, *Hitlers jüdische Soldaten*, S. 329), und die Nazis entfernten während des Kriegs »Mischlinge« nach und nach aus der Wehrmacht. »Wenn der Krieg noch länger gedauert oder wenn Deutschland den Krieg gewonnen hätte, wären die meisten ›Halbjuden‹ ausgerottet worden. ›Vierteljuden‹ hätten mit weiterer Diskriminierung und wahrscheinlich mit selektiver Ausrottung rechnen müssen.« Rigg, *Hitlers jüdische Soldaten*, S. 333.

Nach und nach sollten die Alliierten rund fünf Millionen Soldaten Taylor, *Zwischen Krieg und Frieden*, S. 144.

Doch Essensrationen von 850 Kalorien Günter Grass, *Beim Häuten der Zwiebel*, S. 150.

»Natürlich ist uns das Herz schwer« Niko befand sich seit Herbst 1943 nicht mehr an der russischen Front, doch die Nachricht über seine Verlegung scheint seinen Vater in New York nicht erreicht zu haben.

» …denn wenn Sie« Norman Ohler, *Der totale Rausch: Drogen im Dritten Reich* (Köln: Kiepenheuer & Witsch, 2015), S. 146.

Das andere, ein Opioid Elizabeth Nicholas, »Hitler's Suicide and New Research on Nazi Drug Use«, *Time online*, 28. April 2017, https://time.com/4744584/hitler-drugs-blitzed/.

Seit dem frühen 20. Jahrhundert Ohler, *Der totale Rausch*, S. 27.

»Schwesterchen Eu.« Klaus Mann, Eintrag vom 16. Januar 1932, *Tagebücher: 1931 bis 1933* (München: Edition Spangenberg, 1989), S. 32.

»Eukodal ist wie eine Mischung« William Burroughs, *Naked Lunch*, zitiert nach *TAZ*, 5. Februar 2014. https://taz.de/Hommage-an-William-S-Burroughs/!5049325/.

Unter dem Einfluss von Eukodal Ohler, *Der totale Rausch*, S.188–190.

Im Oktober Ebd., S. 332.

Im Juli 1944 spielten Ebd., S. 207–218

Im Dezember 1944 Ohlers Schlussfolgerung, dass die Luftangriffe auf die Merck-Fabrik Hitlers Versorgung mit Opioiden ein Ende setzten, wird durch den *U.S. Strategic Bombing Survey* gestützt: »Die schlimmsten Verluste verzeichnete die Alkaloide-Produktion, waren doch die betreffenden Gebäude schwer beschädigt worden. Hier wurde Eukodal, ein von der Wehrmacht eingesetztes Morphinersatzmittel, produziert. Nach dem Bombenangriff kam die Produktion zum Erliegen.« *U.S. Strategic Bombing Survey, Morale Division, The Effects of Bombing on Health and Medical Care in Germany*, Washington, DC, 1945, S. 332, im Merck-Archiv F15-7.

»Diese Mischung ›mutierte‹« Ohler, *Der totale Rausch*, S. 219.

Tatsächlich hatte Hitlers Ebd., S 246.

Ab Januar 1945 Ebd., S. 286 f.

Zwei Monate später Ebd., S.292.

Ohlers Ausführungen zufolge Während einige Historiker, etwa Anthony Beevor und Iain Kershaw, Ohlers Thesen unterstützen, wirft ihm der Brite Richard J. Evans vor, er habe Hitler als einen Junkie dargestellt, der nicht für seine Handlungen verantwortlich gemacht werden könne. Evans erwähnt weitere Historiker, die in Morells Notizbüchern keinen Beweis für einen Opioidmissbrauch erkennen können. Frühere historische Deutungen hatten Hitlers Verfall einer Parkinson-Erkrankung zugeschrieben. Richard J. Evans, »Blitzed: Drugs in Nazi Germany, a Crass and Dangerously Inaccurate Account«, *Guardian* (UK), 16. November 2016.

BLUT UND SCHANDE

Die Hälfte aller militärischen Todesopfer Kershaw, *Das Ende*, S. 515.

Aber das minderte das Ausmaß Richard Bessel: *Germany 1945: From War to Peace* (London: Pocket Books, 2010), S. 6.

»skandalöses Defizit« W. G. Sebald, *Luftkrieg und Literatur* (München: Hanser, 1999), S. 82.

Während des Kriegs Victor Gollancz, zitiert nach Stig Dagerman, *Deut-*

scher Herbst (aus dem Schwedischen von Günter Barudio. Frankfurt: Suhrkamp, 1987), S. 15.

»Denn das verschuldete Leiden« Ebd., S. 23.

»Es ist von anderen Völkern« Thomas Mann, »Deutsche Hörer«, in *Essays*, Bd. 2: Politik, hrsg. von Hermann Kurzke (Frankfurt: Fischer, 1977), S. 279.

O Maria, you should know better »Oh Maria, du solltest es eigentlich besser wissen.« Diesen Satz hat Kurt auf Englisch geschrieben. Kurt Wolff an Maria Wolff Baumhauer, 18. März 1946, zitiert nach *Kurt Wolff: Ein Literat und Gentleman*, S. 261–63.

»Wenn, dann kommen« Helen zitierte die Worte ihres Sohns in einem Brief, den sie Jahre später an die für Christian zuständige Einberufungsbehörde schickte, um seinen Antrag, ihn als Kriegsdienstverweigerer anzuerkennen, zu untermauern. Helen Wolff letter to Selective Service Local Board Nr. 4, 23. November 1958. H&KW Papers, 2019 genm 0032 box 1B.

Offenbar braucht es Kälte und Hunger Lieutenant General Lucius Clay, zitiert nach Brandon Porter Pedersen, *Why Are We Feeding Germany? American Governmental and Non-governmental Food Aid and Policy in Germany After WWII.* (Master's thesis Modern International and Transnational History Department of Archaeology, Conservation and History University of Oslo, Frühling 2020, S. 35). https://www.duo.uio.no/bitstream/handle/10852/79506/Brandon-Pedersen-MITRA-Thesis.pdf?sequence=1&isAllowed=y.

Anfang 1946 standen Die Lebensmittelkarten der Gruppe V, Menschen wie Hausfrauen und Rentner, von denen man meinte, dass sie keine wichtige Tätigkeit ausübten, hießen im Volksmund »Sterbekarten«. »Überleben auf Karte«, *Zeitklicks.* https://www.zeitklicks.de/brd/zeitklicks/zeit/alltag/nach-dem-krieg-1/ueberleben-auf-karte/.

Um diese Rationen aufzubessern CARE ist das Akronym für Cooperative for American Remittances to Europe (Kooperative für amerikanische Übersendungen nach Europa). Die in den Carepaketen enthaltenen Lebensmittel waren ursprünglich für die amerikanischen Truppen während der für Ende 1945 geplanten Invasion Japans gedacht. Nachdem die Atombombenabwürfe auf Hiroshima und Nagasaki den Krieg im pazifischen Raum vorzeitig beendet hatten, konnten die Lebensmittel für humanitäre Zwecke im Nachkriegseuropa verwendet werden.

Ein Film mit dem Titel »Ergreift diese Hand nicht!«, hieß es warnend in Geisels Drehbuch. »Es ist keine Hand, die man freundschaftlich ergreifen kann«, ehe die Deutschen nicht »von ihrem Wahn geheilt sind. Dem Herrenrasse-Wahn. Dem Welteroberungswahn.« Siehe *Your Job in Germany,* posted by US National Archives, 1. Februar 2007, https://www.youtube.com/watch?v=7OUR5uvs9aw.

Wir leben zur Zeit Die Irritation über die Fragebögen war so weit verbreitet, dass Ernst von Salomons Roman *Der Fragebogen*, der die Entnazifizierungsbemühungen der Alliierten parodiert, in den Fünfzigern zu einem Bestseller in der Bundesrepublik wurde. Neiman, *Von den Deutschen lernen*, S. 93.

Ein nach 1919 geborener Nikos Entnazifizierungsfragebogen enthielt fast nur negative Antworten. Seine Mitgliedschaft in drei NS-Organisationen war für ihn verpflichtend gewesen: im Internat bei der Hitlerjugend, nach dem Abitur beim Arbeitsdienst und während seines Fronturlaubs für ein Studiensemester an der Technischen Universität in München Ende 1943, Anfang 1944 beim Nationalsozialistischen Deutschen Studentenbund.

Seine Frau Ernestina Der Arzt, der ihren Tod bescheinigte, führt Ernestinas Suizid in seinem Bericht auf eine »plötzlich auftretende starke Gemütsdepression oder einen ungeheuren seelischen Zwang« zurück. Ein Verwandter schilderte es indes so: Ernestina hatte ihren Chauffeur aufgefordert, sie ans Steuer zu lassen, und dann einen Fußgänger angefahren, der verstarb. Als die Polizei erschien, nahm der Chauffeur die Schuld auf sich, begann sie aber bald darauf zu erpressen. Da Ernestina ihre Schuld und diese Situation nicht länger ertrug, beging sie Suizid. Ein anderer Verwandter behauptete hingegen, sie habe sich aus Verzweiflung erschossen, nachdem sie an den Spieltischen in San Remo Unsummen verloren habe.

Und siehe da Wäre Kurt nicht amerikanischer Staatsbürger geworden, wäre es Niko wahrscheinlich niemals gelungen, in den Vereinigten Staaten zu studieren. Die Bundesrepublik Deutschland wurde erst im Mai 1949 gegründet, und ihre Bürger erhielten in der Regel erst zwei Jahre später einen Reisepass.

Außerdem bemühte sie das Bild des Waldes Siehe dazu auch Nora Krug, *Heimat: Ein deutsches Familienalbum* (München: Penguin, 2018). Im Juli 1953 schrieb mein Vater, als er zu einem Klassentreffen in die alte Heimat gereist war, an meine Mutter in Manhattan, mit der er seit Kurzem ausging: »Ich habe viel vom gegenwärtigen Leben in Deutschland mitbekommen und kann nur sagen, ich bin froh, dass ich hier meine Zelte abgebrochen und mich für immer in den Vereinigten Staaten niedergelassen habe. Ich möchte nur noch von Zeit zu Zeit zurückkehren, um alte Freunde, meine Bäume und meinen Wald und die Berge wiederzusehen, denn vor allem die letzten drei Dinge sind mir lieb und teuer und frei von jedem politischen und menschlichen Makel.«

Im Nachhinein versuchte Maria Marias Erzählung erschien 1948 in der Januarausgabe von *Die Gegenwart: Zeitschrift für Literatur, Wirtschaftsleben und Kunst.*

Mit grimmiger Entschlossenheit Molli E. Kuenstner und Thomas A. O'Callaghan, »The *Führerprojekt* Goes to Washington«, *Burlington Magazine 159*, Mai 2017, S. 375–385. Kurt hatte von dieser Inventarisierung durch seinen alten Freund Walter Severin erfahren, einen Berliner Buchhändler, dessen Sohn zu den dreihundert Fotografen gehörte, die vom Propagandaministerium für dieses Projekt eingesetzt wurden. Nachdem Kurt die verantwortlichen Stellen in Washington vom Wert dieser Fotos überzeugt und ihren klargemacht hatte, dass er als Deutschamerikaner mit einem großen Netzwerk an nützlichen Kontakten im besetzten Deutschland genau der richtige Mann für diese Aufgabe war, erhielt er die mündliche Zusicherung, dass die Library of Congress für seinen Aufwand und die Reisekosten aufkommen würde. Durch Tauschhandel mit Carepaketen, Lebensmitteln und Kleidung, aber auch Filmen und anderem Material, das die deutschen Fotografen dringend benötigten, gelangte er an den Großteil der 3572 Aufnahmen. Seit die Sowjets im Juni 1948 eine Blockade über den Westteil Berlins verhängt hatten, schätzten die Bewohner der Stadt die Bezahlung in

Naturalien ganz besonders. Doch wieder zurück in den USA, dauerte es zwei Jahre, bis Kurt es gelang, die Regierung zur Zahlung eines Honorars zu bewegen. Allerdings erhielt er nur 5000 Dollar, etwas mehr als die Hälfte der Summe, die er ausgegeben hatte. »Als Kurt Wolff Nachforschungen über das Führerprojekt anstellte, wurde ihm klar, dass die Fotos von außergewöhnlich guter Qualität waren und Kunst- und Bauwerke abbildeten, von denen viele nicht mehr vorhanden waren«, schreiben Kuenstner und O'Callaghan. »Wolffs Mission war nicht nur von kultureller Bedeutung, sondern auch eine diplomatische und humanitäre Operation, die den Graben zwischen den Vereinigten Staaten und Deutschland überbrückte … Der bekannte Verleger gefährdete nicht nur seinen Ruf, sondern ging auch ein hohes finanzielles Risiko ein, um diese Fotosammlung zu bergen und nach Amerika zu bringen.«

»zum Brennpunkt eines häufig elenden, flüchtigen, provisorischen Lebens« Richard Bessel, *Germany 1945*, S. 245.

»Hol' uns heraus« Kurt und Helen trafen tatsächlich Vorkehrungen, um Maria in die Vereinigten Staaten nachkommen zu lassen und sie beim Pantheon-Verlag zu beschäftigen. Doch sie entschied sich gegen die Auswanderung. 1955 heiratete sie erneut und lebte mit Peter Stadelmayer, ihrem zweiten Mann, in München und Hamburg, ehe sie 1996 in einer bayerischen Klinik starb. Ab Ende 1964 verbrachten Maria und Peter etwas mehr als sieben Jahre in Manhattan, im Goethe-Haus in der Fifth Avenue, dessen Direktor Peter während dieser Zeit war.

Obgleich beim Ausbruch des Ersten Weltkriegs Jesse Leavenworth, »Caroline and the Lapins«, *Northeast: Sunday Magazine of the Hartford Courant*, 20. Oktober 2002; and Kristin Peterson Havill, »Caroline Ferriday: A Godmother to Ravensbrück Survivors«, *Connecticut History*, Winter 2011–12.

Gleich beim Appellplatz Sarah Helm, *Ohne Haar und ohne Namen: Im Frauen-Konzentrationslager Ravensbrück* (aus dem Englischen von Martin Richter, Annabel Zettel und Michael Sailer, Darmstadt: Theiss Verlag, 2016), S. 237 ff. Der Arzt Dr. Karl Gebhardt, der die Sulfonamid-Versuche in Ravensbrück leitete, hatte Reinhard Heydrich behandelt, nachdem tschechische Partisanen dessen Wagen im Mai 1942 in die Luft gesprengt hatten. Heydrich überlebte den Handgranatenangriff, starb jedoch acht Tage später. Hitlers Leibarzt Morell erhob Vorwürfe gegen Gebhard und meinte, die Anwendung eines neuen Sulfonamids hätte Heydrich womöglich das Leben retten können. Darauf ordnete Gebhardt in Ravensbrück eine Reihe von Menschenversuchen an, um zu beweisen, dass eine solche Behandlung keinen Unterschied gemacht hätte.

Mit ihrem eignen Urin Ebd., S. 251 ff.

Erst im April 1945 Ebd., S. 610 ff.

Und ein Lager für Leavenworth, »Caroline and the Lapins«; Havill, »Caroline Ferriday«.

Als Caroline erfuhr, Elaine Dundy, *Ferriday, Louisiana* (New York: Donald I. Fine, 1991), S. 51–56.

Laut dem Zensus »Ferriday Started as 3,600-Acre Wedding Present«, *Natchez Democrat*, 22. November 2006.

Ihr Beitrag zum Freiheitskampf der Schwarzen Nachlass von Caroline Ferriday.

in dem Städtchen in Louisiana Ferriday ist der Verwaltungssitz vom Concordia Parish, einem Bezirk in Louisiana, wo während der Bürgerrechtsbewegung die geheime Silver Dollar Group ihr Unwesen trieb, die sich vom Ku-Klux-Klan abgespaltet hatte und die gewalttätigste aller Splittergruppen war. Siehe Stanley Nelson, *Devils Walking: Klan Murders along the Mississippi in the 1960s* (Baton Rouge: Louisiana State University Press, 2016). Als Caroline 1990 im ländlichen Connecticut beerdigt wurde, hielt Father August Thompson, der Pfarrer der Saint Charles Catholic Church in Ferriday, die Trauerrede. Ein Vertreter der »Streitkräfte für ein Freies Frankreich« kondolierte auch im Namen der Resistance-Kämpferin und Ravensbrück-Insassin Geneviève de Gaulle. Ihr Onkel, der frühere französische Präsident Charles de Gaulle, hatte Caroline 1961 wegen ihres Einsatzes für die Familien ehemaliger Widerstandskämpfer den Orden der Ehrenlegion verliehen.

»Sie wollte die Welt an einem einzigen Tag verändern« Stanisława Śledziejowska-Osiczko, zitiert im Trailer des in Kürze erscheinenden Dokumentarfilms *Saving the Rabbits of Ravensbrück*, bei dem Stacey Fitzgerald Regie führte. From the Heart Productions, RememberRavensbruck.com. Stanisława Śledziejowska-Osiczko starb 2017.

Oder, in Susan Neimans Worten Neiman, *Von den Deutschen lernen, S. 113.*

Berlin, schreibt Neiman Susan Neiman, eine Jüdin, die in den noch von der Rassentrennung geprägten Südstaaten aufwuchs, fährt in diesem Kontext fort: »Wir sind historische Geschöpfe, unfähig, über uns selbst zu reden, ohne uns in Raum und Zeit zu beschreiben. Und im Gegensatz zu anderen Tieren sind wir darauf angewiesen, erzogen zu werden – von Eltern, mit denen wir uns später auseinandersetzen müssen, um uns von ihnen zu emanzipieren.« Ebd., S. 25.

KETTENMIGRATION

Durch Kampfhandlungen Bessel, *Germany 1945*, S. 8.

Während es auf ihrer Fahrt Nach kurzen Zwischenstationen in Hollywood und an der New School for Social Research in New York versuchte sich der Dramatiker Carl Zuckmayer mit seiner Frau als Farmer in Vermont. Dieser Bundesstaat schien eine besondere Anziehungskraft auf Exilanten zu haben, und auch Kurt und Niko sollten ihr erliegen. Carl Zuckmayer, *Als wär's ein Stück von mir* (Frankfurt: S. Fischer, 1967), S. 503.

Dessen voriger Bewohner Obere Stockwerke schienen Brochs Schicksal zu sein: 1951 starb er an einem Herzinfarkt in einer Pension in New Haven, Connecticut, nachdem er eine Truhe bis ins oberste Stockwerk hinaufgeschleppt hatte. Anthony Heilbut, *Kultur ohne Heimat: Deutsche Emigranten in den USA nach 1930,* S. 235. Pantheon verkaufte knapp 1000 Exemplare von *Der Tod des Vergil.* Dass der Roman so wenig Beachtung fand, war teilweise dem unglücklichen Umstand geschuldet, dass eine begeisterte Rezension, die im *New York Times Book Review* erscheinen sollte, aufgrund eines Zeitungsstreiks nicht erscheinen konnte. Thomas Weyr, »PW Interviews: Helen Wolff«, *Publishers Weekly*, 3. Februar 1973.

So war es ein frühes Schuyler, *Kurt Wolff and Hermann Broch.*

»Nie im Leben hätte er« Harcourt, Brace & World veröffentlichte 1962 den ersten Band der englischen Ausgabe von *Die großen Philosophen* (*The Great Philosophers)* von Karl Jaspers in der Reihe »Helen and Kurt Wolff Books«. Kurz vor ihrem Tod im Jahr 1994 redigierte Helen den vierten und letzten Band.

Irgendwann machte er sogar Schuyler, *Kurt Wolff and Hermann Broch.*

Kurt zufolge verkaufte sich Ebd.

»Wenn wir wollen« Giuseppe Tomasi di Lampedusa, *Der Leopard* (übersetzt von Burkhart Kroeber, München: Piper Verlag, 2019), S. 36.

»Eines Tages kam Kurt« Mitgang, »Imprint«.

Zum anderen die mit der Bollingen Foundation Detjen, »Kurt and Helen Wolff«, in: *Immigrant Entrepreneurship.* Die ersten beiden Titel der Bollingen-Reihe waren die englischen Ausgaben zweier Werke von C. G. Jung, bei dem sich Mary Mellon einer Analyse unterzogen hatte.

Bestandteil dieser Vereinbarung Schuyler, *Kurt Wolff and Hermann Broch.*

Vierzig Jahre später Helen Wolff, Brief an Steven Schuyler, 21. April 1984. H&KW Papers, box 39, folder 1219.

»Als der Wirtschaftsprüfer« Helen Wolff, »Elective Affinities«.

Tief berührt denke ich Detjen, »Kurt and Helen Wolff«, in: *Immigrant Entrepreneurship.*

Ehe der Kreml den Daumen senkte Pasternak war trotz aller Widrigkeiten optimistisch. Nachdem er erfahren hatte, dass ihm die sowjetische Regierung die Annahme des Nobelpreises untersagt hatte, schrieb er an Kurt im Mai 1958: »[Und andererseits sind es eben] diese unüberwindlichen Fatalitäten, die dem Leben Wucht und Tiefe und Ernst verleihen und es ganz außerordentlich machen – überglücklich, zauberhaft und real.« Brief von Boris Pasternak an Kurt Wolff, 12. Mai 1958, *Briefwechsel,* S. 479.

»Wie schnell geben wir nach« Ebd., S. 181 f.

»Beide sind natürlich große Schriftsteller« Ebd., S. 180.

Einige Jahre zuvor war Kurt Detjen, »Kurt and Helen Wolff,« in: *Immigrant Entrepreneurship.*

»Zum ersten Mal in meinem Leben« Helen Wolff, Brief an Herbert Mitgang, 3. April 1970. H&KW Papers, 2019 genm 0032, box 2.

Wir haben es offenbar Kurt Wolff, Brief an John Lewis, 29. November 1958. H&KW Papers, 2019 genm 0032, box 4.

»Sie sind kein Verleger« Kurt Wolff, Brief an Kyrill Schabert, 27. November 1958. H&KW Papers, box 39, folder 1186.

Und Schabert selbst Detjen, »Kurt and Helen Wolff«, in: *Immigrant Entrepreneurship.*

Aber der phänomenale Erfolg Auch nach dem Verkaufserfolg von *Gift from the Sea* nahm sich der Gewinn des Pantheon-Verlags weiterhin recht bescheiden aus. Aus einer Notiz vom August 1958, die Kyrill Schabert kurz vor dem Erscheinen von *Doktor Schiwago* an Kurt geschrieben hatte, geht hervor, dass das Barguthaben auf 75 300 Dollar »zurückgegangen« war. Pantheon Papers, II/25.

Aber Schabert und zwei gleichgesinnte Detjen, »Kurt and Helen Wolff«, in: *Immigrant Entrepreneurship.*

»Sie spielten eine seltsame« Anthony Heilbut, *Kultur ohne Heimat: Deutsche Emigranten in den USA nach 1930*, S. 8.

»Ich bin am späten Abend« Das grüne spiralgebundene Notizbuch befindet sich in H&KW Papers, box 53, folder 1624a.

Der leidenschaftliche Briefschreiber Der Suhrkamp Verlag hat Hermann Hesses Prosa und Gedichte zu diesem Thema in dem Band *Mit der Reife wird man immer jünger: Betrachtungen und Gedichte über das Alter* versammelt (Frankfurt, 2006).

Kurt hat Amerika Helen Wolff, Brief an Herbert Mitgang, 3. April 1970. H&KW Papers, 2019 genm 0032, box 2. Helen fährt fort: »Aufgrund der bitteren Erinnerungen an das Schweigen und den regelrechten Verrat glaube ich, Kurt würde wirklich keinen Wert darauf legen, dass an einem Ort, der ihn zurückwies, etwas über ihn erscheint.« Dennoch unterstützte Helen das Projekt und freute sich über das Ergebnis: Das Buch *Kurt Wolff: A Portrait in Essays and Letters* erschien 1991 bei der University of Chicago Press. Und man kann nicht behaupten, die literarische amerikanische Welt hätte seine in Amerika geborenen Enkel, zu denen vier Autoren zählen, zurückgewiesen.

wie Marion Detjen es ausdrückte Detjen, »Kurt and Helen Wolff«, in: *Immigrant Entrepreneurship.*

Das SED-Parteiorgan »Kurt Wolff«, *Neues Deutschland*, 25. Oktober 1963. Kurz nach Helens und Kurts Abreise erwarb Random House den Pantheon-Verlag und machte Jacques Schiffrins Sohn André zum Verlagsleiter. Unter seiner Führung blieb Pantheon ein prestigeträchtiger Verlag, verlagerte jedoch den Schwerpunkt auf politische und gesellschaftliche Themen, während die Wolffs die Gebiete Kunst, Literatur und Philosophie bevorzugt hatten.

Kurt sah keinen anderen Ausweg Als Kurt 1924 eine dreiwöchige Reise durch die Vereinigten Staaten unternahm, interviewte die *New York Tribune* ihn zum bevorstehenden Erscheinen der deutschen Ausgabe von Sinclair Lewis' Roman *Babbit* in seinem Verlag. »Ich habe keine Babbitts in New York gesehen«, äußerte Kurt. »Kolumbus hat eine großartige Tat vollbracht, indem er diesen Kontinent von Walt Whitman entdeckte.« Das Interview erschien unter der Überschrift »AMERIKANER, KEINE BABBITS, SAGT DER DEUTSCHE HERAUSGEBER KURT WOOLF [sic], DER MÜNCHNER VERLEGER ERACHTET DEN ROMAN ALS EINES DER BEDEUTENDSTEN BÜCHER, FINDET ABER, ER ERWECKT FALSCHEN EINDRUCK«. Nun, die New Yorker Babbitts sollten ihn am Ende doch noch einholen. *New York Tribune*, 13. März 1924. H&KW Papers, box 79, folder 2361.

Am 15. April 1945 Taylor, *Zwischen Krieg und Frieden*, S.320–324. Die sogenannte »Reichskartei«, die zentrale Mitgliederkartei der NSDAP, wurde 1994 schließlich der Bundesregierung übergeben. Da zahlreiche ehemalige Nazis hohe Ämter in Politik und Verwaltung des neuen Bündnispartners im Kalten Krieg bekleideten, hatten die Amerikaner zuvor davon abgesehen.

womöglich wegen eines Briefs Der Text des Liedes wurde von dem Berliner SA-Mann Horst Wessel verfasst, der 1930 von zwei Kommunisten angeschossen und schwer verletzt wurde. Als Wessel zwei Monate später an Blutvergiftung starb, kam Goebbels auf die Idee, das Lied zur Parteihymne zu machen.

»Sie werden verstehen« Bundesarchiv Lichterfelde, NS/12, 11377.

Und 1933 wurde er förderndes Mitglied Geschäftsleute oder Akademiker, die sich die Gunst der Nazis erkaufen wollten, ohne der Partei beizutreten, wurden häufig »fördernde Mitglieder« der SS. Daher rührte die spöttische Redewendung »feiner Mann sichert sich«. John M. Steiner, »The SS Yesterday and Today: A Sociopsychological View«, in *Survivors, Victims, and Perpetrators: Essays on the Nazi Holocaust*, hrsg. von Joel E. Dimsdale (Abingdon, Oxon, UK: Taylor & Francis, 1980), S. 420.

Seine politische Einstellung Bundesarchiv Lichterfelde R/9361/II, 5058.

Nun, ohne gewisse Verbindungen Nachdem mein Stiefgroßvater 1937 dem Sohn des Ehepaars Hess auf die Welt geholfen hatte, sandte Ilse Hess Hans Albrecht zum Dank eine Zigarettenschatulle. Fünfunddreißig Jahre später schickte Maria ihr die Schatulle zurück und schlug vor, sie ihrem mittlerweile längst erwachsenen Sohn zu geben. Meine Großmutter, die während des Kriegs mit Ilse Hess im Rotkreuzkrankenhaus Freiwilligendienst geleistet hatte, bezeugte vor der zuständigen Spruchkammer, dass diese eine Regimegegnerin gewesen sei. Ein Persilschein für eine überzeugte Nationalsozialistin.

Die Akte meiner entfernten Verwandten Mathilde Merck Bundesarchiv Lichterfelde, NS/21, 1953.

Doch die bei weitem umfangreichste Akte Bundesarchiv Lichterfelde, R/9361//III, 131140.

Niko hatte geschildert, dass er Wilhelm Wilhelm war jetzt gänzlich auf die Unterstützung von Elfriede Wischmann angewiesen, die alle nur »Schescha« nannten. Das langjährige Kinder- und Hausmädchen der Familie reiste in der vom Mangel geprägten Nachkriegszeit immer wieder nach Frankfurt, um auf dem Schwarzmarkt Morphin für Wilhelm zu kaufen – eine Sucht, die er auf die im Ersten Weltkrieg erlittenen Wunden zurückführte. Wilhelm starb 1952.

Drei Jahre später nahm Gudrun Azar, *Ins Licht gerückt. Jüdische Lebenswege im Münchner Westen: Eine Spurensuche in Pasing, Obermenzing und Aubing* (München: Herbert Utz, 2008), S. 122.

Im Jahr darauf starb Anette Neff, »Merck, Ursula«, *Stadtlexikon Darmstadt*, Historischer Verein für Hessen (Darmstadt: Konrad Theiss, 2006), S. 628.

1943 musste Ursulas Bruder Ernst Lange Schondorf verlassen; er überlebte den Krieg und wurde zu einem angesehenen evangelischen Theologen. Im Jahre 1974 nahm er sich das Leben. Jahrzehnte später wurde er als »ökumenischer Visionär in den Fußstapfen Bonhoeffers« gerühmt. Werner Simpendorfer, »The Strange Must Cease to Be the Strange: In Memoriam Ernst Lange (1927–1974)«, *Ecumenical Review 49*, No. 2 (April 1997).

Nachdem Ursula 1939 Ihr Vater Johannes Lange befasste sich mit »Rassenhygiene« und war Richter an einem der »Erbgesundheitsgerichte«, die bestimmten, welche Gruppen von Menschen der Staat zwangssterilisieren lassen konnte. Wolfgang Rose, *Diagnose »Psychopathie«: Die urbane Moderne und das schwierige Kind* (Wien: Böhlau, 2016), S. 260.

ZWEITES EXIL

Ich bin durchaus gern alt geworden Kurt Wolff, Brief an Curt von Faber du Faur, 11. Mai 1958, in: *Briefwechsel*, S. 482–83.

»Man bröckelt ab« Schuyler, *Kurt Wolff and Hermann Broch*.

»das große Wunder« Kurt Wolff, Brief an Curt von Faber du Faur, 18. März 1962, in: *Briefwechsel*, S. 484.

jünger als Niko In Wirklichkeit war William Jovanovich ein Jahr älter als mein Vater.

William Jovanovich hatte eine schlichte Frage Detjen, »Kurt and Helen Wolff«, in: *Immigrant Entrepreneurship*.

Nachdem sie all die Jahre bei Pantheon Ebd.

»Kurts ›Beginn‹ ist, glaube ich« Helen hat mir diese Geschichte selbst erzählt, sie aber auch in einem Brief an Günter Grass vom 21. Juli 1974 wiedergegeben. Günter Grass und Helen Wolff, *Briefe 1959–1994* (Göttingen: Steidl, 2003), S. 210.

Das Esplanade erlaubte ihnen Helen Wolff, Brief an Katharine Rosin, 19. Dezember 1959. H&KW Papers, 2019 genm 0032, box 3.

»Ich habe viel darüber nachgedacht« Wolfram Göbel, »Ernst Rowohlt und Kurt Wolff«, in: *Kurt Wolff zum Hundertsten*.

»Großartig, daß Du Deine Löwin« Barbara Weidle, »Gespräch mit Christian Wolff«, in *Kurt Wolff: Ein Literat und Gentleman*, S. 177.

Wenn Kurt nach Deutschland reiste Schuyler, *Kurt Wolff and Hermann Broch*.

Nachdem ihm 1960 der Börsenverein *Kurt Wolff: A Portrait*, S. 197.

Mitglieder der »Gruppe 47« Wagenbach, »Kurt Wolff«, in: *Kurt Wolff zum Hundertsten*. Die Schriftsteller der »Gruppe 47«, 1947 gegründet, wollten Bücher schreiben, die »die Axt [...] für das gefrorene Meer in uns« sind, wie Franz Kafka es ausdrückt. Eine Metapher, die gut zum Jahrhundertwinter von 1947 passte, dem letzten, den mein Vater in seiner Heimat erlebte.

Am Ende hatte sich seine Prophezeiung bewahrheitet Schuyler, *Kurt Wolff and Hermann Broch*.

»Er zeichnete sich durch eine seltene Eigenschaft aus« »Mr. Kurt Wolff«, *Times* (London), 29. Oktober 1963.

Die »deutsche Katastrophe« Stern, *Fünf Deutschland und ein Leben*, S. 317 f.

Faktisch stimmte es ja auch Nikola Herweg, »Helen und Kurt Wolff in Marbach«, Deutsches Literaturarchiv-Marbach, *Spuren* 106, 2015.

»Das ist schön und tröstlich« »Von Herzen Ihnen Beiden: Briefe von Hannah Arendt an Kurt und Helen Wolff«, in *Kurt Wolff: Ein Literat und Gentleman*, S. 268. Kurt und Helen hatten in New York eine Beziehung mit der exilierten Philosophin aufgebaut. Kurt half Hannah Arendt beim Aufsetzen von Verträgen, nachdem sie als Lektorin bei Schocken Books angefangen hatte. Helen hatte nach dem Einmarsch der deutschen Truppen in Frankreich eine ganz ähnliche Odyssee erlebt wie Arendt – die Deportation in das Pariser Vélodrome und das Lager Gurs und die Vorhölle nach dem Waffenstillstand –, ehe beiden mit Varian Frys Hilfe die Flucht über Lissabon gelang. Zwar war Hannah Arendts Zufluchtsort in Vichy- Frankreich, eine Scheune bei Montauban, spartanischer als Helens Château in Saint-Lary, doch sie und ihr Mann Heinrich Blücher hatten »sich Fahrräder beschaffen können, und statt sich vor Angst zu verkriechen, die nähere Umgebung erkundet«, wie Helen nach dem Tod der Philosophin schrieb. »Hannah machte mit ihrer temperamentvollen Art aus dieser furchterregenden Erfahrung das Beste, begriff die

Episode als eine Art Geschenk, wie Abenteuerferien in einer Scheune, eine Auszeit von Mühen und Arbeit.« Undatierte und offenbar unveröffentlichte Erinnerung, H&KW Papers, box 73, folder 2056.

»Die kühnsten Stimmen« Herweg, *Helen und Kurt Wolff in Marbach.*

Sie »setzte den Accent« Ebd.

und sich Christian gerade in seinem neuen Lebensabschnitt Anders als ich hatte Christian nicht mit Cello, sondern Klavier begonnen, aber bald entdeckt, dass sein Interesse und seine Begabung beim Komponieren lagen. Da seine Klavierlehrerin Grete Sultan wusste, dass der Tänzer Merce Cunningham, der in der Wohnung über ihr wohnte, mit dem Komponisten John Cage befreundet war, machte sie die beiden miteinander bekannt. Gerade erst sechzehn geworden, begann Christian, mit John Cage zusammenzuarbeiten. Als er die Highschool verließ, gehörte er bereits zu dem Kreis avantgardistischer Komponisten der »New York School«, zu dem neben Cage Earle Brown und Morton Feldman zählten. Feldman sollte das Wunderkind Jahre später als »Orpheus in Tennisschuhen« bezeichnen. Cage widerstrebte es, von den Wolffs, die nach wie vor finanziell zu kämpfen hatten, Geld für den Unterricht zu verlangen. Daher brachte Christian ihm Neuerscheinungen von Pantheon mit, darunter auch das Buch *I Ging*, das Cage zur Aleatorik, den kompositorischen Zufallsmethoden inspirierte, für die er berühmt wurde. Bei Einladungen von Kurt und Helen begegnete Cage anderen Autoren von Pantheon, etwa dem Religionsphilosophen Alan Watts und dem Mythenforscher Joseph Campbell, die ihn ebenfalls beeinflussten. Siehe Michael Hicks and Christian Asplund, *American Composers: Christian Wolff* (Urbana: University of Illinois Press, 2012), 17–18.

Sie sollte noch weitere dreißig Jahre Nachdem die Aktionäre von Harcourt, Brace & World beschlossen hatten, William Jovanovichs Nachnamen an die letzte Position des Verlagsnamens zu rücken, lautete Günter Grass' Kommentar: »Die Welt war wohl nicht groß genug für ihn.«

Jedem Anfang wohnt ein Zauber inne Hermann Hesse, aus dem Gedicht »Stufen«, in *Das Glasperlenspiel* (Jubiläumsausgabe zum hundertsten

Geburtstag von Hermann Hesse. Die großen Romane und Erzählungen. Achter Band. Frankfurt a. M.: Suhrkamp, 1943/1986), S. 480 f.

SCHWEINENEST

»Die Heimat ist das« Jean Améry, *Jenseits von Schuld und Sühne: Bewältigungsversuche eines Überwältigten* (Stuttgart, Klett-Cotta, 2000), S. 84. Jean Améry kannte aus eigener Erfahrung dieses entwurzelte Leben, über das er schrieb. In Wien als Hanns Chaim Mayer geboren, wurde er nach dem Tod des Vaters im Ersten Weltkrieg von seiner Mutter katholisch erzogen. 1938, nach der Annexion Österreichs, flohen er und seine jüdische Frau nach Frankreich und anschließend nach Belgien, wo er von der Gestapo gefangen genommen, gefoltert und nach Ausschwitz deportiert wurde. Nach dem Krieg ließ er sich in Belgien nieder, wo er unter einem französisch klingenden Pseudonym – einem Anagramm aus seinen Nachnamen – als Schriftsteller lebte und für deutschsprachige Zeitungen in der Schweiz schrieb. Zeitweise verweigerte er seine Zustimmung zur Veröffentlichung seiner Arbeiten in Deutschland und Österreich. Die Essay-Sammlung *Jenseits von Schuld und Sühne*, die auf eine »Wissensbeschreibung der Opferexistenz zielt« [Zitat aus dem Vorwort], erschien erstmals 1966.

»um ihren Patriotismus zu zeigen« Kurt Vonnegut, *Das Nudelwerk: NIEDERschriften* (aus dem Amerikanischen von Klaus Birkenhauer. Leipzig: Reclam, 1994), S. 173.

Mein Vater sah mich mit gequälter Miene an Mein Freund Luzi und ich fuhren mit der S-Bahn nach Dachau. Nicht nur der Besuch der KZ-Gedenkstätte ist mir in bleibender Erinnerung – ich sehe noch das Krematorium und die gestreiften Häftlingsanzüge vor mir –, sondern auch die junge Frau auf dem Bahnsteig, die Flugblätter verteilte und die Besucher beschwor, die Dachauer ihrer Generation nicht für die damaligen Ereignisse verantwortlich zu machen. Diese Begegnung machte mich mit den frühen Regungen der westdeutschen Erinnerungskultur bekannt.

Und als wir im Französischunterricht Die erste Strophe von Paul Verlaines

»Chanson d'automne« (»Herbstlied«), die die BBC am Vorabend der Invasion ausstrahlte, war für die Résistance die verschlüsselte Botschaft, um mit ihren koordinierten Sabotageaktionen zu beginnen. *Les sanglots longs / Des violons / De l'automne / Blessent mon coeur / D'une langueur / Monotone* (*Den Herbst durchzieht / Das Sehnsuchtslied / Der Geigen / Und zwingt mein Herz / In bangem Schmerz / Zu schweigen.*) (Paul Verlaine, *Ausgewählte Gedichte*, übersetzt von Wolf Graf von Kalckreuth, Leipzig, 1891).

»Wir müssen die Maßstäbe« Rede des Bundespräsidenten Richard von Weizsäcker, 8. Mai 1985. https://www.bundespraesident.de/SharedDocs/Reden/DE/Richard-von-Weizsaecker/Reden/1985/05/19850508_Rede.html. Während die Bundeskanzler exekutive Macht ausüben, geben sich Bundespräsidenten gern als Philosophenkönige. Am 8. Mai 2020, dem fünfundsiebzigsten Jahrestag der militärischen Niederlage Deutschlands, knüpfte Frank-Walter Steinmeier an Weizsäckers Rede an: »Die deutsche Geschichte ist eine gebrochene Geschichte – mit der Verantwortung für millionenfachen Mord und millionenfaches Leid. Das bricht uns das Herz bis heute. Deshalb: Man kann dieses Land nur mit gebrochenem Herzen lieben.« Rede von Bundespräsident Frank-Walter Steinmeier, Reden und Interviews, 75. Jahrestag der Befreiung vom Nationalsozialismus und des Endes des Zweiten Weltkriegs in Europa. https://www.bundespraesident.de/DE/Bundespraesident/Reden-und-Interviews/reden-und-interviews-node.html.

»Es geht nicht darum« Weizsäcker, Rede. Ebd.

»Wir lernen aus unserer eigenen Geschichte« Ebd.

Aber nach Ansicht von Alexander Gauland Björn Höcke, Rede vom 17. Januar 2017, Dresden. https://www.tagesspiegel.de/politik/hoecke-rede-im-wortlaut-weizsaeckers-rede-zum-8-mai-1945-war-gegen-das-eigene-volk/ 19273518-3.html.

Wer ist das deutsche Volk Im Jahr 2000 lieferte die Bundesrepublik Deutschland in gewisser Weise eine Antwort auf diese Frage, als der Bundestag die Reform des Staatsangehörigkeitsgesetzes verabschiedete, durch die Kindern von in Deutschland lebenden Ausländern der Weg zur Einbürgerung geebnet wurde.

1995, ein knappes Jahrzehnt Taylor, *Zwischen Krieg und Frieden,* S. 456.
Wie Cem Özdemir Cem Özdemir, Rede im Bundestag vom 13.12.2018. Plenarprotokoll 19/14 – Deutscher Bundestag. https://dipbt.bundestag.de/dip21/btp/19/19014.pdf
»Vergangenheitsaufarbeitung ist keine« Neiman, *Von den Deutschen lernen*, S. 13.

TURTLE BAY

Plötzlich ist da nichts mehr Günter Grass, Nachruf auf Helen Wolff anlässlich der postumen Verleihung des Friedrich Gundolf Preises, 30. April. 1994, https://www.deutscheakademie.de/de/auszeichnungen/friedrich-gundolf-preis/helen-wolff.
Ohne irgendwelche Erfahrungen Thomas Wolfe, *Es führt kein Weg zurück* (Übersetzt aus dem Amerikanischen von Susanne Rademacher. Hamburg: Rowohlt 1950) S. 525.
»Wir müssen auf der Hut sein« Oliver Hilmes, *Berlin 1936: Sechzehn Tage im August* (München: Penguin 2017), S. 25.
Als ein paar der Flüchtlinge *Zentralflughafen THF*, Regie Karim Aïnouz, Lupa Film, Les Films d'Ici, Mar Films, 2018, Dokumentarfilm.

MR. BITTE NICHT ANSPRECHEN

»Mich lockten die Wälder« Carl Zuckmayer, *Als wär's ein Stück von mir* (Frankfurt: S. Fischer, 1967), S. 503
in der Nähe der Stadt Stolp Heute die Stadt Słupsk in Polen.
»Er selbst kommt gleich« Kurt Wolff, *Tagebücher*, DLA Marbach.
Man schickte keine Freunde *Kurt Wolff: Autoren, Bücher, Abenteuer,* S. 98 f.
Il pleure dans mon coeur Hier zitiert meine Großmutter Verlaine: »Es weint in meinem Herzen, wie es regnet in der Stadt.«
hors cela il est toujours le même« … »abgesehen davon hat er sich nicht verändert. Ich bin glücklich.«

»breiter flüssiger Gürtel« Andrew Eames, *Blue River, Black Sea: A Journey along the Danube into the Heart of the New Europe* (London: Black Swan, 2010), S. 15.

»die verschiedensten Völker« Claudio Magris, *Donau: Biographie eines Flusses* (aus dem Italienischen von Heinz-Georg Held. Wien: Zsolnay, 1988), S. 30.

In Passau, wo Hitler Das Naziregime umrankte seinen ideologischen Wahn mit allerlei Mythen und Legenden. Der Wolf ist das Wappentier von Passau, wohin Hitler als Dreijähriger mit seiner Familie zog. Zeit seines Lebens pries er die Vorzüge dieses Tiers – Treue, Wildheit, Mut, Grausamkeit und hierarchische Gefolgschaft. Wolf war Hitlers Spitzname, und der »Führer« behauptete gern, Adolf sei ein Schachtelmorphem aus dem althochdeutschen »adal«, das »edel« bedeutet, und »Wolf«. 1934 stellte die Reichsregierung den Wolf sogar unter Naturschutz – ein rein symbolischer Akt, war das Tier doch bereits Mitte des 19. Jahrhunderts in Deutschland ausgerottet worden. Aber auf diese Weise beschworen die Nazis »die Disziplin, die mitunter auch in dem Begriff Zivilisation mitschwingt, ohne die dazugehörige Konnotation des Verfalls. Die Natur ohne Anarchie.« Boria Sax, *Animals in the Third Reich* (Pittsburgh: Yogh & Thorn Press, 2013), S. 68.

Die Passauer verweisen die Besucher Marc Fisher, *After the Wall: Germany, the Germans and the Burdens of History* (New York: Simon & Schuster, 1995), S. 24–28. Mitte der Achtziger nahm die zwanzigjährige Passauerin Anna Rosmus an einem deutschlandweiten Aufsatzwettbewerb mit dem Titel »Die Vorkriegsjahre in meiner Heimatstadt« teil. Um die Zeit bis zum Beginn ihres Studiums zu überbrücken, machte sie sich auf die Suche nach Zeitzeugen und Dokumenten, stieß bei ihren Recherchen jedoch auf erheblichen Widerstand. Man legte ihr eine Menge Hindernisse in den Weg, Nachbarn und Bekannte mieden sie, und sie sah sich allerlei Anfeindungen ausgesetzt. Doch die junge Frau ließ sich nicht beirren, klagte in einem Fall sogar auf Akteneinsicht. Bei ihren Recherchen fand sie heraus, dass zahlreiche bekannte Persönlichkeiten aktive Nazis gewesen waren und ein allseits geschätzter Heimatdichter schon 1919 die »Entjudung« Passaus gefordert hatte. Ihre Erkenntnisse fasste sie in dem Buch *Widerstand und Verfolgung am Beispiel Passaus 1933–1939* zusammen und erhielt dafür 1984 den Münchner »Geschwister-Scholl-Preis«. Angesichts der fortdauernden Anfeindungen durch Bürger ihrer Heimatstadt, die in ihr eine Nestbeschmutzerin sahen, wanderte sie 1994 in die Vereinigten Staaten aus. Michael Verhoeven hat seinem Film *Das schreckliche Mädchen* (1990) Anna Rosmus' Geschichte zugrunde gelegt. Henryk M. Broder, »Ehrungen: Eine Art Säulenheilige«, *Spiegel*, 14.10.1996.

1946 gelangte sie nach Florida Nachdem Renée-Marie Kurts Adresse in New York ausfindig gemacht hatte, übernahm er eine der beiden erforderlichen Bürgschaften, sodass sie aus Brasilien in die Vereinigten Staaten emigrieren konnte. Renée-Marie Croose Parry, »Life in Brazil«, in *Odyssey of Exile: Jewish Women Flee the Nazis for Brazil*, hrsg. von Katherine Morris (Detroit: Wayne State University Press, 1996), S. 225.

Als ihr ein weiterer Meldebefehl 1950 zogen die Hausensteins nach Paris, wo Wilhelm der erste Botschafter der Bundesrepublik in Frankreich wurde. 1957, nach seinem Tod, gründete Margot zusammen mit anderen die Gesellschaft Teilhard de Chardin. Anschließend zog sie mit Renée-Marie und deren zweitem Mann Kenneth zuerst nach London und zehn Jahre später nach Florida. »Margot Hausenstein: The Life of 100 Years«, im Privatdruck erschienener, kommentierter Lebensabriss. H&KW Papers, box 14, folder 463.

»man eine besiegte Nation« Gitta Sereny, *Das deutsche Trauma: Eine heilende Wunde* (aus dem Englischen von Rudolf Hermstein. München: C. Bertelsmann, 2002), S. 97.

»Wir müssen sie entweder« Ebd., S. 103.

Was im Wege stand, so Günter Grass Grass, *Beim Häuten der Zwiebel*, S. 299.

die Gnade der späten Geburt Bundeskanzler Kohl prägte diesen Ausdruck 1983 im Vorfeld seines damaligen Staatsbesuchs in Israel, um sich von der nationalsozialistischen Vergangenheit Deutschlands zu distanzieren. Damit löste er Kritik aus, die sich noch verstärkte, als er 1985 gemeinsam mit Ronald Reagan den Soldatenfriedhof Bitburg besuchte, auf dem auch Angehörige der Waffen-SS beerdigt sind. In den darauffolgenden Jahren beriefen sich auch andere gern auf »die Gnade der späten Geburt«, doch schon »in den 80ern wurde … der Ausspruch ›Gnade der späten Geburt‹ … zu einem schwarzhumorigen Topos«, wie Susan Neiman schreibt. In den 1990ern sei das Bekenntnis zur Vergangenheitsaufarbeitung längst zu einem nationalen Konsens geworden, »beginnend ausgerechnet mit Helmut Kohl … Doch die Wiedervereinigung und der Druck aus dem Westen zwangen Kohl und seine CDU zumindest in der Öffentlichkeit zur Vergangenheitsaufarbeitung.« Neiman, *Von den Deutschen lernen*, S. 786 und S. 811.

Aber die Geschichte hat ein langes Gedächtnis Über zahlreiche Generationen hinweg war »Jesko« oder »Jesco« ein populärer Vorname für den Erstgeborenen im weitverzweigten Clan der von Puttkamers. Der Mann, der am Flughafen von Budapest ausgerufen wurde, war ganz bestimmt nicht der Diplomat Jesco von Puttkamer, der zurzeit des Münchner Olympia-Attentats 1972 Botschafter der Bundesrepublik in Israel war, denn der war neun Jahre zuvor gestorben.

zu ihren begüterten Eltern Jesko und Annemarie von Puttkamer hatten eine weitere Schwester, Emmy von Krockow. Ihre Tochter Libussa tat etwas Tollkühnes, das alles, was auf diesen Seiten erzählt wird, in den Schatten stellt. Als sich die Rote Armee im April 1945 dem pommerschen Gut näherte, baute sich Libussas Stiefvater in Uniform und mit ein paar Waffen vor der Familie auf. Er verkündete, sie würden sich nun alle gemäß dem Ehrenkodex des preußischen Militärs das Leben nehmen. Libussa, im achten Monat schwanger, spürte, wie ihr Kind protestierend gegen ihren Bauch trat. Sie befahl ihrem Stiefvater, seine ordenübersäte Uniform auszuziehen und sie zusammen mit den Waffen im Gutsteich zu versenken, um sich dann um die nun dringlichste Aufgabe zu kümmern, nämlich das Überleben. In den nächsten Wochen schaffte diese Nichte von Jesko und Annemarie es irgendwie, ihr Kind auf die Welt zu bringen, von den sowjetischen Soldaten, die auf Vergewaltigung und Plünderung aus waren, verschont zu werden, sich und ihre kleine Tochter zu ernähren, in den Westen zu entkommen, heimlich wieder nach Pommern zurückzukehren, um ihren störrischen

Stiefvater aus einem sowjetischen Lager zu befreien, und schließlich in den von den Alliierten besetzten Westen zu gelangen, um dort ein neues Leben zu beginnen. Libussas Bruder, der verstorbene Historiker Christian Graf von Krockow, erzählte die ganze Saga in *Die Stunde der Frauen: Bericht aus Pommern 1944 bis 1947* (Deutsche Verlags-Anstalt, Stuttgart, 1988).

in der Nähe von Karzin Das heutige Karżcino in Polen.

In einem Nachtrag Laut Kurts Testament hatte er Marias Anteil bereits zu Lebzeiten ausbezahlt.

SPIELE AUF DEN KNOCHEN DER TOTEN

Die Abneigung seines Vaters Weidle, »Gespräch mit Christian Wolff«, S. 172–73.

Die Naziführer haben zu Deutschland Sebastian Haffner, *Germany: Jekyll & Hyde*, S. 63.

Für einen Bürger eines Landes Alexander Wolff, »When the Terror Began«, *Sports Illustrated,* 26. August 2002.

Sieber ging nach Hause Ebd. Nach meinem Interview mit Sieber schaute ich bei meinem Cousin Jon vorbei, ebenfalls ein Nymphenburger und ausgebildeter Psychologe, und erklärte ihm, was mich in das Viertel geführt hatte. »Ich kenne Sieber«, sagte Jon. »Er ist ein kluger Mann. Er war einige Jahre lang Vorsitzender der bayerischen Landesgruppe des Psychologenverbands.« Wie sich herausstellte, war Jon sein Nachfolger.

Und all das veranlasste Clara Unsere Tochter war bei einem Sommercamp in Vermont in derselben Hütte untergebracht wie Mafalda von Stauffenberg, eine Urgroßenkelin von Berthold von Stauffenberg. Der Bruder des Hitler-Attentäters war ebenfalls am Attentat vom 20. Juli beteiligt und wurde am 10. August 1944 hingerichtet. An einem Wochenende im Sommer 2014 beim Wandern mit anderen Eltern plauderte ich mit Mafaldas Vater Philipp über den wenige Tage zurückliegenden Sieg der deutschen Mannschaft bei der Fußballweltmeisterschaft, ohne unsere gemeinsamen deutschen Wurzeln zu erwähnen. Vor dem Hintergrund von Claras Frage: »Könnte es nicht sein, dass Opa vielleicht ein Spion war?«, kam mir später in den Sinn, dass der Opa dieses Mannes in der Tat eine Art Spion gewesen war und den Widerstand gegen das Naziregime mit seinem Leben bezahlt hatte.

Diese Fragen, die mich Im Zuge ihrer eigenen Vergangenheitsaufarbeitung kam eine deutsche Cousine von mir zu dem Schluss, dass die Kompromisse, die Dr. Albrecht eingegangen war, im Zusammenhang mit dem Eid des Hippokrates zu sehen sind: »Er hat geschworen, Menschen in prekären Lagen zu beschützen. Und das Mindeste, was er tun konnte, war, sich nicht selbst in eine prekäre Lage zu bringen.«

Im Zeitalter der Aufklärung Burhop et. Al., *Merck: Von der Apotheke zum Weltkonzern*, S. 60–69.

Als Emanuel Merck dann Ebd., S. 101-108.

»Always Curious« Merkel ist Weltmeisterin im Rügen. Bei ihrem Besuch im Jahr 2018 im Weißen Haus schenkte sie Trump eine Karte von Rheinland-Pfalz aus dem Jahr 1705, der Gegend um Kallstadt, aus der die Vorfahren Trumps stammen. Die Botschaft ihres Mitbringsels hätte nicht deutlicher sein können: Vergiss nicht, dass du selbst von Einwanderern abstammst.

»Der Lichtschein wuchs und wuchs« Zitiert nach Sebald, *Luftkrieg und Literatur*, S. 32.

Drei Monate später Der Luftangriff der RAF vom 11. September war nach einem Bericht des amerikanischen *United States Strategic Bombing Survey* ein Flächenangriff: »Die Stadt Darmstadt wurde binnen einundfünfzig Minuten durch 234 Lancaster und Halifax dem Erdboden gleichgemacht. Die Bomber warfen rund 979 Spreng- und Brandbomben auf das Stadtzentrum ab. Es war einer jener Angriffe mit hohem Deckungsgrad wie zuvor schon im Fall von Köln und Hamburg. Vor der Bombardierung wurde das Zielgebiet von tieffliegenden Mosquitos mittels abgeworfener Markierungskörper ausgeleuchtet, und die Flotte aus viermotorigen Bombern, die in großer Höhe flogen, wurden weder durch Flugabwehrkanonen noch durch feindliche Gegenangriffe behelligt. Bei dem fast routinemäßigen Ablauf – ›Ziel anvisiert‹, ›Bomben los‹ – wurde Darmstadt nahezu vollständig zerstört.« Im Gegensatz dazu war die Bombardierung durch die US Eighth Air Force am 12. Dezember 1944, die das Werksgelände von Merck zum Ziel hatte und die Versorgung Hitlers mit Eukodal beendete, ein »Präzisionsangriff«, bei dem »446 B-17, fast zweimal so viele Bomber wie die RAF bei ihrem Flächenangriff im September eingesetzt hatte, 1011 Tonnen Splitterbomben sowie 310 Tonnen Brandbomben auf das wichtigste Industriegebiet der Stadt abwarfen, das nordwestlich vom Stadtzentrum lag. E. Merck war das Hauptziel ... Sechzig Mitarbeiter wurden getötet ... Nicht nur entstand im Werk Darmstadt ein Sachschaden von 40 000 000 Reichsmark [circa 14 Millionen Euro], sondern auch der Verlust von ungefähr 98 Prozent der Produktion von zwei Monaten.« In dem Bericht steht auch, die Stadt sei für das Dritte Reich nicht von großer strategischer Bedeutung gewesen, auch wenn nach dem Zweiten Weltkrieg Informationen auftauchten, laut denen Merck stärker in die Kriegsanstrengungen des NS-Regimes eingebunden war als zunächst bekannt. U.S. Strategic Bombing Survey, Area Studies Division, *A Detailed Study of the Effects of Area Bombing on Darmstadt, Washington,* DC, 1945, S. 1–29, in Merck-Archiv, F15-7.

»Wenn ich an Deutschland denke« W. G. Sebald, *Die Ausgewanderten: Vier lange Erzählungen* (Frankfurt: Fischer, 2006), S. 270.

ein Dokumentarfilm des WDR Caterina Woj und Andrea Röpke, »Das braune Netzwerk: Wer steuert die Wutbürger?« *Die Story*, Westdeutscher Rundfunk, 11. Januar 2017.

»Wir bei Merck« Cem Tevetoğlu, Matin Nawabi, und Tobi Moka, »Merck in der Zwickmühle«, *Soziales Darmstadt*, März 2017.

In den frühen Sechzigern Friedrich Wilhelm Euler trat 1932 in die NSDAP ein und übernahm bald darauf einen Posten im Innenministerium, wo er Studien zur Eugenik betrieb und Daten zusammenstellte, die in die Nürnberger Gesetze einflossen. Noch 1975 redigierte Euler – auch Wilfried genannt, ein Schachtelmorphem aus seinen beiden Vornamen – die *Mercksche Familien-Zeitschrift.* Alan E. Steinweis, *Studying the Jew: Scholarly Antisemitism in Nazi Germany* (Cambridge, MA: Harvard University Press, 2008), S. 107; und Burhop et al., *Merck: Von der Apotheke zum Weltkonzern, S. 23.*

Bei den Feierlichkeiten zum Burhop et al., *Merck: Von der Apotheke zum Weltkonzern,* S. 26.

Es beteiligt sich an der Stiftung »Merck KGaA Plans Nazi-Era Forced Labour Compensation«, ICIS.com, 8. Dezember 1999. Merck machte 257 Zwangsarbeiter ausfindig, die meisten damals junge Frauen aus Russland, Polen und der Ukraine, die während des Kriegs dem Darmstädter Werk zugewiesen worden waren. Das Angebot des Unternehmens zur Wiedergutmachung belief sich auf etwas mehr als 4000 Euro pro Person. Falls die betroffene Person bereits verstorben ist, sind noch lebende Familienmitglieder nicht entschädigungsberechtigt.

Das Büro der gegenwärtigen Leiterin Birte Förster, »Seitenweise Aufschlussreiches«, *Hoch: Die Zeitung der Technischen Universität Darmstadt,* Dezember 2015. Um die fast hundert Jahre umfassenden gesellschaftlichen und sozialen Ereignisse zu beleuchten, die sich in Mathilde Mercks Tagebüchern spiegeln, haben die Studierenden von Prof. Dr. Förster einzelne Tagebucheinträge thematisch gelistet und mit Schlagworten versehen. Die verschiedenen Themen teilten sie untereinander auf – Tante Tillas Heirat, ihre Reisen, die Pubertät ihrer Tochter oder auch ihre nationalsozialistischen Ansichten – und twitterten ihre Erkenntnisse.

Und so setze ich mich an einen Tisch Einige Monate nach meinem Besuch im Merck-Archiv veröffentlichte der Münchner C. H. Beck Verlag das Buch *Merck: Von der Apotheke zum Weltkonzern,* eine Unternehmensgeschichte, die von vier unabhängigen Historikern erstellt wurde: Carsten Burhop, Michael Kißener, Hermann Schäfer und Joachim Scholtyseck. Soweit ich auf darin enthaltenes Archivmaterial zurückgegriffen habe, habe ich das angemerkt. Bei Archivdokumenten, auf die dort nicht verwiesen wird, gebe ich die entsprechenden Dateinummern des Archivs an.

Walter Brügmann Burhop et. al., *Merck: Von der Apotheke zum Weltkonzern,* S. 307.

Gleichzeitig erfahre ich Ebd., S. 311.

Jahrelang hatte Merck Ebd., S. 323–331, 494f.

»Hätten die Alliierten« Ebd., S. 495.

Am 1. Mai 1933 Ebd., S. 270.

Nachdem er 1936 Ebd., S. 273.

1939 rühmte sich der längst von Nazis dominierte »Vertrauensrat« Ebd., S. 304.

Nach Kriegsende Ebd., S. 227.

Ein Unternehmen wie Merck litt unter dem Friedensvertrag Ebd., S. 247.

Während der Ruhrkrise von 1923 Ebd., S. 229.

Um sich dagegen zu wappnen Ebd., S. 228

Während der Neuling Ebd., S. 253.

»Ich bin wirklich von Herzen Ebd., S. 254.

Allerdings sollten sich die anfänglichen Bedenken Ebd., S. 313–323.

Oder wie ein Beobachter 1948 Ebd., S. 257.

Da sich Karl und Fritz Merck Ebd., S. 313–323. In einer Notiz stellt Pfotenhauer selbst unverblümt klar, was passieren würde, sollten Wilhelm und Louis bis zum 1. Juni 1941 nicht nachgeben: Dann würde »ohne Verzögerung auf Vorschlag des Gauleiters durch RWM [Reichswirtschaftsministerium] ein neuer Kommissar ernannt werden.« Ebd., S. 321.

Pfotenhauer beschnitt auch die Macht Ebd., S. 321 f. Laut einem zeitgenössischen Artikel im *Darmstädter Boten* über das Spruchkammerurteil bei der Entnazifizierung von Karl Merck hätte Pfotenhauer im Falle eines Ausscheidens von Karl und Fritz Merck aus der Geschäftsleitung das Werk vermutlich »dem IG-Konzern angeschlossen und es stände heute mit auf der Demontageliste«. Nach dem Krieg ordneten die Alliierten die Auflösung der IG Farben an, des größten Industrieverbunds im Dritten Reich. Die Firma hatte im firmeneigenen Konzentrationslager Buna-Monowitz bei Auschwitz Häftlinge unter unmenschlichen Bedingungen zur Zwangsarbeit eingesetzt und das Gas produziert, das in den Vernichtungslagern eingesetzt wurde. »Vor der Spruchkammer/Dr. Karl Merck in Gruppe IV«, *Darmstädter Echo*, 1. Juni 1948.

Pfotenhauers Tochter Ursula Burhop et. al., *Merck: Von der Apotheke zum Weltkonzern*, S. 337.

Er sei außerstande, Ebd., S. 336. Pfotenhauers Tochter Margot überlebte die Vergiftung. Ursula war zu diesem Zeitpunkt nicht in Darmstadt.

Zwei Tage später besetzten US-Truppen Ebd.

Wie Sie wissen Entwurf des (auf Englisch verfassten) Briefs von Kurt Wolff an George W. Merck, 4. August 1947, Merck-Archiv, A-148. Die Autoren der Unternehmensgeschichte nennen als Urheber dieses Briefs nicht Kurt, sondern Rudolf Gruber, den Vice President von Merck & Co in den USA. Aber der Entwurf im Merck-Archiv wurde auf Papier mit dem Briefkopf von Pantheon geschrieben und enthält Verweise auf Kurts Besuch bei meiner Großmutter und meinem Vater in München, die ihn eindeutig als Autor des Briefs identifizieren.

als mustergültiger amerikanischer CEO »Wir bemühen uns, nie zu vergessen, dass Medizin für die Menschen da ist«, sagte George W. Merck 1950 bei einer Rede im Medical College of Virginia. »Profit steht bei uns nicht an erster Stelle. Der Profit kommt immer erst später, und wann immer wir das beherzigt haben, ist er nicht ausgeblieben. Je besser wir das beherzigt haben, desto größer fiel er aus.« Dieser Geist herrschte bei der amerikanischen Merck & Co fast über das gesamte restliche Jahrhundert hinweg. In seinem 2020 veröffentlichten Buch *Pharma*, das einen äußerst kritischen Blick auf die amerikanische Pharmaindustrie, darunter auch Merck, wirft, hebt Gerald Posner gleichwohl die Entscheidung des Unternehmens hervor, Mectizan (Ivermectin), ein Mittel gegen durch Parasiten ausgelöste Tropenkrankheiten (zum Beispiel die Flussblindheit), kostenlos in Entwicklungsländern zu verteilen. »Zum ersten Mal in der Geschichte der modernen Pharmaindustrie hat sich ein führendes Unternehmen verpflichtet, ein von ihr entwickeltes und patentiertes Arzneimittel kostenlos abzugeben, um eine Krankheit auszumerzen«, schreibt er. »Als die Wissenschaftler, die Mectizan entdeckten, 2015 den Nobelpreis erhielten, hatte Merck bereits eine Milliarde Dosen in Ländern der Dritten Welt verteilt.« Gerald Posner, *Pharma: Greed, Lies, and the Poisoning of America* (New York: Avid Reader Press, 2020), S. 388.

»[Die politische Linke] Entwurf des Briefs von Kurt Wolff an George W. Merck, 4. August 1947, Merck-Archiv, A-148.

»Herr John hat bekräftigt« Ebd.

Der Sieg der Alliierten machte Burhop et al., *Merck: Von der Apotheke zum Weltkonzern*, S. 348–49 und S. 358.

Ich möchte vorausschicken Merck-Archiv, A-1052.

Im Jahr 1937 wurde der DLV Die Nazis gründeten den Deutschen Luftsportverband (DLV) und später das Nationalsozialistische Fliegerkorps (NSFK), um Militärpiloten für die Luftwaffe ausbilden zu können.

Und 1939 sprach er Burhop, et al., *Merck: Von der Apotheke zum Weltkonzern*, S. 277.

dass er sich »nach 1945 als unpolitischer Schöngeist« Ebd., S. 268 f.

Zwei Stolpersteine in Die beiden Männer, die Wilhelm erwähnt, führten eine »Mischehe«, die zumindest eine Zeit lang noch »privilegiert« war – offenbar ähnlich wie im Fall von Wilhelm Hausenstein und seiner Frau Margot. Dennoch ordnete NSDAP-Kreisleiter Schilling 1943 an, dass Engelmann, seit achtzehn Jahren Ingenieur bei Merck, verhaftet wurde, obwohl die Nazis seine Frau als »arisch« eingestuft hatten. Er kam zunächst in ein Arbeitslager und wurde ein Jahr später nach Theresienstadt deportiert, wo er ermordet wurde. Ein Stolperstein im Gehsteig vor dem Haus Rhönring 14 in Darmstadt erinnert an sein Leben und seinen Tod. Otto Henkel, der nicht jüdisch war, wurde im Oktober 1941 auf Schillings Befehl hin entlassen. Die Firma bezahlte ihm eine Rente, aber seine jüdische Frau Emmy wurde nach Auschwitz deportiert, wo sie 1943 ermordet wurde. Burhop, et al., *Merck: Von der Apotheke zum Weltkonzern*, S. 304. Ein Verzeichnis der Darmstädter Stolpersteine findet sich unter https://dfg-vk-darmstadt.de/Lexikon_Auflage_2/Stolpersteine_Liste_sortierbar.htm.

Ein anderer, Herr Weigand »Spruchkammer Darmstadt-Stadt, Begründung in Sachen Merck, Wilhelm«, 30. Juni 1948, Merck-Archiv, A-1052.

Bald darauf durfte er wieder Burhop, et al., *Merck: Von der Apotheke zum Weltkonzern*, S. 347.

DAS ENDE, GANZ VON SELBST GEKOMMEN

Aber mit der Institution Kirche Zu Beginn des Dritten Reichs setzte sich eine bereits existierende Bewegung in der evangelischen Kirche mit ihrer Vision einer »Deutschen Kirche« durch, die nazistische Positionen zu Patriotismus, »rassischen« Unterschieden und Antisemitismus befürwortete. Als Reaktion darauf bekannten sich Dissidenten wie Dietrich

Bonhoeffer und Martin Niemöller zu einer »Bekennenden Kirche«, in der Gott und die Heilige Schrift klar von einem irdischen politischen Führer oder einer Bewegung getrennt war. Gleichzeitig arrangierten sich auch zahlreiche Vertreter der katholischen Kirche mit dem Regime, obwohl die Nazis auch die katholisch geprägte Zentrumspartei verboten hatten. Nachdem Hitler 1933 das »Reichskonkordat« mit dem Vatikan geschlossen hatte, schrieb Joseph Roth: »In einer Zeit, da Seine Heiligkeit, der unfehlbare Papst der Christenheit, einen Friedensvertrag, ›Konkordat‹ genannt, mit den Feinden Christi schließt, da die Protestanten eine ›Deutsche Kirche‹ gründen und die Bibel zensieren, bleiben wir Nachkommen der alten Juden, der Ahnen der europäischen Kultur, die einzigen legitimen deutschen Repräsentanten dieser Kultur.« Michael Bienert (Hg.): *Joseph Roth in Berlin: Ein Lesebuch für Spaziergänger* (Köln: Kiepenheuer & Witsch, 2010), S. 246.

»Wut hat ein Kind«, Postkarte von Franz Kafka an Max Brod, 6. September 1923, Franz Kafka, Max Brod, *Eine Freundschaft: Briefwechsel* (hrsg. von Malcolm Pasley. Frankfurt: S. Fischer, 1989), S. 429.

Und natürlich konnte ich ihn In seinen Erinnerungen überlegt Grass, woher seine Zurückhaltung in Bezug auf bestimmte Fragen rührte: »Oder wagte ich nicht zu fragen, weil kein Kind mehr? Stellen, wie im Märchen, nur Kinder die richtigen Fragen?« Grass, *Beim Häuten der Zwiebel*, S. 11.

»Dinge, über die Umberto Eco, «Umberto Eco: The Art of Fiction No. 197«, Interview by Lila Azam Zanaganeh, *Paris Review*, Sommer 2008.

EPILOG

Es gibt keine Zwangsläufigkeiten Stern, *Fünf Deutschland und ein Leben*, S. 18.

Es ist ein sehr komisches Gefühl Detjen, »Kurt and Helen Wolff«, in: *Immigrant Entrepreneurship.*

Rund 54 Prozent der Wähler Umfrage von Greenberg Research, zitiert nach Stanley B. Greenberg, «Trump Is Beginning to Lose His Grip«, *New York Times*, 17. November 2018.

sie wurden flankiert von falschen Behauptungen Eines meiner Beispiele: In einem Tweet behauptete der Präsident, die Kriminalitätsrate in Deutschland sei aufgrund Merkels Entscheidung, Flüchtlinge ins Land zu lassen, sprunghaft angestiegen. Dabei konnten wir spät in der Nacht durch die Stadt gehen und verlassene U-Bahn-Unterführungen benutzen, ohne dass uns ein Haar gekrümmt wurde, weil, in Wahrheit, die Kriminalitätsrate auf dem niedrigsten Stand seit fünfundzwanzig Jahren war. Christopher F. Schuetze and Michael Wolgelenter, »Fact Check: Trump's False and Misleading Claims about Germany's Crime and Immigration«, *New York Times*, 18. Juni 2018.

»Böse ist, was ablenkt« Franz Kafka. Max Brod hat dieses Zitat aus einem von Kafkas Notizbüchern gerettet, die er zwischen 1917 und 1919 mit Fragmenten und Aphorismen gefüllt hatte.

Als Produkt beider Länder Kurts Aussage »wir haben die gleiche Aufgabe vor uns« in seinem Brief an Maria erinnert mich an Abraham Lincolns Worte aus seiner Gettysburg-Rede: »Es ist vielmehr an uns, den Lebenden, dass wir hier dem unvollendeten Werk geweiht werden, das jene, die hier kämpften, so edelmütig bis zu diesem Zeitpunkt vorangebracht haben.« – ein rhetorisches Seil, das die deutschen und amerikanischen Äste meines Stammbaums zusammenhält.

Auswahlbibliographie

ARCHIVE

Bundesarchiv Dienststelle Berlin-Lichterfelde: NSDAP-Akten.
Caroline Ferriday Papers: Bellamy-Ferriday House and Garden, Bethlehem, CT, im Besitz von Connecticut Landmarks.
Deutsche Dienststelle für die Benachrichtigung der nächsten Angehörigen von Gefallenen der ehemaligen deutschen Wehrmacht (WASt), Berlin-Reineckendorf.
Deutsches Literaturarchiv Marbach (DLA Marbach).
H&KW Papers: Helen and Kurt Wolff Papers. Yale Collection of German Literature, Beinecke Rare Book and Manuscript Library, New Haven, CT.
KW Papers: Kurt Wolff Papers. Yale Collection of German Literature, Beinecke Rare Book and Manuscript Library, New Haven, CT.
Merck-Archiv: Abteilung Merck KGaA Corporate History, Darmstadt.
Pantheon Papers: Pantheon Books Records 1944–1968. Columbia University Rare Book and Manuscript Library, New York.
Stadtarchiv Karlsruhe.

BÜCHER

Burhop, Carsten, und Michael Kißener, Hermann Schäfer und Joachim Scholtyseck. Merck: Von der Apotheke zum Weltkonzern. München: C. H. Beck, 2018.

Fellinger, Raimund (Hg.). »Seismograph«: Kurt Wolff im Kontext. Berlin: Insel, 2014.

Göbel, Wolfram. Der Kurt Wolff Verlag, 1913–1930: Expressionismus als verlegerische Aufgabe. Frankfurt: Buchhändler-Vereinigung GmbH, 1977.

Grass, Günter, und Helen Wolff. Briefe 1959–1994. Göttingen: Steidl, 2003.

Weidle, Barbara (Hg.). Kurt Wolff: Ein Literat und Gentleman. Bonn: Weidle Verlag, 2007.

Kurt Wolff: 1887–1963. Frankfurt: Heinrich Scheffler, und Pfullingen: Günther Neske, 1963.

Kurt Wolff: A Portrait in Essays and Letters. Hrsg. von Michael Ermarth. Übersetzungen ins Englische von Deborah Lucas Schneider. Chicago: University of Chicago Press, 1991.

Kurt Wolff: Autoren, Bücher, Abenteuer: Betrachtungen und Erinnerungen eines Verlegers. Berlin: Klaus Wagenbach, 2004.

Kurt Wolff: Briefwechsel eines Verlegers, 1911–1963. Hrsg. von Bernhard Zeller und Ellen Otten. Frankfurt: Heinrich Scheffler, 1966.

Kurt Wolff zum Hundertsten. Mit Beiträgen von Helmut Frielinghaus, Wolfram Göbel, Heinrich Maria Ledig-Rowohlt and Michael Kellner, Thomas Rietzschel, Klaus Wagenbach. Hamburg: Michael Kellner, 1987.

Helen Wolff: Hintergrund für Liebe. Bonn: Weidle, 2020.

ZEITUNGSARTIKEL, DISSERTATIONEN, MONOGRAFIEN UND REDEN

Bruckner, D. J. R. »The Prince of Publishers«. New York Times Book Review, 5. Januar 1992.

Detjen, Marion. »Kurt and Helen Wolff«. Immigrant Entrepreneurship: German-American Business Biographies, 1720 to the Present. Bd. 5. Hrsg. von R. Daniel Wadhwani. German Historical Institute, 2012. ImmigrantEntrepreneurship.org/entry.php?rec=83.

Detjen, Marion. »Zum Hintergrund des *Hintergrunds*«. Nachwort zu Helen Wolff: Hintergrund für Liebe. Bonn: Weidle, 2020.

Grass, Günter. »Nachruf auf Helen Wolff« anlässlich der posthumen Verleihung des Friedrich-Gundolf-Preises, 30. April. 1994. Deutsche Akademie für Sprache und Dichtung. https://www.deutscheakademie.de/de/auszeichnungen/friedrich-gundolf-preis/helen-wolff.

Haas, Willy. »Kurt Wolff: 3. März 1887 bis 22. Oktober 1963«. Die Welt, 28. Dezember 1963.

Herweg, Nikola. »Helen und Kurt Wolff in Marbach«. Deutsches Literaturarchiv Marbach. Spuren 106, 2015.

Kazin, Alfred. »A Legend among Publishers«. New York Newsday, 20. Oktober 1991.

Kuenstner, Molli E. und Thomas A. O'Callaghan. »The Führerprojekt Goes to Washington«. Burlington Magazine 159, Mai 2017.

»Kurt Wolff«. Neues Deutschland, 25. Oktober 1963.

Meola, David. »Mirror of Competing Claims: Antisemitism and Citizenship in Vormärz Germany«. Antisemitism Studies 4, Nr. 1 (Frühjahr 2020).

»Merck KGaA Plans Nazi-Era Forced Labour Compensation«. ICIS.com, 8. Dezember 1999.

Mitgang, Herbert. »Imprint.« New Yorker, 2. August 1982.

»Mr. Kurt Wolff«. Times (London), 29. Oktober 1963.

Nelson, Howard. »Speaking Volumes: The Wide World of a Publisher«. Washington Post Book World, 4. April 1971.

Pinthus, Kurt. »Wie Literatur gemacht wurde: Zur Erinnerung an meinen Freund Kurt Wolff«. Die Zeit, 1. November 1963.

Redlich, Fritz. »German Literary Expressionism and Its Publishers.« Harvard Library Bulletin 17, Nr. 2 (April 1969).

Scheffler, Heinrich. »Kurt-Wolff-Marginalien«. Börsenblatt für den Deutschen Buchhandel 95, 26. November 1963.

Schnee, Heinrich. »Hofbankier Salomon von Haber als badischer Finanzier«. Zeitung für die Geschichte des Oberrheins 109, Nr. 2 (1961).

Schuhladen-Krämer, Jürgen. »Haber-Skandal«. Stadtlexikon Karlsruhe, 2012. https://stadtlexikon.karlsruhe.de/index.php/De:Lexikon:ereig-0279.

Schuhladen-Krämer, Jürgen. »Hepp!-Hepp!-Unruhen 1819«. Stadtlexikon

Karlsruhe, 2012. https://stadtlexikon.karlsruhe.de/index.php/De:Lexikon:ereig-0216.

Schuhladen-Krämer, Jürgen. »Moritz von Haber«. Stadtlexikon Karlsruhe, 2013. https://stadtlexikon.karlsruhe.de/index.php/De:Lexikon:bio0802.

Schuhladen-Krämer, Jürgen. »Salomon von Haber«. Stadtlexikon Karlsruhe, 2013. https://stadtlexikon.karlsruhe.de/index.php/De:Lexikon:bio-1013.

Schuyler, Steven. »Kurt Wolff and Hermann Broch: Publisher and Author in Exile«. PhD thesis, Harvard University, Department of Germanic Languages and Literatures, 1984.

Schuyler, Steven. »Kurt Wolff's Publishing Odyssey«. AB Bookman's Weekly, 6. September 1999.

Simoncini, Giuseppe. »Kurt Wolff, Soggiorno a Lastra«. LastraOnline.it, 2008. Lastraonline.it/p/storia.php?idpag=374&idpag=374.

»The Seismographer of Expressionism«. Times Literary Supplement, 2. Februar 1970.

Ueding, Gert. »Mit Hirn und Herz«. Frankfurter Allgemeine Zeitung, 3. März 1987.

»Vor der Spruchkammer/Dr. Karl Merck in Gruppe IV«. Darmstädter Echo, 1. Juni 1948.

»Kurt Wolff.« *Neues Deutschland*, 25. Oktober 1963.

Wolff, Maria. »Wiedersehen und Abschied: Selbstgespräche mit dem Vater«. Die Gegenwart, Januar 1948.

FILM, RUNDFUNK UND FERNSEHEN

Kaplan, Richard. The Exiles. Dokumentarfilm. PBS, 24. September 1989.

Voswinckel, Ulrike. »Den starken Atem unserer Zeit spüren: Das erste Leben des Verlegers Kurt Wolff«. Land und Leute, Bayerischer Rundfunk, 15. April 2001. Radio-Dokumentation.

Wolff, Kurt. Zwölf Radioessays im Norddeutschen, Westdeutschen und Bayerischen Rundfunk, 1962 und 1963. Transkripte in H&KW Papers.

Bildnachweis

Seite 8–9, Illustration des Familienstammbaums von Donovan Andrews.

Seite 43, Fotografie von Moritz von Haber, Stadtarchiv Karlsruhe, 8/PBS III 530, mit freundlicher Genehmigung des Stadtarchivs Karlsruhe.

Seite 47, Gravur des Haber'schen Stadtpalais, Stadtarchiv Karlsruhe, 8/PBS XIVe 130, mit freundlicher Genehmigung des Stadtarchivs Karlsruhe.

Seite 77, Foto des Berliner Stolpersteins zum Gedenken an Erna Wolff, mit freundlicher Genehmigung des FHXB Friedrichshain-Kreuzberg Museums, photo FraCbB, Fotograf Frank Glasewald.

Seite 85, Porträts von Felice Casorati, 1925, © 2020 Artists Rights Society (ARS), New York / SIAE rome. Das Bild von Kurt Wolff ist in Familienbesitz; das Bild von Mrs. Elisabeth Albrecht befindet sich in den Bayerischen Staatsgemäldesammlungen, Pinakothek der Moderne, München. Fotonachweis: bpk Bildagentur/Pinakothek der Moderne, München.

Seite 135, Porträt von Bertha Colloredo-Mannsfeld, mit freundlicher Genehmigung von Ernest Kolowrat; Foto von Roland Hayes, mit freundlicher Genehmigung von E. Azalia Hackley Collection of African Americans in the Performing Arts, Detroit Public Library.

Seite 139, Foto von Varian Fry in Cerbère, Frankreich, United States Holocaust Memorial Museum, mit freundlicher Genehmigung von Annette Fry.

Seite 199, Werbeplakat für Cocaine Merck Red Capsule (ca. 1900), mit freundlicher Genehmigung von Merck KGaA, Merck-Archiv Y01-pr-1291-001.

Seite 223, Foto von Tiergarten und Reichstag in Berlin, 1945, © SZ Photo / Ursula Roehnert / Bridgeman Images.

Seite 233, Foto von Caroline Ferriday, mit freundlicher Genehmigung der Bellamy-Ferriday House and Garden, Bethlehem, CT, im Besitz von Connecticut Landmarks.

Seite 372, Foto von Wilhelm Merck und Bernhard Pfotenhauer mit Direktoren, mit freundlicher Genehmigung der Merck KGaA, Merck-Archiv Y01-al-4069.

Alle übrigen Fotos und Abbildungen stammen aus Sammlungen der Familie.

Quellen der Zitate

Seite 7: W. G. Sebald, *Austerlitz*, Frankfurt: Fischer Taschenbuch 2020, S. 295; Lizenzausgabe und mit freundlicher Genehmigung von Carl Hanser Verlag, © 2019 Carl Hanser Verlag GmbH & Co. KG, München.

Auszüge aus Kurt Wolff, *Tagebücher*, mit freundlicher Genehmigung von Deutsches Literaturarchiv-Marbach.

Die amerikanische Originalausgabe erschien 2021 unter dem Titel »Endpapers: A Family Story of Books, War, Escape, and Home« bei Atlantic Monthly Press, a division of Grove Atlantic, New York.

Erste Auflage 2021

Übersetzung: Monika Köpfer
Lektorat: Boris Heczko
Umschlaggestaltung: Lübbeke Naumann Thoben, Köln
Satz: Fagott, Ffm
Gesetzt aus der Garamond und der Century Gothic
Druck und Verarbeitung: CPI books GmbH, Leck
Gedruckt auf säurefreiem und chlorfrei gebleichtem Papier
Printed in Germany
ISBN 978-3-8321-8154-3

www.dumont-buchverlag.de